企业人力资源管理师三级（第三版）

5+1快速通关宝典

弗布克人力资源管理师项目中心◎编著

中国电力出版社
CHINA ELECTRIC POWER PRESS

内 容 提 要

本书以企业人力资源管理师国家职业标准和历年真题为依据，根据《企业人力资源管理师（三级）》第三版和《企业人力资源管理师（基础知识）》第三版的知识体系进行编写，涵盖了企业人力资源管理师三级考试的所有题型。

本书分为考试鉴定标准及解析、全面梳理考核重点、一对一辅导训练、名师点评易错易混鉴定点、真题模拟题测试与综合检查，以及资料分享与实操技能提升六篇内容。

本书既适合参加企业人力资源管理师职业资格三级考试的考生使用，也可供人力资源管理从业人员、人力资源管理专业学生参考。

图书在版编目（CIP）数据

企业人力资源管理师三级（第三版）5+1快速通关宝典 / 弗布克人力资源管理师项目中心编著. —北京：中国电力出版社，2015.3

ISBN 978-7-5123-7009-8

Ⅰ.①企… Ⅱ.①弗… Ⅲ.① 企业管理—人力资源管理—资格考试—自学参考资料 Ⅳ.① F272.92

中国版本图书馆 CIP 数据核字（2014）第 309746 号

中国电力出版社出版、发行

北京市东城区北京站西街 19 号　　100005　　http：//www.cepp.sgcc.com.cn

责任编辑：石　薇

责任校对：王开云　责任印制：赵　磊

汇鑫印务有限公司印刷·各地新华书店经售

2015 年 3 月第 1 版·2015 年 3 月北京第 1 次印刷

787mm×1092mm　16 开本·23.25 印张·453 千字

定价：58.00 元

前　言

随着职场竞争激烈程度的增加，人力资源岗位晋升门槛不断提高，人力资源从业人员要想在职场中如鱼得水，博得领导的赏识，必须不断充电学习，而获得人力资源管理师职业资格证书成为大部分从业人员的选择。但是他们也不得不面对一个现实，即绝大部分时间都要花在工作上，用来学习的时间少之又少。

本书通过梳理培训教程知识点，精心配置关键习题，总结多年考试规律，力求看透本质、抓住重点、直击难点、参透要点、化繁为简，有效减轻考生的复习负担，提升考生的复习效率，使广大考生在有限的时间和精力下从容应对考试，顺利通过人力资源管理师职业资格考试，获取人力资源管理师职业资格证书。

本书分为6篇，即考试鉴定标准及解析、全面梳理考核重点、一对一辅导训练、名师点评易错易混鉴定点、真题模拟题测试与综合检查，以及资料分享与实操技能提升。第一篇帮助考生详细了解考试重点和考试题型，实现针对性复习；第二篇帮助考生进行知识梳理，提炼知识点，减轻考生复习负担；第三篇为考生提供大量练习题，检验考生复习质量；第四篇为考生提供大量考情和预测信息，提高考生通过率；第五篇为考生提供最新真题和仿真模拟题，再现考试场景；第六篇与考生分享资料，提升考生实际操作技能。通过这6篇内容，本书的优势能切实落地，成为对广大考生有利的考试辅导用书。本书的特点主要体现在以下5个方面。

紧扣鉴定点，增强考试指导性——本书在第一篇就对考试鉴定点进行了深入细致的研究，为考生复习提供了引导，指明了方向。

系统梳理，提炼考试知识点——为节约考生复习时间，减少无用功，本书以图表形式展现各个考试要点，使考生一目了然。

同步练习，透彻清晰地解答——不仅做到与书中内容完全同步，而且有针对各种题型的专项训练。

点评精准，提高预测准确率——本书结合培训教程，对人力资源管理师职业资格考试的部分考试真题进行详细解析和点评，并对新旧教程进行对比分析，列举易错易混鉴定点，从而提高了考试预测的准确率。

强化练习，高仿真模拟试题——通过全真模拟考试试题，重现考试情景，引导考生进入良好的备考状态，充满信心地迎接考试。

由于时间问题，本书仍有不足之处，欢迎广大读者批评指正，以便我们改版时能够做得更好，读者用起来更加方便。

在本书编写过程中，孙立宏、刘井学、王淑燕、程富建、刘伟负责资料的收集和整理，贾月、罗章秀负责图表编排，王胜会、孙宗虎、李作学、齐艳霞参与编写了本书的第一篇，王胜会、刘柏华、程淑丽、姚小风、王春霞参与编写了本书的第二篇，王胜会、黎建勇、阎晓霞参与编写了本书的第三篇，王胜会、高春燕、王瑞永参与编写了本书的第四篇，王胜会、刘俊敏、权锡哲参与编写了本书的第五篇，王胜会、郭蓉、李亚慧参与编写了本书的第六篇，全书由弗布克人力资源管理师项目中心统撰定稿。

编者

目　　录

第一篇
通关计划一：考试鉴定标准及解析

第一章　考试鉴定标准

第一节　命题依据及原则

本书旨在详细说明企业人力资源管理师三级鉴定考试的特点，给考生指明鉴定考试的重点范围和内容，明确复习内容的核心要素和一般要素，并通过各种类型的练习题及其参考答案，为考生掌握重点、理解难点、解析疑点提供具体的指导。

企业人力资源管理师考试的命题依据及原则如图 1-1-1 所示。

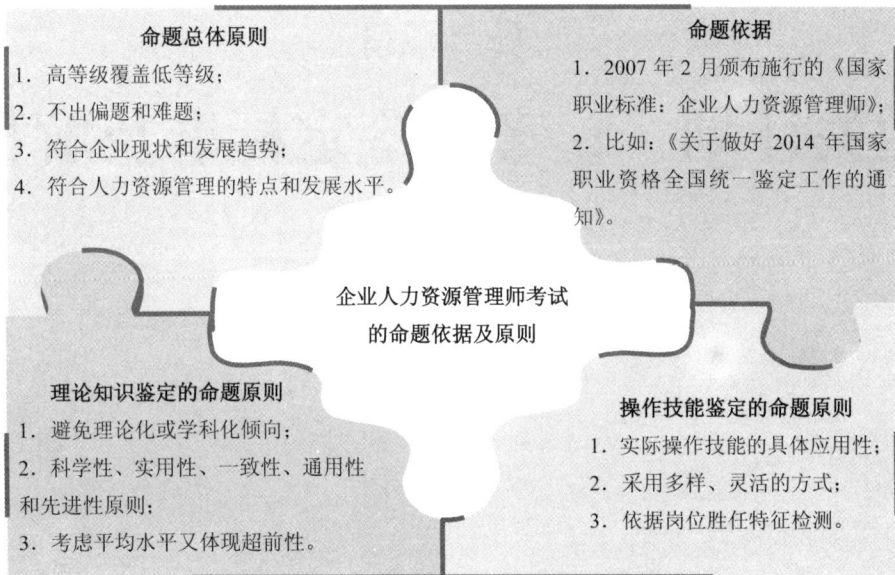

命题总体原则

1. 高等级覆盖低等级；
2. 不出偏题和难题；
3. 符合企业现状和发展趋势；
4. 符合人力资源管理的特点和发展水平。

命题依据

1. 2007 年 2 月颁布施行的《国家职业标准：企业人力资源管理师》；
2. 比如：《关于做好 2014 年国家职业资格全国统一鉴定工作的通知》。

企业人力资源管理师考试的命题依据及原则

理论知识鉴定的命题原则

1. 避免理论化或学科化倾向；
2. 科学性、实用性、一致性、通用性和先进性原则；
3. 考虑平均水平又体现超前性。

操作技能鉴定的命题原则

1. 实际操作技能的具体应用性；
2. 采用多样、灵活的方式；
3. 依据岗位胜任特征检测。

图 1-1-1　企业人力资源管理师考试的命题依据及原则

第二节　鉴定内容及方式

企业人力资源管理师三级共两场考试，每卷 100 分，成绩均达 60 分及以上可获得证书。考试内容包括《国家职业资格培训教程：职业道德》参考资料、《企业人力资源管理师（基础知识）》（第三版）、《企业人力资源管理师（三级）》（第三版）、《企业人力资源管理师（常用法律手册）》（第三版）以及《国家职业资格考试指南：企业人力资源管理师（三级）》所介绍的相关知识要求和能力要求。企业人力资源管理师考试的鉴定内容及方式如表 1-1-1 所示。

表 1-1-1　企业人力资源管理师考试的鉴定内容及方式

职业	等级	鉴定内容	题型	题量	答题方式	分值	权重
企业人力资源管理师	三、四级	职业道德	选择题	125	题卡作答	25	10%
		理论知识				100	90%
		专业能力	简答、计算、综合题等	6	纸笔作答	100	100%
	二级	职业道德	选择题	125	题卡作答	25	10%
		理论知识				100	90%
		专业能力	简答、综合分析		纸笔作答	100	100%
		综合评审	论文撰写		口头或书面答辩	100	100%
	一级	职业道德	选择题	125	题卡作答	25	10%
		理论知识				100	90%
		专业能力	综合题、图表分析题		纸笔作答	100	100%
		综合评审	文件筐	10	纸笔作答	100	100%

　　从表 1-1-1 的对比分析来看，企业人力资源管理师三级考试的鉴定内容及方式与四级相同，而与一级、二级比较，就考试场次而言，三级考试没有二级考试的论文撰写，也没有一级考试的文件筐，而是两场考试；就考试题型而言，三级考试以卷册一的单项、多项选择题，卷册二的简答题、计算题、案例分析题、方案设计题等为主。

第三节　理论知识和专业能力权重分布

　　在企业人力资源管理师三级、二级鉴定考试中，理论知识和专业能力的权重分布如表 1-1-2 所示。

表 1-1-2　企业人力资源管理师考试理论知识和专业能力的权重分布

项目	三级	
	理论（%）卷册一	技能（%）卷册二
基础知识	20	/
人力资源规划	15	15
招聘与配置	15	20
培训与开发	15	15
绩效管理	10	15
薪酬管理	10	20
劳动关系管理	15	15
合　计	100	100

第二章　卷册一鉴定要求

第一节　鉴定要求分析

　　卷册一共计 125 道选择题，企业人力资源管理师考试包括理论知识考试（卷册一）和专业能力考核（卷册二）两个基本部分。

　　卷册一的考试时间不少于 90 分钟，考试采用单选（试题题干下有 A、B、C、D 四个选项，其中包含一个正确答案）与多选（试题题干下有 A、B、C、D、E 五个选项，其中包含两个或两个以上的正确答案）两种类型的客观题目。考试涉及的范围包括：职业道德 25 道题、基础知识 20 道题、培训教程共六章知识 80 道题，共 125 道题目。

第二节　职业道德

　　1. 职业道德基础理论与知识部分

　　考查职业道德基础理论与知识部分的题目共 16 道，分布在单项选择题第 1~8 题，以及多项选择题第 9~16 题。

　　2. 职业道德个人表现部分

　　考查职业道德个人表现部分的题目分布在第 17~25 题。

第三节　基础知识

　　企业人力资源管理师考试基础知识部分知识点共五章内容，具体如图 1-1-2 所示。

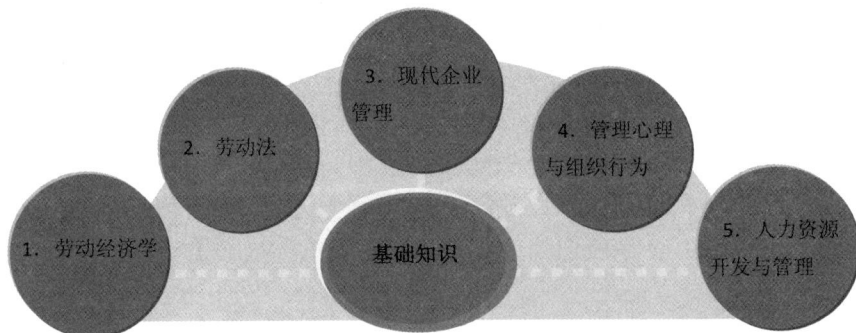

图 1-1-2　企业人力资源管理师考试基础知识共五章内容

基础知识在企业人力资源管理师三级鉴定考试中，题目设置为单项选择题 12 道，分布在第 26~37 题；多项选择题 8 道，分布在第 86~93 题。

第四节　培训教程

《企业人力资源管理师（三级）》（第三版）中的六章内容，在卷册一中的题量及题目分布具体如表 1-1-3 所示。

表 1-1-3　教程内容在卷册一中的题量及题目分布

章节	内容	单项选择题		多项选择题	
		题目数量	题目序号	题目数量	题目序号
第一章	人力资源规划	9	38~46	6	94~99
第二章	招聘与配置	9	47~55	6	100~105
第三章	培训与开发	9	56~64	6	106~111
第四章	绩效管理	6	65~70	4	112~115
第五章	薪酬管理	6	71~76	4	116~119
第六章	劳动关系管理	9	77~85	6	120~125
合　计		48	38~85	32	94~125

第三章　卷册二鉴定要求

第一节　鉴定要求分析

卷册二部分专业能力的考核时间不少于 120 分钟，考试一般采用简答题、计算题、综合题三种类型的主观题目，其中综合题包括案例分析题或方案设计题。卷册二部分的题量基本上为简答题 2 道、计算题 1 道、综合题 3 道，共计 6 道题。

第二节　培训教程

企业人力资源管理师三级考试中，卷册二的考查范围主要是《企业人力资源管理师（三级）》（第三版）和《企业人力资源管理师（常用法律手册）》中所阐述的相关知识和能力要求，不包括职业道德和基础知识。考试涉及的各部分内容及其所占比重，参见表 1-1-2。考试的具体题型、题量、配分比例参见当年的鉴定考核方案。

第二篇

通关计划二：全面梳理考核重点

　　按照人力资源管理师职业技能鉴定的考试规律，命题注重基本知识的理解和基本能力的掌握，不出偏题和难题。因此，考生应全面掌握教程的理论和操作知识，按照本书梳理的考核重点进行系统性的复习。第一阶段一般应通过1~2个月的时间，看书2~3遍，对教程的编写体例及所有考核点有宏观而详细的认识。

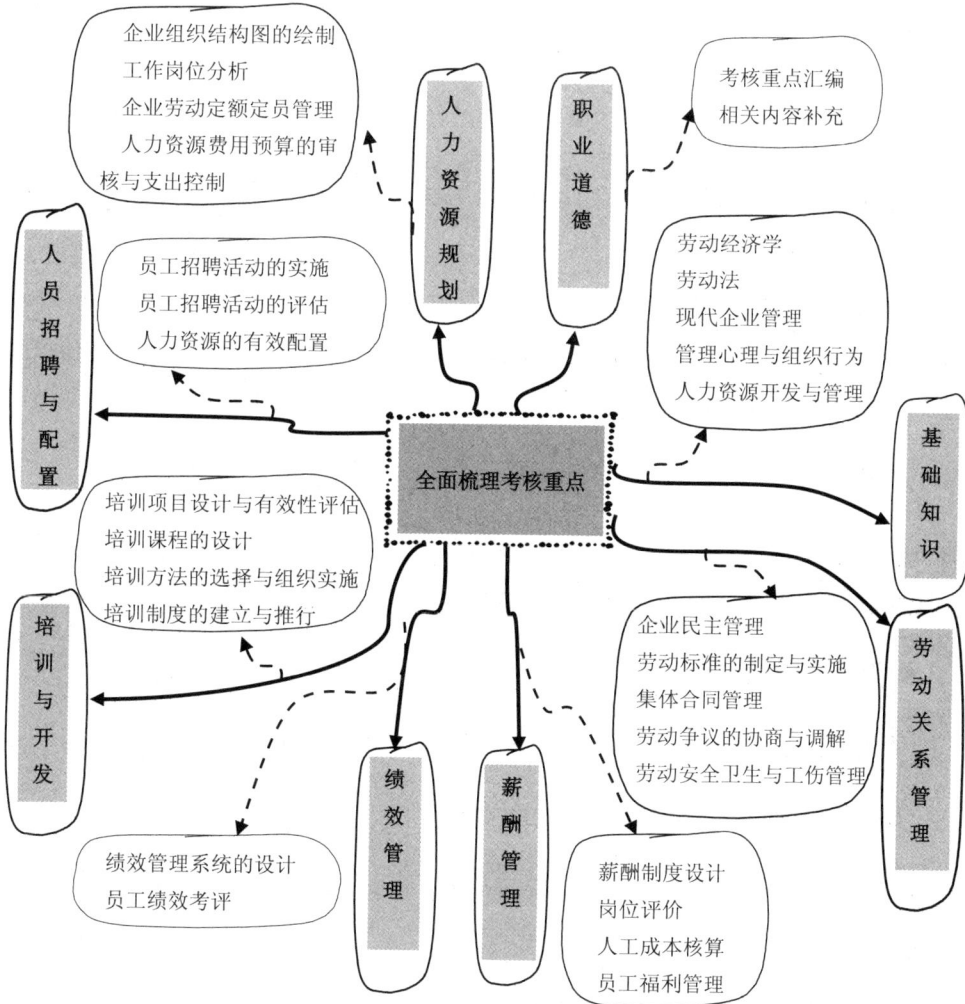

企业组织结构图的绘制
工作岗位分析
企业劳动定额定员管理
人力资源费用预算的审核与支出控制

人力资源规划

职业道德

考核重点汇编
相关内容补充

员工招聘活动的实施
员工招聘活动的评估
人力资源的有效配置

人员招聘与配置

劳动经济学
劳动法
现代企业管理
管理心理与组织行为
人力资源开发与管理

基础知识

全面梳理考核重点

培训项目设计与有效性评估
培训课程的设计
培训方法的选择与组织实施
培训制度的建立与推行

培训与开发

企业民主管理
劳动标准的制定与实施
集体合同管理
劳动争议的协商与调解
劳动安全卫生与工伤管理

劳动关系管理

绩效管理系统的设计
员工绩效考评

绩效管理

薪酬管理

薪酬制度设计
岗位评价
人工成本核算
员工福利管理

第一章　人力资源规划

第一节　企业组织结构图的绘制

一、人力资源规划的概念

（1）广义的人力资源规划是企业所有人力资源计划的总称，是战略规划与战术计划（即具体的实施计划）的统一。

（2）狭义的人力资源规划是指为实施企业的发展战略，完成企业的生产经营目标，根据企业内外环境和条件的变化，运用科学的方法，对企业人力资源的需求和供给进行预测，制定相宜的政策和措施，从而使企业人力资源供给和需求达到平衡。

二、人力资源规划期限

从规划的期限上看，人力资源规划可区分为长期规划（5年以上的计划）和短期计划（1年及以内的计划），介于两者之间的为中期规划。

三、人力资源规划的内容

（1）战略规划；（2）组织规划；（3）制度规划；（4）人员规划；（5）费用规划。

四、人力资源规划与企业其他规划的关系

由于人力资源是企业内最活跃的因素，因此，人力资源规划是企业规划中起决定性作用的规划。

五、人力资源规划与企业管理活动的关系

（1）人力资源规划具有先导性和战略性，能不断调整人力资源管理的政策和措施，指导人力资源管理活动。人力资源规划又被称为人力资源管理活动的纽带。

（2）企业工作岗位分析、劳动定员定额等人力资源管理的基础工作是人力资源规划的重要前提。

（3）人力资源规划又对企业各种人力资源管理活动的目标、步骤与方法，做出了具

体而详尽的安排。

六、企业组织结构的概念

企业组织机构是保障企业生产经营活动正常进行所设置的各类职能与业务部门的总称。

七、企业组织机构设置的原则

（1）任务目标原则；（2）分工协作原则；（3）统一领导、权力制衡原则；（4）权责对应原则；（5）精简及有效跨度原则；（6）稳定性与适应性相结合原则。

八、现代企业组织结构的类型

现代企业组织结构的类型具体如图 2-1-1 所示。

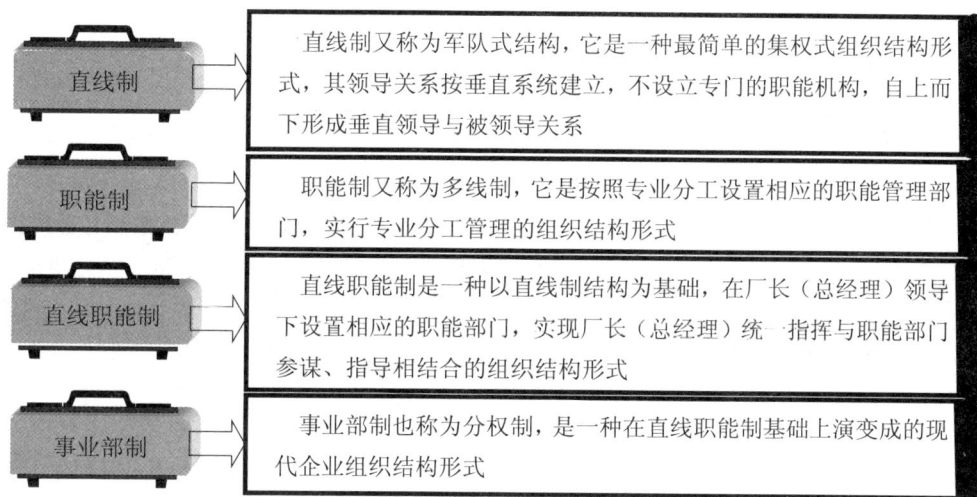

直线制	直线制又称为军队式结构，它是一种最简单的集权式组织结构形式，其领导关系按垂直系统建立，不设立专门的职能机构，自上而下形成垂直领导与被领导关系
职能制	职能制又称为多线制，它是按照专业分工设置相应的职能管理部门，实行专业分工管理的组织结构形式
直线职能制	直线职能制是一种以直线制结构为基础，在厂长（总经理）领导下设置相应的职能部门，实现厂长（总经理）统一指挥与职能部门参谋、指导相结合的组织结构形式
事业部制	事业部制也称为分权制，是一种在直线职能制基础上演变成的现代企业组织结构形式

图 2-1-1 现代企业组织结构的类型

九、组织结构设计后的实施要则

（1）管理系统一元化原则；（2）明确责任和权限原则；（3）先定岗再定员原则；（4）合理分配职责原则。

十、组织结构图的绘制

1. 组织结构图的基本图示

（1）组织机构图；（2）组织职务图；（3）组织职能图；（4）组织功能图。

2. 绘制组织结构图的前期准备

（1）应明确企业各级机构的职能；（2）将所管辖的业务内容一一列出；（3）将相似的工作综合归类；（4）将已分类的工作逐项分配给下一个层次，并按所管业务的性质划分出执行命令的实际工作部门和参谋机构（职能部门）。

3. 绘制组织结构图的基本方法

（1）框图一般要四层，从中心层计算，其上画一层，其下画两层，用框图表示；（2）功能、职责、权限相同机构（岗位或职务）的框图大小应一致，并列在同一水平线上；（3）表示接受命令指挥系统的线，从上一层垂下来与框图中间或两端横向引出线相接，其高低位置表示所处的级别；（4）命令指挥系统用实线，彼此有协作服务关系的用虚线；（5）具有参谋作用的机构、岗位的框图，用横线与上一层垂线相连，并画在左、右上方。

第二节　工作岗位分析

一、工作岗位分析的概念

工作岗位分析是对各类工作岗位的性质任务、职责权限、岗位关系、劳动条件和环境，以及员工承担本岗位任务应具备的资格条件所进行的系统研究，并制定出工作说明书、岗位规范、职务晋升图等岗位人事规范的过程。

二、工作岗位分析的内容

（1）对岗位存在的时间、空间范围做出科学的界定，对岗位内在活动的内容进行系统分析，即对岗位的名称、性质、任务、权责等因素逐一进行比较、分析和描述，并做出必要的总结和概括。

（2）根据岗位自身的特点，明确岗位对员工的素质要求，提出本岗位员工所应具备的资格和条件。

（3）按照一定的程序和标准，以文字和图表的形式加以表述，最终制定出工作说明书、岗位规范等人事文件。

三、工作岗位分析的作用

（1）工作岗位分析为招聘、选拔、任用合格的员工奠定了基础。

（2）工作岗位分析为员工的考评、晋升提供了依据。

（3）工作岗位分析是企业改进工作设计、优化劳动环境的必要条件。

（4）工作岗位分析是制定有效的人力资源规划、进行各类人才供给和需求预测的重要前提。

（5）工作岗位分析是工作岗位评价的基础，而工作岗位评价又是建立健全企业薪酬制度的重要步骤。

此外，工作岗位分析还能使员工通过工作说明书、岗位规范等人事文件，充分了解本岗位在整个组织中的地位和作用，明确自己工作的性质、任务、职责、权限和职务晋升路线，结合自身条件制定职业生涯规划。

四、工作岗位分析信息的主要来源

（1）书面资料；（2）任职者的报告；（3）同事的报告；（4）直接的观察。

五、岗位规范的概念

岗位规范是对组织中各类岗位某一专项事物或对某类员工劳动行为、素质要求等所做的统一规定。

六、岗位规范的主要内容

（1）岗位劳动规则；（2）定员定额标准；（3）岗位培训规范；（4）岗位员工规范。

七、岗位规范的结构模式

（1）管理岗位知识能力规范；（2）管理岗位培训规范；（3）生产岗位技术业务能力规范；（4）生产岗位操作规范；（5）其他种类的岗位规范。

八、工作说明书的概念

工作说明书是组织对各类岗位的性质和特征（识别信息）、工作任务、职责权限、岗位关系、劳动条件和环境，以及本岗位人员任职的资格条件等事项所做的统一规定。

九、工作说明书的分类

（1）岗位工作说明书，即以岗位为对象所编写的工作说明书。

（2）部门工作说明书，即以某一部门或单位为对象编写的工作说明书。

（3）公司工作说明书，即以公司为对象编写的工作说明书。

十、工作说明书的内容

（1）基本资料；（2）岗位职责；（3）监督与岗位关系；（4）工作内容和要求；（5）工

作权限；（6）劳动条件和环境；（7）工作时间；（8）资历；（9）身体条件；（10）心理品质要求；（11）专业知识和技能要求；（12）绩效考评。

十一、岗位规范与工作说明书的区别

（1）从涉及的内容看，工作说明书是以岗位的"事"和"物"为中心；岗位规范所覆盖的范围、所涉及的内容要比工作说明书广泛得多，只是其中有些内容如岗位人员规范，与工作说明书的内容有交叉。

（2）二者所突出的主题不同。岗位规范通过岗位系统分析，解决"什么样的员工才能胜任本岗位工作"的问题，以便为企业员工的招收、培训、考核、选拔、任用提供依据；工作说明书通过岗位系统分析，还要正确回答"该岗位是一个什么样的岗位，这一岗位做什么，在什么地点和环境条件下做，如何做"。

（3）从具体的结构形式看，工作说明书一般不受标准化原则的限制；岗位规范一般是由企业职能部门按企业标准化原则，统一制定并发布执行的。

十二、工作岗位分析的程序

工作岗位分析的程序如图 2-1-2 所示。

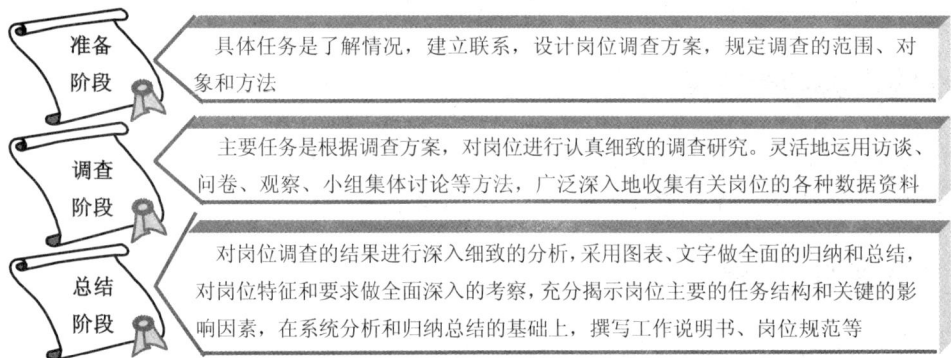

准备阶段	具体任务是了解情况，建立联系，设计岗位调查方案，规定调查的范围、对象和方法
调查阶段	主要任务是根据调查方案，对岗位进行认真细致的调查研究。灵活地运用访谈、问卷、观察、小组集体讨论等方法，广泛深入地收集有关岗位的各种数据资料
总结阶段	对岗位调查的结果进行深入细致的分析，采用图表、文字做全面的归纳和总结，对岗位特征和要求做全面深入的考察，充分揭示岗位主要的任务结构和关键的影响因素，在系统分析和归纳总结的基础上，撰写工作说明书、岗位规范等

图 2-1-2　工作岗位分析的程序

十三、起草和修改工作说明书的具体步骤

（1）在企业内进行系统全面的岗位调查，并起草工作说明书的初稿。

（2）企业人力资源部组织岗位分析专家，包括各部门经理、主管及相关的管理人员，召开有关工作说明书的专题研讨会，对工作说明书的订正、修改提出具体意见。工作说明书经过多次增删后形成审批稿，最终交由企业的总经理或负责人审查批准，并颁布执行。

第三节　企业劳动定额定员管理

一、劳动定额管理的内容

劳动定额管理工作包括定额的制定、贯彻执行、统计分析和修订四个重要环节。

二、巴克制给我们的启示

1. 巴克制的特征

巴克制即企业工作效率分析与控制的制度。其根本特征是，在现有生产设备的基础上，通过对劳动效率的分析研究与管理，建立科学的标准时间，采用一系列措施，最大限度地提高劳动生产率。

2. 巴克制的表达公式

巴克制将工人劳动（工作）效率，按其影响因素，进一步分解为作业效率和开工率两个方面。其数学表达式如下。

$$工作效率 = 工人作业效率 \times 开工率$$

式中，工人作业效率 = 定额工时 / 工人实耗工时

$$开工率 = 工人实耗工时 / 实际可利用工时$$

$$工人实耗工时 = 实际可利用工时 - 各级管理责任造成的浪费工时$$

3. 巴克制对企业的启示

对于企业来说，包括劳动定员定额在内的各项基础工作，不但不能忽视，反而需要强化。在市场经济条件下，现代企业只有强化劳动定额等基础工作，不断提高劳动生产率，充分挖掘劳动潜力，才能在市场经济中立于不败之地。

三、劳动定额的发展趋势

（1）逐步实现科学化、标准化和现代化。

（2）由传统的单一管理逐步转向以提高效率为中心的全员、全面、全过程的系统化管理。

（3）由过去的劳动定额与定员分散管理逐步转向劳动定额定员一体化管理。

四、劳动定额水平的概念和种类

劳动定额水平是在一定的生产技术组织条件下，行业或企业规定的劳动定额在数值上所表现的高低松紧程度。

（1）定额水平按定额的综合程度可分为工序定额水平、工种定额水平、零件或产品定额水平。

（2）定额水平按照劳动定额所考察的范围，可以分为车间定额水平、企业定额水平、行业或部门定额水平。

（3）定额水平按照定额的种类，又可表现为现行定额水平、计划定额水平和定额标准水平。

五、劳动定额水平是定额管理的核心

劳动定额水平不平衡，过高或过低，都会直接影响劳动定额作用的发挥。劳动定额水平既指导着生产，又制约着分配，所以其成为企业劳动定额管理的核心问题。企业劳动定额的各个环节都是围绕劳动定额水平这一核心问题展开的。

六、确定劳动定额水平的基本原则

保证定额水平既先进又合理，使其作用得到充分发挥，是确定定额水平的基本原则。

七、衡量劳动定额水平的方法

衡量劳动定额水平的方法见表2-1-1。

表2-1-1　衡量劳动定额水平的方法

方法	说明
用实耗工时来衡量	实耗工时和定额工时相对比，能反映员工实际完成定额的情况
用实测工时来衡量	实测工时就是选择具有平均技术熟练程度的员工，在正常的生产技术组织条件下，经过现场测定及必要的评定而获得的工时
用标准工时来衡量	标准工时是指根据时间定额标准制定的工时，在衡量企业现行定额水平时，应选择经过国家有关部门正式颁布或批准的时间定额标准作为依据
通过现行定额之间的比较来衡量	与现行定额之间的比较，是指与条件（如生产技术组织条件、生产类型、生产的产品等）相同的企业的定额水平，或本企业历史上先进的定额水平相比较
用标准差来衡量	可采用标准差综合评价某部门定额水平平衡的状况

八、确定劳动定额水平的注意事项

（1）在每个工作班内，使员工充分、有效地利用工作时间，保持适当的工时强度。

（2）大多数员工在多数情况下，以正常的速度进行操作，其脑力或体力的支出，应达到或接近国家或部门的劳动卫生标准。

（3）从定额执行的全过程看，某一生产岗位的员工，在定额执行初期可能在贯彻新定额时还存在一些困难，但到了中期、后期，由于员工提高了熟练程度，通过积极的努力会达到并超过定额。

九、劳动定额修订的内容

不论是产品现行劳动定额还是时间定额标准，执行一个时期后就会落后于生产水平。在这种情况下，现行定额就要做相应的修改，以便给员工提出新的工作目标，使定额适合生产发展的需要。

十、劳动定额的定期修订

（1）新产品的定额应在试制完成以后，随着图纸工艺等技术文件的整顿而进行必要的修订。修订后的定额适用于小批试制。

（2）在小批试制后要转入成批生产时，要随着图纸工艺等技术文件的定性，再修订一次定额。

（3）专业生产或成批轮番生产的产品，修改间隔期一般是 1 年。

（4）对某些工艺操作方法业已成型、生产潜力不大的老产品或标准件，以及质量较高、工时定额比较稳定的时间标准，可以每年定期进行一次检查，全面修改的期限可以适度延长。

（5）由于定额制定质量不高，定额水平参差不齐，可先进行内部调整，这种调整也应列入定期修订的计划内。

十一、劳动定额的不定期修订

根据有关规定，企业在发生以下情况，对劳动定额有重要影响时，可不受修订定额的间隔期的限制，对劳动定额及时进行调整，如图 2-1-3 所示。

十二、劳动定额定期修订的步骤

（1）准备阶段。①思想准备；②组织准备。在定额修订前，定额人员要调查摸底，切实分析定额完成情况和当前存在的问题，为修订定额提供充足的数据资料；在收集资料的基础上，确定修改定额的控制数即调整幅度。

（2）修订阶段。做好思想动员工作，提高员工的认识；组织员工认真讨论，提出修改意见，并汇报上级。

（3）审查平衡和总结阶段。对各车间意见同意评审和平衡汇总后，呈报总经理正式

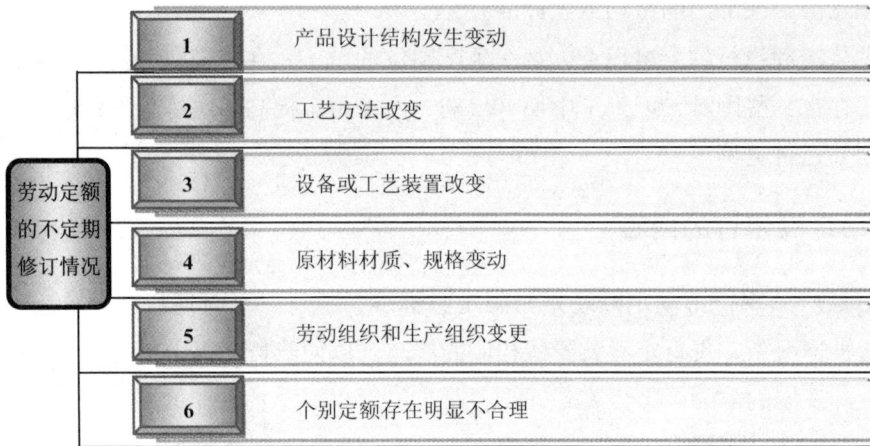

图 2-1-3　劳动定额的不定期修订情况

批准；抓好修订工作的经验总结，收集积累相关劳动定额资料，以利于日后工作的开展。

十三、修改劳动定额的方法

在进行劳动定额修改时，可采用简易修改法核算出新定额，计算公式如图 2-1-4 所示。

$$b = \frac{a}{1+y}$$

式中，b——零部件的实耗工时；a——修改前的定额工时；y——平均超额的百分比。

$$y = \frac{a_1}{a_2} - 1$$

式中，a_1——实际完成定额工时数；a_2——应出勤工时数。

$$x = (1+k)\,b$$

式中，x——修改后新的单件工时定额；k——允许超额幅度。

图 2-1-4　修改劳动定额的简易方法

此部分为第三版教程新增内容，考生应重点学习和理解教程中相关案例，掌握产品实耗工时统计的方法、劳动定额完成程度指标计算方法，熟记教程中的计算公式和案例计算过程。

十四、劳动定额统计工作的任务

（1）通过各种原始记录和统计台账，取得产品实耗工时的有关统计资料，为计算劳动定额完成程度指标、对现行定额的状况进行统计分析以及核算产品成本提供资料。

（2）计算劳动定额完成程度各项指标，为考核生产工人以及基层单位的生产成果、进行经济核算提供依据。

（3）对现行定额的状况以及劳动定额水平做出全面的评价，以便及时发现问题，采取有效措施，加强劳动定额管理，适时修订和改进现行定额，促进劳动生产率的不断提高。

十五、实耗工时的概念

实耗工时，也称实作工时、实动工时等，它是指在一定的生产技术组织条件下，生产工人为完成生产任务或生产合格产品实际耗用的劳动时间。

十六、实耗工时的意义

有助于考察企业、车间、班组和个人劳动定额的完成情况，衡量现行劳动定额水平是否先进合理；揭示产品生产过程中影响劳动消耗的主要问题，发现薄弱环节，为进一步改善和调整劳动组织指明方向。

十七、产品实耗工时的统计方法

1. 以各种原始记录为根据的产品实耗工时统计

（1）按产品零件逐道工序汇总产品的实耗工时；（2）按产品投入批量统计汇总实耗工时；（3）按照重点产品、重点零部件和主要工序统计汇总实耗工时；（4）按照生产单位和生产者个人统计汇总实耗工时。

2. 以现场测定为基础的产品实耗工时统计

（1）工作日写实；（2）测时；（3）瞬间观察法。

十八、劳动定额完成程度指标的计算方法

（1）按产量定额计算：

$$产量定额完成程度指标 = \frac{单位时间内实际完成的产品产量}{产量定额} \times 100\%$$

（2）按工时定额计算：

$$工时定额完成程度指标 = \frac{单位产品的工时定额}{单位产品的实耗工时} \times 100\%$$

十九、产品产量和工时定额的统计范围及要求

1. 报告期产品产量的统计范围

如果是为了反映员工、班组或车间的劳动效率，非因人工、班组或车间过失造成的废品，应统计在报告期产品产量内；完成程度指标计算公式中的子项，只能是完成合格

品的定额工时，不包括废品工时。

2. 现行工时定额的内容

追加或补付工时称为追加或补充定额，原工时定额则称为基本定额。基本定额和追加定额或补充定额之和，是企业在特殊情况下，对生产单位合格产品工时消耗的规定。

二十、劳动定额完成情况的分析

（1）利用分组法分析集体劳动定额完成情况。

（2）分析劳动条件不正常和工时利用不充分对劳动定额的影响。

二十一、企业定员的基本概念

（1）企业定员，也称劳动定员或人员编制。企业劳动定员是在一定的生产技术组织条件下，为保证企业生产经营活动正常进行，按一定的素质要求，对企业配备各类人员所预先规定的限额。

（2）编制包括机构编制和人员编制两部分内容。人员编制按照社会实体单位的性质和特点，可分为行政编制、企业编制、军事编制等。

二十二、劳动定额与劳动定员两个概念的区别和联系

（1）从概念的内涵来看，企业定员是对劳动力使用的一种数量、质量界限。它与劳动定额的内涵，即对活劳动消耗量的规定是完全一致的。

（2）从计量单位来看，劳动定员通常采用的劳动时间单位是"人·年"、"人·月"、"人·季"，与劳动定额所采用的劳动时间单位"工日"、"工时"没有"质"的差别，只是"量"的差别，即长度不同。

（3）从实施和应用的范围来看，凡是在常年性工作岗位上工作的人员都纳入了定员管理的范围之内。在企业中实行劳动定额的人员约占全体员工的40%~50%，企业可以工时定额、设备看管定额等数据为依据，核定出这些有定额人员的定员人数。

（4）从制定的方法来看，制定企业定员的方法主要有五种，具体如图2-1-5所示。

图2-1-5　制定企业定员的方法

在上述五种方法中，前三种与劳动定额存在着直接联系，而后两种方法是制定劳动定额的基本方法。

企业定员与劳动定额的共同点，即两者都是对人力消耗所规定的限额，只是粗细不同、计量单位不同、应用范围不同而已。

二十三、企业定员管理的作用

（1）合理的劳动定员是企业用人的科学标准。

（2）合理的劳动定员是企业人力资源计划的基础。

（3）科学合理定员是企业内部各类员工调配的主要依据。

（4）先进合理的劳动定员有利于提高员工队伍的素质。

二十四、企业定员的原则

（1）定员必须以企业生产经营目标为依据;（2）定员必须以精简、高效、节约为目标（应做好以下工作：①产品方案设计要科学;②提倡兼职;③工作应有明确的分工和职责划分）;（3）各类人员的比例关系要协调;（4）要做到人尽其才，人事相宜;（5）要创造一个贯彻执行定员标准的良好环境;（6）定员标准应适时修订。

二十五、核定用人数量的基本方法

制定企业定员标准，核定各类人员用人数量的基本依据是制度时间内规定的总工作任务量和各类人员工作（劳动）效率，即

$$某类岗位用人数量 = \frac{某类岗位制度时间内计划工作任务总量}{某类人员工作（劳动）效率}$$

二十六、按劳动效率定员

根据生产任务和员工的劳动效率以及出勤率来计算定员人数；适合于不受机器设备等其他条件影响、以手工操作为主的工种；按劳动效率定员的计算公式为

$$定员人数 = \frac{计划期生产任务总量}{工人劳动效率 \times 出勤率}$$

二十七、按设备定员

根据设备需要开动的台数和开动的班次、员工看管定额以及出勤率来计算定员人数，属于按效率定员的一种特殊形式，主要适用于机械操作为主、使用同类型设备、采用多机床看管的工种。计算公式为

$$定员人数 = \frac{需要开动设备台数 \times 每台设备开动班次}{工人看管定额 \times 出勤率}$$

二十八、按岗位定员

根据岗位的多少，以及岗位的工作量大小来计算定员人数。适用于连续性生产装置（或设备）组织生产的企业和一些既不操纵设备又不实行劳动定额的人员。按岗位定员有两种方法，设备岗位定员和工作岗位定员。前者适用于必须有单人看管或多岗位多人共同看管的场合，后者适用于有岗位但没有设备的情形。计算公式为

$$班定员人数 = \frac{共同操作的各岗位生产工作时间的总和}{工作班时间 - 个人需要与休息宽放时间}$$

二十九、按比例定员

按照与企业员工总数或某一类人员总数的比例，来计算某类人员的定员人数。适用于企业食堂工作人员、托幼工作人员、卫生保健人员等服务人员的定员。计算公式为

$$某类人员的定员人数 = 员工总数或某一类人员总数 \times 定员标准（百分比）$$

三十、按组织机构、职责范围和业务分工定员

适用于企业管理人员和工程技术人员的定员。

三十一、企业定员的新方法

（1）运用数理统计方法对管理人员进行定员。

（2）运用概率推断确定经济合理的医务人员人数。

（3）运用排队论确定经济合理的工具保管员人数。

（4）零基定员法。

三十二、定员标准的概念

定员标准是由劳动定额定员标准化主管机构批准、发布，在一定范围内对劳动定员所做的统一规定。它具有劳动定额标准的科学性、技术性、先进性、可行性、法定性、统一性等一系列特征。

三十三、企业定员标准的分级分类

（1）企业定员标准的分级。①国家劳动定员标准；②行业劳动定员标准；③地方劳动定员标准；④企业劳动定员标准。

（2）劳动定员标准的分类。劳动定员标准的分类见表 2-1-2。

表 2-1-2　劳动定员标准的分类

分类标准	类别	说明
按定员标准的综合程度	单项定员标准	是以某类岗位、设备、产品或工序为对象制定的标准
	综合定员标准	是以某类人员及至企业全部人员为对象制定的标准
按定员标准的具体形式	效率定员标准	根据生产任务量、劳动者的工作效率、出勤率等制定
	设备定员标准	根据设备性能、生产组织、技术要求、工作范围等制定
	岗位定员标准	根据工作岗位的性质和特点、工作流程和任务总量制定
	比例定员标准	按一类员工的比例确定另一类员工人数的定员标准
	职责分工定员标准	按组织机构、职责范围和业务分工确定的标准

三十四、企业定员标准的内容

按级别不同分为企业定员标准和行业定员标准等，由于影响人员使用的因素不同，有的要根据主要影响因素划分出若干组（数量指标或质量指标）分别确定用人标准。对人员数量标准的规定，可采用绝对（数）指标，具体明确；亦可采用相对（数）指标，便于按比较核定人数。有时根据需要还要可以规定控制幅度，控制幅度中的低限是多数企业经过努力可以达到的或是超过的水平，高限是相对多数企业经过一定时间的努力方可以达到的先进水平。

三十五、编制定员标准的原则

（1）定员标准要科学、先进、合理；（2）依据要科学；（3）方法要先进；（4）计算要统一；（5）形式要简化；（6）内容要协调。

三十六、定员标准的编写依据

劳动定员定额标准书面格式应严格按照国家标准《标准化工作导则 第 1 部分：标准的结构和编写》（GB/T1.1），以及其他标准化工作导则的要求编写。

三十七、定员标准的总体编排

劳动定员标准应由以下三大要素构成，如图 2-1-6 所示。

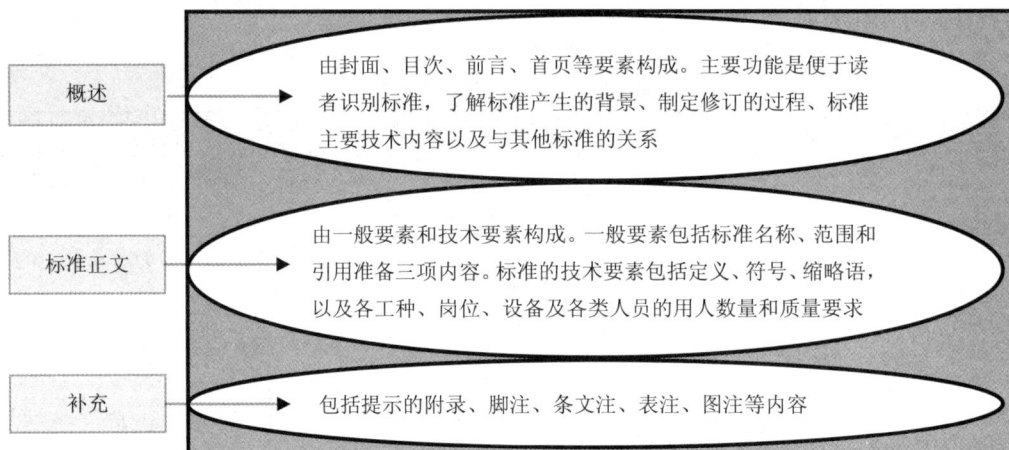

图 2-1-6　劳动定员标准的构成要素

三十八、定员标准的层次划分

定员标准的层次划分可按篇、章、条排列条文，条文最后排列目录，标准正文框架设计应有一定的逻辑顺序。

三十九、劳动定员标准表的格式设计

（1）表的编号；（2）表的接排；（3）表格的画法；（4）表头的项目设计。

第四节　人力资源费用预算的审核与支出控制

一、企业人力资源费用的构成

（1）人工成本。人工成本是指企业在一个生产经营周期（一般为一年）内，支付给员工的全部费用，主要包括工资项目、保险福利项目和其他项目三方面的内容。

（2）人力资源管理费用。人力资源管理费用是指企业在一个生产经营周期（一般为一年）内，人力资源部门的全部管理活动的费用支出，它是计划期内人力资源管理活动得以正常运行的资金保证，主要包括招聘费用、培训费用以及劳动争议处理费用三个方面的内容。

二、审核人力资源费用预算的基本要求

（1）确保人力资源费用预算的合理性。

（2）确保人力资源费用预算的准确性

（3）确保人力资源费用预算的可比性。

三、审核人力资源费用预算的基本程序

（1）检查项目是否齐全，尤其是那些子项目。①工资项目（工资、加班工资、轮班津贴、岗位津贴、资金）；②基金项目（劳动保险福利基金、养老储备金、员工医疗费、失业保险费、日常教育基金、住房基金、工会基金）；③其他费用（奖励基金和其他社会费用）。

（2）注意国家有关政策的变化，是否涉及人员费用项目的增加、变更或废止，特别是那些涉及员工权益的资金管理、社会保险等重要项目。

四、审核人工成本预算的方法

（1）注重内外部环境变化，进行动态调整（可以概括为 6 条线和 1 个指数）。

①关注政府有关部门发布的年度企业工资指导线，用三条线即基准线、预警线和控制下线衡量本企业生产经营状况，以确定工资增长幅度。

②定期进行劳动力工资水平的市场调查，了解同类企业各类劳动力工资价位的变化情况，掌握劳动力市场工资水平的上线、中线和下线。

③关注消费者物价指数（Consumer Price Index，CPI）。

（2）注意比较分析费用使用趋势。

（3）保证企业支付能力和员工利益。

五、审核人力资源管理费用预算的方法

（1）认真分析人力资源管理各方面活动及其过程，然后确定在这些活动及其过程中，都需要哪些资源、多少资源给予支持（如人力资源、财务资源、物质资源）。

（2）费用预算与执行的原则是"分头预算、总体控制、个案执行"，公司根据上年度预算与结算的比较情况提出一个控制额度。

六、人力资源费用支出控制的作用

（1）人力资源费用支出控制的实施是在保证员工切身利益、使工作顺利完成的前提下使企业达成人工成本目标的重要手段。

（2）人力资源费用支出控制的实施是降低招聘、培训、劳动争议等人力资源管理费用的重要途径。

（3）人力资源费用支出控制的实施为防止滥用管理费用提供了保证。

七、人力资源费用支出控制的原则

（1）及时性原则;（2）节约性原则;（3）适应性原则;（4）权责利相结合原则。

八、人力资源费用支出控制的程序

（1）制定控制标准；（2）人力资源费用支出控制的实施；（3）差异的处理。

第二章 人员招聘与配置

第一节 员工招聘活动的实施

一、内部招募的特点

内部招募是指通过内部晋升、工作调换、工作轮换、人员重聘等方法，从企业内部人力资源储备中选拔出合适的人员补充到空缺或新增的岗位上去的活动。

二、外部招募的特点

（1）优势：带来新思想和新方法；有利于招聘一流人才；起到树立形象的作用。

（2）不足：筛选难度大、时间长；进入角色慢；招募成本大；决策风险大；影响内部员工的积极性。

三、选择招聘渠道的主要步骤

（1）分析单位的招聘要求；（2）分析招聘人员的特点；（3）确定适合的招聘来源；（4）选择合适的招聘方法。

四、参加招聘会的主要程序

参加招聘会的主要程序具体如图 2-2-1 所示。

五、内部招募的主要方法

1. 推荐法

由本企业员工根据企业的需要推荐其熟悉的合适人员，供用人部门和人力资源部门进行选择与考核。

2. 布告法

布告法是在确定了空缺岗位的性质、职责及其所要求的条件等情况后，将这些信息以布告的形式，公布在企业中一切可利用的墙报、布告栏、内部报刊上，尽可能使全体员工都能获得信息，所有对此岗位感兴趣并具有此岗位任职能力的员工均可申请此岗位。布告法经常用于非管理层人员的招聘，特别适合于普通职员的招聘。

3. 档案法

在原档案的基础上结合员工的特长、工作方式、职业生涯规划的记录，可灵活开发运用。

六、外部招募的主要方法

1. 发布广告

发布广告是单位从外部招聘人员最常用的方法之一。通常是在一些大众媒体上刊登，有广泛的宣传效果，可以展示单位实力。发布广告有两个关键性问题：①广告媒体（广播、电视、报纸、杂志、网站）如何选择；②广告内容如何设计。广告的内容不仅应明确告诉潜在的应聘者单位能够提供什么岗位、对应聘者的要求是什么，还应告诉应聘者申请的方式。

2. 借助中介

包括人才交流中心、职业介绍所、劳动力就业服务中心等就业机构。这些机构承担着双重角色，既为单位择人，也为求职者择业，优点是缩短了招聘与应聘的时间。人才交流中心的优点是针对性强、费用低廉等；缺点是对于计算机、通信等专业的热门人才或高级人才的招聘效果不太理想。招聘洽谈会的优点是应聘者集中，单位选择的余地大；缺点是难以招聘到合适的高级人才。猎头公司能满足单位对高层次人才的需求与高级人才的求职需求。猎头公司的特点是推荐的人才素质高。

3. 校园招聘

也称上门招聘，即由企业单位的招聘人员通过到学校、参加毕业生交流会等形式直接招募人员。对于应届生和暑期临时工的招聘也可以在校园直接进行，主要方式有招聘广告张贴、招聘讲座和毕业分配办公室推荐三种。适用于选拔工程、财务、会计、计算机、法律以及管理等领域的专业化初级水平人员。

4. 网络招聘

网络招聘的优点：成本较低，方便快捷；选择幅度大，涉及范围广；不受地点和时间的限制；使应聘者的求职申请书、简历等重要资料的存贮、分类、处理和检索更加便捷化与规范化。

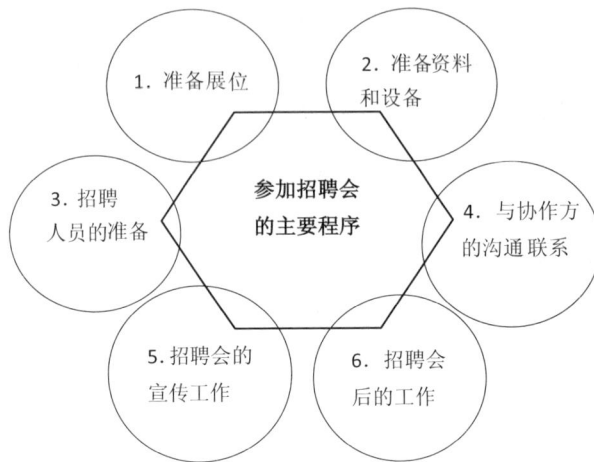

图 2-2-1　参加招聘会的主要程序

5. 熟人推荐

①优点：对候选人的了解比较准确；候选者一旦被录用，顾及介绍人的关系，工作也会更加努力；招募成本很低。另外，适用范围较广，既适用于一般人员的招聘，也适用于专业人才的招聘。不仅可以节约招聘成本，而且在一定程度上保证了应聘人员的专业素质和可信任度。

②缺点：可能在组织中形成裙带关系，不利于公司各项方针、政策和管理制度的落实。

七、注意事项

（1）采用校园招聘时应关注的问题：①要注意了解大学生在就业方面的一些政策和规定；②一部分大学生在就业中有脚踩两只船或几只船的现象；③学生往往对走上社会的工作有不切实际的估计，对自己的能力也缺乏准确的评价；④对学生感兴趣的问题做好准备。

（2）采用招聘洽谈会方式时应关注的问题：①通过收集信息，例如规模有多大、有哪些单位参加、场地在哪里等，了解招聘会的档次；②了解招聘会面对的对象，以判断是否有你所要招聘的人；③注意招聘会的组织者；④注意招聘会的信息宣传。

八、笔试的适用范围

（1）笔试是一种最古老而又最基本的选择方法，它是让应聘者在试卷上笔答事先拟好的试题，然后根据应聘者解答的正确程度予以评定成绩的一种选择方法。

（2）对基础知识和素质能力的测试，一般包括两个层次，即一般知识和能力与专业知识和能力。一般知识和能力包括一个人的社会文化知识、智商、语言理解能力、数字才能、推理能力、理解速度和记忆能力等。专业知识和能力即与应聘岗位相关的知识和能力，如财务会计知识、管理知识、人际关系能力、观察能力等。

九、笔试的特点

（1）优点：可以增加对知识、技能和能力的考察信度与效度；可以对大规模的应聘者同时进行筛选，花较少的时间达到高效率；对应聘者来说，心理压力较小，容易发挥正常水平；成绩评定比较客观，且易于保存笔试试卷。

（2）缺点：不能全面考察应聘者的工作态度、品德修养、企业管理能力、口头表达能力和操作能力等。在人员招聘中，笔试往往作为应聘者的初次竞争，成绩合格者才能继续参加面试或下轮的竞争。

十、筛选简历的方法

筛选简历主要有五种方法，具体内容如表 2-2-1 所示。

表 2-2-1　筛选简历的方法

方法	内容
分析简历结构	结构合理的简历都比较简练，一般不超过两页。为了强调自己近期的工作，书写教育背景和工作经历时，可以采取从现在到过去的时间排列方式
审查简历的客观内容	简历的内容一般可分为主观内容（包括应聘者对自己的描述）和客观内容（又分为个人信息、受教育经历、工作经历和个人成绩四个方面）。在筛选简历时注意力应放在客观内容上
判断是否符合岗位技术和经验要求	要注意个人信息和受教育经历，判断应聘者的专业资格和经历是否与空缺岗位相关并符合要求
审查简历中的逻辑性	在工作经历和个人成绩方面，要注意简历的描述是否有条理，是否符合逻辑
对简历的整体印象	标出简历中感觉不可信的地方以及感兴趣的地方，面试时可询问应聘者

十一、筛选申请表的方法

申请表的筛选方法与简历的筛选有很多相同之处，其特殊地方如下。

（1）判断应聘者的态度。如申请表信息填写是否认真、完整，字迹是否清楚。

（2）关注与职业相关的问题。要注意分析其离职的原因、求职的动机，对那些频繁离职人员加以关注。

（3）注明可疑之处。要对高职低就、高薪低就的应聘者加以注意。

十二、笔试方法的应用

（1）命题是否恰当。要求命题既能考核应试者的文化程度，又能体现出应聘岗位的工作特点和特殊要求。

（2）确定评阅计分规则。各个考题的分值应与其考核内容的重要性及考题难度成比例。

（3）阅卷及成绩复核。在阅卷和成绩复核时，关键要客观、公平，不徇私情。

十三、面试的概念

在面试过程中，代表用人单位的面试考官与应聘者直接交谈，根据应聘者对所提问题的回答情况，考查其相关知识的掌握程度，以及判断、分析问题的能力；根据应聘者在面试过程中的行为表现，观察其衣着外貌、风度气质、情态表现，以及现场的应变能力，判断应聘者是否符合应聘岗位的标准和要求。

十四、面试的内容

（1）突破面对面的问答模式。以面谈问答为基础，引入答辩式、演讲式、讨论式、案例分析、模拟操作等多样化的辅助形式。

（2）达到客观了解应聘者的业务知识水平、外貌风度、工作经验、求职动机、表达能力、反应能力、个人修养、逻辑性思维等情况的目的。

十五、面试的目标

（1）面试官的目标

面试官的目标包括：①营造一种融洽的会谈气氛，使应聘者能够正常发挥自己的实际水平；②让应聘者更加清楚地了解应聘单位的发展状况、应聘岗位的信息和相应的人力资源政策等；③了解应聘者的专业知识、岗位技能和非智力素质；④决定应聘者是否通过本次面试等。

（2）应聘者的目标。

应聘者的目标包括：①创造一个融洽的会谈气氛，尽量展现自己的实际水平；②有充分的时间向面试考官说明自己具备的条件；③希望被理解、被尊重，并得到公平对待；④充分地了解自己关心的问题；⑤决定是否愿意来该单位工作等。

（3）面试开始，作为主考官应当向应聘者做简要说明，这有利于应聘者了解面试的目的和程序，使应聘者保持自信。

十六、面试的基本程序

面试的基本程序具体如下图 2-2-2 所示。

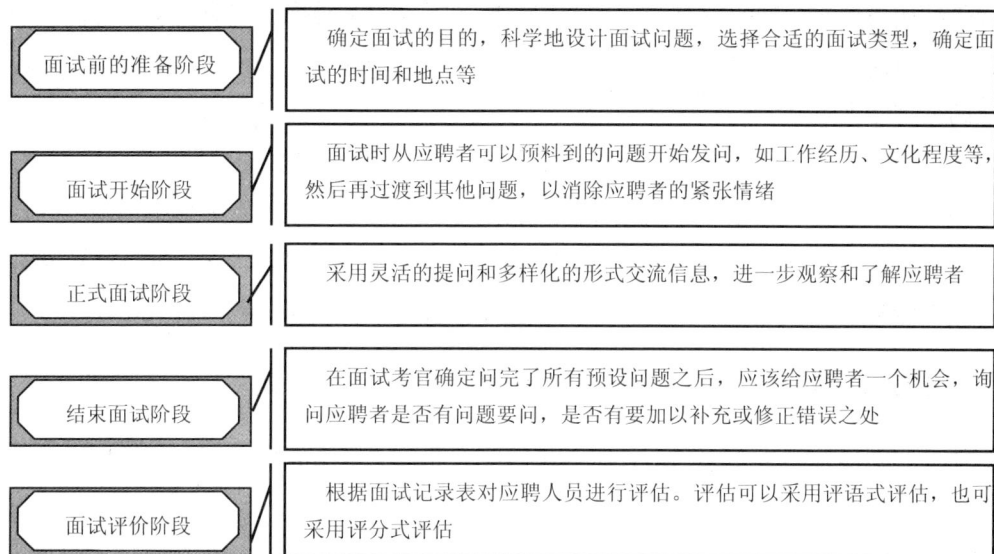

面试前的准备阶段	确定面试的目的，科学地设计面试问题，选择合适的面试类型，确定面试的时间和地点等
面试开始阶段	面试时从应聘者可以预料到的问题开始发问，如工作经历、文化程度等，然后再过渡到其他问题，以消除应聘者的紧张情绪
正式面试阶段	采用灵活的提问和多样化的形式交流信息，进一步观察和了解应聘者
结束面试阶段	在面试考官确定问完了所有预设问题之后，应该给应聘者一个机会，询问应聘者是否有问题要问，是否有要加以补充或修正错误之处
面试评价阶段	根据面试记录表对应聘人员进行评估。评估可以采用评语式评估，也可采用评分式评估

图 2-2-2 面试的基本程序

十七、面试环境的布置

（1）面试的环境应舒适、适宜，有利于营造宽松的气氛。

（2）面试的环境必须是安静的。

（3）在面试的环境方面值得注意的是，面试中面试考官与被面试者的位置如何安排。

十八、面试的方法

1. 初步面试和诊断面试

从面试所达到的效果来看，面试可分为初步面试和诊断面试。

（1）初步面试用来增进用人单位与应聘者的互相了解，在这个过程中应聘者对其书面材料进行补充，组织对其求职动机进行了解，并向应聘者介绍组织情况，解释岗位招募的原因及要求，它比较简单、随意。

（2）诊断面试则是对经初步面试筛选合格的应聘者进行实际能力与潜力的测试，目的在于招聘单位与应聘者双方补充深层次的信息。这对组织的录用决策与应聘者是否加入组织的决策至关重要。

2. 结构化面试和非结构化面试

根据面试的结构化程度，可分为结构化面试和非结构化面试。

（1）结构化面试是在面试之前，已经有一个固定的框架或问题清单，面试考官根据框架控制整个面试的进行，按照设计好的问题和有关细节逐一发问，严格按照这个框架对每个应聘者进行相同的提问。这种面试的优点是对所有应聘者均按同一标准进行，可以提供结构与形式相同的信息，便于分析、比较，减少主观性，同时有利于提高面试的效率，且对面试考官的要求较少。缺点是谈话方式过于程式化，难以随机应变，所收集信息的范围受到限制。

（2）非结构化面试无固定的模式，事先无须做太多的准备，面试者只要掌握组织、岗位的基本情况即可。这种面试是漫谈式的，即面试考官与应聘者随意交谈，无固定题目，无固定范围。其优点是灵活自由，问题可因人而异，可得到较深入的信息；其缺点是这种方法缺乏统一的标准，易带来偏差，且对面试考官的要求较高。

十九、面试问题的设计

通过回顾岗位的工作说明书，对岗位的职责和任职资格有所了解，并根据岗位所需要的能力要求设计一些基本问题。

二十、面试提问的技巧

在面试中，"问"、"听"、"观"、"评"是几项重要而关键的基本功。面试考官应运用一些提问的技巧来影响面试的方向和进度。主要提问方式有以下几种。

（1）开放式提问。让应聘者自由地发表意见或看法，以获取信息，避免被动。开放式提问又分为无限开放式和有限开放式。

（2）封闭式提问。即让应聘者对某一问题做出明确的答复，一般用"是"或"否"回答。封闭式提问可以表示两种不同的意思：一是表示面试官对应聘者答复的关注，一般在应聘者答复后立即提出一些与答复有关的封闭式问话；二是表示面试考官不想让应聘者就某一问题继续谈论下去，不想让应聘者过多发表意见。

（3）清单式提问。鼓励应聘者在众多选项中进行优先选择，以检验应聘者的判断、分析与决策能力。

（4）假设式提问。鼓励应聘者从不同角度思考问题，发挥应聘者的想象能力，以探求应聘者的态度或观点。

（5）重复式提问。让应聘者知道面试考官接收到了应聘者的信息，检验获得信息的准确性。

（6）确认式提问。鼓励应聘者继续与面试考官交流，表达出对信息的关心和理解。

（7）举例式提问。这是面试的一种核心技巧，又称为行为描述提问。

二十一、面试提问的注意事项

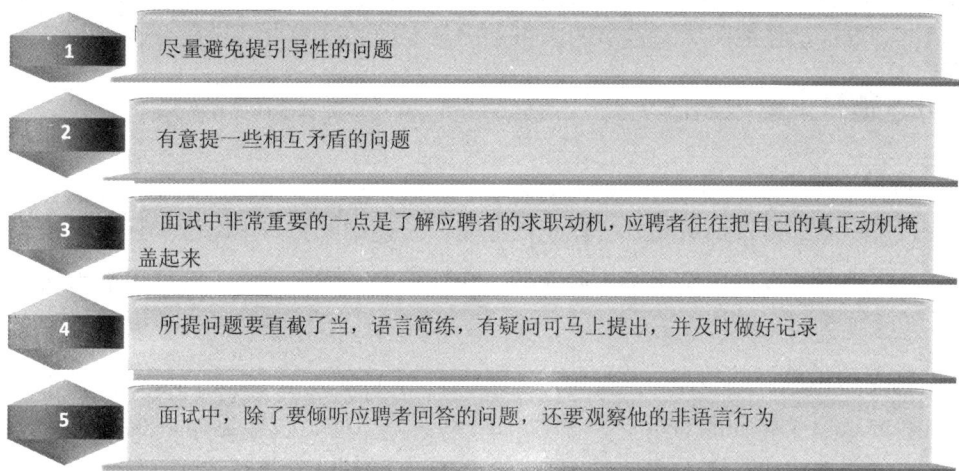

1	尽量避免提引导性的问题
2	有意提一些相互矛盾的问题
3	面试中非常重要的一点是了解应聘者的求职动机，应聘者往往把自己的真正动机掩盖起来
4	所提问题要直截了当，语言简练，有疑问可马上提出，并及时做好记录
5	面试中，除了要倾听应聘者回答的问题，还要观察他的非语言行为

图 2-2-3　面试提问的注意事项

二十二、人格测试

人格包括体格与生理特质、气质、能力、动机、价值观与社会态度等。重要的工作岗位，为选择合适的人才，需进行人格测试，目的是了解应试者的人格特质。

二十三、兴趣测试

（1）目的：兴趣测试揭示了人们想做什么和他们喜欢做什么，发现最感兴趣并从中得到最大满足的工作是什么。

（2）兴趣的六种类型：现实型、智慧型、常规型、企业型、社交型和艺术型。

二十四、能力测试

1. 能力测试的概念

能力测试是用于测定从事某项特殊工作所具备的某种潜在能力的一种心理测试。

2. 能力测试的作用

能力测试可以有效地测量人的某种潜能，预测可能成功的职业领域，或判断适合的工作。

3. 能力测试的内容

（1）普通能力倾向测试。其主要内容有思维能力、想象能力、记忆能力、推理能力、分析能力、数学能力、空间关系判断能力、语言能力等。

（2）特殊职业能力测试。目的是测试已具备工作经验或受过有关培训的人员在某些职业领域中现有的熟练水平；选拔那些具有从事某项职业的特殊潜能，并且能经过很少或不经特殊培训就能从事某种职业的人才。

（3）心理运动技能测试。包括两大类：一是心理运动能力；二是身体能力。

二十五、情景模拟测试法

1. 情景模拟测试的概念

情景模拟测试是根据被测者可能担任的岗位，编制一套与该岗位实际情况相似的测试项目，将被测者安排在模拟的、逼真的工作环境中，要求被测者处理可能出现的各种问题，用多种方法来测试其心理素质、实际工作能力、潜在能力等综合素质。

2. 情景模拟测试的特点

这种方法由于将应聘者放在一个模拟的真实环境中，较容易通过观察应聘者的行为和行为效果来鉴别应聘者的工作能力、人际交往能力、语言表达能力等综合素质。与笔试、面试方法的区别在于，针对被测者明显的行为、实际的操作以及工作效率进行测试，重点测试项目是那些在书面测试中无法准确测试的被测者的实际能力。

3. 情景模拟测试的分类

根据情景模拟测试内容的不同，可以分为：语言表达能力测试，侧重于考察语言表达能力；组织能力测试，侧重于考查协调能力；事务处理能力测试，侧重于考查事务处理能力。

4. 情景模拟测试的优点

（1）可以多角度全面观察、分析、判断、评价应聘者，这样企业就可能得到最佳人选。

（2）通过这种测试选拔出来的人员往往可直接上岗，或只需经过有针对性的简短培训即可上岗，从而为企业节省大量的培训费用。

二十六、情景模拟测试的方法

情景模拟测试是一种常用的能力测试方法，其中最常用的情景模拟方法包括公文处理模拟法、无领导小组讨论法、角色扮演法。

1. 公文处理模拟法的步骤

公文处理模拟法的步骤如图 2-2-4 所示。

2. 无领导小组讨论法

无领导小组讨论法是对一组人同时进行测试的方法，它将讨论小组（一般由 4~6 人组成）引入一间只有一桌、数椅的空房间中，不指定谁来充当主持讨论的组长，也不布置议题与议程，只是给一个简短案例，即介绍一种管理情景，其中隐含着一个或数个待决策和处理的问题，以引导小组展开讨论。在小组讨论过程中，测评者也不出面干预。

1	发给每个被测者一套文件汇编（由15~25份文件组成）
2	向被测者介绍有关背景材料，然后告诉被测者，他现在就是这个岗位上的任职者，负责全权处理文件篓里的所有公文材料
3	将处理结果交给测评组，按既定的考评维度与标准进行考评。通常不是定性式地给予评语，而是就某些维度逐一定量式地评分（常用五分制）。最常见的考评维度有七个，即个人自信心、企业领导能力、计划安排能力、书面表达能力、分析决策能力、担风险倾向和信息敏感性

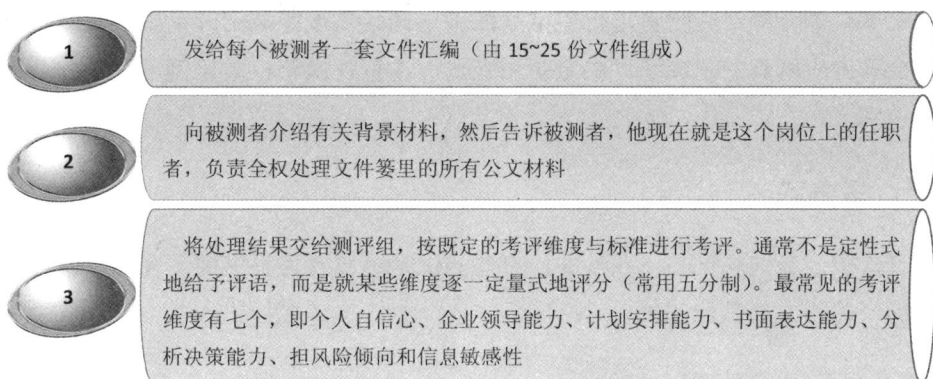

图 2-2-4　公文处理模拟法的步骤

最后的测评过程，由几位考官根据每人在论坛中的表现及所起作用，按既定维度予以评分。这些维度通常是主动性、宣传鼓动与说服力、口头沟通能力、企业管理能力、人际协调能力、自信、创新能力、心理承受能力等。这些素质和能力是通过被测评者在讨论中所扮演的角色（如发起者、指挥者、鼓动者、协调者等）的行为来表现的。

3. 角色扮演法

角色扮演法是一种主要用来测评被测者人际关系处理能力的情景模拟测试法。它要求被测者扮演一个特定的管理角色来处理日常管理问题，借此可以了解被测者的心理素质和潜在能力。

二十七、应用心理测试法的注意事项

（1）要注意对应聘者的隐私加以保护；（2）要有严格的程序；（3）心理测试的结果不能作为唯一的评定依据。

二十八、人员录用

人员录用是依据选拔的结果做出录用决策并进行安置的活动，其中最关键的内容是做好录用决策。

二十九、多重淘汰式

在多重淘汰式中，每种测试方法都是淘汰性的，应聘者必须在每种测试中都达到一定水平，方能合格。

三十、补偿式

补偿式中不同测试的成绩可以互为补充，最后根据应聘者在所有测试中的总成绩做出录用决策。如分别对应聘者进行笔试与面试选择，再按照规定的笔试与面试的权重比例，综合算出应聘者的总成绩，决定录用人选。注意：由于权重比例不一样，录用人选也会有差别。

三十一、结合式

结合式中，有些测试是淘汰性的，有些测试是可以互为补充的，应聘者通过淘汰性的测试后，才能参加其他测试。

三十二、录用注意事项

（1）尽量使用全面衡量的方法；（2）减少做出录用决策的人员；（3）不能求全责备。

第二节　员工招聘活动的评估

一、招聘成本及其相关概念

招聘成本是为吸引和确定企业所需要的人力资源而发生的费用，主要包括招聘人员的直接或间接劳务费用、直接或间接业务费用、其他相关费用等。

招聘单位成本是招聘总成本与实际录用人数之比。如果招聘实际费用少、录用人数多，则意味着招聘单位成本低；反之，则意味着招聘单位成本高。

招聘成本有招募成本、选拔成本、录用成本、安置成本、离职成本和重置成本等形式。

二、招聘成本效益评估

招聘成本效益评估是指对招聘中的费用进行调查、核实，并对照预算进行评价的过程。招聘成本效益评估是鉴定招聘效率的一个重要指标。

三、人员招聘数量和质量评估

企业通过对各类人员招聘数量情况的统计指标进行评估，可以分析、查明员工数量满足或不满足需求的情况产生的原因，有利于找出招聘活动中的薄弱环节。人员招聘质量评估是对员工的工作绩效行为、实际能力、工作潜力的评估，它是对招聘的工作成果与方法进行有效性检验的另一个重要方面。

四、成本效益评估

成本效益评估是对招聘成本所产生的效果进行分析，包括招聘总成本效益、招募成本效益分析、人员选拔成本效益分析、人员录用成本效益分析等。具体计算公式分别如下：

总成本效益 = 录用人数 / 招聘总成本

招募成本效益 = 应聘人数 / 招募期间的费用

选拔成本效益 = 被选中人数 / 选拔期间的费用

录用成本效益 = 正式录用人数 / 录用期间的费用

五、招聘收益成本比

它既是一项经济评价指标，同时也是对招聘工作的有效性进行考核的一项指标。招聘收益与招聘成本的比值越大，说明招聘工作越有效。

招聘收益成本比 = 所有新员工为组织创造的价值 / 招聘总成本

六、人员录用数量评估

人员录用数量评估主要从录用比、招聘完成比和应聘比三个方面进行。

录用比 = （录用人数 / 应聘人数）× 100%

招聘完成比 = （录用人数 / 计划招聘人数）× 100%

应聘比 = （应聘人数 / 计划招聘人数）× 100%

招聘完成比大于等于 100% 时，说明在数量上完成或超额完成了招聘任务。应聘比说明招募的效果，该比例越大，则招聘信息发布的效果越好。

七、招聘活动过程评估的相关概念

1. 信度

信度主要是指测试结果的可靠性或一致性。可靠性是指一次又一次的测试总是得出同样的结论。信度可分为稳定系数、等值系数、内在一致性系数，具体内容如表 2-2-2 所示。

表 2-2-2　信度的类型

类型	内容
稳定系数	指用同一种测试方法对一组应聘者在不同时间进行测试的结果的一致性。一致性可用两次结果之间的相关系数来测定。相关系数高低既与测试方法本身有关，也与测试因素有关，此方法不适用于受熟练程度影响较大的测试
等值系数	指对同一应聘者使用两种对等的、内容相当的测试方法，其结果之间的一致性
内在一致性系数	把同一（组）应聘者进行的同一测试分为若干部分加以考察，各部分所得结果之间的一致性

2. 效度

效度是指实际测到应聘者的有关特征与想要测的特征的符合程度。一个测试必须能测出它想要测定的功能才算有效。效度主要分为三种：预测效度、内容效度、同侧效度。

（1）预测效度。它是指测试能预测将来行为有效性的程度。在人员选拔过程中，预测效度是考虑选拔方法是否有效的一个常用指标。可根据此法来评估、预测应聘者的潜力。

（2）内容效度。它是指测试方法能真正测出想测内容的程度。适用于知识测试、实际操作测试；不适用于对能力和潜力的测试。

（3）同侧效度。它是对现有员工实施某种测试，然后将测试结果与员工的实际工作绩效考核得分进行比较，若两者相关系数很大则此测试效度很高。特点是省时，能尽快检验某种测试方法的效度，但易受到其他因素的干扰而缺乏准确性。

八、招募环节的评估

1. 招募渠道的吸引力

包括所吸引的有效获选人数量，该指标是一个绝对指标，关键还是要看相对指标，即与成本的对照关系。

2. 招募渠道有效性的评估

招募渠道的有效性可采用招募渠道成本效用的统计指标进行分析。招募渠道收益与成本的比值越大，说明招募渠道越有效。

九、甄选环节的评估

甄选环节的评估，主要是对采用的各种甄选方法的信度与效度的评估。

1. 面试方法的评估

招聘人员应该回顾招聘过程中的面试环节，评估面试方法的有效性。主要从以下几个方面评估面试方法的有效性：①提问的有效性；②面试考官是否做到有意识地避免各种心理偏差的出现；③面试考官在面试过程中对技巧使用情况的评价。

2. 无领导小组讨论的评估

主要从两方面进行评估：①无领导小组讨论题目的有效性；②对考官表现的综合评价。

十、录用环节的评估

（1）录用员工的质量（业绩、出勤率等）。对录用人员的质量评估实际上是对其在人员甄选过程中能力、潜力、素质等各种测试与考核的延续，也可根据招聘的要求或工作分析中得出的结论，对录用人员进行等级排列来确定质量，其方法与绩效考核方法相似。

（2）职位填补的及时性。

（3）用人单位或部门对招聘工作的满意度。其中包括对新录用员工的数量、质量的满意度，以及对招聘过程的满意度。

（4）新员工对所在岗位的满意度。

第三节 人力资源的有效配置

一、人力资源配置的基本概念

企业人力资源配置是指对人力资源的具体安排、调整和使用。企业人力资源配置就是指通过人员规划、招募、选拔、录用、考评、调配和培训等多种手段与措施，将符合企业发展需要的各类员工适时、适量地安排到适合岗位上，使之与其他经济资源实现有效的合理配置。

二、人力资源配置的基本原理

1. 要素有用原理

即任何要素（人员）都是有用的，配置的根本目的是给所有人员找到和创造能够发挥作用的条件。人没有用好的问题之一是：没深入全面识别员工，发现他们的可用之处，因此正确识别员工是合理配置人员的前提。问题之二是：没为员工发展创造有利的条件，只有当条件和环境适当时，员工的能力才能得到充分发挥。识才、育才、用才是管理者的主要职责。

2. 能位对应原理

能位对应原理是指人与人之间不仅存在能力特点的不同，而且在能力水平上也是不同的，具有不同能力特点和水平的人，应安排在相应特点和层次的职位上，并赋予该职位应有的权力和责任，使个人能力水平与岗位要求相适应。个体能力差异包括两点。一是能力性质、特点的差异，即能力的特殊性不同。能力特殊性形成个体的专长、特长，即能干什么，最适合干什么。二是能力水平的差异。承认该差异是为了在人力资源的利用上坚持能级层次原则，大才大用、小才小用，各尽所能、人尽其才。

一个单位或组织的工作，一般可分为四个层级，即决策层、管理层、执行层、操作层。

3. 互补增值原理

强调人各有所长也各有所短，以己之长补他人之短，从而使每个人的长处得到充分发挥，避免短处对工作的影响。通过个体之间取长补短形成整体优势，实现组织目标的最优化。

4. 动态适应原理

动态适应原理是指人与事的不适应是绝对的，适应是相对的，从不适应到适应是在运动中实现的，随着事业的发展，适应又会变为不适应，只有不断调整人与事的关系才能达到重新适应，这正是动态适应原理的体现。

5. 弹性冗余原理

弹性冗余原理要求在人与事的配置过程中，既要达到工作的满负荷，又要符合人力资源的生理、心理要求，不能超越身心的极限，保证对人、事的安排要留有一定余地，既带给人力资源一定的压力和紧迫感，又要保障所有员工的身心健康。

三、企业劳动分工

企业劳动分工是在科学分解生产过程的基础上所实现的劳动专业化，使许多劳动者从事着不同但又相互联系的工作。

1. 企业劳动分工的作用

劳动分工对促进企业生产的发展、提高劳动效率具有极其重要的作用，具体内容如图 2-2-5 所示。

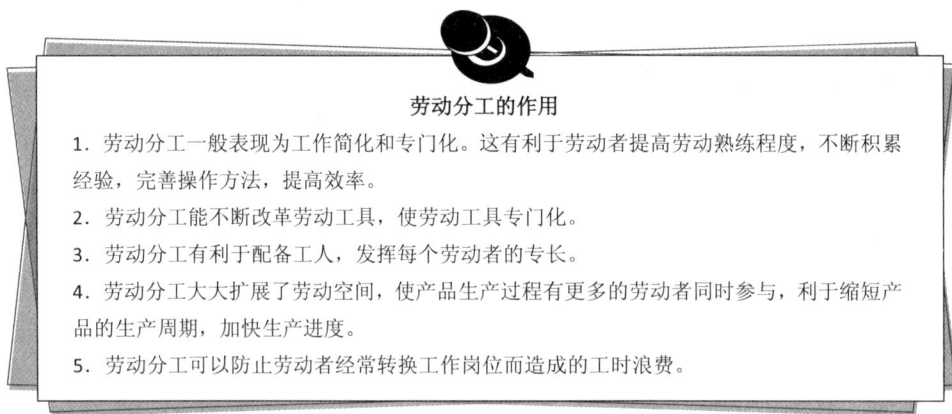

劳动分工的作用

1. 劳动分工一般表现为工作简化和专门化。这有利于劳动者提高劳动熟练程度，不断积累经验，完善操作方法，提高效率。
2. 劳动分工能不断改革劳动工具，使劳动工具专门化。
3. 劳动分工有利于配备工人，发挥每个劳动者的专长。
4. 劳动分工大大扩展了劳动空间，使产品生产过程有更多的劳动者同时参与，利于缩短产品的生产周期，加快生产进度。
5. 劳动分工可以防止劳动者经常转换工作岗位而造成的工时浪费。

图 2-2-5　劳动分工的作用

2. 企业劳动分工的形式

（1）职能分工。企业全体员工按所执行的职能分工，一般分为工人、学徒、工程技术人员、管理人员、服务人员及其他人员。这是企业劳动组织中最基本的分工。

（2）专业（工种）分工。它是职能分工下面第二个层次的分工。工程技术人员按专业可分为设计人员、工艺人员、计划人员、财会人员、统计人员等。

（3）技术分工。它是每一专业和工种内部按业务能力与技术水平高低进行的分工。

3. 企业劳动分工的原则

（1）把直接生产工作和管理工作、服务工作分开；（2）把不同的工艺阶段和工种分开；（3）把准备性工作和执行性工作分开；（4）把基本工作和辅助工作分开；（5）把技术高低不同的工作分开；（6）防止劳动分工过细带来的消极影响。

四、企业劳动协作

企业劳动协作，就是采用适当的形式，把从事各种局部性工作的劳动者联合起来，共同完成某种整体性工作。企业有分工就要有协作。协作以分工为前提，分工以协作为条件，在分工的基础上协作，在协作的原则下分工，二者不可分割。

1. 企业劳动协作的形式

劳动协作分为两种：简单协作和复杂协作。以简单分工为基础的协作是简单协作，以细致分工为基础的协作是复杂协作。

2. 内部劳动协作的基本要求

（1）尽可能地固定各种协作关系，并在企业管理制度中对协作关系的建立、变更、解除的程序和方法以及审批权限等内容做出严格的规定。

（2）实行经济合同制。协作双方通过签订经济合同，保证协作任务按质、按量、按期完成。

（3）全面加强计划、财务、劳动人事等方面的管理，借用各种经济杠杆和行政手段，保证协作关系的实现。

3. 作业组

作业组是企业中最基本的协作关系和协作形式，是在劳动分工的基础上，把为完成某项工作而相互协作的有关员工组织起来的劳动集体。它是企业里最基本的组织形式，是我们研究企业劳动协作组织的基础。基本原则是，把生产上有直接联系的工人组合起来，不能把生产上没联系的工人凑合在一起。

4. 需要组建作业组的情况

（1）生产工作需要员工共同完成，而不能分配给每个工人独立完成时；（2）看管大型复杂的机器设备；（3）员工的工作彼此密切相关；（4）为了便于管理和相互交流；（5）为了加强工作联系；（6）在员工没有固定的工作地，或者没有固定工作任务的情况下，为了便于调动和分配他们的工作。

5. 作业组分类

（1）按工种组成的情况区分，有专业作业组（由同工种工人组成）和综合作业组（由不同工种的工人组成）两种。

（2）按轮班工人的组成情况分，可分为轮班作业组（按照横班组织成作业组）和圆班作业组（按早、中、夜三班组成一个作业组）两种。

6. 组织工作的主要内容

（1）搞好作业组的民主管理，同时结合生产实际情况，建立完善的岗位责任制度；（2）为作业组正确地配备人员；（3）选择一个好的组长，作业组组长的人选可通过民主选举、领导批准等方式产生；（4）合理确定作业组的规模，一般10~20人为宜。

五、工作地组织的基本内容

1. 合理装备和布置工作地

装备工作地是指确定需要使用的各种设备、工具和必要的辅助设备。布置工作地应尽量缩短员工在班上行走的距离，减少员工辅助生产时间，减轻劳动强度。

2. 保持工作地的正常秩序和良好工作环境

包括安装必要的防护装置，做好清洁卫生，设置合适的照明条件，调节正常的温度、湿度、通风条件，控制噪音，尽量减少有毒、有害气体的危害，合理调节工作地的色彩等。

3. 正确组织工作地的供应和服务工作

包括及时供应原材料、半成品，防止停供材料；按计划检修机器设备，防止发生设备事故；按时供应各种工具、图纸和有关技术资料；指导操作员工按技术规范操作；加强质量检验；及时运送加工好的半成品和成品；搞好各项辅助性和服务性工作等。

六、工作地组织的要求

（1）应利于员工进行生产劳动，减少或消除多余、笨重的操作，减少体力消耗，缩短辅助作业时间。

（2）应有利于发挥工作地装备以及辅助器具的效能，尽量节约空间，减少占地面积。

（3）要有利于员工的身心健康，使员工有良好的劳动条件与工作环境，防止职业病，避免各种设备或人身事故。

（4）要为企业所有人员创造良好环境，使企业员工在健康、舒适、安全的条件下工作。

七、改进过细劳动分工的方法

改进过细劳动分工的方法具体如表2-2-3所示。

表 2-2-3　改进过细劳动分工的方法

方法	内容
扩大业务法	将同一性质（技术水平相当）的作业，由纵向分工改为横向分工
充实业务法	将工作性质与负荷不完全相同的业务重新进行分工
工作连贯法	将紧密联系的工作交给一个人（组）连续完成
轮换工作法	将若干项不同内容的工作交给若干人完成，每人每周轮换一次
小组工作法	将若干延续时间较短的作业合并，由几名员工组成的作业小组共同承担，改变过去短时间内一人只负责一道工序的局面
兼岗兼职	安排生产员工负担力所能及的维修工作
个人包干负责	可由一个人负责装配、检验、包装整台产品，并挂牌署名，以便用户直接监督

八、企业员工配置的基本方法

员工配置的基本方法主要有三种：以人为标准进行配置、以岗位为标准进行配置和以双向选择为标准进行配置。

1. 以人为标准进行配置

即从人的角度，按每人得分最高的一项给其安排岗位。这样做可能出现同时多人在该岗位上得分最高，结果只能选择一个员工，而使优秀人才被拒之门外。

2. 以岗位为标准进行配置

即从岗位的角度出发，每个岗位都挑最好的人来做，但这样做可能会导致一个人同时被好几个岗位选中。这样做的组织效率最高，但只有在允许岗位空缺的前提下才能实现，因此常常是不可行的。

3. 以双向选择为标准进行配置

即在岗位和应聘者之间进行必要调整，以满足各个岗位人员配置的要求。采用该办法，对岗位而言，可能出现得分最高的员工不能被安排在本岗位上；而对员工而言，可能没被安排到其得分最高的岗位上工作。但该办法综合平衡了岗位和人员两方面的因素，现实可行，能从总体上满足岗位人员配置的要求，效率极高。

九、员工任务指派方法

在企业劳动组织过程中，为提高人力资源配置的有效性，可采用运筹学的数量分析方法指派员工任务。如在解决员工任务指派问题时可采用匈牙利法，这是实现人员与工作任务配置合理化、科学化的典型方法。采用匈牙利法解决员工任务合理指派问题时，应具备两个约束条件：员工数目与任务数目相等；求解最小化问题，如工作时间最小化、费用最小化等。

十、加强现场管理的 5S 活动

"5S"分别表示五个日语词汇的罗马拼音的首字母缩写，具体如图 2-2-6 所示。

整理（Seiri）	整顿（Seiton）	清扫（Seiso）	清扫（Seiketsu）	素养（Shitsuke）
从现场清除不用的物品	布置、摆放有用物品	清扫+自我检查	对以上3点成果的巩固、维持，使之制度化	（核心）提高员工素质，养成良好习惯，遵守行为规范

图 2-2-6 "5S" 活动

十一、"5S"的内在联系

前三个"S"直接针对现场，其要点分别是：整理，将不用物品从现场清除；整顿，将有用物品定置存放；清扫，对现场清扫检查，保持清洁。后两个"S"则从规范化和人的素养高度巩固"5S"活动效果。

十二、"5S"活动的目标

（1）工作变换时，寻找工具、物品的时间为零；（2）整顿现场时，不良品为零；（3）努力降低成本，减少消耗，浪费为零；（4）缩短生产时间，交货延期为零；（5）无泄漏危害，安全整齐，事故为零；（6）各员工积极工作，彼此间团结友爱，不良行为为零。

十三、"6S"活动

在"5S"活动的基础上，有人提出了"6S"活动，即在"整理、整顿、清扫、清洁、素养"的基础上增加了"安全"（Security）。

十四、劳动环境优化

（1）照明与色彩。①照明度：通常照明亮度越高看得越清楚，但如果亮度过高，反而会造成炫目看不准，一般应以人眼观察物体舒适度为标准；工作地和加工部位的照明度应高于周围环境；运动中物体的照明度应高于静止中的物体。②色彩：适当的色彩不仅可以调节人的情绪，还可降低人的疲劳程度。

（2）噪音。一般采用隔声罩、消音器、隔声墙等，把高噪音和低噪音的机器设备分别排放，集中治理。个人防护措施可以采用防噪耳塞。

（3）温度和湿度。在夏季，当工作地点的温度经常高于35℃时，应采取降温措施，在冬季，当室内温度经常低于5℃时，应采取防寒保温措施。人体的舒适温度夏季为

18℃~24℃，冬季为 7℃~22℃。

（4）绿化。绿化能改善工厂的自然环境，对劳动环境中各种因素的优化起到辅助作用，企业可根据厂区环境和生产特点选择适当的树种和绿化方式。

十五、人力资源时间配置

企业人力资源配置不仅表现为部门、工种、岗位以及工作地、劳动环境等空间上的劳动分工与协作，还表现为时间维度上的劳动分工与协作，即员工的工作时间组织。

工作时间是指员工在工作场所从事生产经营活动所消耗的劳动时间。它通常是以工时为单位进行计量。

根据国家机关、企事业单位办公生产经营的不同特点与条件，工时制度可分为标准工时工作制、综合工时工作制和不定时工作制。

十六、工作轮班制度的概念和种类

工作轮班制度是指在工作日内组建不同班次的作业组，在同一工作地轮番进行生产的劳动协作形式。企业工作轮班制的种类有单班制和多班制。实行单班制还是多班制，主要取决于企业的生产经营活动的性质和特点。

十七、工作轮班的组织形式

工作轮班的组织形式很多，企业曾经采用过的有两班制、三班制和多班制。

（1）两班制。两班制是每日分早、中两班组织生产，员工不上夜班。

（2）三班制。三班制是每天分早、中、夜三班组织生产。根据公休日是否进行生产，又可分为间断性三班制和连续性三班制。

①间断性三班制。有固定公休日的形式，即公休日停止生产，全体员工休息，公休日后轮换班次。其倒班的方法分为正倒班（早、中、夜）和反倒班（早、夜、中）。

②连续性三班制。对于生产过程不能间断的企业，一年内除了设备检修或停电等时间外，每天必须组织生产，公休日也不间断。这时必须实行连续性三班制。员工不能一起休息，只能组织轮休。

（3）四班三运转即四班轮休制，亦称四三制。员工每 8 天中轮休 2 天，每天 3 个班生产，1 个班轮休，2 天一倒班，工作 6 天休息 2 天之外，还可以安排工作 3 天休息 1 天，或者工作 9 天休息 3 天，从循环期上看，可分为 4 天、8 天、12 天等形式。在实行每周 40 小时的工作制度下，企业采用本方法时，每个月需要安排员工轮休，以补付员工每周工作评价超出的工作工时。

（4）多班制。多班制主要是指每天组织 4 个或 4 个以上工作班轮番进行生产的轮班制度。主要有四八交叉、四六工作制和五班轮休制，具体内容如表2-2-4所示。

表2-2-4 多班制的类别

类别	内容
四八交叉	亦称四班交叉作业，是指在一昼夜24小时内组织4个班生产，每班工作8小时，前后两班之间的工作时间相互交叉，交叉时间一般为24小时
四六工作制	每一个工作日由原来组织三班生产，改为四班生产，每班由8小时工作制改为6小时工作制
五班轮休制	即五班四运转，它是员工每工作10天轮休2天的轮班制度，是以12天为一个循环期。它是我国企业推行40小时工作制之后，在四班三运转的基础上实行的一种新的轮班制度，它保证了企业员工每月平均工作时间不超过166.64小时的规定

十八、组织工作轮班应注意的问题

（1）工作轮班的组织，应从生产的具体情况出发，以便充分利用工时和节约人力。

（2）要平衡各个轮班人员的配备。

（3）建立健全交接班制度。

（4）适当组织各班员工交叉上班。

（5）工作轮班制对人的生理、心理会产生一定影响，特别是夜班对人的影响最大。

为了解决夜班疲劳、员工生理心理不适应和工作效率下降的问题，一般可采用以下两种办法：①适当增加夜班前后的休息时间；②缩短上夜班的次数，例如采用四班三运转的倒班办法。

第三章 培训与开发

第一节 培训项目设计与有效性评估

一、培训需求分析的含义

培训需求分析就是在计划与设计每项培训活动之前，采取一定的方法和技术，对组织及其成员的目标、知识、技能等所进行的系统研究，以确定是否需要培训和培训内容的过程。

二、培训需求的调查与确认

其目的就是确定谁最需要培训，最需要培训什么，即需要确认培训对象和培训内容。

三、培训需求分析的技术模型

（1）Goldstein组织培训需求分析模型；（2）培训需求循环评估模型；（3）前瞻性培训需求评估模型；（4）三维培训需求分析模型。

四、培训项目设计的原则

（1）因材施教；（2）激励性；（3）实践性；（4）反馈及强化性；（5）目标性；（6）延续性；（7）职业发展性。

五、培训项目规划的内容

（1）培训项目的确定；（2）培训内容的开发；（3）实施过程的设计；（4）评估手段的选择；（5）培训资源的筹备；（6）培训成本的预算。

六、基于培训需求分析的培训项目设计

（1）明确员工培训目的；（2）对培训需求分析结果的有效整合；（3）界定清晰的培训目标；（4）制订培训项目计划和培训方案；（5）培训项目计划的沟通和确认。

七、培训项目的开发与管理

（1）培训项目材料的开发，包括课程描述、课程的具体计划、学员用书、培训师教学资料、小组活动设计与说明；（2）进行培训活动的设计与选择；（3）建立和培养内部培训师资队伍；（4）统筹、协调培训活动；（5）实现培训资源共享；（6）建构配套的培训制度与文化。

八、培训项目的设计与管理应关注的问题

（1）系统动态地对培训需求进行分析；（2）培训项目的设计充分考虑员工的自我发展需要。

九、培训有效性评估的含义

培训有效性是指培训为什么发挥作用及培训实现其目标的程度。对组织而言，培训

有效性意味着组织利润的增加、成本的下降、市场占有率的扩大；对个人而言，培训有效性是指专业素质的提升、知识的增长和技能的提高。培训有效性评估是指系统地收集必要的描述性和判断性信息，以帮助做出选择、实施和修改培训项目的决策。

十、培训有效性评估的作用

（1）从企业培训的一般角度看培训评估；（2）从企业的战略角度看培训有效性评估。

十一、培训有效性评估的内容

培训成果是培训有效性评估的主要内容。培训成果包含认知成果、技能成果、情感成果、效果性成果和投资净收益。

十二、培训的有效性信息类型

培训的有效性信息类型具体如图2-3-1所示。

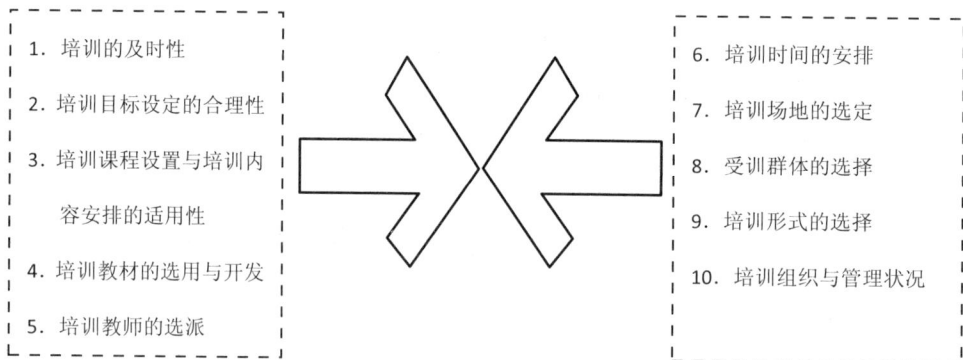

1. 培训的及时性
2. 培训目标设定的合理性
3. 培训课程设置与培训内容安排的适用性
4. 培训教材的选用与开发
5. 培训教师的选派

6. 培训时间的安排
7. 培训场地的选定
8. 受训群体的选择
9. 培训形式的选择
10. 培训组织与管理状况

图2-3-1　培训的有效性信息类型

十三、培训效果评估的一般程序

（1）评估目标确定；（2）评估方案制定；（3）评估方案实施；（4）评估工作总结。

十四、培训有效性评估的方法

（1）观察法；（2）问卷调查法；（3）测试法；（4）情景模拟测试；（5）绩效考核法；（6）360度考核；（7）前后对照法；（8）时间序列法；（9）收益评价法。

十五、培训有效性评估的技术

（1）泰勒模式；（2）层次评估法，包括柯克帕特里克四级评估模式、菲利普斯五层评估模式及柯氏改良法;（3）目标导向模型法。

十六、培训效果评估方案的设计

（1）明确培训评估的目的;（2）培训评估方案的制定;（3）培训评估信息的收集;（4）培训评估信息的整理与分析;（5）撰写培训评估报告。

十七、不同类型培训效果信息的采集

（1）主观信息的采集。在确定信息采集主体后，结合调查问卷等信息采集方式，正面采集个体对培训的反馈。

（2）客观信息的采集。客观信息的采集包括一切可用数据衡量的信息，如员工知识水平的提升、操作水平的改变等。

（3）信息之间的对比分析。在正式采集各主体的信息后，应对同一问题的不同主体之间的信息进行对比分析，这也是非正式信息采集的一种方式。

十八、培训效果信息的收集渠道

（1）通过资料收集;（2）通过观察收集;（3）通过访问收集;（4）通过调查收集。

十九、信息收集过程中的沟通技巧

（1）培训结束回到工作岗位后的访谈;（2）培训结束时的个人访谈和集体访谈。

二十、培训效果的跟踪与监控

（1）培训前对预期培训效果的分析。了解受训者在与自己的实际工作高度相关的方面的知识、技能和能力水平，目的是与培训后的状况进行比较以测定培训的效果。

（2）培训中对培训效果的监控与评估。①受训者与培训内容的相关性；②受训者对培训项目的认知程度；③培训内容；④培训进度和中间效果；⑤培训环境；⑥培训机构和培训人员。

（3）培训后的效果评估。①评估受训者究竟学习或掌握了哪些东西；②评估受训者的工作行为有了多大程度的改变；③评估企业的经营绩效有了多大程度的改进。

（4）培训后的管理效率评估。

二十一、培训效果综合评估要求

（1）明确评估目的。

（2）确定评估项目及评估内容，包括受训者对培训计划的满意度、受训者的知识收获、受训者个人工作绩效的改善、受训者对组织绩效的贡献。

（3）培训评估方式的设计，包括前测试、后测试及控制群体。

二十二、培训效果的评估工具

（1）问卷评估法；（2）360度评估；（3）访谈法；（4）测验法。

二十三、培训效果四层次评估应用

（1）反应层面的评估，是对培训效果的最基本评估，主要测评受训者对培训的感受，测评的方法采用问卷调查法。

（2）学习层面的评估，包括学到的知识、改进的技能和改变的态度。一般通过考试测验的方式进行。

（3）行为层面的评估，更多考虑学员在接受培训回到工作岗位后产生的变化，这实际上是知识、技能和态度的转移。

（4）结果层面的评估，主要测评培训对组织绩效带来的变化。

二十四、培训成本收益的计算

1. 培训投资回报率

$$培训投资净回报率 = \frac{培训项目收益 - 培训项目成本}{培训项目成本} \times 100\%$$

$$培训投资回报率 = \frac{培训项目收益}{培训项目成本} \times 100\%$$

2. 舍贝克和科恩的效用公式

$$培训费用 = Y \cdot N \cdot P \cdot V - N \cdot C$$

其中，Y代表培训对工作产生影响的年数；N代表接受培训的人数；P代表每个受培训者和未受培训者在工作上的差异；V代表每名员工平均的工作业绩的价值（货币）；C代表为每个受训者提供培训的总费用。

第二节 培训课程的设计

一、培训课程设计的基本原则

（1）根据培训项目的类别和层次确定培训目标。

（2）充分考虑组织特征和学习风格以制定培训策略。

二、培训课程设计的过程

（1）定位，确定培训课程的基本性质和基本类别；（2）明确培训课程的目标领域和目标层次；（3）策略：根据培训目的与学习者的学习风格设置课程系列；（4）模式：优化培训内容、调动培训资源、遴选培训方法；（5）评价：检测目标是否达成。

三、培训课程设计的要素

培训课程设计的要素具体如图 2-3-2 所示。

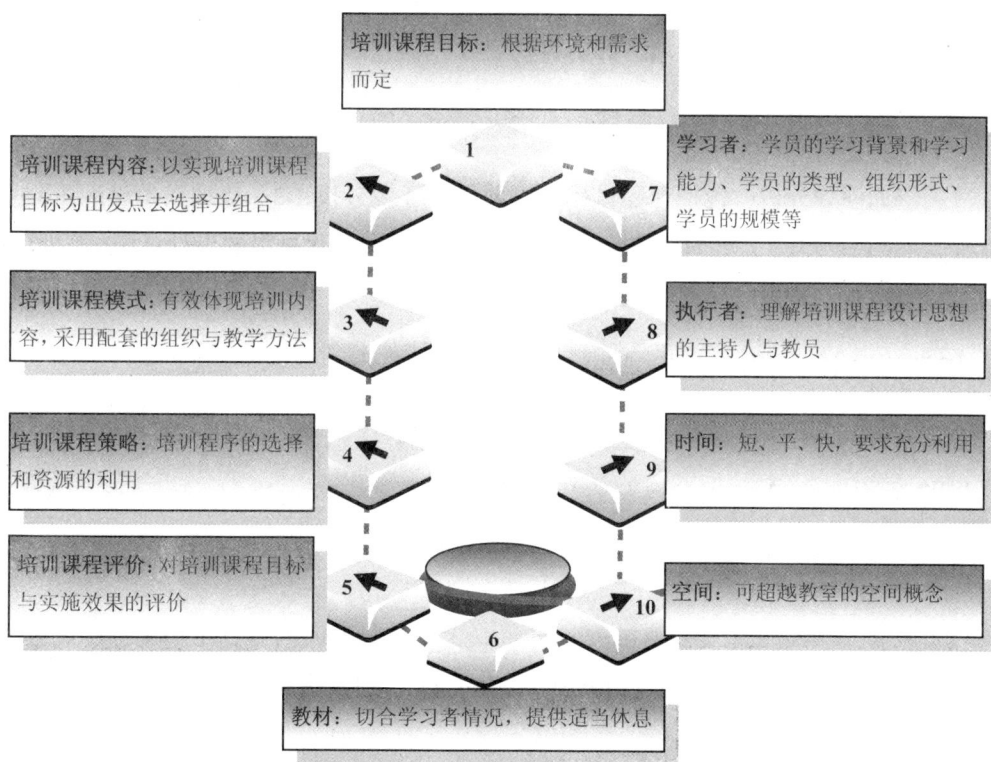

图 2-3-2 培训课程设计的要素

四、培训课程的设计策略

1. 基于学习风格的课程设计

（1）主动型学习。以经验与感觉为基础的学习风格。此类风格的受训者倾向于从亲身参与的事件中学习。

（2）反思型学习。以多维思考与归纳推理为基础的学习风格。此类风格的受训者善于观察，注重对信息的收集，能从多角度的观察与思考中学习。

（3）理论型学习。以逻辑推理和演绎分析为基础的学习风格。此类风格的受训者偏好假设思维、理论模型和系统分析。

（4）应用型学习。以理论和实践相结合为基础的学习风格。此类风格的受训者倾向于通过实践来学习，喜欢从实际工作与生活中学习，讨厌单向的灌输式教学。

2. 基于资源整合的课程设计

①培训者的选择；②对时间和空间的设计；③教材的选择；④教学技术手段和媒体的应用；⑤培训方法的优选。

3. 对课程设计效果的事先控制

①对授课内容充满自信；②在预定的时间内达到培训目的；③控制授课时间；④可以应用于各种对象；⑤有利于培训者的自我启发。

五、培训课程设计的项目与内容

（1）培训课程分析，包括课程目标分析和培训环境分析；（2）培训教学设计；（3）培训课程大纲的撰写；（4）培训课程价值的评估；（5）培训课程材料的设计；（6）培训课程的修订与更新。

六、培训教学设计程序

（1）肯普的教学设计程序；（2）迪克和凯里的教学设计程序；（3）现代常用的教学设计程序。

七、形成培训教学方案

（1）确定教学目的；（2）确定教学名称；（3）检查培训内容；（4）确定教学方法；（5）选定教学工具；（6）设计教学方式；（7）分配教学时间。

八、实施培训教学活动的注意事项

（1）做好充分准备；（2）讲求授课效果；（3）动员学员参与；（4）预设培训考核。

第三节 培训方法的选择与组织实施

一、培训方法的选择与应用

培训方法的选择与应用具体如表 2-3-1 所示。

表 2-3-1　培训方法的选择与应用

划分依据	培训方法	
适宜知识类培训的直接传授式的培训方法	讲授法	是指教师按照准备好的讲稿系统地向受训者传授知识的方法
	专题讲座法	是针对某一个专题知识，一般只安排一次培训
	研讨法	是指在教师引导下，学员围绕某一个或几个主题进行交流，相互启发的培训方法
以掌握技能为目的的实践性培训方法	工作指导法	又称教练法、实习法，是指由一位有经验的工人或直接主管人员在工作岗位上对受训者进行培训的方法
	工作轮换法	是指让受训者在预定时期内变换工作岗位，使其获得不同岗位的工作经验的培训方法
	特别任务法	是指企业通过为某些员工分派特别任务对其进行培训的方法
	个别指导法	与我国以前的"师傅带徒弟"或"学徒工制度"类似
参与式培训方法	自学	自学适用于知识、技能、观念、思维、心态等多方面的学习
	案例研究法	是一种信息双向性交流的培训方式，它将知识传授和能力提高两者融合到一起，是一种非常有特色的培训方法，分为案例分析法和事件处理法
	头脑风暴法	又称研讨会法、讨论培训法或管理加值训练法，其特点是培训对象在培训活动中相互启发思想、激发创造性思维
	模拟训练法	以工作中的实际情况为基础，将实际工作中可利用的资源、约束条件和工作过程模型化，学员在假定的工作情景中参与活动，学习从事特定工作的行为和技能，提高处理问题的能力
	敏感性训练法	又称 T 小组法，要求学员在小组中就参加者的个人情感、态度及行为进行坦率、公正的讨论，相互交流对各自行为的看法，并说明各自行为引起的情绪反应
	管理者训练法	是最为普及的管理人员培训方法，旨在使学员系统地学习、深刻地理解管理的基本原理和知识，从而提高他们的管理能力
适宜行为调整和心理训练的培训方法	角色扮演法	让参加者身处模拟的日常工作环境之中，并按照他在实际工作中应有的权责来担当与实际工作类似的角色，模拟性地处理工作事务，从而提高处理各种问题的能力
	拓展训练	指通过模拟探险活动进行的情景式心理训练、人格训练、管理训练，包括场地拓展训练和野外拓展训练
科技时代的培训方式	网上培训	又称基于网络的培训，是指通过企业内部网或因特网对学员进行培训的方式
	虚拟培训	是指利用虚拟现实技术生成实时的、具有三维信息的人工虚拟环境，学员通过运用某些设备接受和响应该环境的各种感官刺激而进入其中，并可根据需要通过多种交互设备来驾驭环境、操作工具和操作对象，从而达到提高培训对象各种技能或学习知识的目的

二、选择培训方法的程序

（1）确定培训活动的领域;（2）分析培训方法的适用性;（3）根据培训要求优选培训方法。

三、案例分析法的操作程序

（1）培训前的准备工作;（2）培训前的介绍工作;（3）案例讨论;（4）分析总结;（5）案例编写的步骤。

四、事件处理法的操作程序

（1）准备阶段;（2）实施阶段;（3）实施要点。

五、头脑风暴法的操作程序

（1）准备阶段;（2）热身阶段;（3）明确问题;（4）记录参加者的思想;（5）畅谈阶段;（6）解决问题。

六、培训前对培训师的基本要求

（1）在课程前期工作中准备好"你自己";（2）决定如何在学员之间分组;（3）对"培训者指南"中提到的材料进行检查，根据学员的情况进行取舍。

七、培训师的培训与开发

（1）授课技巧培训;（2）教学工具的使用培训;（3）教学内容的培训;（4）对教师的教学效果进行评估;（5）教师培训与教学效果评估的意义。

八、培训课程的实施与管理

1. 前期准备工作

①确认并通知参加培训的学员;②培训后勤准备;③确认培训时间;④教材的准备;⑤确认理想的讲师。

2. 培训实施阶段

①课前措施;②培训开始的介绍工作;③培训器材的维护、保管。

3. 知识或技能的传授

①注意观察讲师的表现和学员的课堂反应，及时与讲师沟通、协调;②协助上课、休息时间的控制;③做好上课记录（录音、摄影、录像）。

4. 对学习进行回顾和评估

5. 培训后的工作

①向讲师致谢；②做问卷调查；③颁发结业证书；④清理、检查设备；⑤培训成果评估。

九、企业员工外部培训的实施

（1）自己提出申请;（2）需签订员工培训合同，合同规定双方的责任、义务;（3）要注意外出培训最好不要影响工作，没有什么特殊情况，不提倡全脱产学习。

十、如何实现培训资源的充分利用

（1）让受训者变成培训者;（2）培训时间的开发与利用;（3）培训空间的充分利用。

第四节　培训制度的建立与推行

一、企业培训制度的内涵

培训制度，即能够直接影响与作用于培训系统及其活动的各种法律、规章、制度及政策的总和。它主要包括培训的法律和政令、培训的具体制度和政策两个方面。

企业培训的具体制度和政策是企业员工培训健康发展的根本保证，是企业在开展培训工作时要求员工共同遵守并按一定程序实施的规定、规则和规范。企业培训制度的根本作用在于为培训活动提供一种制度性框架和依据，促使培训沿着法制化、规范化轨道运行。

二、企业培训制度的构成

一般来说，包括培训服务制度、入职培训制度、培训激励制度、培训考核评估制度、培训奖惩制度和培训风险管理制度这六种基本制度。除上述各项制度之外，还有培训实施管理制度、培训档案管理制度、培训资金管理制度等，从而给予培训活动自上而下、全方位的制度支持。

三、起草与修订培训制度的要求

（1）培训制度的战略性;（2）培训制度的长期性;（3）培训制度的适用性。

四、企业培训制度的基本结构

（1）制定企业员工培训制度的依据;（2）企业实施员工培训的目的或宗旨;（3）企

业员工培训制度实施办法;（4）企业培训制度的核准与施行;（5）企业培训制度的解释与修订权限的规定。

五、培训服务制度的起草

起草培训服务制度时应包括培训服务制度条款和培训服务协约条款两个部分。

培训服务制度条款须明确的内容包括：①员工正式参加培训前，根据个人和组织需要向培训管理部门或部门经理提出申请；②培训申请被批准后需要履行的培训服务协约签订手续；③培训服务协约签订后方可参加培训。

培训服务协约条款须明确的内容具体如图 2-3-3 所示。

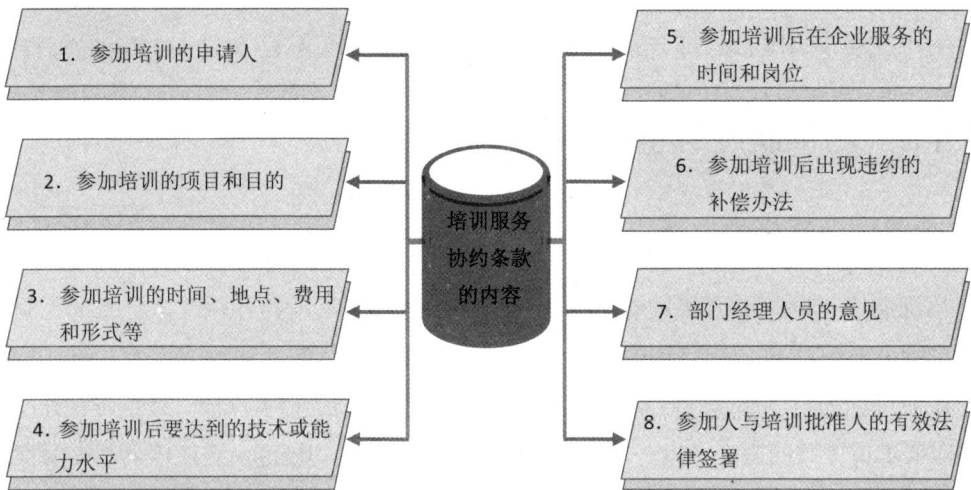

图 2-3-3　培训服务协约条款的内容

六、入职培训制度的起草

起草入职培训制度时须明确的内容包括：①培训的意义和目的；②需要参加的人员界定；③特殊情况不能参加入职培训的解决措施；④入职培训的主要责任区（部门经理还是培训组织者）；⑤入职培训的基本要求标准（内容、时间、考核等）；⑥入职培训的方法。

七、培训激励制度的起草

起草培训激励制度时须明确的内容包括：①完善的岗位任职资格要求；②公平、公正、客观的业绩考核标准；③公平竞争的晋升规定；④以能力和业绩为导向的分配原则。

八、培训考核制度的起草

起草培训考核制度时须明确的内容包括：①被考核评估的对象；②考核评估的执行组织；③考核的项目范围；④考核的标准区分；⑤考核的主要方式；⑥考核的评分标准；⑦考核结果的签署确认；⑧考核结果的备案；⑨考核结果的证明（发放证书等）；⑩考核结果的使用（使用奖惩制度）。

九、培训奖惩制度的起草

起草培训奖惩制度时须明确的内容包括：①培训奖惩制度制定的目的和意义；②奖惩对象说明；③奖惩情况认定标准以及相应的奖惩标准；④奖惩制度的执行组织和程序；⑤奖惩的执行方式、方法。

十、培训风险管理制度的起草

通过制定培训风险管理制度规避企业培训的风险，需要考虑以下问题。

（1）企业根据《劳动法》与员工建立相对稳定的劳动关系。

（2）根据具体的培训活动情况考虑与受训者签订培训合同，从而明确双方的权利义务和违约责任。

（3）培训前，企业要与受训者签订培训合同，明确企业和受训者各自负担的成本、受训者的服务期限、保密协议和违约补偿等相关事项。

（4）根据"利益获得原则"，即谁投资谁受益，投资与受益成正比关系，考虑培训成本的分摊与补偿。

十一、培训档案管理制度的起草

培训档案通常包括培训部的工作档案、受训者的培训档案、与培训相关的档案。培训档案管理制度应该将培训部的工作情况、受训者的受训情况等清楚、明晰地记录下来。

十二、培训经费管理制度的起草

（1）建立健全培训经费管理制度；（2）履行培训经费预算、决算制度；（3）科学调控培训的规模与速度；（4）突出重点，统筹兼顾。

第四章　绩效管理

第一节　绩效管理系统的设计

一、绩效管理系统设计的基本内容

绩效管理系统的设计包括绩效管理制度的设计与绩效管理程序的设计两个部分。

绩效管理制度是企业单位组织实施绩效管理活动的准则和行为规范，它是以企业单位规章规则的形式，对绩效管理的目的、意义、性质和特点，以及组织实施绩效管理的程序、步骤、方法、原则和要求所做的统一规定。

绩效管理程序的设计，由于涉及的工作对象和内容的不同，可分为管理的总流程设计和具体考评程序设计两部分。总流程设计是从企业宏观的角度对绩效管理程序所进行的设计，而具体程序设计是在较小的范围内，对部门或科室员工绩效考评活动过程所做的设计。

二、对绩效管理系统的不同认识

1. 国内的代表性意见

绩效管理是一系列以员工为中心的干预活动过程。它包括四个环节，分别是目标设计、过程指导、考核反馈和激励发展。具体如图 2-4-1 所示。

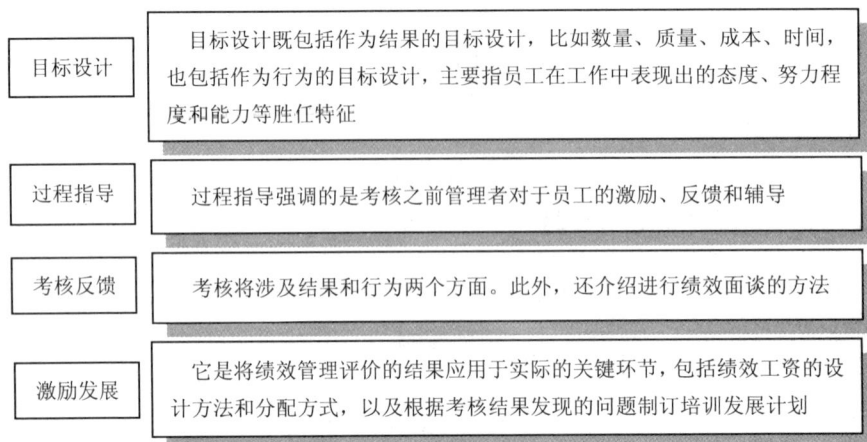

目标设计	目标设计既包括作为结果的目标设计，比如数量、质量、成本、时间，也包括作为行为的目标设计，主要指员工在工作中表现出的态度、努力程度和能力等胜任特征
过程指导	过程指导强调的是考核之前管理者对于员工的激励、反馈和辅导
考核反馈	考核将涉及结果和行为两个方面。此外，还介绍进行绩效面谈的方法
激励发展	它是将绩效管理评价的结果应用于实际的关键环节，包括绩效工资的设计方法和分配方式，以及根据考核结果发现的问题制订培训发展计划

图 2-4-1　绩效管理的四个环节

2. 国外专家的看法

加拿大的专家认为，组织未来所面临的挑战主要是基于绩效考评之上的一系列绩效改进活动，可以称之为"绩效管理"。成功的绩效管理主要由指导、激励、控制、奖励构成。

三、绩效管理系统总体设计流程

绩效管理总流程的设计是一项系统工程，大体由五个阶段构成，依次为准备阶段、实施阶段、考评阶段、总结阶段和应用开发阶段。

1. 准备阶段

准备阶段需要解决以下四个问题。

（1）明确绩效管理的对象以及各个管理层级的关系，正确地回答"谁来考评，考评谁"。

（2）根据考评的具体对象，提出企业各类人员的绩效考评要素（指标）和标准体系，明确地回答"考评什么，如何进行衡量和评价"。

（3）根据绩效考评的内容，正确选择考评方法，具体地回答"采用什么样的方法"的问题。

（4）对绩效管理的运行程序、实施步骤提出具体要求，说明"如何组织实施绩效管理的全过程，在什么时间做什么事情"。

2. 实施阶段

在贯彻实施阶段应当注意以下两个问题。

（1）通过提高员工的工作绩效增强核心竞争力。

（2）收集信息并注意资料的积累。

3. 考评阶段

应注意从以下几个方面做好考评的组织实施工作。

（1）考评的准确性；（2）考评的公正性；（3）考评结果的反馈方式。

4. 总结阶段

（1）对企业绩效管理系统的全面诊断。在绩效管理的总结阶段，绩效诊断的内容包括：对企业绩效管理制度的诊断，对企业绩效管理体系的诊断，对绩效考评指标和标准体系的诊断，对考评者全面、全过程的诊断，对被考评者全面、全过程的诊断以及对企业组织的诊断等。

（2）各个单位主管应承担的责任。各个单位的主管应当认真履行的两项重要职责包括召开月度或季度绩效管理总结会和召开年度绩效管理总结会。

（3）各级考评者应当掌握绩效面谈的技巧。

5. 应用开发阶段

（1）重视考评者绩效管理能力的开发；（2）被考评者的绩效开发；（3）绩效管理的系统开发；（4）企业组织的绩效开发。

四、绩效管理系统评估的内容

（1）对管理制度的评估；（2）对绩效管理体系的评估；（3）对绩效考评指标体系的评估；（4）对考评全面、全过程的评估；（5）对绩效管理系统与人力资源管理其他系统的衔接的评估。

五、绩效管理系统评估的问卷内容

绩效管理系统评估的问卷内容具体如图 2-4-2 所示。

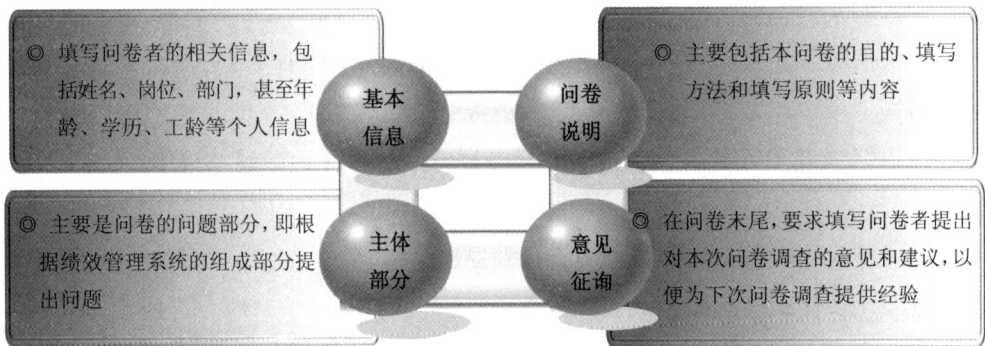

◎ 填写问卷者的相关信息，包括姓名、岗位、部门，甚至年龄、学历、工龄等个人信息 —— **基本信息**

问卷说明 —— ◎ 主要包括本问卷的目的、填写方法和填写原则等内容

◎ 主要是问卷的问题部分，即根据绩效管理系统的组成部分提出问题 —— **主体部分**

意见征询 —— ◎ 在问卷末尾，要求填写问卷者提出对本次问卷调查的意见和建议，以便为下次问卷调查提供经验

图 2-4-2　绩效管理系统评估的问卷内容

第二节　员工绩效考评

一、绩效计划的含义

绩效计划是绩效管理系统闭合循环中的第一个环节，对于绩效计划的含义，可以从两个角度加以理解。一个角度是把绩效计划理解成动词，绩效计划就是管理人员与员工相互沟通，形成对工作目标和工作标准的一致意见，并最终拟定绩效合约的过程；另一个角度是把绩效计划理解成名词，绩效计划就是关于工作目标和工作标准的合约。

因此，绩效计划是管理者和员工就工作目标和标准达成一致意见，形成契约的过程，它是整个绩效管理过程的起点。

二、绩效计划的目的

（1）使员工明确自身的工作目标，从而有目的地高效开展工作；（2）形成书面文件，作为年终考评的基础依据。

三、绩效计划的内容

绩效计划的内容除了最终的个人绩效目标之外，还包括为了达到计划中的绩效结果，双方应做出什么样的努力、应采用什么样的方式、应该进行什么样的技能开发等内容。同时，在绩效计划环节，应当根据计划的内容，明确考评指标和考评周期两个关键要素，为下一步绩效执行、绩效考评和绩效反馈提供信息，以利于绩效管理战略目的、管理目的和开发目的的实现。

四、绩效计划的特征

（1）绩效计划是一个双向沟通的过程；（2）参与和承诺是制订绩效计划的前提；（3）绩效计划是关于工作目标和标准的契约。

五、绩效计划的实施流程

（1）准备阶段；（2）沟通阶段；（3）形成阶段。

六、绩效合同的设计

绩效合同没有固定的流程和格式，它一般包括以下内容。

（1）受约人信息；（2）发约人信息；（3）合同期限；（4）计划内容；（5）考评意见；（6）签字确认。

七、绩效考评方法的分类

1. 品质主导型

品质主导型的绩效考评，采用特征性效标，以考评员工的潜质为主，着眼于"他这个人怎么样"，重点是考量该员工是一个具有何种潜质（如心理品质、能力素质）的人。

2. 行为主导型

行为主导型的绩效考评，采用行为性效标，以考评员工的工作行为为主，着眼于"干什么""如何去干"，重点考量员工的工作方式和工作行为。

3. 结果主导型

结果主导型的绩效考评，采用结果性效标，以考评员工或组织工作效果为主，着眼于"干出了什么"，重点考量"员工提供了何种服务，完成了哪些工作任务，或生产了哪些产品"。

八、行为导向型主观考评方法

（1）排列法；（2）选择排列法；（3）成对比较法；（4）强制分布法；（5）结构式叙述法。

九、行为导向型客观考评方法

（1）关键事件法；（2）行为锚定等级评价法；（3）行为观察法；（4）加权选择量表法；（5）强迫选择法。

十、结果导向型考评方法

（1）目标管理法；（2）绩效标准法；（3）直接指标法；（4）成绩记录法；（5）短文法；（6）劳动定额法。

十一、综合式绩效考评方法

（1）图解式评价量表法；（2）合成考评法。

十二、绩效考评中的矛盾冲突分析

（1）员工自我矛盾；（2）主管自我矛盾；（3）组织目标矛盾。

十三、避免和解决绩效考评矛盾的方法

（1）在绩效面谈中，应当做到以行为为导向，以事实为依据，以制度为准绳，以诱导为手段，本着实事求是、以理服人的态度，改变轻视下属等错误观念，与下属进行沟通交流。

（2）在绩效考评中，一定将过去的、当前的以及今后可能出现的目标适当区分开，将近期绩效考评目标与远期开发目标严格区分开。

（3）适当下放权限，鼓励下属参与。

十四、绩效申诉及处理

（1）绩效申诉受理内容。绩效申诉受理内容主要包括结果和程序两方面，具体如图2-4-3所示。

（2）绩效申诉处理机构。绩效考评机构由绩效管理委员会和绩效管理日常管理小组组成。前者主要负责绩效管理体系的总体设计和重大事项的管理，是绩效考评的领导机构，主要由企业高层和相关部门负责人组成；后者是绩效考评的执行机构，负责绩效考

如果员工对自身的绩效结果无法认同，或发现绩效考评数据不准确，可以向人力资源部提出申诉，并阐明申诉理由

结果方面 程序方面

如果员工认为考评者在进行绩效考评时，违反了相关程序和政策，或存在失职行为，也可以进行绩效申诉，要求人力资源部进行处理

图 2-4-3 绩效管理调查问卷的内容

评的具体工作，一般设在人力资源部。

绩效申诉处理一般也是由上述两个机构负责，后者主要负责初次绩效申诉处理，前者主要负责初次申诉无法解决的问题或重大绩效申诉事件的处理。

（3）绩效申诉处理流程。①初次申诉处理；②二次申诉处理；③申诉材料存档。

十五、绩效面谈的类型

（1）绩效计划面谈；（2）绩效指导面谈；（3）绩效考评面谈；（4）绩效反馈面谈。

十六、绩效反馈面谈的目的

（1）使员工认识到自己在本阶段工作中取得的进步和存在的缺点，了解主管对自己工作的看法，促进员工改善绩效。

（2）对绩效评价结果达成共识，分析原因，找出需要改进的地方。

（3）制订绩效改进计划，共同商讨确定下一个绩效管理周期的绩效目标和绩效计划。

（4）为员工的职业规划和发展提供信息。

十七、绩效面谈的准备工作

（1）拟定面谈计划，明确面谈的主题，预先告知被考评者面谈的时间、地点，以及应准备的各种绩效记录和材料；（2）收集各种与绩效相关的信息资料。

十八、提高绩效面谈有效性的要求

有效的信息反馈应具有针对性、真实性、及时性、主动性、适应性。

十九、绩效改进的定义

所谓绩效改进，是指确认组织或员工工作绩效的不足和差距，查明产生的原因，制定并实施有针对性的改进策略，不断提高企业员工竞争优势的过程。

二十、绩效改进的方法与策略

1. 分析工作绩效的差距和原因

（1）分析工作绩效的差距的方法包括目标比较法、水平比较法和横向比较法。

（2）查明产生差距的原因。既有员工的主观因素，也有企业的客观因素；既有物质的影响因素，也有精神的影响因素。特别是员工的工作行为和工作表现受到多种因素的影响。

2. 制定改进工作绩效的策略

（1）预防性策略和制止性策略。预防性策略是在员工进行作业之前，由上级制定出详细的绩效考评标准，明确什么是正确的、有效的行为，什么是错误的、无效的行为，并通过专门、系统的培养和训练，使员工掌握具体的作业步骤和操作方法，从而可以有效地防止和减少员工在工作中出现重复性差错与失误。制止性策略是对员工的工作劳动过程进行全面跟踪检查和监测，及时发现问题，及时予以纠正，并通过各个管理层次的管理人员实施全面、全员、全过程的监督和引导，使员工克服自己的缺点，发挥自己的优势，不断提高自己的工作业绩。

（2）正向激励策略与负向激励策略。正向激励策略是通过制定一系列行为标准，以及与之配套的人事激励策略，如奖励、晋级、升职、提拔等，鼓励员工更加积极主动工作的策略。负向激励策略也称反向激励策略，它对待下属员工与正向激励策略完全相反，采取了惩罚的手段，以防止他们绩效低下的行为。

（3）组织变革策略与人事调整策略。组织变革策略是指通过系统的组织诊断，找出存在的问题，有针对性地进行组织的整顿和调整，从而为员工工作绩效的提高创造优越环境，提供组织上的保障。人事调整策略包括劳动组织的调整、岗位人员的调动及其他非常措施。

第五章　薪酬管理

第一节　薪酬制度设计

一、薪酬的概念

薪酬泛指员工获得的一切形式的报酬，包括薪资、福利和保险等各种直接或间接的报酬。薪酬有不同的表现形式：精神的与物质的、有形的与无形的、货币的与非货币的、内在的与外在的，等等。

二、薪资的概念

薪资即薪金、工资的简称。薪金通常是以较长的时间为单位计算员工的劳动报酬。工资通常以工时或完成产品的件数计算员工应当获得的报酬，如计时工资或计件工资。

三、与薪酬相关的其他概念

（1）报酬。员工完成任务后，所获得的一切有形和无形的待遇。

（2）收入。员工所获得的全部报酬，包括薪资、奖金、津贴和加班费等项目的总和。

（3）薪给。薪给分为工资和薪金两种形式。

（4）奖励。员工超额劳动的报酬，如红利、佣金、利润分成等。

（5）福利。公司为每个员工提供的福利项目，如带薪年假、各种保险等。

（6）分配。社会在一定时期内对新创造出来的产品或价值（即国民收入）的分配，分为初次分配、再分配。

四、薪酬的实质

薪酬是组织对员工的贡献，包括员工的态度、行为和业绩等所做出的各种回报。从广义上说，薪酬包括工资、奖金、休假等外部回报，也包括参与决策、承担更大的责任等内部回报。

（1）外部回报是指员工因为雇佣关系从自身以外所得到的各种形式的回报，也称外部薪酬。①直接薪酬是员工薪酬的主体组成部分，它包括员工的基本薪酬，即基本工资，如周薪、月薪、年薪等；也包括员工的激励薪酬，如绩效工资、红利和利润分成等。②间接薪酬即福利，包括公司向员工提供的各种保险、非工作日工资、额外的津贴和其他服务，比如单身公寓、免费工作餐等。

（2）内部回报是指员工自身心理上感受到的回报，主要体现为一些社会和心理方面的回报。一般包括参与企业决策，获得更大的工作空间或权限，承担更大的责任，参与更有趣的工作，获得个人成长的机会和参与多样化的活动等。

员工薪酬实质上是一种交换或交易，作为一种交换或交易，它必须服从市场的交换或交易规律，否则，这种交换关系不可能长久地持续下去，即使持续，双方也不可能满意。

五、影响员工薪酬水平的主要因素

影响员工薪酬水平的因素很多，如图 2-5-1 所示。

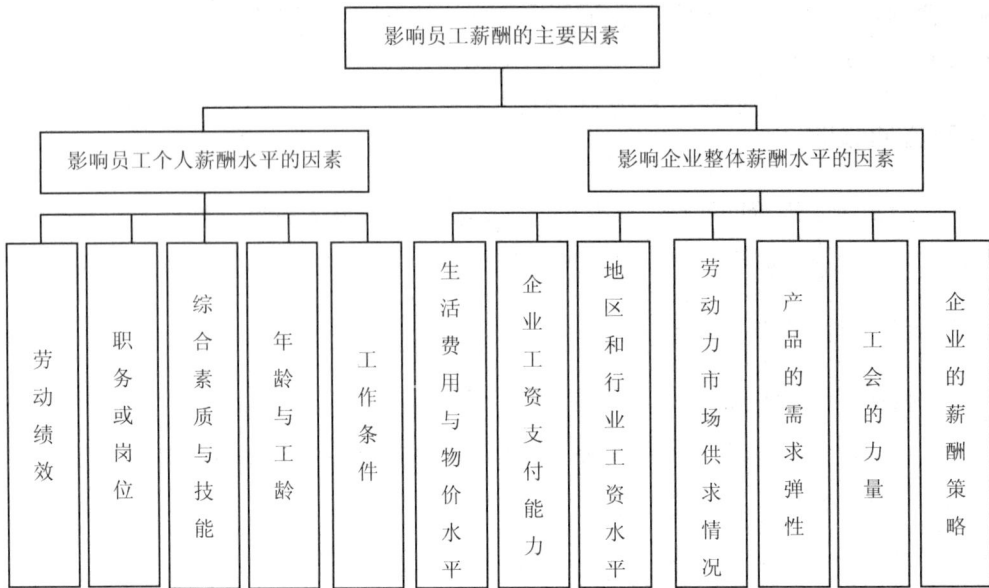

图 2-5-1　影响员工薪酬水平的主要因素

六、企业员工薪酬管理的基本目标

（1）保证薪酬在劳动力市场具有竞争性，吸引并留住优秀人才。

（2）对各类员工的贡献给予充分肯定。

（3）合理控制企业人工成本，提高劳动生产率，增强企业产品的竞争力。

（4）通过薪酬激励机制的确立，将企业与员工长期、中短期经济利益有机结合在一起，促进公司与员工结成利益关系共同体，谋求员工与企业的共同发展。

七、企业员工薪酬管理的基本原则

（1）对外具有竞争力原则；（2）对内具有公正性原则；（3）对员工具有激励性原则；（4）对成本具有控制性原则。

八、企业薪酬管理的内容

1. 企业薪酬制度设计与完善

薪酬制度设计主要是指薪酬策略设计、薪酬体系设计、薪酬水平设计、薪酬结构设计等。

2. 薪酬日常管理

薪酬日常管理是由薪酬预算、薪酬支付、薪酬调整组成的循环，这个循环被称为薪酬成本管理循环。

工资总额＝计时工资＋计件工资＋奖金＋津贴和补贴＋加班加点工资＋特殊情况支付的工资

薪酬日常管理工作具体还包括以下内：①开展关于薪酬的市场调查，统计分析调查结果，写出调查分析报告；②制订年度员工薪酬激励计划，对薪酬计划执行情况进行统计分析；③深入调查了解各类员工的薪酬状况，进行必要的员工满意度调查；④对报告期内人工成本进行核算；⑤根据公司薪酬制度的要求，结合各部门绩效目标的实现情况，对员工的薪酬进行必要调整。

九、薪酬体系的概念

（1）狭义的薪酬体系是指薪酬中相互联系、相互制约、相互补充的各个构成要素形成的有机统一体，其基本模式包括基本工资、津贴、奖金、福利、保险等形式。

（2）广义的薪酬体系涉及薪酬政策、薪酬制度、薪酬管理的方方面面。

十、薪酬体系的类型

（1）岗位薪酬体系。岗位薪酬体系是指根据员工在组织中的不同岗位特征来确定其薪酬等级与薪酬水平。岗位薪酬体系以岗位为核心要素，建立在对岗位的客观评价基础之上，对事不对人，能充分体现公平性，操作相对简单。适用于岗位明晰、职责清楚、工作程序性较强的企业。

（2）技能薪酬体系。技能薪酬体系主要根据个人的技能特征来确定其薪酬的等级与水平。技术薪酬体系是指组织根据员工所掌握的与工作有关的技术或知识的广度和深度来确定员工薪酬等级与水平，适用于科技型企业或专业技术要求较高的部门和岗位。能力薪酬体系也是以员工个人能力状况为依据来确定薪酬等级与薪酬水平的，适用于企业中的中高级管理者和某些专家。

（3）绩效薪酬体系。绩效薪酬体系将员工个人或团体的工作绩效与薪酬联系起来，根据绩效水平的高低确定薪酬结构和薪酬水平。适用于工作程序性、规则性较强，绩效容易量化的岗位或团队，以便清楚地将绩效与薪酬挂钩。

十一、薪酬体系设计的基本要求

1. 薪酬体系设计要体现薪酬的基本职能

①补偿职能；②激励职能；③调节职能；④效益职能；⑤统计监督职能。

2. 薪酬体系设计要体现劳动的基本形态

①潜在劳动：可能的贡献；②流动劳动：现实的付出；③凝固劳动：实现的价值。

十二、薪酬体系设计的前期准备工作

（1）明确企业的价值观和经营理念。

（2）明确企业总体发展战略规划的目标和要求。

（3）掌握企业生产经营特点和员工特点。

（4）掌握企业的财务状况。

（5）明确掌握企业劳动供给与需求关系。

（6）明确掌握竞争对手的人工成本状况。

十三、岗位薪酬体系设计的步骤

岗位薪酬体系设计包括以下八个步骤，具体如图 2-5-2 所示。

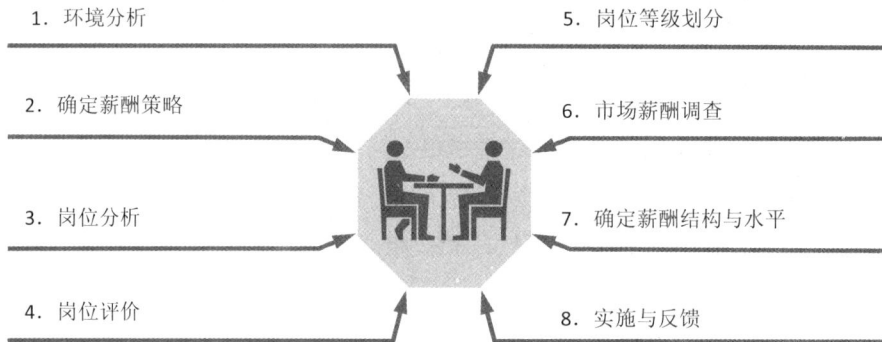

1. 环境分析
2. 确定薪酬策略
3. 岗位分析
4. 岗位评价
5. 岗位等级划分
6. 市场薪酬调查
7. 确定薪酬结构与水平
8. 实施与反馈

图 2-5-2 岗位薪酬体系设计的步骤

十四、技能分析的基本内容

（1）技能单元。技能单元是技能分析的基本元素，是最小的分析单元，是对特定工作的具体说明。

（2）技能模块。技能模块是指从事某项具体工作任务所需要的技术或者知识。技能模块是技能薪酬设计的基础，是区别于岗位薪酬的显著特征，包括技能等级模块和技能组合模块两种。

（3）技能种类。技能种类反映了一个工作群所有活动或者一个过程中各步骤的有关技能模块的集合，本质上是对技能模块进行的分组。

十五、绩效薪酬体系的优缺点

（1）绩效薪酬体系将员工个人或团队的业绩与薪酬相连，根据绩效水平确定薪酬，使薪酬的支付更具客观性和公平性，同时有利于企业提高生产率、改善产品质量、增强员工的积极主动性等。

（2）绩效薪酬在现实运作中也有不少缺点：①对员工行为和成果难以进行准确的衡量，在绩效考核体系指标设置不合理的情况下，容易使绩效薪酬流于形式，可能导致更大的不公平；②如果绩效薪酬设计不合理，绩效薪酬会演变为一种固定薪酬，人人有份；③绩效薪酬制度多以个人绩效为基础，这种以个人为中心来获得奖励薪酬的制度不利于团队合作，而与团队绩效挂钩的薪酬制度也只适用于人数较少、强调合作的组织。

十六、薪酬管理制度的内容

薪酬管理制度的实质是薪酬体系的制度化产物，它是让员工和雇主都满意的有关薪酬体系的设计理念、设计方法、薪酬水平、薪酬支付方式、支付方法等内容的规定性说明。薪酬管理制度涉及企业的薪酬战略、薪酬体系、薪酬结构、薪酬政策、薪酬水平以及薪酬管理等方方面面的内容。

十七、薪酬制度的类别

（1）工资制度；（2）奖励制度；（3）福利制度；（4）津贴制度。

十八、设计单项薪酬制度的基本程序

（1）准确表明制度的名称，如工资总额计划与控制制度、工资构成制度、奖金制度、劳动分红制度、长期激励制度等。

（2）明确界定单项工资制度的作用对象和范围。

（3）明确工资支付与计算标准。

（4）涵盖该项工资管理的所有工作内容，如支付原则、等级划分、过渡办法等。

十九、岗位工资或能力工资的制定程序

（1）根据员工工资结构中岗位工资或能力工资所占比例，根据工资总额，确定岗位工资总额或能力工资总额。

（2）根据企业战略等确定岗位工资或能力工资的分配原则。

（3）岗位分析与评价或对员工进行能力评价。

（4）根据岗位评价结果确定工资等级数量以及划分等级。

（5）工资调查与结果分析。

（6）了解企业财务支付能力。

（7）根据企业工资策略确定各工资等级的等中点，即确定每个工资等级在所有工资标准的中点所对应的标准。

（8）确定每个工资等级之间的工资差距。

（9）确定每个工资等级的工资幅度，即每个工资等级对应多个工资标准。

（10）确定工资等级之间的重叠部分大小。

（11）确定具体计算办法。

二十、奖金制度的制定程序

（1）按照企业经营计划的实际完成情况确定奖金总额。

（2）根据企业战略、企业文化等确定奖金分配原则。

（3）确定奖金发放对象和范围。

（4）确定个人奖金计算办法。

二十一、奖金设计方法

常见的奖金项目设计要点如表 2-5-1 所示。

表 2-5-1　常见的奖金项目设计要点

奖金项目	说明	设计要点
佣金	佣金是指由于员工完成某项任务而获得的一定比例的金钱	1. 比例要适当 2. 不要轻易改变比例 3. 兑付要及时
超时奖	超时奖是指由于员工在规定时间之外工作，企业为了鼓励员工这种行为而支付的奖金	1. 尽量鼓励员工在规定时间内完成任务 2. 明确规定何时算超时、何时不算超时 3. 明确规定哪一类岗位有超时奖、哪一类岗位没有超时奖 4. 允许在某一段时间内，由于完成特殊任务而支付超时奖。如果员工劳动一直超时，则应考虑增加员工
绩效奖	绩效奖是指由于员工达到某一绩效，企业为了激励员工这种行为而支付的奖金	1. 绩效标准要明确、合理 2. 达到某一绩效标准后的奖金要一致，即任何人达到这一绩效标准后均应该获得相同的奖金 3. 以递增方法设立奖金，鼓励员工不断提高绩效
建议奖	建议奖是指由于员工提了建议，企业为了鼓励员工多提建议而支付的奖金	1. 只要是出于达成组织目标的动机，都应该获奖 2. 奖金的金额应该较低，而获奖的面要宽 3. 如果建议重复，原则上只奖励第一个提此建议者 4. 如果建议被采纳，除建议奖外，还可以给予其他奖金

续表

奖金项目	说明	设计要点
特殊贡献奖	特殊贡献奖是指员工为企业做出了特殊贡献，企业为了鼓励员工这种行为而支付的奖金	1. 制定标准时要有可操作性，即内容可以测量 2. 为企业增加利润的金额（或减少损失的金额）要大 3. 要明确规定只有在他人或平时无法完成的情况下，该员工却完成时才能获奖 4. 受奖人数较少，金额较大 5. 颁奖时要大力宣传，使受奖人和其他人均受到鼓励
节约奖	节约奖又称降低成本奖，是指由于员工降低了成本，企业为了鼓励员工这种行为而支付的奖金	1. 要奖励节约，而非假节约，两者的区别在于是否保证质量，即保证产品质量的前提下的节约是真节约，反之则是假节约 2. 明确规定指标来确定是否降低了成本 3. 降低的成本可以通过累计而获奖
超利润奖	超利润奖是指员工全面超额完成利润指标后，企业给有关员工的奖金，有时又称为红利	1. 只奖励与超额完成利润指标有关的人员 2. 根据每个员工对超额完成利润指标的贡献大小发放奖金，切忌平均主义 3. 明确规定超出部分多少百分比作为奖金，一旦决定后，不要轻易改变，否则易挫伤员工的积极性

第二节　岗位评价

一、岗位评价的基本理论

岗位评价，也称职务评价或者工作评价，是指在岗位分析的基础上，采用一定的方法对企业所设岗位须承担的责任大小、工作强度、难易程度、所需资格条件等进行评价，并利用评价结果对企业中各种岗位的相对价值做出评定，以此作为薪酬管理的重要依据。

二、岗位评价的特点

（1）岗位评价以岗位为评价对象。岗位评价的中心是"事"不是"人"。

（2）岗位评价是对企业各类具体劳动的抽象化、定量化过程。

（3）岗位评价需要运用多种技术和方法。

三、岗位评价的原则

（1）系统原则；（2）实用性原则；（3）标准化原则；（4）能级对应原则。

四、岗位评价的基本功能

（1）为实现内部薪酬管理的公平、公正提供依据;（2）量化岗位的综合特征;（3）横向比较岗位的价值;（4）为企事业单位岗位归级列等奠定了基础。

五、岗位评价的信息来源

（1）直接的信息来源，即通过组织现场岗位调查采集有关数据资料。这种方法真实可靠，详细全面，但需投入大量人力、物力、时间。

（2）间接的信息来源，即通过现有的人力资源管理文件获取资料。这样虽节省时间和节约费用，但所获得的信息过于笼统、简单，有可能影响评价的质量。

六、岗位评价与薪酬等级的关系

（1）岗位与薪酬的对应关系可以是线性的，如图2-5-3中的直线A、直线B，这两条直线反映了不同的薪酬差距，直线A比直线B的岗位之间薪酬差距大，激励作用大。

（2）岗位与薪酬的对应关系也可以是非线性的，如图2-5-3中的曲线M，反映了岗位等级低的薪酬增长的速度慢于岗位等级高的。

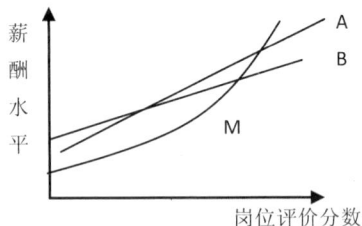

图2-5-3　岗位评价与薪酬的比例关系

七、岗位评价的主要步骤

（1）组建岗位评价委员会。

（2）制定、讨论、通过岗位评价体系。

（3）制定岗位评价表，评价委员人手一份。

（4）评委会集体讨论岗位清单，并充分交流岗位信息。

（5）集体讨论：按照评价要素及其分级定义，逐一要素确定每个岗位的等级（要求每个要素讨论一轮）。

（6）代表性岗位试评，交流试评信息。

（7）评委打点：每一评价委员根据工作说明书和日常观察掌握的岗位信息，按照岗位评价标准体系，逐一对岗位进行评价，并得出每一岗位评价总点数。

（8）制定岗位评价汇总表，汇总各位评价委员的评价结果，求出每一岗位算术平均数。

（9）根据汇总计算的平均岗位点数，按升值顺序排列。

（10）根据评价点数情况，确定岗位等级数目，并确定岗位等级划分点数幅度表。

（11）根据岗位等级点数幅度表，划岗归级，作为初评岗位等级序列表。

（12）将初评岗位等级序列表反馈给评价委员，对有争议的岗位进行复评。

（13）将复评结果汇总，形成岗位等级序列表，岗位评价委员会工作结束。

（14）将岗位等级序列表提交工资改革委员会讨论通过，形成最终的岗位等级序列表。

八、岗位评价系统

岗位评价系统主要由以下几个子系统组成：①岗位评价指标；②岗位评价标准；③岗位评价技术方法；④岗位评价结果的加工和分析。

九、岗位评价指标的构成

（1）劳动责任要素。

劳动责任是指岗位在生产过程中的责任大小，主要反映岗位劳动者智力的付出和心理状态。主要包括质量责任、产量责任、看管责任、安全责任、消耗责任、管理责任。

（2）劳动技能要素。

劳动技能是指岗位在生产过程中对劳动者技术素质方面的要求，主要反映岗位对劳动者智能要求的程度。主要包括技术知识要求、操作复杂程度、看管设备复杂程度、品种质量难易程度、处理预防事故复杂程度。

（3）劳动强度要素。

劳动强度是指岗位在生产过程中对劳动者身体的影响，主要反映岗位劳动者的体力消耗和生理、心理紧张程度。主要包括体力劳动强度、工时利用率、劳动姿势、劳动紧张程度、工作轮班制。

（4）劳动环境要素。

劳动环境是指岗位的劳动卫生状况，主要反映岗位劳动环境中的有害因素对劳动者健康的影响程度。主要包括粉尘危害程度、高温危害程度、辐射热危害程度、噪音危害程度、其他有害因素危害程度。

（5）社会心理要素。

社会心理是指社会对某类岗位的各种舆论对该类岗位人员在心理上所产生的影响，

主要采用人员流向指标。

十、确定岗位评价要素和指标的基本原则

（1）少而精的原则。岗位评价要素及其指标的设计和选择应当尽量简化。

（2）界限清晰、便于测量的原则。对每个要素以及所包含的具体评价指标都要给出明确的定义，使其内涵明确、外延清晰、范围合理。

（3）综合性原则。要素及其所属评价指标的设计，一定要符合"用尽量少的指标反映尽可能多的内容"的要求，将若干相近、相似的项目归结为同一个具有代表性的项目指标。

（4）可比性原则。所谓可比性应当体现在不同岗位之间可以在时间上或空间上进行对比，不同岗位的任务可以在数量或质量上进行对比，不同岗位的评价指标可以从绝对数或相对数上进行对比。

十一、岗位评价要素权重系数的内涵

权重即权数，就是加权的数目值，也称权值、权重值。在统计学中，权数可以从两个方面来理解。

（1）在加权算术平均数中，由于各变量值出现的次数对平均数的大小变动起权衡轻重的作用，因此，通常将变量值出现的频数（次数）称为权数。权数可以用绝对数来表示，也可以用比重来表示。

（2）权数也是同度量因素，即将不能相加的总体过渡到能够相加的总体的因素。如质量指标指数中产量、销量等数量指标，数量指标指数中成本、价格等质量指标，都属于同度量因素，它不仅在总指数计算过程中起着同度量的作用，同时还起着权衡轻重的作用。

十二、权重系数的类型

（1）从权数的一般形式看，有自重权数（绝对权数）与加重权数（相对权数）之分。

（2）从权数的数字特点来看，它可以采用小数、百分数和整数。

（3）从权数使用的范围来看，可将权数分为以下三大类：①总体加权；②局部加权；③要素指标（项目）加权。

十三、权重系数的作用

（1）反映工作岗位的性质和特点，突出不同类别岗位的主要特征。

（2）便于评价结果的汇总。

（3）使同类岗位的不同要素的得分可以进行比较。

（4）使不同类别岗位的同一要素的得分可以进行比较。

（5）使不同类别岗位的不同要素的得分可以进行比较。

十四、岗位评价技术与方法

工作岗位评价的方法主要有排列法、分类法、因素比较法和评分法四种，如图 2-5-4 所示。

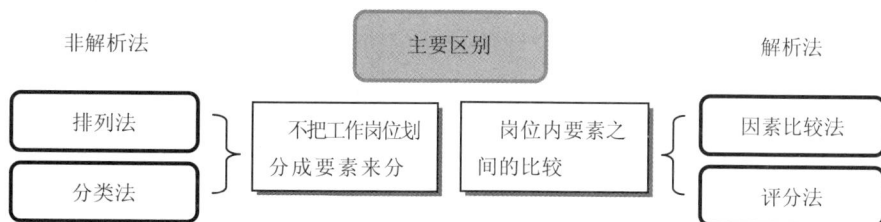

图 2-5-4　岗位评价的方法

十五、岗位评价结果误差的调整

调整误差的方法有事先调整和事后调整两种。事先调整主要是通过加权来解决，而事后调整多采用平衡系数调整法，其计算公式为

$$E = R \sum_{i=1}^{n} P_i X_i$$

式中，R 为平衡系数。平衡系数可用于调整总分，也可用于调整各要素结构以及各项目指标。它适用于测评过程各个阶段，可以是初始调整、中期调整，也可以是终结调整。

十六、测评信度的概念和检查

（1）信度是指测评结果的前后一致性程度，即测评得分可信赖程度的大小。

（2）信度的检查是通过信度系数，即两次测评得分的相关系数来完成的。

十七、测评效度的概念和检查

（1）效度是指测评本身可能达成期望目标的程度，也就是测评结果反映被评价对象的真实程度。

（2）一般来说，测评的效度高，信度也高，但信度高的测评，其效度未必高。测评效度的实质是测评结果的客观性、有效性问题。效度分为两种。①内容效度。它是指评价要素和评价标准体系反映岗位特征的有效程度。内容效度的检查和评判主要依靠专家来完成，有时也可以采用一些数量化指标。②统计效度。也称经验效度，简称效标。它是通过建立一定的指标来检查测评结果的效度。效标须通过以下途径来建立：岗位的生产工作记录，上级岗位人员对本岗位的评估，其他有关岗位的信息。

十八、岗位评价指标的分级标准设定

岗位评价标准是根据岗位调查、分析与设计以及初步试点的结果，在系统总结经验的基础上，由专家组对评价指标体系的构成、各类评价指标的衡量尺度以及岗位测量和评比的方法等所做的统一规定。岗位评价标准包括岗位评价指标的分级标准、岗位评价指标的量化标准、岗位评价的方法标准等具体的标准。

十九、岗位评价指标的量化标准制定

评价指标的计量标准通常由计分、权重和误差调整三项基础标准组成。在岗位评价中，评价指标的计分标准可以采用单一指标计分和多种要求综合计分两类。

二十、单一指标计分标准的制定

单一指标计分标准的制定可以采用自然数法和系数法。

（1）自然数法计分可以是每个评定等级只设定一个自然数，也可以是每个评定等级有多个自然数可供选择。多个自然数的选择可以是百分制，亦可以是采用非百分数的组距式的分组法。

（2）系数法计分可分为函数法和常数法两种：①函数法是借用模糊数学中隶属度函数的概念，按评价指标分级标准进行计分；②常数法是在评价要素分值（x）之前设定常数（A），将其乘积作为评定的结果（ax）。

系数法与自然数法计分的根本区别在于：自然数法是一次性获得测评的绝对数值，而系数法获得的只是相对数值，还需要与指派给该要素指标的分值相乘，才能得到绝对数值。

二十一、多种要素综合计分标准的制定

（1）简单相加法。它是将单一要素的自然数分值相加计分的方法。其计算公式为

$$E = \sum_{i=1}^{n} E_i$$

式中，E——各要素评定总分；

E_i——各个要素所属指标的得分，$i=1, 2, 3, \cdots, n$。

（2）系数相乘法。它是将单一要素的系数与指派的分值相乘，然后合计出总分的方法。其计算公式为

$$E = \sum_{i=1}^{n} P_i X_i$$

式中，P_i——第 i 要素指标的函数（系数）；

　　　X_i——第 i 要素指标的分值（得分）。

（3）连乘积法。它是在单一要素计分的基础上，将各个要素分值相乘之后，最后得出总分。因此，也可以称之为连续相乘法。其计算公式为

$$E = X_1 X_2 X_3 \cdots X_i$$

（4）百分比系数法。在计分时，先将构成各个要素的指标得分与对应的百分比系数相乘，合计出本要素项目的得分，再将各个要素的得分与总体的结构百分比系数相乘，累计得出评价总分数。其总体得分的计算公式为

$$E = \sum_{i=1}^{n} P_i X_i$$

$$\sum_{i=1}^{n} X_i = 100\%$$

式中，$P_i X_i$——各要素得分；

　　　P_i——各要素指标测评得分；

　　　X_i——各要素指标百分比系数。

在上式计算过程中，各要素指标测评得分的计算公式为

$$P_i = P_{ij} X_{ij}$$

$$\sum X_{ij} = 100\%$$

式中，P_{ij}——各要素评价指标的初次评分；

　　　X_{ij}——各要素评价指标的百分比系数。

二十二、评价指标权重标准的制定

概率加权法制定评价指标权重标准的具体步骤如下。

第一步，先对各项指标的等级系数（相对权数）的概率（a_{ij}）进行推断，求出评价指标在各个等级的概率。

第二步，将各等级的相对权数（A_i）与对应的概率值相乘，汇总出概率权数（X_i），其计算公式为

$$X_i = \sum_{i=1}^{n} A_i a_{ij}$$

第三步，用各测定指标分值（绝对权数 P_i）乘以各自概率权数（X_i），即可求出要素总分。计算公式如下

$$E = \sum_{i=1}^{n} P_i X_i$$

二十三、排列法

（1）简单排列法。也称排序法，是一种最简单的岗位评定方法，是由评定人员凭借自己的工作经验主观地进行判断，根据岗位的相对价值高低次序进行排列。其具体步骤如图 2-5-5 所示。

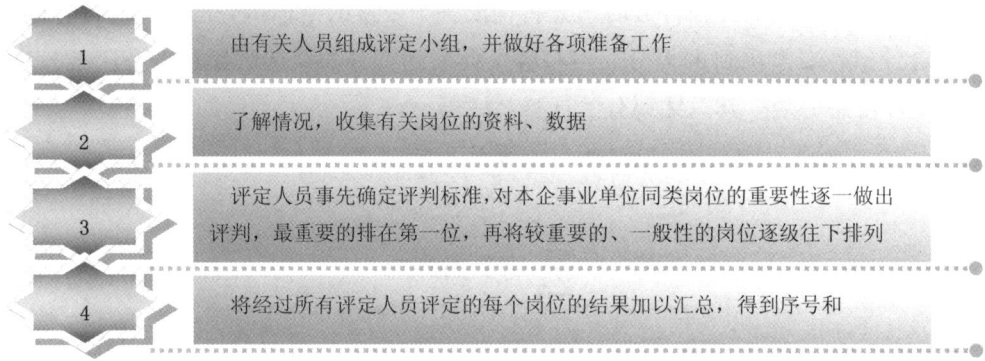

1	由有关人员组成评定小组，并做好各项准备工作
2	了解情况，收集有关岗位的资料、数据
3	评定人员事先确定评判标准，对本企事业单位同类岗位的重要性逐一做出评判，最重要的排在第一位，再将较重要的、一般性的岗位逐级往下排列
4	将经过所有评定人员评定的每个岗位的结果加以汇总，得到序号和

图 2-5-5　简单排列法的步骤

（2）选择排列法。也称交替排列法，是简单排列法的进一步推广，可以按照下列步骤进行岗位评价：①按照岗位相对价值的衡量指标，从多个（10个）岗位中选择最突出的岗位，将其代码填写在排序表第一个位置上，选出岗位责任程度最低的或最差的岗位，并将其代码填写在排序表最后的位置上；②由于10个岗位中，相对价值最高与最低的已经列入，把余下的8个，挑出相对价值最高和最低的，依次填入第二和倒数第二；③把余下的6个，挑出相对价值最高和最低的，依次填入第三和倒数第三，依此类推，最后完成岗位排序工作。

二十四、分类法

分类法是排列法的改进，特点是各种级别及其结构是在岗位被排列之前就建立起来的。对所有岗位的评价只需要参照级别的定义，套进合适的级别里面。具体工作步骤如下：

（1）由企事业单位内的专门人员组成评定小组，收集各种有关的资料。

（2）按照生产经营过程中各种岗位的作用和特征，将企事业单位的全部岗位分成几个大的系统，每个系统按其内部的结构、特点再划分为若干子系统。

（3）再将各个系统中的各岗位分成若干层次，最少 5~7 档，最多分为 11~17 档。

（4）明确规定各档次岗位的工作内容、责任和权限。

（5）明确各系统、各档次（等级）岗位的资格要求。

（6）评定出不同系统、不同岗位之间的相对价值和关系。

分类法可用于多种岗位的评价，但对不同系统（类型）的岗位评比存在相当的主观性，准确度较差。

二十五、评分法

评分法也称点数法。该法首先选定岗位的主要影响因素，并采用一定的点数（分值）表示每一因素，然后按预先规定的衡量标准对现有岗位的各个因素逐一评比、估价，求得点数，经过加权求和，最后得到各个岗位的总点数。其具体步骤如下：

（1）确定岗位评价的主要影响因素。与岗位工作任务直接相关的重要因素，归纳起来大致有四个方面，包括：岗位的复杂难易程度，岗位的责任，劳动强度与环境条件，岗位作业紧张、困难程度。

（2）根据岗位的性质和特征，确定各类岗位评价的具体项目。

（3）对各评价因素区分出不同级别，并赋予一定的点数（分值），以提高评价的准确程度。

（4）将全部评价项目合并成一个总体，根据各个项目在总体中的地位和重要性，分别给定权数。

（5）为了将企事业单位相同性质的岗位划入一定等级，可将工作岗位评价的总点数分为若干级别。

评分法适合生产过程复杂及岗位类别、数目多的大中型企事业单位采用。

二十六、因素比较法

因素比较法是由排序法衍化而来，它也是按要素对岗位进行分析和排序。其具体步骤如图 2-5-6 所示。

最后将各项结果相加，得到相对价值量，计算所有岗位的相对价值量并按其相对价值归级列等，编制岗位系列等级表。

二十七、成对比较法

成对比较法也称配对比较法、两两比较法。其基本程序是：首先将每个岗位按照所有的评价要素（岗位责任、劳动强度、环境条件、技能要求等）与其他所有岗位一一进行对比；然后将各个评价要素的考评结果整理汇总，求得最后的综合考评结果。

1	◎ 从全部岗位中选出15~20个主要岗位，其所得到的劳动报酬（薪酬总额）应是公平合理的（必须是大多数人公认的）
2	◎ 选定各岗位共有的影响因素，作为岗位评价的基础。一般包括智力条件、技能条件、责任条件、身体条件、劳动环境条件
3	◎ 将每一个主要岗位的每个影响因素分别加以比较，按程度高低进行排序
4	◎ 经过认真协调，岗位评定小组应对每一岗位的工资总额按照上述五种影响因素进行分解，找出对应的工资份额
5	◎ 找出企事业单位中尚未进行评定的其他岗位，与现有的已评定完毕的重要岗位对比，某岗位的某要素与哪一主要岗位的某要素相近，按相近条件的岗位工资分配计算工资

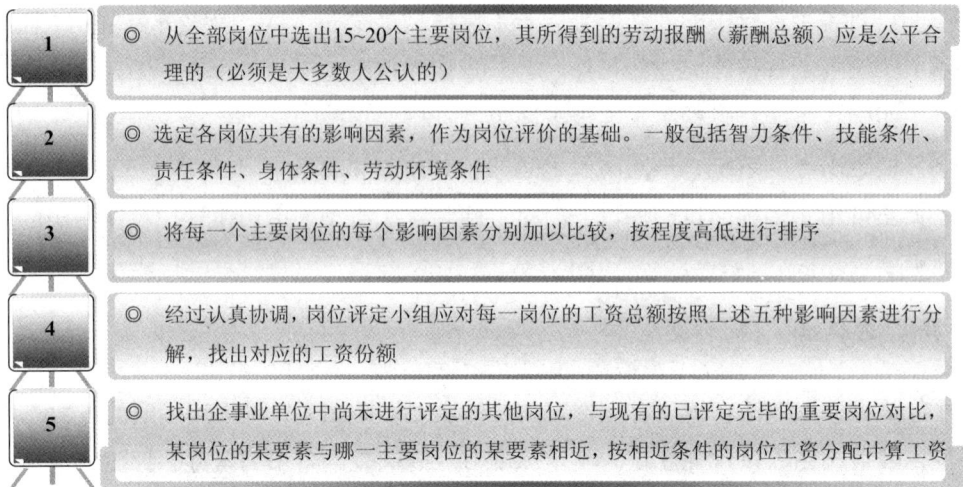

图 2-5-6　因素比较法的步骤

第三节　人工成本核算

一、人工成本的概念

企业人工成本，也称用人费用（人工费用）或人事费用，是指企业在生产经营活动中用于支付给员工的全部费用。它包括从业人员劳动报酬总额、社会保险费用、福利费用、教育费用、劳动保护费用、住房费用和其他人工成本等。人工成本并不仅仅是企业成本费用中用于人工的部分，还包括企业税后利润中用于员工分配的部分。

二、人工成本的构成

根据国家有关规定，我国工业企业人工成本的构成范围及列支渠道如下。

（1）产品生产人员工资、奖金、津贴和补贴（制造费用——直接费用）。

（2）产品生产人员的员工福利费（制造费用——其他直接支出）。

（3）生产单位管理人员工资（制造费用）。

（4）生产单位管理人员的员工福利费用（制造费用）。

（5）劳动保护费（制造费用）。

（6）工厂管理人员工资（管理费用——公司经费）。

（7）工厂管理人员的员工福利费（管理费用——公司费用）。

（8）员工教育经费（管理费用）。

（9）劳动保险费（管理费用）。

（10）失业保险费（管理费用）。

（11）销售部门人员工资（销售费用）。

（12）销售部门人员的员工福利费（销售费用）。

（13）子弟学校经费（营业外支出）。

（14）技工学校经费（营业外支出）。

（15）员工集体福利设施费（利润分配——公益金）。

三、人工成本的类型

人工成本一般包括以下七个组成部分。

（1）从业人员劳动报酬；（2）社会保险费用；（3）住房费用；（4）福利费用；（5）教育费用；（6）劳动保护费用；（7）其他人工成本。

四、确定合理的人工成本应考虑的影响因素

（1）企业的支付能力。

影响企业支付能力的因素有以下几个。①实物劳动生产率。是指某一时期内平均每个员工的产品数量。②销货劳动生产率。是指某一时期内平均每个员工的销货价值。③人工成本比率。是指企业人工成本占企业销货额的比重，也可以说是企业人均人工成本占企业销售劳动生产率的比重。④劳动分配率。是指企业人工成本占企业净产值（也叫企业增加值或附加值）的比率。⑤附加价值劳动生产率。也称净产值劳动生产率，指平均每个员工生产的附加价值或净产值，是衡量企业人工成本支付能力的一般尺度。⑥单位制品费用。是指平均每件或每单位制品的人工成本。⑦损益分歧点。是指企业利润为零时的销售额，是企业盈亏分界点。

（2）员工的生计费用。

生计费用是随着物价和生活水平两个因素变化而变化的。

（3）工资的市场行情。

工资的市场行情，也称市场工资率。确定薪酬水平要考虑工资的市场行情，这一条也称为同工同酬原则。

五、人工成本核算的意义

（1）通过人工成本核算，企业可以知道自己使用劳动力所付出的代价，可以了解产品成本和人工成本的主要支出方向，可以及时、有效地监督、控制生产经营过程中的费用支出，改善费用支出结构，节约成本，降低产品价格，提高市场竞争力。

（2）通过人工成本核算，企业可寻找合适的人工成本投入产出点，达到既能以最小的投入换取最大的经济效益，又能调动员工积极性的目的。

六、人工成本核算的程序

（1）核算人工成本的基本指标，包括企业从业人员平均人数、企业从业人员年人均工作时数、企业从业人员人均工作时数、企业销售收入（营业收入）、企业增加值（纯收入）、企业利润总额、企业成本（费用）总额、企业人工成本总额等。

（2）核算人工成本投入产出的指标，包括销售收入（营业收入）与人工费用比率、劳动分配率等。

七、合理确定人工成本的方法

1. 劳动分配率基准法

劳动分配率基准法是以劳动分配率为基准，根据一定的目标人工成本，推算出所必须达到的目标销货额；或者根据一定的目标销货额，推算出可能支出的人工成本及人工成本总额增长幅度。应用步骤如下：①用目标人工费用（也称计划人工费用）、目标净产值率（也称计划净产值率）和目标劳动分配率（也称计划劳动分配率）三项指标计算出目标销售额（也称计划销售额）；②运用劳动分配率求出合理薪资的增长幅度。

2. 销售净额基准法

销售净额基准法即根据前几年实际人工费用率、本年计划平均人数、上年平均薪酬和本年目标薪酬增长率（计划薪酬增长率），求出本年的目标销售额，并以此作为本年应实现的最低销售净额。其计算公式为

目标人工成本 = 本年计划平均人数 × 上年平均薪酬 × （1+ 本年计划薪酬增长率）

目标销售额 = 目标人工成本 / 人工费用率

3. 损益分歧点基准法

损益分歧点基准法是指在单位产品价格一定的条件下，推算出与产品制造和销售及管理费用相等的销售额，或者说达到这一销售额的产品销售数量。损益分歧点可以简要地概括为公司利润为零时的销售额或销售量。具体应用于以下三种目的，如图 2-5-7 所示。

第四节　员工福利管理

一、福利的本质

本质上，福利是一种补充性报酬，它往往不以货币形式直接支付给员工，而是以服

图 2-5-7 损益分歧点基准法的应用

务或实物的形式支付给员工，如带薪休假、成本价的住房、子女教育津贴等。

福利有多种形式，包括全员性福利（针对所有员工，例如子女的教育津贴）、特殊福利（针对某些群体，例如只给部门经理级别以上员工报销手机费）、困难补助（针对有特殊困难的员工，例如给身患癌症的员工发一些慰问金）。

二、福利管理的主要内容

福利管理的主要内容包括以下几个方面：确定福利总额，明确实施福利的目标，确定福利的支付形式和对象，评价福利措施的实施效果。

三、福利管理的主要原则

（1）合理性原则;（2）必要性原则;（3）计划性原则;（4）协调性原则。

四、社会保障的基本概念

社会保障应包括三个基本要素。

（1）具有经济福利性，即从直接的经济利益关系来看，受益者所得一定大于支出。

（2）属于社会化行为，即由官方机构或社会中间团体来承担组织实施任务，而非供给者与受益方的直接对应行为。

（3）是以保障和改善国民生活为根本目标，包括经济保障与服务保障等。

五、社会保障的构成

从我国社会保障的实践活动来看，它包括社会保险、社会救助、社会福利以及社会优抚等，具体如图 2-5-8 所示。

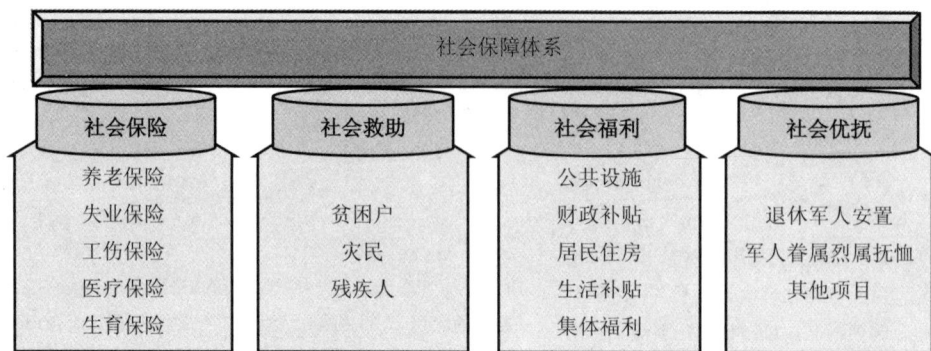

图 2-5-8　社会保障体系的构成

六、住房公积金的概念

住房公积金是单位为在职职工缴存的长期住房储金，是住房分配货币化、社会化和法制化的主要形式。

七、住房公积金的性质

（1）普遍性;（2）强制性;（3）福利性;（4）返还性。

八、住房公积金的缴存范围

下列单位及其在职职工（不包含在以下单位工作的外籍员工）必须按规定缴存住房公积金。

（1）机关、事业单位;（2）国有企业、城镇集体企业、外商投资企业、港澳台商投资企业、城镇私营企业及其他城镇企业或经济组织;（3）民办非企业单位、社会团体;（4）外国及港澳台商投资企业和其他经济组织常驻代表机构。

职工和单位住房公积金的缴存比例均不得低于职工上一年度月平均工资的 5%;有条件的城市，可以适当提高缴存比例。

九、各项福利总额预算计划的制订程序

（1）该项福利的性质：设施或服务。

（2）该项福利的起始执行日期、上年度的效果以及评价分数。

（3）该项福利的受益者、覆盖面、上年度总支出和本年度预算。

（4）新增福利的名称、原因、受益者、覆盖面、本年度预算、效果预测、效果评价标准。

（5）根据薪酬总额计划以及工资、奖金等计划，检查该项福利计划的成本是否能控

制在薪酬总额计划内。

十、各类保险金的计算

（1）养老保险费的征缴比例。企业缴纳基本养老保险的比例，一般不得超过企业工资总额的 20%（包括划入个人账户的部分），具体比例由省、自治区、直辖市人民政府确定。个人缴纳基本保险费的比例，从 1997 年的不得低于本人缴费工资的 4%，提高到本人缴费工资的 8%。

（2）基本医疗保险的征缴比例。基本医疗保险费由用人单位和职工共同缴纳。用人单位缴费率应控制在职工工资总额的 6% 左右，职工缴费率一般为本人工资收入的 2%。

（3）失业保险费的征缴比例。城镇企事业单位按照本单位工资总额的 2% 缴纳失业保险费。城镇企事业单位职工按照本人工资的 1% 缴纳失业保险费。

（4）工伤保险费的征缴比例。工伤保险费由企业按照职工工资总额的一定比例缴纳，职工个人不缴纳工伤保险费。工伤保险费根据各行业的伤亡事故风险和职业危害程度的类别实行差别费率。

（5）生育保险费的征缴比例。生育保险费的提取比例由当地人民政府根据计划内生育人数和生育津贴、生育医疗费等费用确定，并可根据费用支出情况适时调整，但最高不超过工资总额的 1%。

十一、住房公积金的计算

（1）根据住房公积金的有关制度规定；（2）根据员工住房公积金的缴费。

十二、单位为员工缴存的住房公积金的列支规定

单位为员工缴存的住房公积金，按照下列规定列支。

（1）机关在预算中列支；（2）事业单位由财政部门核定收支后，在预算或者费用中列支；（3）企业在成本中列支。

十三、员工住房公积金账户内存储余额的提取

员工有下列情形之一的可以提取员工住房公积金账户内的存储余额。

（1）购买、建造、翻建、大修自住房的；（2）离休、退休的；（3）完全丧失劳动能力，并与单位终止劳动关系的；（4）户口迁出所在市、县或者出境定居的；（5）偿还购房贷款本息的；（6）房租超出家庭工资收入的规定比例的。

依照前款第（2）（3）（4）项规定，提取员工住房公积金的，应当同时注销员工住房公积金账户。员工死亡或者被宣告死亡的，员工的继承人、受遗赠人可以提取员工住

房公积金账户内的存储余额；无继承人也无受遗赠人的，员工住房公积金账户内的存储余额纳入住房公积金的增值收益。员工提取住房公积金账户内的存储余额的，所在单位应当予以核实，并出具提取证明。

第六章　劳动关系管理

第一节　企业民主管理

一、职工代表大会制度的性质

职工代表大会（职工大会）是由企业职工通过民主选举产生的职工代表组成的，代表全体职工实行民主管理权利的机构。

二、职工参与企业民主管理的形式

职工参与企业的民主管理有多种形式，具体如图 2-6-1 所示。

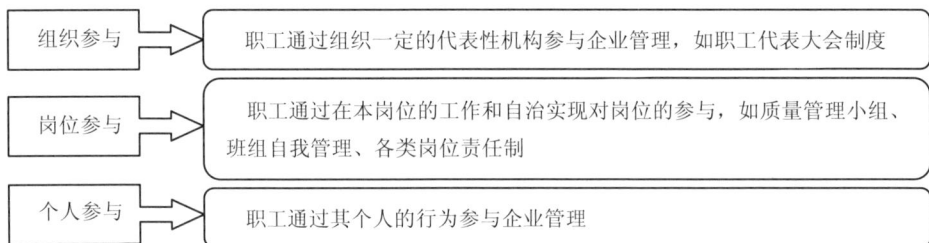

图 2-6-1　职工参与企业民主管理的形式

岗位参与和个人参与是职工民主管理的直接形式；而组织参与则是间接形式，其参与管理的广度和深度是其他参与形式所不能比拟的。

三、职工代表大会制度的特点

企业的民主管理制度与合同规范协调劳动关系运行的制度相比，具有以下特点。

（1）职工民主管理是由劳动关系当事人双方各自的单方行为所构成，表现为职工意志对企业意志的影响、制约与渗透，企业意志对职工意志的吸收和体现。合同则是劳动关系当事人的双方行为。

（2）职工民主管理是管理关系中的纵向协调，而合同规范对劳动关系的调整则属于当事人之间的横向协调。

企业的民主管理制度在协调劳动关系运行中的功能与劳动争议处理制度相比，具有以下特点。

（1）职工民主管理是一种自我协调或内部协调的方式，而劳动争议仲裁则是一种外部协调方式。企业劳动争议调解委员会对劳动争议的调解是一种群众自治活动。

（2）职工民主管理是在劳动关系运行中的自行协调和事前协调，预防劳动争议；而劳动争议处理则是事后协调，其目的是解决劳动争议。

四、职工代表大会的职权

（1）审议建议权;（2）审议通过权;（3）审议决定权;（4）评议监督权;（5）推荐选举权。

五、职工代表

职工代表包括工人、技术人员和各级管理人员。在职工代表大会的代表中各级管理人员一般为代表总数的20%，代表实行常任制，每两年改选一次，可连选连任。

六、平等协商

平等协商是劳动关系双方就企业生产经营与职工利益的事务进行平等商讨、沟通，以实现双方的相互理解和合作，并在可能的条件下达成一定协议的活动。

七、平等协商与集体协商的区别

（1）主体不同;（2）目的不同;（3）程序不同;（4）内容不同;（5）法律效力不同;（6）法律依据不同。

八、平等协商的形式

（1）民主对话;（2）民主质询;（3）民主咨询。

九、信息沟通制度

建立有效的信息沟通制度，其目的在于保障正式信息沟通渠道的畅通和效率，还要善于利用非正式沟通渠道的信息，并对其进行引导。

十、纵向信息沟通

根据企业责权分配的管理层级结构，建立指挥、命令、执行、反馈信息系统。

（1）下向沟通。高层管理机构和职能人员逐级或越级向下级机构和职能人员，直至生产作业员工的信息传输。

（2）上向沟通。下级机构、人员向上级机构、人员反映、汇报情况，提出意见或建议。在上向沟通渠道中，应建立员工的申诉制度，作为企业奖惩、考核制度的有机组成部分。

十一、横向信息沟通

横向沟通是企业组织内部依据具体分工，在同一机构、职能业务人员之间的信息传递。

十二、建立标准信息载体

（1）制定标准劳动管理表单；（2）制定汇总报表；（3）正式通报；（4）例会制度。

十三、员工满意度调查的内容

员工满意度调查将分别从以下五个方面进行全面评估或针对某个专项进行详尽考核，具体如图 2-6-2 所示。

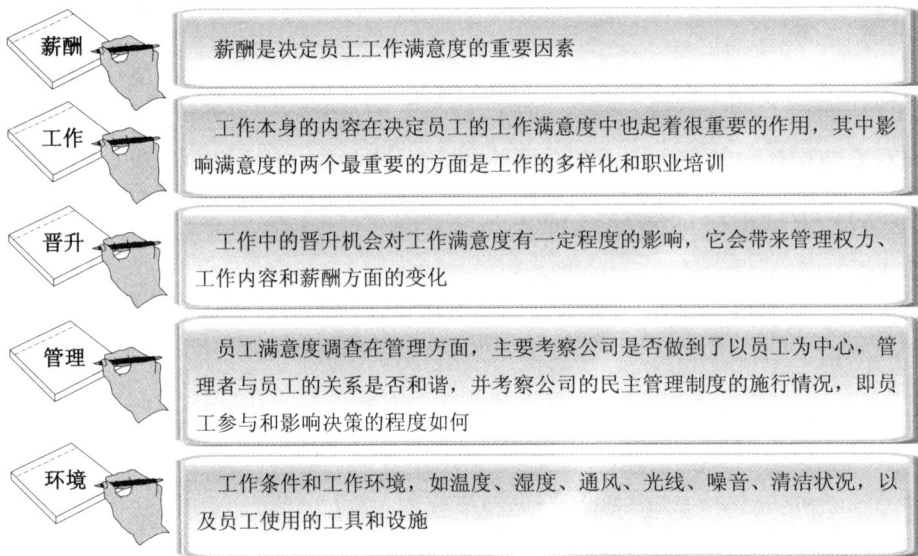

薪酬 — 薪酬是决定员工工作满意度的重要因素

工作 — 工作本身的内容在决定员工的工作满意度中也起着很重要的作用，其中影响满意度的两个最重要的方面是工作的多样化和职业培训

晋升 — 工作中的晋升机会对工作满意度有一定程度的影响，它会带来管理权力、工作内容和薪酬方面的变化

管理 — 员工满意度调查在管理方面，主要考察公司是否做到了以员工为中心，管理者与员工的关系是否和谐，并考察公司的民主管理制度的施行情况，即员工参与和影响决策的程度如何

环境 — 工作条件和工作环境，如温度、湿度、通风、光线、噪音、清洁状况，以及员工使用的工具和设施

图 2-6-2　员工满意度调查的具体考核内容

十四、实施员工满意度调查的目的和要求

（1）诊断公司潜在的问题；（2）找出本阶段出现的主要问题的原因；（3）评估组织变化和企业政策对员工的影响；（4）促进公司与员工之间的沟通和交流；（5）增进企业凝聚力。

十五、员工满意度调查的基本程序

（1）确定调查对象。调查对象可分为生产工人、办公室工作人员、管理人员等，也可进行更细的分类。

（2）确定满意度调查指向（调查项目）。调查内容包括薪酬制度、考核制度、培训制度、组织结构及效率、管理行为方式、工作环境、人际关系、员工发展等。

（3）确定调查方法。员工满意度调查方法通常为问卷调查法和访谈法，问卷调查法一般分为目标型调查和描述型调查。①目标型调查有选择法、正误法、序数表示法。②描述型调查设定问题的方法有确定性提问和不定性提问两种。

（4）确定调查组织。调查组织可以由企业内部的有关管理人员组成，也可以聘请相关咨询公司的专家。

（5）调查结果分析。汇总调查问卷，运用统计分析方法判断组织员工满意度总体水平，概括组织运行中的主要问题，写出调查报告并提出对策建议。

（6）结果反馈。在前期调查过程中是自上而下的信息反馈，最终形成的调查结果也可以自上而下，根据不同对象逐层进行相关信息的反馈，以激发日后员工参与此类工作的热情，提升员工对企业的认同感。

（7）制定措施落实，实施方案跟踪。根据满意度调查反馈结果制定相应的解决措施并加以落实；设计相应的跟踪方案，对具体措施的落实情况进行跟踪，检查满意度调研的实际效果。

十六、专业调查公司参与员工满意度调查工作的优势

（1）专业程度高;（2）员工配合好;（3）调查结果的分析客观程度高。

十七、企业劳动关系调整信息系统的设计

（1）信息需求分析。企业劳动关系管理决策可以分为战略规划、管理控制、日常业务管理三种。不同劳动关系管理层次需要不同信息，企业整体信息系统必须在明确信息需要的基础上，按照劳动关系管理的需要提供信息。

（2）信息收集与处理。①信息收集；②检查核对；③信息加工；④传输。

（3）信息提供。在完成信息处理程序后，根据劳动关系管理工作的特定要求对信息进行必要的再加工，以信息需求者需要的形式提供给有关职能部门和人员。

十八、员工沟通程序与方法

员工沟通的具体程序如图 2-6-3 所示。

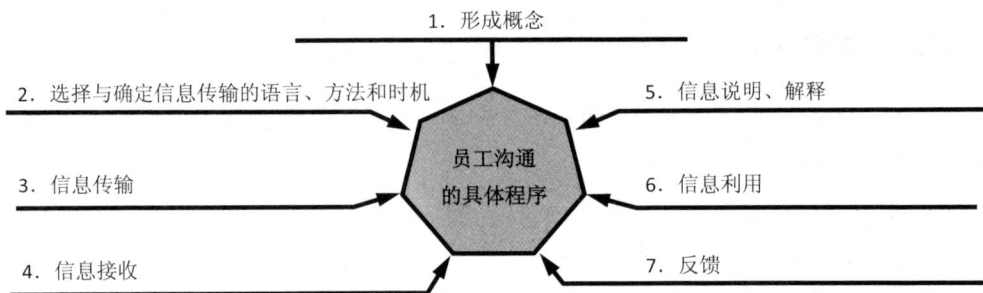

图 2-6-3 员工沟通的具体程序

十九、员工沟通的注意事项

1. 降低沟通障碍和干扰

①树立主动的沟通意识；②创造有利的沟通环境；③员工沟通不能独立于员工性格特点而孤立存在，员工的精神状态、价值观念、交往习惯等多种人格特征都可能形成沟通障碍；④注意沟通语言的选择。

2. 借助专家、相关团体实现沟通

①劳动关系管理事务十分复杂，涉及经济、社会、文化、技术、心理等各领域的知识与技能，借助企业组织外部专家实现沟通，可以有效降低沟通成本，提高沟通效率；②充分利用工会及其他团体组织在员工沟通中的作用。

第二节 劳动标准的制定与实施

一、劳动标准的含义

所谓劳动标准，是指基于劳动领域的自然科学、社会科学和实践经验的综合成果，经有关方面协商一致决定，或由有关方面批准，以多种形式发布的对劳动过程和劳动关系领域内的重复性事物、概念和行为所做的统一规定，作为共同遵守的准则和依据。

理解劳动标准，要注意以下几个方面。

（1）劳动标准是对劳动过程、劳动关系以及相关管理活动等方面的重复性事物、概念和行为做出的统一规定。

（2）劳动标准的制定主体具有多样性。

（3）劳动标准的制定以劳动领域的自然科学、社会科学的发展及其实践经验为基础。

（4）劳动标准的表现形式具有多样性。

（5）劳动标准的作用方式具有多样性，且强制性与非强制性并存。

（6）劳动标准具有不同的效力等级和效力范围。

二、劳动标准的结构

1.劳动标准的横向结构

按照劳动标准的对象分类，可以划分为就业、劳动条件、工作条件、劳动报酬、职业技能开发、劳动安全卫生、社会保险、劳动福利、劳动行政管理等多项标准。

2.劳动标准的纵向结构

①国家劳动标准；②行业劳动标准；③地方劳动标准；④企业劳动标准。

3.劳动标准的功能结构

①基础类劳动标准；②管理类劳动标准；③工作类劳动标准；④技术类劳动标准；⑤不便分类的其他劳动标准。

三、工作时间的概念

工作时间又称法定工作时间，是指劳动者为履行劳动给付义务，在用人单位从事工作或生产的时间，即法律规定或劳动合同、集体合同约定的，劳动者在一定时间(一天、一周、一个月等)内必须用来完成其所负担工作的时间。其法律范围包括以下工作时间形式。

（1）劳动者实际从事生产或工作所需进行准备和结束工作的时间。

（2）劳动者实际完成工作和生产的作业时间。

（3）劳动者在工作过程中自然需要的中断时间。

（4）工艺中断时间、劳动者依法或单位行政安排离岗从事其他活动的时间。

（5）连续从事有害健康工作需要的间歇时间等。

四、工作时间的种类

（1）标准工作时间。标准工作时间是指由国家法律制度规定的，在正常情况下劳动者从事工作或劳动的时间。

（2）缩短工作时间。缩短工作时间是指在特殊情况下，劳动者实行的少于标准工作时间长度的工作时间。适用范围如图 2-6-4 所示。

（3）计件工作时间。计件工作时间是以劳动者完成一定劳动定额为标准的工作时间，是标准工作时间的转换形式。

（4）综合计算工作时间。适用范围包括：①交通、铁路、邮电、航空、水运、渔业等工作性质特殊、需连续作业的职工；②地质资源勘探、建筑、制盐、制糖、旅游等受季节和自然条件限制的行业的部分岗位与工种的职工；③其他适合实行综合计算工时工

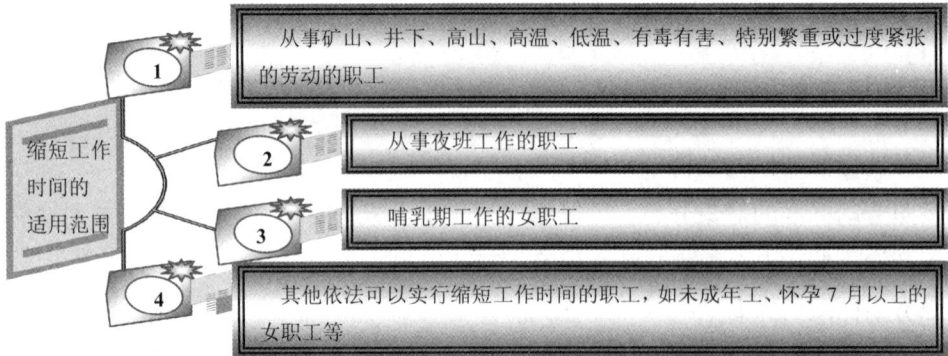

图2-6-4　缩短工作时间的适用范围

作制的职工。

（5）不定时工作时间。适用范围包括：①企业中的高级管理人员、外勤人员、推销人员和其他因工作无法按照标准工作时间衡量的岗位的职工；②企业中的长途运输人员，出租汽车司机，铁路、港口、仓库的部分装卸人员，以及因工作性质特殊需机动作业的职工；③其他因生产特点、工作特殊需要或职责范围的关系，适合实行不定时工作制的职工。

五、延长工作时间的概念

（1）延长工作时间是指超过标准工作时间长度的工作时间。

（2）法律规定，允许延长工作时间的一般条件有：①发生自然灾害、事故或者其他原因，威胁劳动者生命安全或财产安全，需要紧急处理的；②生产设备、交通运输线路、公共设施发生故障、影响生产和公众利益，必须及时抢救的；③法律、法规规定的其他情形。

六、各类标准工作时间的计算方法

1. 制度工作时间的计算

①年制度工作时间 =365 天 –104 天（休息日）–11 天（法定节假日）=250 天

②季制度工作时间 =250 天 ÷4 季 =62.5 天 / 季

③月制度工作时间 =250 天 ÷12 月 =20.83 天

④年制度工作工时 =250×8=2000（工时 / 人·年）

⑤季制度工作工时 =62.5×8=500（工时 / 人·季）

⑥月制度工作工时 =2000/12=166.67（工时 / 人·月）

2. 日工资、小时工资的折算

①月计薪天数 =（365-104）÷12=21.75（天 / 月）

②日工资＝月工资收入÷月计薪天数

③小时工资＝月工资收入÷（月计薪天数 ×8 小时）

七、限制延长工作时间的措施

（1）条件限制。用人单位由于生产经营需要，与工会和劳动者协商可以延长工作时间。

（2）时间限制。用人单位延长工作时间，一般每日不超过 1 小时。因特殊原因需要的，在保证劳动者身体健康的条件下，每日不得超过 3 小时，但每月不得超过 36 小时。

（3）报酬限制。延长工作时间，用人单位应当以高于劳动者正常工作时间的工资标准支付延长工作时间的劳动报酬。其标准是：在法定标准工作时间以外延长工作时间的，按照不低于劳动合同规定的劳动者本人小时工资标准的 150% 支付劳动报酬；劳动者在休息日工作，而又不能安排劳动者补休的，按照不低于劳动合同规定的劳动者本人日或小时工资标准的 200% 支付劳动报酬；劳动者在法定节假日工作的，按照不低于劳动合同规定的劳动者本人小时工资标准的 300% 支付劳动报酬。

（4）人员限制。怀孕 7 个月以上和哺乳未满一周岁婴儿的女职工，不得安排其延长工作时间。

八、最低工资的含义

最低工资是国家以一定的立法程序规定的，劳动者在法定时间内提供了正常劳动的前提下，其所在单位应支付的最低劳动报酬。其中，所谓的正常劳动是指劳动者按照依法签订的劳动合同的约定，在法定工作时间或劳动合同约定的工作时间内从事的劳动。劳动者依法享受带薪年休假、探亲假、婚丧假、生育（产）假、节育手术假等国家规定的休假期间，以及法定工作时间内依法参加社会活动期间，视为提供了正常劳动。

九、最低工资标准确定和调整的步骤

最低工资标准的确定和调整采用"三方性"原则，即在国务院劳动行政主管部门的指导下，由省、自治区、直辖市人民政府劳动行政主管部门会同同级工会、企业家协会研究拟订，并将拟订的方案报送人力资源和社会保障部。人力资源和社会保障部对方案可以提出修订意见，若在方案收到后 14 日内未提出修订意见的，视为同意。

十、确定和调整最低工资应考虑的因素

劳动法对确定和调整最低工资标准应考虑的因素做了原则性的规定，如图 2-6-5 所示。

图 2-6-5　确定和调整最低工资应考虑的因素

确定最低工资标准一般考虑城镇居民生活费用支出、职工个人缴纳社会保险费、住房公积金、职工平均工资、失业率、经济发展水平等因素。用公式表示为

$M=f(C, S, A, U, E, a)$

式中，M——最低工资标准；

C——城镇居民人均生活费用；

S——职工个人缴纳社会保险费、住房公职金。

A——职工平均工资；

U——失业率；

E——经济发展水平；

a——调整因素。

最低工资标准每两年至少调整一次。

十一、确定最低工资标准的通用方法

（1）比重法。即根据城镇居民调查资料，确定一定比例的最低人均收入户为贫困户，统计出贫困户的人均生活费用支出水平，乘以每个就业者的赡养系数，再加上一个调整数。

（2）恩格尔系数法。根据国家营养学会提供的年度标准食物谱及标准食物摄取量，结合标准食物的市场价格，计算出最低食物支出标准，除以恩格尔系数，得出最低生活费用标准，再乘以每个就业者的赡养系数，最后加上一个调整数。

十二、最低工资的给付

在劳动者提供正常劳动的情况下，用人单位支付给劳动者的工资在剔除下列各项以后，不得低于当地最低工资标准。

（1）延长工作时间工资。

（2）中班、夜班、高温、低温、井下、有毒有害等特殊工作环境、条件下的津贴。

（3）法律、法规规定的劳动者福利待遇等。

实行计件工资或提成工资等工资形式的用人单位，在科学合理的劳动定额基础上，其支付劳动者的工资不得低于相应的最低工资标准。

十三、工资支付保障

工资支付保障是对劳动者获得全部应得工资及其所得工资支配权的法律保护。

十四、工资支付的一般规则

（1）货币支付。工资应当以法定货币支付，不得以实物、有价证券替代货币支付。

（2）直接支付。用人单位应将工资支付给劳动者本人。

（3）按时支付。按时支付工资意味着不得无故拖欠。无故拖欠不包括以下情形：①用人单位遇到不可抗力的影响，如非人力所能抗拒的自然灾害、战争等原因，无法按时支付工资；②用人单位确因生产经营困难、资金周转受到影响，在征得本单位工会同意后，可暂时延期支付劳动者工资，延期时间的最长限制可由各省、自治区、直辖市劳动行政部门根据各地情况确定。除上述情况外，拖欠工资均属无故拖欠。

（4）全额支付。法律规定，用人单位不得克扣劳动者工资，在正常情况下应当全额支付，但是有以下情形之一的，用人单位可以代扣劳动者工资：①用人单位代扣、代缴个人所得税；②用人单位代扣、代缴应由劳动者个人负担的各项社会保险费用；③法院判决、裁定中要求代扣的抚养费、赡养费；④法律、法规规定可以从劳动者工资中扣除的其他费用。

十五、特殊情况下的工资支付

特殊情况下的工资支付主要指以下情形。

（1）劳动关系双方依法解除或终止劳动合同时，用人单位一次性付清劳动者工资。

（2）劳动者在法定工作时间内依法参加社会活动期间，或者担任集体协商代表履行代表职责，参加集体协商活动期间，用人单位应当视同其提供正常劳动并支付工资。

（3）劳动者依法休假期间，用人单位应按劳动合同规定的标准支付工资。

（4）用人单位停工、停业期间的工资支付。用人单位没有安排劳动者工作的，一般应当按照不低于当地最低工资标准的70%支付劳动者基本生活费；如果集体合同、劳动合同另有约定的，可按照约定执行。

（5）用人单位破产、终止或者解散的，经依法清算后的财产应当按照有关法律、法规、规章的规定，优先用于支付劳动者的工资和社会保险费。

十六、用人单位内部劳动规则的含义

用人单位内部劳动规则是用人单位依据国家劳动法律、法规的规定，结合用人单位的实际，在本单位实施的，为协调劳动关系，并使之稳定运行，合理组织劳动，进行劳动管理而制定的办法、规定的总称。

十七、用人单位内部劳动规则的特点

（1）制定主体的特定性。用人单位为制定主体，以公开、正式的行政文件为表现形式。

（2）企业和劳动者共同的行为规范。

（3）企业经营权与职工民主管理权相结合的产物。

十八、用人单位内部劳动规则的内容

（1）劳动合同管理制度;（2）劳动纪律;（3）劳动定员、定额规则;（4）劳动岗位规范制定规则;（5）劳动安全卫生制度;（6）其他制度。

十九、劳动合同管理制度

劳动合同管理制度的主要内容如图 2-6-6 所示。

1	劳动合同履行的原则	6	员工档案的管理方法
2	员工招收录用条件、招工简章、劳动合同草案、有关专项协议草案审批权限的确定	7	应聘人员相关材料保存办法
3	员工招收录用计划的审批、执行权限的划分	8	集体合同草案的拟定、协商程序
4	劳动合同续订、变更、解除事项的审批办法	9	解除、终止劳动合同人员的档案移交办法
5	试用期考查办法	10	劳动合同管理制度修改、废止的程序等

图 2-6-6　劳动合同管理制度的主要内容

二十、劳动纪律

劳动纪律是企业依法制定的，全体员工在劳动过程中必须遵守的行为规则。其主要内容包括：①时间规则；②组织规则；③岗位规则；④协作规则；⑤品行规则；⑥其他规则。

二十一、制定劳动纪律的要求

制定劳动纪律，应当符合以下要求。

（1）劳动纪律的内容必须合法。

（2）劳动纪律的内容应当全面约束管理行为和劳动行为，工作纪律、组织纪律、技术纪律全面规定，使各种岗位的行为与职责都能做到有章可循、违章可究。

（3）标准一致。

（4）劳动纪律应当结构完整。

二十二、劳动定员、定额规则

劳动定员、定额规则主要包括编制定员规则和劳动定额规则。制定劳动定员、定额应注意以下事项。

（1）必须紧密结合企业现有的生产技术组织条件，确定定员水平，应执行适合本企业的技术组织条件的定员标准，对于强制性定员标准应严格执行，并严格履行定员制定程序。

（2）制定劳动定额的技术组织条件必须是企业现有的或是按照劳动合同的规定企业可以提供的条件，不能超过这种约定条件的劳动定额标准。

（3）劳动定额所规定的劳动消耗量标准应当以法定工作时间为限，并符合劳动安全卫生的要求。

（4）制定、修订劳动定员、定额的程序必须合法。

二十三、劳动岗位规范制定规则

劳动岗位规范制定规则包括岗位名称、岗位职责、生产技术规定、上岗标准等。

二十四、用人单位内部劳动规则制定的程序

（1）制定主体合法，即内部劳动规则制定主体必须具备制定内部劳动规则的法律资格。

（2）内容合法，即内部劳动规则的内容不得违反法律、法规的规定。

（3）职工参与。立法规定，劳动者通过职工大会、职工代表大会或其他方式参与民主管理。

（4）正式公布。应以合法有效的形式公布，其公布形式通常以企业法定代表人签署和加盖公章的正式文件的形式公布。

第三节 集体合同管理

一、集体合同的概念

集体合同，是指用人单位与本单位职工根据法律、法规、规章的规定，就劳动报酬、工作时间、休息休假、劳动安全卫生、职业培训、保险福利等事项，通过集体协商签订的书面协议。集体合同可分为基层集体合同、行业集体合同、地区集体合同等。

二、集体合同的特征

集体合同除具有一般协议的主体平等性、意思表示一致性、合法性和法律约束性以外，还具有以下特点。

（1）集体合同是整体性规定劳动关系的协议。

（2）工会或劳动者代表职工一方与企业签订。

（3）集体合同是定期的书面合同，其生效需经特定程序。

三、集体合同与劳动合同的区别

集体合同与劳动合同的区别具体如图 2-6-7 所示。

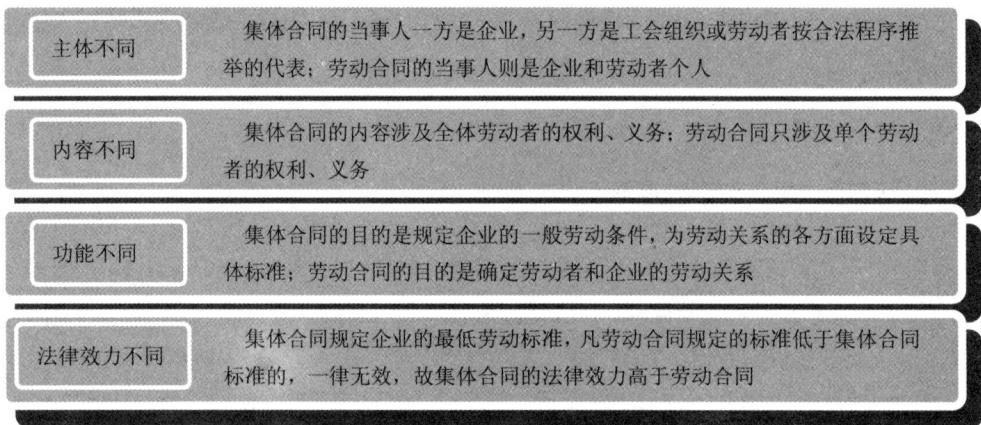

主体不同	集体合同的当事人一方是企业，另一方是工会组织或劳动者按合法程序推举的代表；劳动合同的当事人则是企业和劳动者个人
内容不同	集体合同的内容涉及全体劳动者的权利、义务；劳动合同只涉及单个劳动者的权利、义务
功能不同	集体合同的目的是规定企业的一般劳动条件，为劳动关系的各方面设定具体标准；劳动合同的目的是确定劳动者和企业的劳动关系
法律效力不同	集体合同规定企业的最低劳动标准，凡劳动合同规定的标准低于集体合同标准的，一律无效，故集体合同的法律效力高于劳动合同

图 2-6-7 集体合同与劳动合同的区别

四、集体合同的作用

（1）订立集体合同有利于协调劳动关系;（2）加强企业的民主管理;（3）维护职工合法权益;（4）弥补劳动法律、法规的不足。

五、订立集体合同应遵循的原则

（1）遵守法律、法规、规章及国家有关规定；（2）相互尊重，平等协商；（3）诚实守信，公平合作；（4）兼顾双方合法权益；（5）不得采取过激行为。

六、集体合同的形式和期限

1. 集体合同的形式

集体合同的形式可以分为主件和附件。主件是综合性集体合同，其内容涵盖劳动关系的各个方面。附件是专项集体合同，是就劳动关系的某一特定方面的事项签订的专项协议。

2. 集体合同的期限

集体合同均为定期合同，我国劳动立法规定集体合同的期限为1~3年。

七、集体合同的内容

（1）劳动条件标准部分。包括劳动报酬、工作时间和休息休假、保险福利、劳动安全卫生、女职工和未成年工特殊保护、职业技能培训、劳动合同管理、奖惩、裁员等条款。

（2）一般性规定。规定劳动合同和集体合同履行的有关规则。包括集体合同的有效期限，集体合同条款的解释、变更、解除和终止等内容。

（3）过渡性规定。规定集体合同的监督、检查、争议处理、违约责任等内容。

（4）其他规定。补充条款，规定在集体合同的有效期内应当达成的具体目标和实现目标的主要措施。

八、签订集体合同的程序

（1）确定集体合同的主体。

（2）协商集体合同。集体协商任何一方均可就签订集体合同或专项集体合同以及相关事宜，以书面形式向对方提出进行集体协商的要求，其主要步骤为：①协商准备；②协商会议；③集体合同草案或专项集体合同草案经职工代表大会或者职工大会通过后，由集体协商双方首席代表签字。

（3）政府劳动行政主管部门审核。由企业一方将签字的集体合同文本及说明材料一式三份，在集体合同签订后的10天内报送县级以上政府劳动行政主管部门审查。

（4）审核期限和生效。由劳动行政主管部门在收到集体合同后的15天内将审核意见书送达，集体合同的生效日期以审核意见书确认的日期为生效日期。

（5）集体合同的公布。经审核确认生效的集体合同或自行生效的集体合同，签约双方及时以适当的方式向各自代表的成员公布。

九、集体合同的履行

集体合同只要主体、内容、形式、程序合法，意思表示真实，就具有法律效力。集体合同当事人和关系人应该履行集体合同所规定的义务。集体合同的履行遵循实际履行和协作履行的原则。

十、集体合同的监督检查

集体合同在履行过程中，企业工会应承担更多监督检查的责任。工会也可以与企业协商，建立集体合同履行的联合监督检查制度，发现问题及时与企业协商解决。

十一、违反集体合同的责任

企业违反集体合同的规定，应承担法律责任。工会不履行或不适当履行集体合同规定的义务，应承担道义上的责任。个别劳动者不履行集体合同规定的义务，则按照劳动合同的规定承担相应责任。

第四节　劳动争议的协商与调解

一、劳动争议的概念

劳动争议也称劳动纠纷，是指劳动关系双方当事人之间因劳动权利和劳动义务的认定与实现而所发生的纠纷。劳动争议实质上是劳动关系当事人之间利益矛盾、利益冲突的表现。

二、劳动争议的分类

按照不同的标准，可对劳动争议做如下分类，具体如表 2-6-1 所示。

表 2-6-1　劳动争议的分类

分类标准	类别说明
按照劳动争议主体划分	1. 个别争议。职工一方当事人人数为 9 人及以下，有共同争议理由的 2. 集体争议。职工一方当事人人数为 10 人及以上，有共同争议理由的 3. 团体争议。工会与用人单位因签订或履行集体合同发生的争议
按照劳动争议性质划分	1. 权利争议。又称既定权利争议。劳动关系当事人基于劳动法律、法规规定或集体合同、劳动合同约定的权利与义务所发生的争议 2. 利益争议。当事人因主张有待确定的权利和义务所发生的争议

分类标准	类别说明
按照劳动争议标的划分	1. 劳动合同争议。解除、终止劳动合同所发生的争议，关于开除、除名、辞职等因适用条件的不同理解与实施而发生的争议 2. 关于劳动安全卫生、工作时间、休息休假、保险福利等发生的争议 3. 关于劳动报酬、培训、奖惩等因适用条件的不同理解与实施而发生的争议

三、劳动争议产生的原因

（1）劳动争议的内容只能是以劳动权利、义务为标的。

（2）市场经济的物质利益原则的作用，使得劳动关系当事人之间，既有共同的利益和合作的基础，又有利益的差别和冲突。

四、劳动争议处理的原则

《劳动争议调解仲裁法》第三条规定："解决劳动争议，应当根据事实，遵循合法、公正、及时、着重调解的原则，依法保护当事人的合法权益。"

（1）合法原则;（2）公正原则;（3）及时处理、着重调解原则。

五、企业劳动争议调解委员会调解的特点

（1）群众性。企业劳动争议调解委员会是企业内依法成立的处理劳动争议的群众性组织，这体现在其人员组成和工作原则上。调解活动强调群众的直接参与。

（2）自治性。调解是企业内的劳动者对本单位运行的劳动关系进行自我管理、自我调节、自我化解矛盾的有效形式。

（3）非强制性。调解程序完全体现自愿的特点，即申请调解自愿，不能强制，调解协议的履行依赖于当事人的自愿及舆论的约束。

六、调解委员会与劳动争议仲裁委员会、人民法院在处理劳动争议时调解的区别

（1）在劳动争议处理中的地位不同。调解委员会的调解是独立的程序，劳动争议仲裁委员会、人民法院的调解不具有程序性。

（2）主持调解的主体不同。

（3）调解案件的范围不同。

（4）调解的效力不同。

七、调解委员会的构成和职责

1. 调解委员会的设立

大中型企业应当依法设立调解委员会，并配备专职或者兼职工作人员。小微型企业可以设立调解委员会，也可以由劳动者和企业共同推举人员，开展调解工作。调解委员会由劳动者代表和企业代表组成，人数由双方协商确定，双方人数应当对等。劳动者代表由工会委员会成员担任或者由全体劳动者推举产生，企业代表由企业负责人指定。

2. 调解委员会的职责

①宣传劳动保障法律、法规和政策；②对本企业发生的劳动争议进行调解；③监督和解协议、调解协议的履行；④聘任、解聘和管理调解员；⑤参与协调履行劳动合同、集体合同及执行企业劳动规则制度等方面出现的问题；⑥参与研究涉及劳动者切身利益的重大方案；⑦协助企业建立劳动争议预防、预警机制。

3. 调解员及其职责

①关注本企业劳动关系状况，及时向调解委员会报告；②接受调解委员会指派，调解劳动争议案件；③监督和解协议、调解协议的履行；④完成调解委员会交办的其他工作。

八、调解委员会调解劳动争议的原则

（1）申请自愿。①申请调解自愿；②调解过程自愿；③履行协议自愿。

（2）尊重当事人申请仲裁和诉讼权利的原则。

九、劳动争议处理的程序

（1）根据我国劳动立法的有关规定，当发生劳动争议时，争议双方应协商解决。

（2）当事人不愿协商、协商不成或者达成和解协议后不履行的，可以向调解组织申请调解。

（3）不愿调解、调解不成或者达成调解协议后不履行的，可以向劳动争议仲裁委员会申请仲裁。

（4）对仲裁裁决不服的，除法律规定的最终裁决外，当事人一方或双方则可申诉到人民法院，由人民法院依法审理并做出最终判决。

十、劳动争议的协商解决

（1）发生劳动争议，一方当事人可以通过与另一方当事人约见、面谈等方式协商解决。

（2）劳动者可以要求所在企业工会参与或者协助其与企业进行协商。工会也可以主动参与劳动争议的协商处理，维护劳动者合法权益。劳动者可以委托其他组织或者个人作为其代表进行协商。

（3）一方当事人提出协商要求后，另一方当事人应当积极做出口头或者书面回应。5日内不做出回应的，视为不愿协商。

（4）协商达成一致，应当签订书面和解协议。和解协议对双方当事人具有约束力，当事人应当履行。

（5）发生劳动争议，当事人不愿协商、协商不成，或者达成和解协议后，一方当事人在约定的期限内不履行和解协议的，可以依法向调解委员会或者乡镇、街道劳动就业和社会保障服务所（中心）等其他依法设立的调解组织申请调解，也可以依法向劳动人事争议仲裁委员会申请仲裁。

十一、调解委员会调解的程序

（1）申请和受理；（2）调查和调解；（3）调解协议书；（4）与协商、调解相关的时效规定；（5）人民法院的支付令。

第五节　劳动安全卫生与工伤管理

一、劳动安全卫生标准的内容

我国劳动安全卫生标准分为国家标准、行业标准、地方标准和企业标准四级。根据法律规定，国家标准、行业标准分为强制性标准和推荐性标准。保证人体健康及人身、财产安全的标准为强制性标准，其他标准是推荐性标准。

劳动安全卫生标准的特点：①劳动安全卫生标准具有刚性的法律强制性；②劳动安全卫生标准具有较强的综合性。

二、劳动安全卫生标准的分类

（1）劳动安全卫生基础标准；（2）劳动安全卫生管理标准；（3）劳动安全工程标准；（4）职业卫生标准；（5）劳动防护用品标准。

三、职业安全卫生保护费用分类

（1）劳动安全卫生保护设施建设费用；（2）劳动安全卫生保护设施更新改造费用；（3）个人劳动安全卫生防护用品费用；（4）劳动安全卫生教育培训经费；（5）健康检查

和职业病防治费用；（6）有毒有害作业场所定期检测费用；（7）工伤保险费；（8）工伤认定、评残费用等。

四、职业安全卫生预算编制程序

职业安全卫生预算编制程序具体如图 2-6-8 所示。

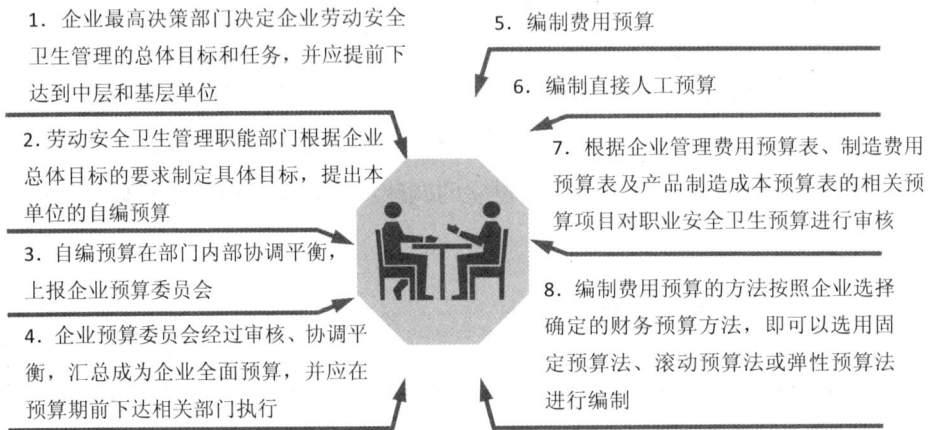

图 2-6-8　职业安全卫生预算编制程序

五、建立劳动安全卫生防护用品管理台账

劳动安全卫生防护用品管理台账分为：①一般防护用品发放台账；②特殊防护用品发放台账；③防护用品购置台账；④防护用品修理、检验、检测台账。

六、组织岗位安全教育

（1）新员工实行三级安全卫生教育。①组织入厂教育；②组织车间教育；③组织班组教育。

（2）特种作业人员和其他人员培训。①对特种作业人员进行生产技术和特定的安全卫生技术理论教育和操作培训，经考核合格并获得"特种作业人员操作证"方准上岗；②组织生产管理人员，特种设备、设施检测、检验人员，救护人员的专门培训。

（3）生产技术条件发生变化，员工调整工作岗位的重新培训。

七、工伤的概念

工伤又称职业伤害、工作伤害，指劳动者在从事职业活动或者与职业责任有关的活动时所遭受的事故伤害和职业病伤害。

八、工伤事故分类

根据不同的事故性质和划分标准，工伤事故分为以下几类，具体如表2-6-2所示。

表2-6-2 工伤事故分类

分类标准	具体说明
按照损伤程度划分	分为轻伤事故、重伤事故和死亡事故三类。轻伤，休息1~104日的失能伤害；重伤，休息105日以上的失能伤害
按照损伤原因划分	工伤事故按伤害类别分为20种，具体为：物体打击；车辆伤害；机器工具伤害；起重伤害；触电；淹溺；灼烫；火灾；刺割；高处坠落；坍塌；冒顶片帮；透水；放炮；火药爆炸；瓦斯爆炸；锅炉和受压窗口爆炸；其他爆炸；中毒窒息；其他伤害，如跌伤、冻伤、野兽咬伤等
按照伤残等级划分	根据劳动者劳动功能障碍程度和生活自理障碍程度的等级鉴定，将劳动功能障碍分为十个伤残等级，最重的为一级，最轻的为十级
职业病	职业中毒；尘肺；物理因素职业病；职业性传染病；职业性皮肤病；职业性眼病；职业性耳、鼻、喉病；职业性肿瘤；其他职业病
事故划分	事故划分为特别重大事故、重大事故、较大事故和一般事故

九、工伤认定

（1）职工有下列情形之一的，应当认定为工伤。

①在工作时间和工作场所内，因工作原因受到事故伤害的。②工作时间前后在工作场所内，从事与工作有关的预备性或者收尾性工作受到事故伤害的。③在工作时间和工作场所内，因履行工作职责受到暴力等意外伤害的。④患职业病的。⑤因工外出期间，由于工作原因受到伤害或者发生事故下落不明的。⑥在上下班途中，受到非本人主要责任的交通事故或者城市轨道交通、客运轮渡、火车事故伤害的。⑦法律、行政法规规定应当认定为工伤的其他情形。

（2）职工有下列情形之一的，视同工伤。

①在工作时间和工作岗位，突发疾病死亡或者在48小时之内经抢救无效死亡的。②在抢险、救灾等维护国家利益、公共利益活动中受到伤害的。③劳动者原在军队服役，因战、因公负伤致残，已取得革命伤残军人证，到用人单位后旧伤复发的。

（3）职工虽然受到伤害或死亡，但是有下列情形之一的，不得认定为工伤或视同工伤。

①故意犯罪的。②醉酒或者吸毒的。③自残或者自杀的。

十、工伤认定申请主体与申请时限

职工所在单位应当自事故伤害发生之日或者被诊断、鉴定为职业病之日起30日内，向统筹地区社会保险行政部门提出工伤认定申请。

用人单位未按规定提出工伤认定申请的，工伤职工或者其近亲属、工会组织在事故伤害发生之日或者被诊断、鉴定为职业病之日起1年内，可以直接向用人单位所在地统筹地区社会保险行政部门提出工伤认定申请。

十一、工伤认定材料

提出工伤认定申请应当提交下列材料。①工伤认定申请表；②与用人单位存在劳动关系（包括事实劳动关系）的证明材料；③医疗诊断证明或者职业病诊断证明书（或者职业病诊断鉴定书）。

十二、工伤认定的决定

社会保险行政部门受理工伤认定申请后，根据审核需要可以对事故伤害进行调查核实，用人单位、职工、工会组织、医疗机构以及有关部门应当予以协助。职业病诊断和诊断争议的鉴定，依照《职业病防治法》的有关规定执行。对依法取得职业病诊断证明书或者职业病诊断鉴定书的，社会保险行政部门不再进行调查核实。

社会保险行政部门应当自受理工伤认定申请之日起60日内做出工伤认定的决定，并书面通知申请工伤认定的职工或者其近亲属和该职工所在单位。

社会保险行政部门对受理的事实清楚、权利义务明确的工伤认定申请，应当在15日内做出工伤认定的决定。

十三、劳动能力鉴定

劳动能力鉴定是指根据劳动功能障碍程度和生活自理障碍程度的等级鉴定。

劳动功能障碍分为十个伤残等级，最重的为一级，最轻的为十级。生活自理障碍分为三个等级：生活完全不能自理、生活大部分不能自理和生活部分不能自理。劳动能力鉴定标准由国务院社会保险行政部门会同国务院卫生行政等部门制定。

十四、工伤医疗期待遇

职工因工作遭受事故伤害或者患职业病需要暂停工作接受工伤医疗的期间为停工留薪期，停工留薪期一般不超过12个月。伤情严重或者情况特殊，经社区的市级劳动能力鉴定委员会确认，可以适当延长，但延长不得超过12个月。

（1）医疗待遇。治疗工伤所需费用符合工伤保险诊疗项目目录、工伤保险药品目录、工伤保险住院服务标准的，从工伤保险基金支付。

（2）工伤津贴。在停工留薪期内，原工资福利待遇不变，由所在单位按月支付。生活护理费按照生活完全不能自理、生活大部分不能自理或者生活部分不能自理3个不同等级支付，其标准分别为统筹地区上年度职工平均工资的50%、40%或者30%。

十五、工伤致残待遇

（1）职工因工致残被鉴定为一至四级伤残的，保留劳动关系，退出工作岗位，享受以下待遇，如图2-6-9所示。

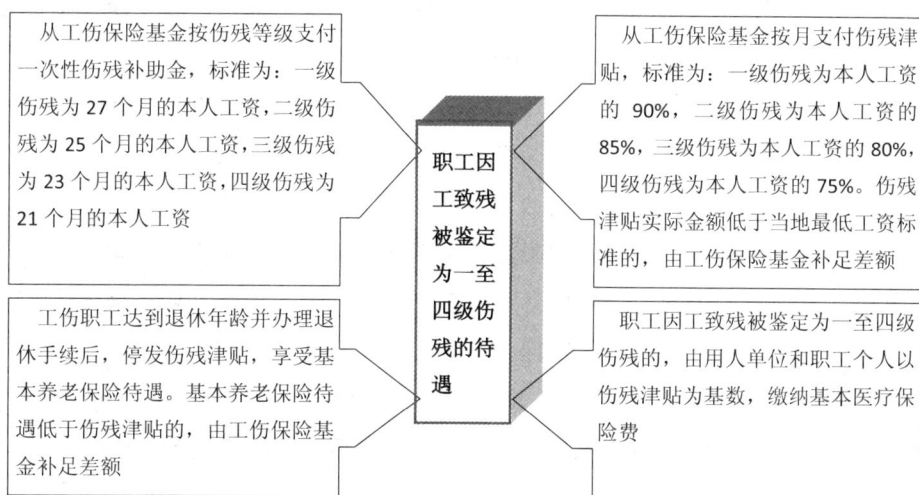

图2-6-9 职工因工致残被鉴定为一至四级伤残的待遇

（2）职工因工致残被鉴定为五级、六级伤残的，享受以下待遇。

①工伤保险基金按伤残等级支付一次性伤残补助金，标准为：五级伤残为18个月的本人工资，六级伤残为16个月的本人工资。②保留与用人单位的劳动关系，由用人单位安排适当工作。难以安排工作的，由用人单位按月发给伤残津贴，标准为：五级伤残为本人工资的70%，六级伤残为本人工资的60%，并由用人单位按照规定为其缴纳应缴纳的各项社会保险费。伤残津贴实际金额低于当地最低工资标准的，由用人单位补足差额。

经工伤职工本人提出，该职工可以与用人单位解除或者终止劳动关系，由用人单位支付一次性工伤医疗补助金和伤残就业补助金。

（3）职工因工致残被鉴定为七至十级伤残的，享受以下待遇。

①工伤保险基金按伤残等级支付一次性伤残补助金，标准为：七级伤残为13个月的本人工资，八级伤残为11个月的本人工资，九级伤残为9个月的本人工资，十

级伤残为 7 个月的本人工资。②劳动合同期满终止，或者职工本人提出解除劳动合同的，由工伤保险基金支付一次性工伤医疗补助金，由用人单位支付一次性伤残就业补助金。

（4）职工因工死亡，其近亲属按照下列规定从工伤保险基金领取丧葬补助金、供养亲属抚恤金和一次性工亡补助金。

①丧葬补助金为 6 个月的统筹地区上年度职工月平均工资。②供养亲属抚恤金按照职工本人工资的一定比例发给由因工死亡职工生前提供主要生活来源、无劳动能力的亲属。标准为：配偶每月 40%，其他亲属每人每月 30%，孤寡老人或者孤儿每人每月在上述标准的基础上增加 10%。核定的各供养亲属的抚恤金之和不应高于因工死亡职工生前的工资。供养亲属的具体范围由国务院劳动保障行政部门规定。③一次性工亡补助金标准为上一年度全国城镇居民人均可支配收入的 20 倍。

伤残职工在停工留薪期内因工伤导致死亡的，其近亲属享受上述待遇。一至四级伤残职工在停工留薪期满后死亡的，其近亲属可以享受上述①、②项规定的待遇。

（5）职工因工外出期间发生事故或者在抢险救灾中下落不明，从事故发生当月起 3 个月内照发工资，从第 4 个月起停发工资，由工伤保险基金向其供养亲属按月支付供养亲属抚恤金。生活有困难的，可以预支一次性工亡补助金的 50%。职工被人民法院宣告死亡的，按照职工因工死亡的规定处理。

（6）工伤职工有下列情形之一的，停止享受工伤保险待遇。

①丧失享受待遇条件的。②拒不接受劳动能力鉴定的。③拒绝治疗的。

十六、工伤保险责任

（1）用人单位分立、合并、转让的，承继单位应当承担原用人单位的工伤保险责任；原用人单位已经参加工伤保险的，承继单位应当到当地经办机构办理工伤保险变更登记。

用人单位实行承包经营的，工伤保险责任由职工劳动关系所在单位承担。

职工被借调期间受到工伤事故伤害的，由原用人单位承担工伤保险责任，但原用人单位与借调单位可以约定补偿办法。

企业破产的，在破产清算时优先拨付依法应由单位支付的工伤保险待遇费用。

（2）职工被派遣出境工作，依据前往国家或者地区的法律应当参加当地工伤保险的，其国内工伤保险关系中止；不能参加当地工伤保险的，其国内工伤保险关系不中止。

第七章 基础知识

第一节 劳动经济学

一、劳动资源的稀缺性

劳动资源的稀缺性具有以下属性。

（1）劳动资源的稀缺性是相对于社会和个人的无限需要与愿望而言，是相对稀缺性。

（2）劳动资源的稀缺性又具有绝对的属性。

（3）在市场经济中，劳动资源稀缺性的本质表现是消费劳动资源的支付能力、支付手段的稀缺性。

二、劳动力供给

劳动力供给是指在一定市场工资率的条件下，劳动力供给的决策主体（家庭或个人）愿意并且能够提供的劳动时间。

三、劳动力供给的工资弹性

劳动力供给的工资弹性简称劳动力供给弹性，是指劳动力供给量变动对工资率变动的反应程度。

四、劳动力供给弹性分类

根据劳动力供给弹性的不同取值，一般将劳动力供给弹性分为以下五大类。

（1）供给无弹性，即 $E_s=0$。

（2）供给有无限弹性，即 $E_s \to \infty$。

（3）单位供给弹性，即 $E_s=1$。

（4）供给富有弹性，即 $E_s>1$。

（5）供给缺乏弹性，即 $E_s<1$。

五、经济周期

经济周期是指经济运行过程中繁荣与衰退的周期性交替。

六、劳动力需求

劳动力需求是指企业在某一特定时期内，在某种工资率下愿意并能雇用的劳动量。

七、劳动力需求的自身工资弹性

劳动力需求的自身工资弹性是指劳动力需求量变动对工资率变动的反应程度。

八、劳动力需求的工资弹性分类

根据劳动力需求的工资弹性的不同取值，可将工资弹性分为五类。

（1）需求无弹性，即 $E_d=0$。

（2）需求有无限弹性，即 $E_d \to \infty$。

（3）单位需求弹性，即 $E_d=1$。

（4）需求富有弹性，即 $E_d>1$。

（5）需求缺乏弹性，即 $E_d<1$。

九、劳动力市场均衡的意义

（1）劳动力资源的最优分配。在完全竞争的市场结构中，劳动力市场实现均衡，劳动力资源就能达到最有效率的分配。

（2）同质劳动力获得同样工资。不存在任何职业的、行业的和地区的工资差别。

（3）充分就业。

十、工资形式

生产要素分为土地、劳动、资本、企业家才能四类，分别对应为地租、工资、利息、利润。

十一、货币工资

货币工资是指工人单位时间的货币所得。它受三个主要因素的影响：货币工资率、工作时间长度、相关的工资制度安排。实际工资 = 货币工资 / 价格指数。

十二、福利

福利是工资的转化形式和劳动力价格的重要构成部分。福利的支付方式分为两类：其一为实物支付，包括各种免费或折价的工作餐、折价或优惠的商品和服务；其二为延期支付，包括各类保险支付，如退休金、失业保险等。

十三、福利的特征

福利支付以劳动为基础，具有法定性、企业自定性和灵活性。

十四、失业类型

失业的类型主要有四种，具体内容如表 2-7-1 所示。

表 2-7-1 失业的四种类型

类型	内容
摩擦性失业	这是一种正常性失业，即使劳动力市场处于劳动力供求均衡状态时也会存在这种类型的失业
技术性失业	解决技术性失业最有效的办法是推行积极的劳动力市场政策，强化职业培训，普遍地实施职业技能开发
结构性失业	缓解结构性失业最有效的对策是推行积极的劳动力市场政策，包括超前的职业指导和职业预测、广泛的职业技术培训，以及低费用的人力资本投资计划
季节性失业	由于气候状况有规律的变化对生产、消费产生影响所引致的失业称为季节性失业

十五、失业的影响

（1）失业造成家庭生活困难。

（2）失业是劳动力资源浪费的典型形式。

（3）失业直接影响劳动者精神需要的满足程度。

十六、宏观调控政策

对就业总量影响最大的宏观调控政策是财政政策、货币政策、收入政策。

十七、财政政策的分类

因其目标的不同，分为两种类型：扩张性的财政政策和紧缩性的财政政策。扩张性的财政政策（积极的）是通过扩大政府购买、增加政府转移支付；紧缩性的财政政策（稳健的）是通过缩减政府购买和减少转移支付。

十八、货币政策

货币政策是指政府以控制货币供应量为手段，通过调节利率来调节总需求水平，以促进充分就业、稳定物价和经济增长的一种宏观经济管理对策。

十九、货币政策的分类

货币政策的分类包括扩张性的货币政策和紧缩性的货币政策。

二十、收入政策的作用

收入政策在社会经济中具有以下重要作用。

（1）有利于宏观经济的稳定。

（2）有利于资源的合理配置。

（3）有利于缩小不合理的收入差距。

二十一、基尼系数

基尼系数是意大利经济学家基尼依据洛伦茨曲线创制的，用来判断某种收入分配平等程度的一种尺度。

二十二、收入差距区间

从世界各国情况看，基尼系数小于 0.2 时，表示收入差距非常小；基尼系数在 0.4 以上，则表示收入差距比较大。通常基尼系数在 0.2~0.4。

二十三、收入政策措施

（1）调控收入与物价关系的措施。

调控收入与物价的关系，控制工资收入过度增长诱发通货膨胀的措施有：①制定工资—物价指导线，作为微观经济单位——企业增长工资的参照标准；②在物价和工资增长过快、影响宏观经济稳定的情况下，对物价和工资进行管制乃至冻结；③实施以税收为基础的收入控制政策，约束企业工资发放过度的行为。

（2）收入平等化措施。

收入平等化的主要政策措施有：①实行个人收入所得税制度，并且在实施中采取累进税率制；②对遗产、赠予、财产（即土地、房产等不动产）、高消费征税。③发展社会保障事业，解决失业保险、医疗保险、养老保险、未成年子女的家庭补贴、低于贫困线的家庭与个人的救济等方面的支出；④对失业者，特别是其中的贫困者，提供就业机会与就业培训；⑤发展教育事业，这有利于从根本上消除贫困、扩大社会平等；⑥改善居民住房条件，向低收入阶层提供廉价住房或住房补贴。

第二节　劳动法

一、劳动法的概念

我国法学界关于劳动法的定义虽有不同的表述，但是基本内容是一致的。狭义的劳动法仅指劳动法律部门的核心法律，即《中华人民共和国劳动法》这一规范性文件。广义的劳动法则是指调整劳动关系以及劳动关系密切关联的其他一些社会关系的法律规范的综合。劳动法是指法律学科中的一个亚学科，是以劳动法作为研究对象的理论体系，即所谓的劳动法学。

二、劳动法的基本原则

劳动法基本原则的内容有多种理解和阐释。根据《宪法》和《劳动法》的有关规定，可以将劳动法的基本原则归纳为以下内容。

（1）保障劳动者劳动权的原则；（2）劳动关系民主化原则；（3）物质帮助权原则。

三、劳动法律渊源

1. 劳动法律渊源的含义

法律渊源是指具有法的效力作用和意义的法或法律的外在表现形式。各国对劳动法的渊源有着不同的理解。在我国劳动法学中，将劳动法律渊源理解为由国家制定认可的劳动法律规范的表现形式。

2. 劳动法律渊源的类别

劳动法律渊源主要有七类，具体内容如表 2-7-2 所示。

表 2-7-2　劳动法律渊源的类别

类别	内容
宪法中关于劳动问题的规定	《宪法》中关于劳动问题的规定是我国劳动法的首要渊源。我国《宪法》全面规定了劳动者的基本权利，如劳动权、报酬权、休息休假权、劳动安全卫生保护权、物质帮助权、培训权、结社权等原则
劳动法律	全国人民代表大会及其常务委员会依据《宪法》制定的调整劳动关系的规范属于劳动法律，其法律效力仅低于《宪法》。劳动法律包括《中华人民共和国工会法》《中华人民共和国劳动法》等

续表

类别	内容
国务院劳动行政法规	为管理劳动事务，国务院有权根据《宪法》和劳动法律规定调整劳动关系与各项劳动标准的规范性文件，这些规范性文件统称为劳动行政法规，其效力低于《宪法》和劳动法律，在全国具有普遍的法律效力
劳动规章	国务院组成部门依据劳动法律和劳动行政法规，有权在本部门范围内制定和发布规范性文件，其中关于调整劳动关系的规章，也是劳动法的渊源
地方性劳动法规	依据法律规定，为管理本行政区域内的劳动事务，在不同宪法、法律和劳动行政法规相抵触的前提下，可以指定和发布地方性劳动法规，报全国人民代表大会常委会、国务院备案或批准后生效；依据有关规定，地方县级以上各级人民代表大会及其常委会和政府，依照法律规定的权限，制定和发布规范性文件
我国立法机关批准的相关国际公约	有关国际组织按照法定程序制定或通过的国际公约、决议涉及劳动关系或劳动标准，属于国际劳动立法的范畴，其中经过我国立法机关批准的公约在我国具有法律效力
正式解释	有权的国家机关对已经生效的劳动法律、行政法规等规范性文件所做的阐释和说明，可以使用，具有法律效力

四、劳动法的体系

劳动法的体系是指劳动法的各项具体劳动法律制度的构成和相互关系。

五、劳动法体系的劳动法律制度构成

（1）促进就业法律制度；（2）劳动合同和集体合同制度；（3）劳动标准制度；（4）职业培训制度；（5）社会保险和福利制度；（6）劳动争议处理制度；（7）工会和职工民主管理制度；（8）劳动法的监督检查制度。

六、劳动法律关系

1. 劳动法律关系的含义

任何一种社会关系经相应的法律规范调整后即转变为法律关系，即当事人之间以权利义务为内容的法律关系。

2. 劳动法律关系的种类

①劳动合同关系。劳动合同关系即雇员与雇主在劳动过程中的权利义务关系。②劳动行政法律关系。劳动行政法律关系是劳动行政主体与劳动行政相对人之间，为实现和保障劳动关系的运行而依据劳动法律规范和有关行政法律规范所形成的权利义务关系。

③劳动服务法律关系。劳动服务法律关系是劳动服务主体与劳动关系当事人一方或双方之间，在劳动服务过程中依据劳动法律规范和有关法律规范形成的权利义务关系。

3. 劳动法律关系的特征

①劳动法律关系是劳动关系的现实形态。②劳动法律关系的内容是权利和义务。③劳动法律关系是一种双务关系。④劳动法律关系具有国家强制性。

七、劳动法律关系的构成要素

1. 劳动法律关系的主体

劳动法律关系的主体是指依据劳动法律的规定，享有权利、承担义务的劳动法律关系的参与者，包括企业、个体经济组织、国家机关、事业组织、社会团体等用人单位和与之建立劳动关系的劳动者，即雇主与雇员。

2. 劳动法律关系的内容

劳动法律关系的内容是指劳动法律关系主体依法享有的权利和承担的义务。

3. 劳动法律关系的客体

劳动法律关系的客体是指主体权利义务所指向的事物，即劳动法律关系所要达到的目的和结果。

八、劳动法律事实

依法能够引起劳动法律关系产生、变更和消灭的客观现象为劳动法律事实。法律事实可以分为两类。

（1）劳动法律行为。劳动法律行为是指以当事人的意志为转移，能够引起劳动法律关系产生、变更和消灭，具有一定法律后果的活动。

（2）劳动法律事件。劳动法律事件是指不以当事人的主观意志为转移，能够引起一定的劳动法律后果的客观现象。

第三节　现代企业管理

一、企业战略环境分析

1. 企业战略的概念与特征

企业战略是指企业为了适应未来环境的变化，寻求长期生存和稳定发展而制定的总体性及长远性的谋划与方略。企业战略具有全局性、系统性、长远性、风险性、抗争性的特征，离开这些特征就称不上经营战略。

2. 企业环境的结构及特点

企业的外部经营环境，按照对企业经营活动影响的密切程度可以分为宏观环境和微观环境。微观环境指市场和产业环境，企业的生产经营活动直接处于微观环境的影响下。宏观环境指间接地影响企业活动的环境因素。

3. 经营环境分析的方法

现代企业经营外部环境分析的方法，主要包括对外部环境的调研和预测两个方面。

（1）外部环境的调研。现代企业外部环境的调研主要是为了了解外部环境的过去和现实状况。环境因素调研的三种主要方法具体如图 2-7-1 所示。

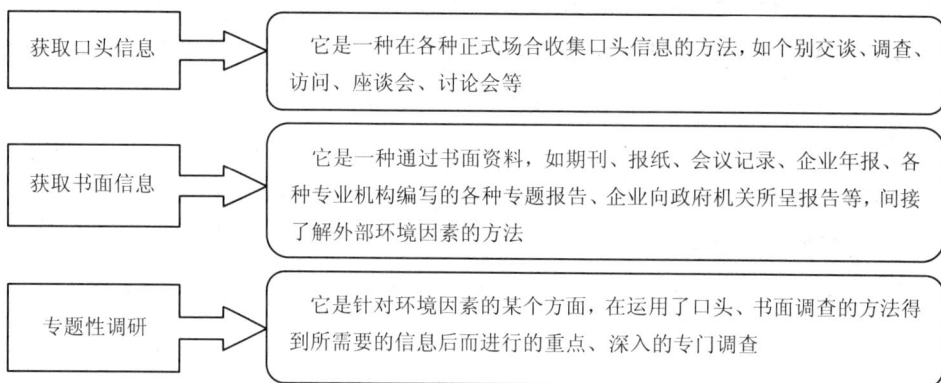

```
┌──────────────┐    ┌─────────────────────────────────────┐
│  获取口头信息  │───▶│ 它是一种在各种正式场合收集口头信息的方法,如个别交谈、调查、 │
│              │    │ 访问、座谈会、讨论会等                  │
└──────────────┘    └─────────────────────────────────────┘

┌──────────────┐    ┌─────────────────────────────────────┐
│  获取书面信息  │───▶│ 它是一种通过书面资料,如期刊、报纸、会议记录、企业年报、各 │
│              │    │ 种专业机构编写的各种专题报告、企业向政府机关所呈报告等,间接 │
│              │    │ 了解外部环境因素的方法                  │
└──────────────┘    └─────────────────────────────────────┘

┌──────────────┐    ┌─────────────────────────────────────┐
│   专题性调研   │───▶│ 它是针对环境因素的某个方面,在运用了口头、书面调查的方法得 │
│              │    │ 到所需要的信息后而进行的重点、深入的专门调查       │
└──────────────┘    └─────────────────────────────────────┘
```

图 2-7-1　环境因素调研的方法

（2）外部环境的预测。所谓预测，是指人们对未来某种不确定的东西或未知事件调查研究后做出的符合事物发展规律的设想或结论，这种设想或结论可以指导人们的实际行动。企业外部环境的预测，是指根据调查的信息，对外部环境中某些因素的今后发展及其对本企业经营的影响用科学的方法进行预测，为企业进行经营决策提供依据。

4. 经营环境的微观分析

经营环境的微观分析包括现有竞争对手的分析、潜在竞争对手分析、替代产品或服务威胁的分析、顾客力量的分析、供应商力量的分析。

5. 经营环境的宏观分析

经营环境的宏观分析包括政治法律环境、经济环境、技术环境、社会文化环境。

二、SWOT 分析方法

企业内部条件和外部环境的综合分析，主要采用 SWOT 分析方法。所谓 S 是指企业内部优势（strengths）；W 是指企业内部劣势（weaknEssEs）；O 是指企业外部环境的机会（opportunitiEs）；T 是指外部环境的威胁（threats）。

三、企业的战略选择

（1）总体战略。企业的总体战略有进入战略、发展战略、稳定战略和撤退战略。

（2）一般竞争战略。一般竞争战略有低成本战略、差异化战略和重点战略。

四、风险型决策方法

风险型决策是一种随机决策。对于风险型决策，有收益矩阵、决策树、敏感性分析等方法。

五、影响消费者购买行为的主要因素

影响消费者购买行为的主要因素包括：文化因素、社会因素、个人因素、心理因素。

六、市场营销管理

市场营销管理过程是指企业为实现目标、完成任务而发现、分析、选择和利用市场机会的管理过程。具体包括以下步骤：①分析市场机会；②选择目标市场；③设计市场营销组合；④执行和控制市场营销计划。

七、市场营销策略

（1）产品策略。产品策略包括产品组合策略、品牌与商标策略、包装策略、产品生命周期及服务策略。

（2）定价策略。价格是影响产品销售的最直接、最重要的因素之一。合理确定企业产品的价格，对增强企业竞争能力、提高利润水平有重要作用。定价的方法有三类：成本导向定价法、需求导向定价法和竞争导向定价法。

（3）分销策略。销售渠道是指产品由企业（生产者）向最终顾客（消费者）移动过程中所经过的各个环节，或企业通过中间商（转卖者）到最终顾客的全部市场营销结构。

（4）促销策略。促销包括广告、人员推销、营业推广、公关关系等方式。

第四节　管理心理与组织行为

一、态度

态度是人对某种事物或特定对象所持有的一种肯定或否定的心理倾向。

二、工作满意度

工作满意度指员工对自己的工作所抱有的一般性的满足与否的态度。

三、组织承诺

作为一种态度，员工的组织承诺通常表现为保持一个特定组织的成员身份的一种强烈期望，愿意做出较多的努力来代表组织，对于组织的价值观和目标的明确信任与接受。组织承诺的形式包括感情承诺、继续承诺和规范承诺三种。

四、社会知觉

社会知觉是指个体对其他个体的知觉，即我们如何认识他人。

五、归因

归因就是利用有关的信息资料对人的行为进行分析，从而推论其原因的过程。行为的原因可以分为内因和外因，也可以分为稳因和非稳因。

六、人际关系与沟通

人际关系与沟通的五个阶段包括选择或定向阶段、试验和探索阶段、加强阶段、融合阶段、盟约阶段。

七、领导行为的权变理论

（1）费德勒的权变模型。为了确定领导情景，费德勒分离了三个情景因素，他认为这是决定领导行为有效性的关键。

①领导者与被领导者的关系——双方的信任程度，被领导者对领导者的忠诚、尊重和追随程度。②任务结构——工作任务的程序化（结构化）程度。③领导者的职权——领导者是否拥有权力，对下属是否能直接控制，被上级和组织支持的程度。

（2）领导情景理论。领导情景理论同其他领导行为理论一样，也把领导的行为方式按"关心人"和"关心工作"两个维度划分成四种类型的领导方式：高关系—低工作的参与式，低关系—高工作的命令式，高关系—高工作的推销式，低关系—低工作的授权式。

八、心理测验的类型

心理测验的类型具体如图 2-7-2 所示。

1	按测验的内容可分为两大类，一类是能力测验，另一类是人格测验
2	按测验方式可分为纸笔测验、操作测验、口头测验和情境测验
3	按同时测试人数多少可分为个别测验和团体测验
4	按测验目的可分为描述性测验、诊断性测验和预测性测验
5	按测验应用领域可分为教育测验、职业测验和临床测验

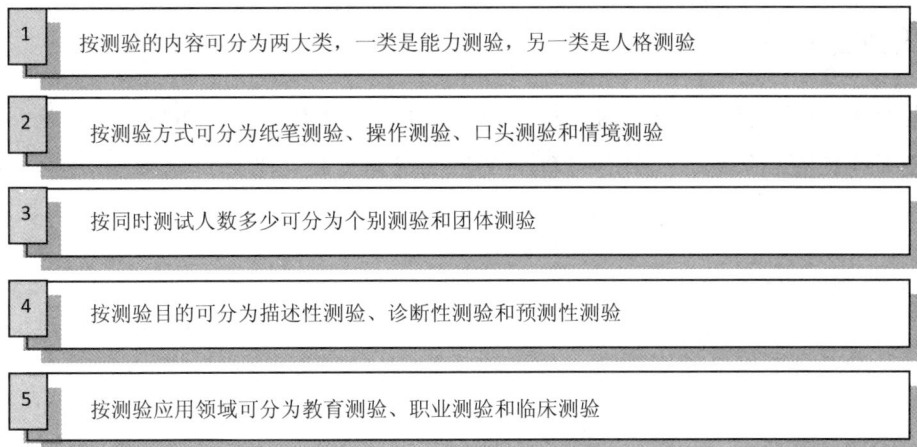

图 2-7-2　心理测验的类型

第五节　人力资源开发与管理

一、人性假设

在西方管理理论中，存在四种人性假设，即经济人、社会人、自我实现人和复杂人。

二、人本管理的含义

人本管理，即以人为核心、以人为根本的管理。它是指企业中的人作为管理的首要因素，是企业一切管理活动的主题或主导因素；同时，人作为管理的本质因素，又是企业管理的出发点和归宿。

三、人本管理的原则

企业进行以人为本的管理，必须遵循一定的标准、要求或原则。人本管理的原则包括：人的管理第一；满足人的需要，实施激励；优化教育培训；以人为本、以人为中心构建企业的组织形态和机构；构建和谐的人际关系；促进员工个人与组织共同发展。

四、人力资本的含义

人力资本是指通过费用支出（投资）于人力资源，而形成和凝结于人力资源体中，并能带来价值增值的智力、知识、技能及体能的总和。

五、人力资本投资的含义

人力资本投资是指投资者通过对人进行一定的资本投入（货币资本或实物），增加或提高人的智能和体能，这种劳动能力的提高最终反映在劳动产出增加上的一种投资行为。

六、人力资本投资的特征

（1）人力资本投资的连续性、动态性。（2）人力资本投资主体与客体具有同一性。（3）人力资本投资的投资者与收益者的不完全一致性。（4）人力资本投资收益形式多样。

七、人力资源开发目标的特性

（1）人力资源开发目标的多元性。（2）人力资源开发目标的层次性。（3）人力资源开发目标的整体性。

八、人力资源开发的理论体系

人力资源开发以提高效率为核心，以挖掘潜力为宗旨，以立体开发为特征，形成一个相对独立的理论体系。这一理论体系包括了人力资源的心理开发、生理开发、伦理开发、智力开发、技能开发和环境开发。

九、人力资源管理的基本概念

人力资源管理是为了实现既定的目标，采用计划、组织、领导、监督、激励、协调、控制等有效措施和手段，充分开发和利用组织系统中的人力资源所进行的一系列活动的总称。

十、人力资源管理在现代企业中的作用

人力资源管理是现代企业管理的核心。人力资源管理在现代企业中有以下作用。
（1）科学化的人力资源管理是推动企业发展的内在动力。
（2）现代化的人力资源管理能够使企业赢得人才的制高点。

十一、现代人力资源管理的三大基石

基于全新的管理哲学和管理理念，现代人力资源管理的三大基石包括定编定岗定员定额、员工的绩效管理、员工技能开发。

第八章　职业道德

第一节　考核重点汇编

一、职业道德概述

1. 职业道德

职业道德是从事一定职业的人们在职业活动中应该遵循的，依靠社会舆论、传统习惯和内心信念来维持的行为规范的总和。

2. 职业道德的具体功能

职业道德的具体功能包括导向功能、规范功能、整合功能和激励功能。

3. 职业道德的社会作用

职业道德的社会作用具体内容如图 2-8-1 所示。

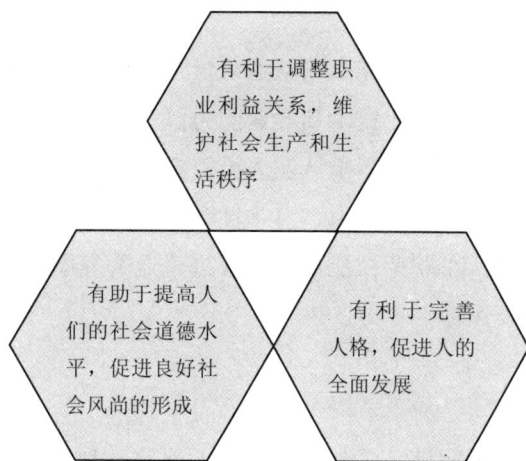

有利于调整职业利益关系，维护社会生产和生活秩序

有助于提高人们的社会道德水平，促进良好社会风尚的形成

有利于完善人格，促进人的全面发展

图 2-8-1　职业道德的社会作用

4. 社会主义职业道德性质和基本要求

社会主义职业道德确立了以为人民服务为核心，以集体主义为原则，以爱祖国、爱人民、爱劳动、爱科学、爱社会主义为基本要求，以爱岗敬业、诚实守信、办事公道、服务群众、奉献社会为主要规范和主要内容，以社会荣辱观为基本行为准则。

二、职业道德建设的基本原则

（1）职业道德的"五个要求"。在《公民道德建设实施纲要》中，党中央提出了所有从业人员都应该遵循的职业道德，包括"五个要求"，即爱岗敬业、诚实守信、办事公道、服务群众、奉献社会。

（2）社会公德与职业道德。以下几个方面既是职业道德的要求，又是社会公德的要求：①文明礼貌；②勤俭节约；③爱国为民；④崇尚科学。

三、职业化与职业道德

（1）职业化的特点。职业化也称为"专业化"，是一种自律性的工作态度。简单地讲，职业化就是一种按照职业道德要求的工作状态的标准化、规范化、制度化。

职业化包含3个层次的内容。其核心层是"职业化素养"，包括职业道德和责任意识等。职业道德、职业荣誉感和职业责任感是职业化素养中最根本的内容。

（2）职业化管理。自我职业化和职业化管理是实现职业化的两个方面。职业化管理包括职业道德标准、企业文化与规章制度、流程管理、质量管理、技能标准和行为标准等规范与制度体系。职业化管理在文化上的体现是重视标准化和规范化。

四、职业技能与职业道德

（1）职业技能的内涵。职业技能是指从业人员从事职业劳动和完成岗位工作应具有的业务素质，包括职业知识、职业技术和职业能力。职业能力包括一般能力和特殊能力，它不仅指某种与职业相关的技能，还指从业人员需要具备的综合能力，包括：学习能力，组织能力，交往与合作能力，专业能力，自主性和承受能力等。

（2）职业技能的作用。①职业技能保障和促进企业的发展。②职业技能是人们谋生和发展的必要条件和重要保障。

五、职业道德修养

（1）职业道德修养的重要性。①加强职业道德修养有利于职业生涯的拓展。②加强职业道德修养有利于职业境界的提高。③加强职业道德修养有利于个人成长、成才。

（2）职业道德修养的途径和方法。①加强职业道德修养要端正职业态度。②加强职业道德修养要强化职业情感。③加强职业道德修养要注重历练职业意志。

六、敬业

（1）敬业的重要性。①敬业是从业人员在职场立足的基础。②敬业是从业人员事业成功的保证。③敬业是企业发展壮大的根本。

（2）敬业的内涵。敬业是一切职业道德基本规范的基础，也是做好本职工作的重要前提和可靠保障。敬业精神是个体以明确的目标选择、忘我投入的志趣、认真负责的态度，从事职业活动时表现出的个人品质。

七、诚信

（1）诚信的重要性。①诚信关系着企业的兴衰。②诚信是个人职业生涯的生存力和发展力。

（2）诚信的内涵。诚信的本质内涵是真实、守诺、信任，即尊重实情、有约必履、有诺必践、言行一致、赢得信任。

（3）诚信的特征。诚信的特征包括通识性、智慧性、止损性、资质性。

八、公道

（1）公道的重要性。公道的重要性如图 2-8-2 所示。

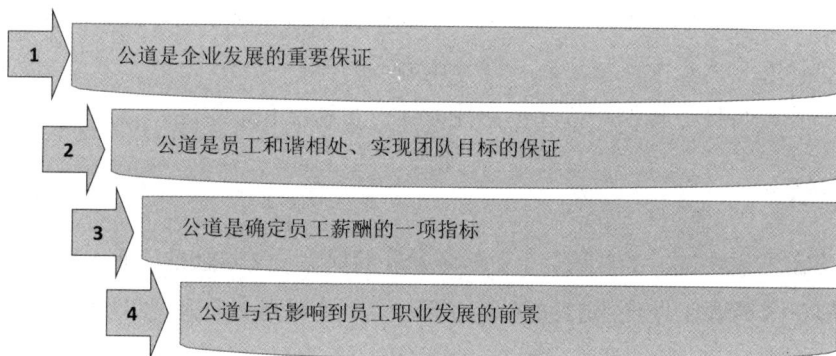

1	公道是企业发展的重要保证
2	公道是员工和谐相处、实现团队目标的保证
3	公道是确定员工薪酬的一项指标
4	公道与否影响到员工职业发展的前景

图 2-8-2　公道的重要性

（2）公道的特征。公道的特征包括公道标准的时代性、公道观念的多元性、公道意识的社会性。

九、纪律

（1）纪律的重要性。①职业纪律影响到企业的形象。②职业纪律关系到企业的成败。③遵守职业纪律是企业选择员工的重要标准。④遵守职业纪律关系到员工个人事业成功与发展。

（2）纪律的内涵。从类别上看，职业纪律包括政府令、条例、制度、规定、公约、守则、管理办法、规程等。从层面上看，宏观上包括国家制定并以国家意志表现出来的法律、法规；中观上包括行业的规定、规范；微观上包括某一企业根据自身实际所制定的企业制度、规定、守则、要求、操作规程等。从领域上看，职业纪律包括劳动纪律、财经纪律、保密纪律等。

（3）纪律的特征。纪律的特征包括社会性、强制性、普遍使用性和变动性。

十、节约

（1）节约的重要性。①节约是企业兴盛的重要保证。②节约是从业人员立足企业的品质。③节约是从业人员事业成功的法宝。

（2）节约的特征。节约的特征包括时代表征性、社会规定性和价值差异性。

十一、合作

（1）合作的重要性。①合作是企业生产经营顺利实施的内在要求。②合作是从业人员汲取智慧和力量的重要手段。③合作是打造优秀团队的有效途径。

（2）合作的内涵。非正式合作往往发生在初级群体或社区之中，是人类最古老、最自然和最普遍的合作形式。作为个人与企业的合作，正式合作包括与企业签订的劳动协议、职业岗位职责、职业考评考核办法等。根据合作参与对象的不同，职业合作又分为群体间、群体与个人、个人与个人三种合作形式。

（3）合作的特性。合作的特性包括社会性、互利性和平等性。

十二、奉献

（1）奉献的重要性。①奉献是企业健康发展的保障。②奉献是从业人员履行职业责任的必经之路。③奉献有助于创造良好的工作环境。④奉献是从业人员实现职业理想的途径。

（2）奉献的内涵。奉献可以是本职工作之内的，也可以是职责以外的，如见义勇为，它往往与无私联系在一起，人们称之为"无私奉献"。奉献是一种最高层次的职业道德。

（3）奉献的特征。奉献的特征包括非功利性、普遍性和可为性。

第二节　相关内容补充

一、十六大报告中关于切实加强思想道德建设的内容

1. 依法治国和以德治国的关系

依法治国和以德治国相辅相成、相互促进（不是手段与目的的关系）。

2. 社会主义思想道德体系的特点

①与社会主义市场经济相适应；②与社会主义法律规范相协调；③与中华民族传统

美德相承接。

二、公民道德实施纲要的内容

1. 公民道德建设的指导思想和方针原则

以马克思列宁主义、毛泽东思想、邓小平理论为指导，全面贯彻江泽民同志"三个代表"重要思想，坚持党的基本路线、基本纲领，重在建设、以人为本，在全民族牢固树立建设有中国特色社会主义的共同理想和正确的世界观、人生观、价值观，在全社会大力倡导"爱国守法、明礼诚信、团结友善、勤俭自强、敬业奉献"的基本道德规范，努力提高公民道德素质，促进人的全面发展。

2. 社会主义市场经济机制的积极作用

有利于增强人民的五个意识、精神：自立意识、竞争意识、效率意识、民主法制意识、开拓创新精神。

3. 公民道德建设的主要内容

坚持以为人民服务为核心，以集体主义为原则，以爱祖国、爱人民、爱劳动、爱科学、爱社会主义为基本要求，以社会公德、职业道德、家庭美德为着力点。

4. 集体主义的含义

正确认识和处理国家、集体、个人的利益关系，提倡个人利益服从集体利益、局部利益服从整体利益、当前利益服从长远利益，反对小团体主义、本位主义和损公肥私、损人利己，把个人的理想与奋斗融入广大人民的共同理想和奋斗之中。

5. 社会主义思想道德体系建设的三大领域

社会主义思想道德体系建设的三大领域具体如表 2-8-1 所示。

表 2-8-1 社会主义思想道德体系建设的三大领域

类型	内容
社会公德规范	文明礼貌、助人为乐、爱护公物、保护环境、遵纪守法
职业道德规范	爱岗敬业、诚实守信、办事公正、服务群众、奉献社会
家庭美德规范	尊老爱幼、男女平等、夫妻和睦、勤俭持家、邻里团结

第三篇

通关计划三：一对一辅导训练

考前复习要注重理解，加强记忆。对专业知识和技能来说，只有真正地了解，才能更深刻地认识。对考生来说，所有理论知识不能不背诵，但是完全依靠死记硬背也不可行。因此考生应在全面掌握教程的理论和操作知识的基础上，按照本书提供的一对一辅导训练，进行一定数量的练习，对各章节加以巩固学习，强化对知识点的记忆。

考生在第二阶段一般应花费一个月的时间，进行重点复习，巩固已学习的内容。通过辅导训练对鉴定范围内的各个鉴定点产生深入的理解和认识，以便从容地应对鉴定点各种形式的考查。

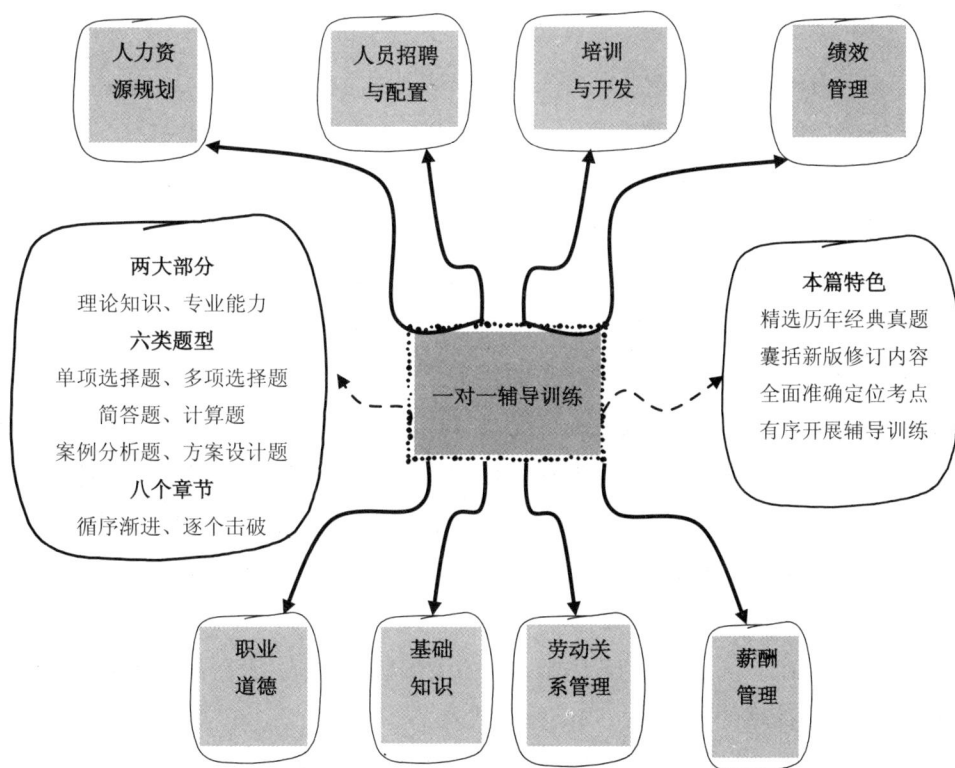

第一章　人力资源规划辅导训练

第一节　单项选择题及解析

一、单项选择题

1. 广义人力资源规划是企业所有人力资源计划的总称，是（　　）的统一。

（A）战略规划与战术计划　　　　　　（B）战略规划与组织规划

（C）人员计划与组织规划　　　　　　（D）费用计划与人员计划

2. 人员规划是对企业人员总量、构成、流动的整体规划，不包括（　　）。

（A）人力资源现状分析　　　　　　　（B）人力资源费用预算

（C）人员需求与供给预测　　　　　　（D）人员供需平衡

3. 被称为人力资源管理活动的纽带的是（　　）。

（A）制度规划　　（B）人力资源规划　　（C）战略规划　　（D）工作岗位分析

4. 企业（　　）是保障其生产经营活动正常进行所设置各类职能与业务部门的总称。

（A）制度体系　　（B）岗位体系　　（C）组织机构　　（D）岗位结构

5. 由经营决策者、风险承担者和收益分享者构成经营主体与规定其相互关系的经营制度所组成的企业高层组织，即（　　）。

（A）制度体制　　（B）经营体制　　（C）职能体制　　（D）组织体制

6.（　　）是最简单的集权式组织结构形式。

（A）直线制　　（B）职能制　　（C）直线职能制　　（D）事业部制

7.（　　）是指按照专业分工设置相应的职能管理部门，实行专业分工管理的组织结构形式。

（A）直线制　　（B）职能制　　（C）直线职能制　　（D）事业部制

8.（　　）结构适合于经营规模大、生产经营业务多元化、市场环境差异大、要求较强适应性的企业。

（A）直线制　　（B）职能制　　（C）直线职能制　　（D）事业部制

9.（　　）为招聘、选拔、任用合格的员工奠定了基础。

（A）人员需求计划　　　　　　　　　（B）人员供给计划

（C）人员岗位分析　　　　　　　　　（D）人员岗位调查

10.（　　）是制定有效的人力资源规划、进行各类人才供给和需求预测的重要前提。

（A）人员需求计划　　　　　　　　　（B）人员供给计划

（C）人员岗位分析　　　　　　　　　（D）人员岗位评价

11.（　　）是对组织中各类岗位某一专项事物或对某类员工劳动行为、素质要求等所做的统一规定。

（A）岗位分析　　　（B）工作说明书　　　（C）岗位规范　　　（D）劳动说明书

12. 管理岗位培训规范的内容不包括（　　）。

（A）管理经验要求　　　　　　　　　（B）指导性培训计划

（C）推荐教材　　　　　　　　　　　（D）参考性培训大纲

13. 生产岗位操作规范的内容不包括（　　）。

（A）工作实例　　　　　　　　　　　（B）岗位的职责和主要任务

（C）完成各项任务的程序和操作方法　（D）与相关岗位的协调配合程度

14. 岗位规范与工作说明书的区别不包括（　　）。

（A）涉及的内容不同　　　　　　　　（B）结构形式不同

（C）突出的主题不同　　　　　　　　（D）适用范围不同

15. 以下关于岗位规范和工作说明书的说法错误的是（　　）。

（A）岗位规范的结构形式呈现多样化

（B）工作说明书不受标准化原则的限制

（C）岗位规范覆盖的范围比工作说明书广泛

（D）岗位规范与工作说明书的内容有所交叉

16. 以下关于工作岗位分析准备阶段的说法错误的是（　　）。

（A）尽可能进行全面调查，以保证调查质量

（B）为搞好岗位分析，应做好员工的思想工作

（C）正确确定调查对象和单位直接关系到调查结果的准确性

（D）调查项目中的问题和答案一般是通过调查表的形式表现的

17. 设计岗位调查方案时，关于调查的时间、地点和方法说法错误的是（　　）。

（A）指出从什么时间开始到什么时间结束

（B）调查地点指登记资料、收集数据的地点

（C）确定调查方式要力求节省人力、物力和时间

（D）能采用抽样调查、重点调查方式，就不必进行全面调查

18. 劳动定额的（　　）是企业劳动定额管理的一项极其重要的基础工作。

（A）制定　　　　（B）贯彻执行　　　（C）统计分析　　　（D）修订

19. 巴克制即企业（   ）的制度。

（A）绩效薪酬管理　　　　　　　　（B）岗位分析与设计

（C）劳动定员定额管理　　　　　　（D）工作效率分析与控制

20. 关于巴克制的数学表达式，表述错误的是（   ）。

（A）工作效率＝工人作业效率 × 开工率

（B）工人作业效率＝定额工时 / 工人实耗工时

（C）开工率＝工人实耗工时 / 实际可利用工时

（D）实耗工时＝实际可利用工时 + 各级管理责任造成的浪费工时

21. 关于劳动定额的发展趋势，表述错误的是（   ）。

（A）逐步实现科学化、标准化和现代化

（B）由传统的单一管理逐步转向以提高效率为中心的全员、全面、全过程的系统化管理

（C）由过去的劳动定额与定员分散管理逐步转向劳动定额定员一体化管理

（D）引进了最先进的定额方法，实现了全方位、一体化的动态管理

22.（   ）是在一定的生产技术组织条件下，行业或企业规定的劳动定额在数值上所表现的高低松紧程度。

（A）劳动定额水平　　　　　　　　（B）工序定额水平

（C）工种定额水平　　　　　　　　（D）零件或产品定额水平

23. 企业劳动定额的各个环节都是围绕（   ）这一核心问题展开的。

（A）劳动定额的制定　　　　　　　（B）劳动定额水平

（C）劳动定额的贯彻执行　　　　　（D）劳动定额的统计分析

24.（   ）统计的准确性、可靠性较难保证，甚至可能掩盖部分损失工时。

（A）实耗工时　　（B）实测工时　　（C）标准工时　　（D）现行定额

25. 关于企业规定的劳动定额应当达到的要求，表述错误的是（   ）。

（A）在每个工作班内，使员工充分和有效地利用工作时间，保持适当的工时强度

（B）大多数员工在多数情况下，以正常的速度进行操作，其脑力或体力的支出，应达到或接近国家或部门的劳动卫生标准

（C）从定额执行的全过程看，某一生产岗位的员工，在定额执行初期可能在贯彻新定额时还存在着一些困难

（D）到了定额执行中期、后期，员工提高了熟练程度后，就一定会超过劳动定额

26. 不论是产品现行劳动定额还是时间定额标准，执行一个时期后就会（   ）生产水平。

（A）高于　　　（B）落后于　　　（C）趋近于　　　（D）脱离

27. 专业生产或成批轮番生产的产品，劳动定额修改间隔期一般是（   ）。

（A）3个月　　　（B）6个月　　　（C）1年　　　（D）2年

28. 企业可不受修订定额的间隔期的限制，对劳动定额及时进行调整的情况不包括（   ）。

（A）产品设计结构发生变动　　　　　（B）设备或工艺装置改变

（C）员工数量发生变动　　　　　　　（D）个别定额存在明显不合理

29. 劳动定额统计工作的任务不包括（   ）。

（A）通过各种原始记录和统计台账，取得产品实耗工时的有关统计资料

（B）计算劳动定额完成程度各项指标

（C）对现行定额的状况以及劳动定额水平做出全面的评价

（D）在收集资料的基础上，确定修改定额的控制数即调整幅度

30.（   ）是指在一定生产技术组织条件下，生产工人为完成生产任务或生产合格产品实际耗用的劳动时间。

（A）实耗工时　　　（B）实测工时　　　（C）标准工时　　　（D）实用工时

31. 以各种原始记录为根据的产品实耗工时统计方法中，（   ）统计主要适用于生产比较稳定、产品品种少、生产周期短的企业。

（A）按产品零件逐道工序汇总产品的实耗工时

（B）按产品投入批量统计汇总实耗工时

（C）按照重点产品、重点零部件和主要工序统计汇总实耗工时

（D）按照生产单位和生产者个人统计汇总实耗工时

32. 属于不必要的工时损失和占用的是（   ）。

（A）组织与技术性宽放时间　　　　　（B）休息与生理需要宽放时间

（C）准备与结束时间　　　　　　　　（D）停工时间

33. 以（   ）为对象进行现场观测，可以进一步掌握生产工人在加工产品中作业等各类时间的消耗情况，分析和研究各个工序、工时消耗的构成。

（A）实耗工时　　　（B）工作日　　　（C）工序　　　（D）作业活动

34. 在生产多种产品的情况下，为了考核企业、车间、班组和个人的劳动定额完成情况，只能采用（   ）的形式。

（A）工序定额　　　（B）工时定额　　　（C）产量定额　　　（D）工种定额

35.（   ）作为生产力的基本要素，是任何劳动组织从事经济活动赖以进行的必要条件。

（A）人力资源　　　（B）生产设备　　　（C）资金支持　　　（D）劳动保障

36. 以下关于劳动定员的说法错误的是（　　）。

（A）编制包括机构编制和政府编制

（B）它与劳动定额的内涵完全一致

（C）企业定员也称劳动定员或人员编制

（D）是对企业配备各类人员所预先规定的限额

37. 以下关于劳动定员与劳动定额的说法错误的是（　　）。

（A）概念内涵相同　　　　　　　　（B）劳动时间采用的单位长度不同

（C）应用范围相同　　　　　　　　（D）都是对人力消耗所规定的限额

38. 企业定员管理的作用不包括（　　）。

（A）合理的劳动定员是企业用人的科学标准

（B）合理的劳动定员是企业人力资源计划的基础

（C）科学合理定员是企业内部各类员工调配的主要依据

（D）先进合理的劳动定员有利于提高企业的经济效益

39. 根据生产任务和员工的劳动效率以及出勤率来计算定员人数的方法属于（　　）。

（A）按劳动效率定员　（B）按设备定员（C）按岗位定员　　　（D）按比例定员

40. 企业定员的新方法不包括（　　）。

（A）效率定员法

（B）运用数理统计方法对管理人员进行定员

（C）零基定员法

（D）运用概率推断确定经济合理的医务人员人数

41. 劳动定员标准属于劳动定额工作标准，即以（　　）为对象制定的标准。

（A）人力消耗　　　（B）时间消耗　　　（C）资源消耗　　　（D）一切劳动消耗

42. 劳动定员标准的特征不包括（　　）。

（A）法定性　　　（B）先进性　　　（C）准确性　　　（D）统一性

43. 在劳动定员标准中，对人员数量标准的规定，可以采用（　　）。

（A）绝对指标　　　（B）相对指标　　　（C）质量指标　　　（D）控制幅度

44. 以下关于定员标准的说法错误的是（　　）。

（A）标准正文由一般要素和特殊要素构成

（B）概述由封面、目次、前言和首页构成

（C）定员标准由概述、标准正文和补充构成

（D）一般要素包括标准名称、范围和引用标准

45. 以下关于定员标准总体编排的说法错误的是（　　）。

（A）提示的附录是标准不可分割的组成部分

（B）劳动定员标准由概述、标准正文和补充组成

（C）提示的附录按国家标准的相关要求撰写

（D）标准名称通常含有引导词、主题词和补充词三个要素

46. 以下不属于人工成本的一项是（　　）。

（A）工资项目　　　　　　　　　　（B）保险福利项目

（C）劳动争议处理费用　　　　　　（D）其他退休费用

47. 确保人力资源费用预算合理性的参照指标不包括（　　）。

（A）工资指导线　　　　　　　　　（B）劳动力市场价位

（C）消费者物价指数　　　　　　　（D）最低工资标准

48. 以下关于审核人力资源费用预算的基本要求说法错误的是（　　）。

（A）确保人力资源费用预算的合理性　（B）确保人力资源费用预算的准确性

（C）确保人力资源费用预算的科学性　（D）确保人力资源费用预算的可比性

49. 人力资源费用支出控制的基本原则不包括（　　）。

（A）及时性　　　（B）节约性　　　（C）适应性　　　（D）合理性

50. 以下是人力资源费用支出控制的三个阶段，具体程序是（　　）。

①制定控制标准；②人力资源费用支出控制的实施；③差异的处理。

（A）①②③　　　（B）②①③　　　（C）②③①　　　（D）①③②

二、解析

1. 解析：A　广义的人力资源规划是企业所有人力资源计划的总称，是战略规划与战术计划（即具体的实施计划）的统一。

2. 解析：B　人员规划是对企业人员总量、构成、流动的整体规划，包括人力资源现状分析、企业定员定额、人员需求与供给预测、人员供需平衡等。

3. 解析：B　人力资源规划又被称为人力资源管理活动的纽带。

4. 解析：C　企业组织机构是保障其生产经营活动正常进行所设置各类职能与业务部门的总称。

5. 解析：B　由经营决策者、风险承担者和收益分享者构成经营主体与规定其相互关系的经营制度所组成的企业高层组织，即经营体制。

6. 解析：A　直线制又称为军队式结构，它是一种最简单的集权式组织结构形式，其领导关系按垂直系统建立，不设立专门的职能机构，自上而下形成垂直领导与被领导关系。

7. 解析：B　职能制又称为多线制，它是指按照专业分工设置相应的职能管理部门，实行专业分工管理的组织结构形式。

8. 解析：D　事业部制结构适合于经营规模大、生产经营业务多元化、市场环境差异大、要求较强适应性的企业。

9. 解析：C　工作岗位分析为招聘、选拔、任用合格的员工奠定了基础。

10. 解析：C　工作岗位分析是制定有效的人力资源规划、进行各类人才供给和需求预测的重要前提。

11. 解析：C　岗位规范是对组织中各类岗位某一专项事物或对某类员工劳动行为、素质要求等所做的统一规定。

12. 解析：A　管理岗位培训规范主要包括指导性培训计划、参考性培训大纲和推荐教材。

13. 解析：A　生产岗位操作规范的内容主要包括岗位的职责和主要任务；岗位各项任务的数量和质量要求以及完成期限；完成各项任务的程序和操作方法；与相关岗位的协调配合程度。

14. 解析：D　岗位规范与工作说明书两者既相互联系，又存在着一定区别：（1）涉及的内容；（2）所突出的主题；（3）具体的结构形式。

15. 解析：A　从具体的结构形式看，工作说明书一般不受标准化原则的限制；岗位规范一般是由企业单位职能部门按企业标准化原则，统一制定并发布执行的。

16. 解析：A　能采用抽样调查、重点调查方式，就不必进行全面调查。

17. 解析：C　在调查方案中，还应当根据调查目的、内容，决定采用什么方式进行调查。调查方式、方法的确定，要从实际出发，在保证质量的前提下，力求节省人力、物力和时间，能采用抽样调查、重点调查方式，就不必进行全面调查。

18. 解析：C　劳动定额的统计分析是企业劳动定额管理的一项极其重要的基础工作。

19. 解析：D　巴克制即企业工作效率分析与控制的制度。

20. 解析：D　巴克制数学表达式为：工作效率 = 工人作业效率 × 开工率

式中，工人作业效率 = 定额工时 / 工人实耗工时

开工率 = 工人实耗工时 / 实际可利用工时

实耗工时 = 实际可利用工时 − 各级管理责任造成的浪费工时

21. 解析：D　劳动定额的发展趋势：（1）逐步实现科学化、标准化和现代化；（2）由传统的单一管理逐步转向以提高效率为中心的全员、全面、全过程的系统化管理；（3）由过去的劳动定额与定员分散管理逐步转向劳动定额定员一体化管理。

22. 解析：A　劳动定额水平是在一定生产技术组织条件下，行业或企业规定的劳动定额在数值上所表现的高低松紧程度。

23. 解析：B　企业劳动定额管理的各个环节，包括劳动定额的制定、贯彻执行、

统计分析以及修订等，都是围绕劳动定额水平这一核心问题展开的。

24. 解析：A 实耗工时统计的准确性、可靠性较难保证，甚至可能掩盖部分损失工时。实耗工时在一定程度上会受现行定额水平的牵制，因此，其准确性较差。

25. 解析：D 从定额执行的全过程看，某一生产岗位的员工，在定额执行初期可能在贯彻新定额时还存在一些困难，但到了中期、后期，由于员工提高了熟练程度，通过积极努力会达到并超过定额。

26. 解析：B 不论是产品现行劳动定额还是时间定额标准，执行一个时期后就会落后于生产水平。

27. 解析：C 专业生产或成批轮番生产的产品，劳动定额修改间隔期一般是1年。

28. 解析：C 根据有关规定，企业在发生以下情况，对劳动定额有重要影响时，可不受修订定额的间隔期的限制，对劳动定额及时进行调整：（1）产品设计结构发生变动；（2）工艺方法改变；（3）设备或工艺装置改变；（4）原材料材质、规格变动；（5）劳动组织和生产组织变更；（6）个别定额存在明显不合理。

29. 解析：D 劳动定额统计工作的任务包括：（1）通过各种原始记录和统计台账，取得产品实耗工时的有关统计资料；（2）计算劳动定额完成程度各项指标；（3）对现行定额的状况以及劳动定额水平做出全面的评价。

30. 解析：A 实耗工时，也称实作工时、实动工时等，它是指在一定生产技术组织条件下，生产工人为完成生产任务或生产合格产品实际耗用的劳动时间。

31. 解析：A 按产品零件逐道工序汇总产品的实耗工时，主要适用于生产比较稳定、产品品种少、生产周期短的企业。

32. 解析：D （1）实际用于作业以及完成作业所必需工时消耗，如作业时间、组织与技术性宽放时间、休息与生理需要宽放时间、准备与结束时间等。（2）不必要的工时损失和占用，如停工时间、非生产工作时间等。

33. 解析：C 以工序为对象进行现场观测，可以进一步掌握生产工人在加工产品中作业等各类时间的消耗情况，分析和研究各个工序、工时消耗的构成，为统计汇总产品实耗工时提供基础数据。

34. 解析：B 在生产多种产品的情况下，为了考核企业、车间、班组和个人的劳动定额完成情况，只能采用工时定额的形式，以定额工时综合反映出总的劳动成果。

35. 解析：A 人力资源作为生产力的基本要素，是任何劳动组织从事经济活动赖以进行的必要条件。

36. 解析：A 编制包括机构编制和人员编制两部分内容。

37. 解析：C 劳动定员是劳动定额的下位概念，即劳动定员是劳动定额的一种重要发展形势。共同点即两者都是对人力消耗所规定的限额，只是粗细不同、计量单位不同、应用范围不同而已。

38. 解析：D　劳动定员的作用主要有：（1）合理的劳动定员是企业用人的科学标准；（2）合理的劳动定员是企业人力资源计划的基础；（3）科学合理定员是企业内部各类员工调配的主要依据；（4）先进合理的劳动定员有利于提高员工队伍的素质。

39. 解析：A　按劳动效率定员，就是根据生产任务和员工的劳动效率以及出勤率来计算定员人数。

40. 解析：A　企业定员的新方法包括：（1）运用数理统计方法对管理人员进行定员；（2）运用概率推断确定经济合理的医务人员人数；（3）运用排队论确定经济合理的工具保管员人数；（4）零基定员法。

41. 解析：A　劳动定员标准作为劳动定额标准体系的重要组成部分，它属于劳动定额工作标准，即以人力（活劳动）消耗、占用为对象制定的标准。

42. 解析：C　劳动定员标准具有劳动定额标准的科学性、技术性、先进性、可行性、法定性、统一性等一系列特征。

43. 解析：A　在劳动定员标准中，对人员数量标准的规定，可以采用绝对（数）指标，具体明确。

44. 解析：A　标准正文由一般要素和技术要素构成。

45. 解析：A　在标准正文中，有时为了对劳动定员标准某些技术内容做重要补充，可在全部标准条文之后，增设附录。附录有两种，一种是标准的附录，另一种是提示的附录。

46. 解析：C　人工成本主要包括工资项目、保险福利项目和其他项目三方面内容。人力资源管理费用主要包括招聘费用、培训费用以及劳动争议处理费用三个方面内容。

47. 解析：B　人工成本及人力资源管理费用的各项内容应按照政府有关部门定期发布的工资指导线、消费者物价指数、最低工资标准、劳动争议处理办法等参照指标进行预算，同时兼顾企业自身发展情况，使企业人力资源规划具有合理性。

48. 解析：C　审核人力资源费用预算的基本要求：（1）确保人力资源费用预算的合理性；（2）确保人力资源费用预算的准确性；（3）确保人力资源费用预算的可比性。

49. 解析：D　人力资源费用支出控制的原则：（1）及时性原则；（2）节约性原则；（3）适应性原则；（4）权责利相结合原则。

50. 解析：A　人力资源费用支出控制的程序：（1）制定控制标准；（2）人力资源费用支出控制的实施；（3）差异的处理。

第二节　多项选择题及解析

一、多项选择题

1. 从规划的期限上看，人力资源规划可分为（　　）。

（A）长期规划　　　　　　　（B）人力资源费用规划　　　（C）中期计划

（D）企业组织变革规划　　　（E）短期计划

2. 人力资源规划的内容包括（　　）。

（A）组织规划　　　　　　　（B）制度规划　　　　　　　（C）人员规划

（D）费用规划　　　　　　　（E）战略规划

3. 在人力资源规划中，人员规划的内容包括（　　）。

（A）人力资源现状分析　　　　　（B）企业定员定额

（C）人员需求与供给预测　　　　（D）人员供需平衡

（E）人力资源费用控制

4. 人力资源费用规划的内容包括（　　）。

（A）人力资源费用预算　　　　　（B）人力资源费用核算

（C）人力资源费用审核　　　　　（D）人力资源费用结算

（E）人力资源费用控制

5. 组织机构设置的原则包括（　　）。

（A）任务目标原则与分工协作原则　　（B）统一领导、权力制衡原则

（C）权责对应原则　　　　　　　　　（D）精简及有效跨度原则

（E）稳定性与适应性相结合原则

6. 直线制结构的优点包括（　　）。

（A）结构简单，指挥系统清晰、统一

（B）责权关系明确

（C）横向联系少，内部协调容易

（D）提高了企业管理的专业化程度和水平

（E）信息沟通迅速，解决问题及时，管理效率高

7. 事业部制结构的主要不足包括（　　）。

（A）容易造成机构重叠、管理人员膨胀

（B）各部门之间的横向联系与协作变得更加复杂和困难

（C）缺乏专业化分工，不利于管理水平的提高

（D）机构复杂，增加管理费用，加重企业负担

（E）各事业部独立性强，考虑问题时容易忽视企业整体利益

8. 组织工作的实施原则包括（　　）。

（A）管理系统一元化原则　　　　　　（B）明确责任和权限原则

（C）先定岗再定员原则　　　　　　　（D）分工协作与统一管理原则

（E）合理分配职责原则

9. 组织结构图绘制的基本图式包括（　　　）。

（A）组织机构图　　　　（B）组织职务图　　　　（C）组织职能图

（D）组织流程图　　　　（E）组织功能图

10. 工作岗位分析是对岗位的（　　）进行系统研究，并制定出岗位人事规范的过程。

（A）性质任务　　　　　（B）职责权限　　　　　（C）岗位关系

（D）劳动环境　　　　　（E）社会关系

11. 工作岗位分析信息主要来源于（　　）。

（A）书面资料　（B）访谈　（C）工作日志　（D）同事的报告　（E）直接观察

12. 岗位规范的内容包括（　　　）。

（A）岗位劳动规则　　　　（B）定员定额标准　　　　（C）岗位培训规范

（D）岗位员工规范　　　　（E）岗位工作权限

13. 岗位规范中，定员定额标准的内容包括（　　　）。

（A）编制定员标准　　　　（B）各类岗位人员标准　　　　（C）时间定额标准

（D）产量定额标准　　　　（E）双重定额标准

14. 岗位规范的结构模式包括（　　）。

（A）管理岗位知识能力规范　　　　　（B）管理岗位培训规范

（C）生产岗位技术业务能力规范　　　（D）生产岗位操作规范

（E）其他种类的岗位规范

15. 管理岗位知识能力规范一般包括（　　　）。

（A）职责要求　　（B）知识要求　　（C）能力要求

（D）专业要求　　（E）经历要求

16. 管理岗位培训规范主要包括的内容是（　　）。

（A）指导性培训计划　　　　（B）参考性培训大纲　　　　（C）应知应会

（D）工作实例　　　　　　　（E）推荐教材

17. 工作说明书的内容主要包括（　　）。

（A）基本资料　　　　　（B）岗位职责　　　　　（C）工作时间

（D）任职人员详细信息　　（E）绩效考评

18. 工作说明书中说明岗位的基本资料包括（　　）。

（A）岗位名称　　（B）岗位等级　　（C）岗位编码

（D）定员标准　　（E）岗位职责

19. 以下关于工作说明书的说法正确的是（　　）。

（A）内容可繁可简

（B）身体条件包括体格和体力两项要求

（C）资历由工作经验和学历条件构成

（D）工作权限可以不必与工作责任相一致

（E）岗位职责主要包括职责概述和职责范围

20. 劳动定额管理工作包括哪些重要环节（　　）。

（A）定额的制定　　　　（B）定额的贯彻执行　　　　（C）定额的统计分析

（D）定额的修订　　　　（E）定额的重新发布

21. 劳动定额水平按定额的综合程度可分为（　　）。

（A）工序定额水平　　　　（B）工种定额水平　　　　（C）零件或产品定额水平

（D）车间定额水平　　　　（E）企业定额水平

22. 衡量劳动定额水平的方法包括（　　）。

（A）用实耗工时来衡量　　　　（B）通过现行定额之间的比较来衡量

（C）用实测工时来衡量　　　　（D）用标准工时来衡量

（E）用标准差来衡量

23. 可不受修订定额的间隔期的限制，对劳动定额及时进行调整的情况有（　　）。

（A）产品设计结构发生变动　　　　（B）工艺方法、设备或工艺装置改变

（C）原材料材质、规格变动　　　　（D）劳动组织和生产组织变更

（E）个别定额存在明显不合理

24. 实耗工时按照生产单位和工艺过程的不同，可区分为（　　）。

（A）企业总产品实耗工时　　　　（B）单位产品实耗工时

（C）车间或班组的实耗工时　　　　（D）工种的实耗工时

（E）工序的实耗工时

25. 以现场测定为基础的产品实耗工时统计方法包括（　　）。

（A）工作日写实　　　　（B）测时　　　　（C）访谈

（D）个人报告　　　　（E）瞬间观察法

26. 制定企业的定员标准，即需要加强（　　）工作，促进企业劳动组织的科学化。

（A）定编　　　　（B）定岗　　　　（C）定员

（D）定额　　　　（E）定薪

27. 以下关于企业定员的说法正确的是（　　）。

（A）定员范围与用工形式有关

（B）定员的对象不包括一般员工

（C）合理的劳动定员能提高劳动生产率

（D）劳动定员管理的核心是保持先进合理的定员水平

（E）合理的定员能使各工作岗位的任务量实现满负荷

28. 按设备定员，即根据（　　）来计算定员人数。

（A）设备需要开动的台数　　（B）设备需要开动的班次　　（C）员工看管定额

（D）工种的实耗工时　　　　（E）生产任务量

29. 按照定员标准的综合程度，企业定员标准可分为（　　）。

（A）比例定员标准　　　　（B）效率定员标准　　　　（C）岗位定员标准

（D）单项定员标准　　　　（E）综合定员标准

30. 政府有关部门发布的年度企业工资指导线包括（　　）。

（A）基准线　　　　　　（B）预警线　　　　　　（C）控制下线

（D）控制上线　　　　　（E）平均线

二、解析

1. 解析：ACE　从规划的期限上看，人力资源规划可区分为长期规划（5年以上的计划）和短期计划（1年及以内的计划），介于两者之间的为中期规划。

2. 解析：ABCDE　人力资源规划的内容：（1）战略规划；（2）组织规划；（3）制度规划；（4）人员规划；（5）费用规划。

3. 解析：ABCD　人员规划包括人力资源现状分析、企业定员定额、人员需求供给预测、人员供需平衡等。

4. 解析：ABCDE　人力资源费用规划包括人力资源费用预算、核算、审核、结算，以及人力资源费用控制。

5. 解析：ABCDE　组织机构设置的原则包括：任务目标原则，分工协作原则，统一领导、权力制衡原则，权责对应原则，精简及有效跨度原则，稳定性与适应性相结合原则。

6. 解析：ABCE　直线制结构的优点是结构简单，指挥系统清晰、统一；责权关系明确；横向联系少，内部协调容易；信息沟通迅速，解决问题及时，管理效率高。

7. 解析：AE　事业部制结构的主要不足包括：容易造成机构重叠、管理人员膨胀；各事业部独立性强，考虑问题时容易忽视企业整体利益。

8. 解析：ABCE　组织工作的实施原则包括：管理系统一元化原则；明确责任和权

限原则；先定岗再定员原则；合理分配职责原则。

9. 解析：ABCE 组织结构图的基本图示：（1）组织机构图；（2）组织职务图；（3）组织职能图；（4）组织功能图。

10. 解析：ABCD 工作岗位分析是对各类工作岗位的性质任务、职责权限、岗位关系、劳动条件和环境，以及员工承担本岗位任务应具备的资格条件所进行的系统研究，并制定工作说明书等岗位人事规范的过程。

11. 解析：ACDE 工作岗位分析信息的主要来源：（1）书面资料；（2）任职者的报告；（3）同事的报告；（4）直接的观察。

12. 解析：ABCD 岗位规范的主要内容：（1）岗位劳动规则；（2）定员定额标准；（3）岗位培训规范；（4）岗位员工规范。

13. 解析：ABCDE 岗位规范中，定员定额标准的内容包括：（1）编制定员标准；（2）各类岗位人员标准；（3）时间定额标准；（4）产量定额标准；（5）双重定额标准。

14. 解析：ABCDE 岗位规范的结构模式：（1）管理岗位知识能力规范；（2）管理岗位培训规范；（3）生产岗位技术业务能力规范；（4）生产岗位操作规范；（5）其他种类的岗位规范。

15. 解析：BCE 管理岗位知识能力规范一般包括知识要求、能力要求和经历要求。

16. 解析：ABE 管理岗位培训规范主要包括的内容是指导性培训计划、参考性培训大纲和推荐教材。

17. 解析：ABCE 工作说明书的内容：（1）基本资料；（2）岗位职责；（3）监督与岗位关系；（4）工作内容和要求；（5）工作权限；（6）劳动条件和环境；（7）工作时间；（8）资历；（9）身体条件；（10）心理品质要求；（11）专业知识和技能要求；（12）绩效考评。

18. 解析：ABCD 工作说明书中说明岗位的基本资料主要包括岗位名称、岗位等级、岗位编码、定员标准、直接上下级和分析日期等方面识别信息。

19. 解析：ABCE 必须赋予每个岗位不同的工作权限，与工作责任相协调、一致。

20. 解析：ABCD 劳动定额管理工作包括定额的制定、贯彻执行、统计分析和修订四个重要环节。

21. 解析：ABC 定额水平按定额的综合程度可分为工序定额水平、工种定额水平、零件或产品定额水平。

22. 解析：ABCDE 衡量劳动定额水平的方法包括：（1）用实耗工时来衡量；（2）通过现行定额之间的比较来衡量；（3）用实测工时来衡量；（4）用标准工时来衡量；（5）用标准差来衡量。

23. 解析：ABCDE 可不受修订定额的间隔期的限制，对劳动定额及时进行调整的情况包括：（1）产品设计结构发生变动；（2）工艺方法改变；（3）设备或工艺装置改变；

（4）原材料材质、规格变动;（5）劳动组织和生产组织变更;（6）个别定额存在明显不合理。

24. 解析：CDE　实耗工时按照生产单位和工艺过程的不同，可区分为车间或班组的实耗工时、工种的实耗工时、工序的实耗工时等。

25. 解析:ABE　以现场测定为基础的产品实耗工时统计方法包括:（1）工作日写实;（2）测时;（3）瞬间观察法。

26. 解析：ABCD　制定企业的定员标准，即需要加强定编、定岗、定员、定额工作，促进企业劳动组织的科学化。

27. 解析：CDE　凡是企业进行正常生产经营所需要的各类人员，都应包括在定员的范围之内。定员范围与用工形式无关，其员工数应根据企业生产经营活动特点和实际的可能来确定。

28. 解析：ABC　按设备定员，即根据设备需要开动的台数和开动的班次、员工看管定额以及出勤率来计算定员人数。

29. 解析：DE　按照定员标准的综合程度，企业定员标准可分为单项定员标准和综合定员标准。

30. 解析：ABC　政府有关部门发布的年度企业工资指导线即基准线、预警线和控制下线。

第三节　简答题及解析

一、简答题

1. 简述人力资源规划与企业管理活动系统的关系。
2. 简述企业组织机构设置的原则。
3. 简述工作岗位分析的内容。
4. 工作说明书的主要内容有哪些?
5. 简述劳动定额定期修订的步骤。
6. 简述劳动定额与劳动定员两个概念的区别和联系。
7. 企业人力资源费用的构成主要有哪些?
8. 审核人力资源费用预算的基本程序是什么?

二、解析

1. 解析:

（1）人力资源规划具有先导性和战略性，能不断调整人力资源管理的政策和措施，指导人力资源管理活动。人力资源规划又被称为人力资源管理活动的纽带。

（2）企业工作岗位分析、劳动定员定额等人力资源管理的基础工作是人力资源规划的重要前提。

（3）人力资源规划又对企业各种人力资源管理活动的目标、步骤与方法，做出了具体而详尽的安排。

2. 解析：

（1）任务目标原则；（2）分工协作原则；（3）统一领导、权力制衡原则；（4）权责对应原则；（5）精简及有效跨度原则；（6）稳定性与适应性相结合原则。

3. 解析：

（1）对岗位存在的时间、空间范围做出科学的界定，对岗位内在活动的内容进行系统分析，即对岗位的名称、性质、任务、权责等因素逐一进行比较、分析和描述，并做出必要的总结和概括。

（2）根据岗位自身的特点，明确岗位对员工的素质要求，提出本岗位员工所应具备的资格和条件。

（3）按照一定的程序和标准，以文字和图表的形式加以表述，最终制定出工作说明书、岗位规范等人事文件。

4. 解析：

（1）基本资料；（2）岗位职责；（3）监督与岗位关系；（4）工作内容和要求；（5）工作权限；（6）劳动条件和环境；（7）工作时间；（8）资历；（9）身体条件；（10）心理品质要求；（11）专业知识和技能要求；（12）绩效考评。

5. 解析：

（1）准备阶段。①思想准备；②组织准备。在定额修订前，定额人员要调查摸底，切实分析定额完成情况和当前存在的问题，为修订定额提供充足的数据资料；在收集资料的基础上，确定修改定额的控制数即调整幅度。

（2）修订阶段。做好思想动员工作，提高员工的认识；组织员工认真讨论，提出修改意见，并汇报上级。

（3）审查平衡和总结阶段。对各车间意见同意评审和平衡汇总后，呈报总经理正式批准；抓好修订工作的经验总结，收集、积累有关劳动定额资料，以利于日后工作的开展。

6. 解析：

（1）从概念的内涵来看，企业定员是对劳动力使用的一种数量、质量界限。它与劳动定额的内涵，即对活劳动消耗量的规定是完全一致的。

（2）从计量单位来看，劳动定员通常采用的劳动时间单位是"人·年"、"人·月"、

"人·季"，与劳动定额所采用的劳动时间单位"工日"、"工时"没有"质"的差别，只是"量"的差别，即长度不同。

（3）从实施和应用的范围来看，凡是在常年性工作岗位上工作的人员都纳入了定员管理的范围之内。在企业中实行劳动定额的人员约占全体员工的40%~50%，企业可以工时定额、设备看管定额等数据为依据，核定出这些有定额人员的定员人数。

（4）从制定的方法来看，制定企业定员的方法主要有：①按劳动效率定员；②按设备定员；③按岗位定员；④按比例定员；⑤按组织机构、职责范围和业务分工确定定员人数。在上述五种方法中，前三种与劳动定额存在直接的联系，而后两种方法是制定劳动定额的基本方法。

企业定员与劳动定额的共同点，即两者都是对人力消耗所规定的限额，只是粗细不同、计量单位不同、应用范围不同而已。

7. 解析：

（1）人工成本是指企业在一个生产经营周期（一般为一年）内，支付给员工的全部费用，主要包括工资项目、保险福利项目和其他项目三方面的内容。

（2）人力资源管理费用是指企业在一个生产经营周期（一般为一年）内，人力资源部门的全部管理活动的费用支出，它是计划期内人力资源管理活动得以正常运行的资金保证，主要包括招聘费用、培训费用以及劳动争议处理费用三个方面的内容。

8. 解析：

（1）检查项目是否齐全，尤其是那些子项目。①工资项目（工资、加班工资、轮班津贴、岗位津贴、资金）；②基金项目（劳动保险福利基金、养老储备金、员工医疗费、失业保险费、日常教育基金、住房基金、工会基金）；③其他费用（奖励基金和其他社会费用）。

（2）注意国家有关政策的变化，是否涉及人员费用项目的增加、变更或废止，特别是那些涉及员工权益的资金管理、社会保险等重要项目.

第四节　计算题及解析

一、计算题

1. 某企业甲车间生产产品A，2012年工时定额a为152工时/吨，生产员工人数为25人，年实际产量为502吨，年制度工日为250天，平均出勤率为96%，2013年修改后的定额工时允许比上一年实际耗用工时高出18%（k）。

（1）试核算出2013年新的工时定额。

（2）若按照上述计算结果来确定 2013 年产品的工时定额，那么定额压缩率是多少？

2. 某企业主要生产 A、B、C 三种产品，单位产品工时定额和 2014 年的订单如表 3-1-1 所示，预计该企业 2014 年的定额完成率为 110%，废品率为 3%，员工出勤率为 95%。

表 3-1-1　2014 年的产品订单

类型	单位产品工时定额（小时）	2008 年订单（台）
A	100	30
B	200	50
C	300	60

计算该企业 2014 年生产人员定员人数。

3. 某车间有一套制氧量 $50m^3/h$ 的空气分离设备，现有 3 个岗位共同操作，通过工作日写实，甲岗位生产工作时间为 4.5 工时，乙岗位为 5 工时，丙岗位为 4 工时，根据该工种的劳动条件和劳动强度等因素，规定个人需要与休息宽放时间为 1 工时。

（1）具体定员时，应考虑哪几个方面的因素？

（2）操作此设备的人数应该确定为多少人？

二、解析

1. 解析：

（1）具体计算如下：

实际完成定额工时数 $a_1 = 502 \times 152 = 76304$

应出勤工时数 $a_2 = 25 \times 250 \times 8 \times 0.94 = 47000$

平均超额百分比 $y = a_1/a_2 - 1 = 76304/47000 - 1 = 0.623$

实耗工时 $b = a/(1+y) = 152/(1+0.623) = 93.65$

新的工时定额 $x = (1+k)b = (1+18\%) \times 93.65 = 110.5$（工时 / 吨）

（2）具体计算如下：

压缩率 =（原产品台份定额 – 计划产品台份定额）/ 原产品台份定额 ×100%

=（152–110.5）/152 × 100%=27.3%

2. 解析：

具体计算如下：

（1）2014 年 A 产品生产任务总量 =100 小时 / 台 × 30 台 =3000 小时

（2）2014 年 B 产品生产任务总量 =200 小时 / 台 × 50 台 =10000 小时

（3）2014 年 C 产品生产任务总量 =300 小时 / 台 × 60 台 =18000 小时

$$定员人数 = \frac{\sum（每种产品年总产量 \times 单位产品工时定额）}{年制度工日 \times 8 \times 定额完成率 \times 出勤率 \times（1-废品率）}$$

$$= \frac{（100 \times 30）+（200 \times 50）+（300 \times 60）}{251 \times 8 \times 1.1 \times 0.95 \times（1-0.03）} \approx 15（人）$$

3. 解析：

（1）设备岗位定员法适用于必须有单人看管或多岗位多人共同看管的场合。具体定员时，应考虑以下几方面的内容。

①看管（操纵的岗位量）；②岗位的负荷量；③每一岗位的危险和安全程度，员工所需走动的距离，是否可以交叉作业，需要听力、视力、触觉、感觉以及精神集中程度；④生产班次、倒班及替班的方法。

（2）班定员人数 = 共同操作的各岗位生产工作时间的总和 /（工作班时间 - 个人需要与休息宽放时间），具体计算如下：班定员人数 =（4.5+5+4）/（8-1）≈ 2（人）

第五节　案例分析题及解析

一、案例分析题

1. 某公司随着业务扩张，组织与人力资源管理问题成为影响发展的瓶颈。部门之间、职位之间的职责与权限缺乏明确的规定，扯皮推诿现象不断发生；有的部门抱怨事情太多，人手不够；有的部门又觉得人员冗杂，人浮于事。人员招聘方面，用人部门给出的招聘标准往往含糊；员工任用方面，上级和下属之间的私人感情成为决定性的因素；激励机制方面，考核中的主观性和随意性严重。职位报酬没有一个系统的体系，新人引入的时候与市场工资缺乏对比和参考的标准。

面对这样严峻的形势，该公司人力资源总监开始制定人力资源管理的变革方案，并着手进行变革，变革首先从工作岗位分析、职位价值确定开始，进而完成整个变革方案。请问该公司人力资源总监为什么从工作岗位分析工作开始做起？

2. 某机械公司由于销售额减少而费用没有降低，导致公司上半年发生了亏损。公司总经理在没有与任何人商量的情况下，决定在全公司范围内裁员，所有部门都必须裁减 10% 的员工。这招致了新盈利部门主管的强烈反对，并扬言要是非得裁员，就从他开始，该主管所在部门是公司最赚钱的部门，解雇他会给公司的经营带来很大影响。总经理陷入了困境。

（1）该案例中公司总经理犯了什么错误？

（2）请为总经理提供脱离困境的对策。

二、解析

1. 解析：

工作岗位分析是对各类工作岗位的性质任务、职责权限、岗位关系、劳动条件和环境，以及员工承担本岗位任务应具备的资格条件所进行的系统研究，并制定出工作说明书等岗位人事规范的过程。工作岗位分析具有如下作用。

（1）工作岗位分析为招聘、选拔、任用合格的员工奠定了基础。

（2）工作岗位分析为员工的考评、晋升提供了依据。

（3）工作岗位分析是企业单位改进工作设计、优化劳动环境的必要条件。

（4）工作岗位分析是制定有效的人力资源规划、进行各类人才供给和需求预测的重要前提。

（5）工作岗位分析是工作岗位评价的基础，而工作岗位评价又是建立健全企业单位薪酬制度的重要步骤。

此外，工作岗位分析还能使员工通过工作说明书、岗位规范等人事文件，充分了解本岗位在整个组织中的地位和作用，明确自己工作的性质、任务、职责、权限和职务晋升路线，结合自身条件制定职业生涯规划。

2. 解析：

（1）总经理的错误在于：①没有对公司人力资源费用进行预算审核和支出控制，导致销售额下降而费用没有降低；②面对公司的亏损，没有与他人探讨，更没有深入分析原因，而是凭主观臆断采取行动；③盲目裁员，没有考虑不同部门间的区别，要求所有部门都必须裁减10%。

（2）首先，作为总经理应进行深入分析，找到真正原因，并采取相应措施。通过对案例进行分析，找到导致销售额下降而费用没有降低的原因是没有对公司人力资源费用进行预算审核和支出控制。因此，总经理可以采取以下措施。

第一步，审核人力资源费用预算。

①审核人工成本预算。具体方法是：注重内外部环境变化，进行动态调整；注重比较分析费用使用趋势；保证企业支付能力和员工利益。②审核人力资源管理费用预算。首先要认真分析人力资源管理各方面活动及其过程，然后确定需要哪些资源、多少资源给予支持（如人力资源、财务资源、物质资源）。

第二步，控制人力资源费用支出。

①制定控制标准。这是实施控制的基础和前提条件。②人力资源费用支出控制的实施。将控制标准落实到各个项目，在发生实际费用支出时看是否在既定的标准内完成目标。③差异的处理。如果预算结果和实际支出出现差异，要尽快分析差异出现的原因，

要以实际情况为准，进行全面分析，并做出进一步调整，尽量消除差异。

第六节　方案设计题及解析

一、方案设计题

某公司人力资源部经理的工作说明书的主要内容如下：

（1）负责公司的劳资管理，并按绩效考评情况实施奖惩；

（2）负责统计、评估公司人力资源需求情况，制定人员招聘计划并按计划招聘公司员工；

（3）按实际情况完善公司员工工作绩效考核制度；

（4）负责向总经理提交人员鉴定评价的结果；

（5）负责管理人事档案；

（6）负责本部门员工工作绩效考核；

（7）负责完成总经理交代的其他任务。

该公司总经理认为这份工作说明书格式过于简单、内容不完整、内容描述不准确。请为该公司人力资源部经理重新编写一份工作说明书。

二、解析

人力资源部经理工作说明书应当包括以下内容：

（1）基本资料。主要包括岗位名称、岗位等级（即岗位评价的结果）、岗位编码、定员标准、直接上下级和编制日期等方面的识别信息。（2）岗位职责。主要包括职责概述和职责范围。（3）监督与岗位关系。说明本岗位与其他岗位之间的横向与纵向联系。（4）工作内容和要求。对本岗位所要从事的主要工作做出的说明。（5）工作权限。（6）劳动条件和环境。（7）工作时间。（8）资历。由工作经验和学历条件两个方面构成。（9）身体条件。（10）心理品质要求。（11）专业知识和技能要求。（12）绩效考评。

人力资源部经理工作说明书

一、基本资料			
岗位名称	人力资源部经理	岗位等级	×××
岗位编码	×××	所属部门	人力资源部
直接上级	总经理	直接下级	×××
定员标准	1 人	编制日期	××××年××月

续表

二、岗位职责 （一）概述（略） （二）工作职责 （1）负责人力资源发展规划的制定与完善； （2）负责人力资源管理系统的建立与维护； （3）负责人员的招聘与人才的储备； （4）负责公司劳资管理，并按绩效考核情况实施奖惩； （5）负责各种绩效管理制度的制定； （6）负责员工劳动关系的处理； （7）完成公司交付的其他工作任务。	
三、监督与岗位关系	
（一）所受监督与所施监督 （1）所受监督：总经理 （2）所施监督：下属人力资源管理人员 （二）与其他岗位关系 （1）内部联系：…… （2）外部联系：……	
四、工作内容和要求	

工作内容	工作要求
建立人力资源发展规划；	人力资源规划应符合公司发展目标；
……	……

五、岗位权限……
六、劳动条件和环境……
七、工作时间……
八、任职资格（1）学历……（2）工作经验……
九、身体条件……
十、心理品质要求……
十一、专业知识和技能要求……
十二、绩效考核：德、能、勤、绩

第二章　人员招聘与配置辅导训练

第一节　单项选择题及解析

一、单项选择题

1. 下列哪项不属于内部招募的优势（　　）。

（A）准确性高　　　（B）适应较快　　　（C）容易抑制创新　　（D）激励性强

2.（　　）不是内部招募的方法。

（A）推荐法　　　（B）校园招聘　　　（C）布告法　　　　（D）档案法

3. 选择招聘渠道的主要步骤有：①分析单位的招聘需求；②确定适合的招聘来源；③分析潜在应聘人员的特点；④选择适合的招募方法。排序正确的是（　　）。

（A）③①④②　　（B）①③②④　　（C）③①②④　　（D）④①③②

4. 布告法经常用于非管理层人员的招聘，特别适合于（　　）的招聘。

（A）普通职员　　（B）高层人员　　（C）销售人员　　（D）研发人员

5. 下列不属于外部招募方法的是（　　）。

（A）发布广告　　（B）借助中介　　（C）网络招聘　　（D）任命法

6. 关于发布广告，描述不正确的是（　　）。

（A）广告是单位从外部招聘人员最常用的方法之一

（B）成本较低，方便快捷

（C）有广泛的宣传效果，可以展示单位实力

（D）发布广告要注意选择广告传播媒体和设计广告内容

7. 可能在组织中形成裙带关系的招募方法是（　　）。

（A）发布广告　　（B）借助中介　　（C）校园招聘　　（D）熟人推荐

8.（　　）可以对大规模的应聘者同时进行筛选，花较少的时间达到高效率。

（A）笔试　　　　（B）面试　　　　（C）调查　　　　（D）档案

9. 在筛选简历时注意力应放在（　　）上。

（A）主观内容　　（B）客观内容　　（C）教育背景　　（D）工作经历

10. 下列不属于面试应聘者的目标的是（　　）。

（A）创造一个融洽的会谈气氛，尽量展现自己的实际水平

（B）有充分的时间向面试考官说明自己具备的条件

（C）希望被理解、被尊重，并得到公平对待

（D）决定是否通过本次面试

11. 面试的开始阶段应从（　　）发问，从而营造和谐的面试气氛。

（A）应聘者熟悉的问题　　　　　　　　（B）应聘者不能预料到的问题

（C）应聘者陌生的问题　　　　　　　　（D）应聘者能够预料到的问题

12. 对经初步面试筛选合格的应聘者进行实际能力与潜力的测试，目的在于双方补充深层次信息的面试方法是（　　）。

（A）初步面试　　（B）诊断面试　　（C）结构化面试　　（D）非结构化面试

13. 无固定的模式，事先无须做太多准备，面试者只要掌握组织、岗位的基本情况的面试方法是（　　）。

（A）初步面试　　（B）诊断面试　　（C）结构化面试　　（D）非结构化面试

14.（　　）让应聘者自由地发表意见或看法，以获得信息，避免被动。

（A）开放式提问　　（B）封闭式提问　　（C）清单式提问　　（D）假设式提问

15.（　　）鼓励应聘者从不同角度提问，发挥其想象力，以探求其态度或观点。

（A）开放式提问　　（B）假设式提问　　（C）清单式提问　　（D）重复式提问

16.（　　）鼓励应聘者继续与面试官交流，表达出对信息的关心和理解。

（A）封闭式提问　　（B）清单式提问　　（C）假设式提问　　（D）确认式提问

17. 又被称为行为描述提问的是（　　）。

（A）开放式提问　　（B）假设式题目　　（C）确认式提问　　（D）举例式提问

18. 下列不属于兴趣类型的是（　　）。

（A）现实型　　　　（B）智慧型　　　　（C）独特型　　　　（D）常规型

19. 能力测试的内容不包括（　　）。

（A）普通能力倾向测试　　　　　　　　（B）特殊职业能力测试

（C）领导能力测试　　　　　　　　　　（D）心理运动机能测试

20. 情景模拟不适用于测试应聘者的（　　）。

（A）工作能力　　　（B）道德品质　　　（C）人际交往能力　　（D）语言表达能力

21. 情景模拟测试的方法不包括（　　）。

（A）做题法　　　　　　　　　　　　　　（B）公文处理模拟法

（C）无领导小组讨论法　　　　　　　　（D）决策模拟竞赛法

22.（　　）是一种主要用来测评被测者人际关系处理能力的情景模拟测试法。

（A）公文处理模拟法　　　　　　　（B）无领导小组讨论法

（C）角色扮演法　　　　　　　　　（D）案例分析法

23.（　　）是依据选拔的结果做出录用决策并进行安置的活动。

（A）人员录用　　　（B）人员选拔　　　（C）人员招聘　　　（D）人员规划

24. 在（　　）人员录用策略中，应聘者必须在每种测试中都达到一定水平，方能合格。

（A）补偿式　　　（B）重点选择式　　　（C）结合式　　　（D）多重淘汰式

25. 录用过程中，错误的做法是（　　）。

（A）不能求全责备　　　　　　　　（B）尽量使用全面衡量的方法

（C）减少做出录用的决策人员　　　（D）坚持"少而精"

26.（　　）评估是鉴定招聘效率的一个重要指标。

（A）招聘预算　　　（B）招聘成本　　　（C）招聘成本效益　　　（D）招聘费用

27. 招聘总成本效益的计算方式是（　　）。

（A）总成本效益＝录用人数／招聘总成本

（B）招募成本效益＝应聘人数／招募期间的费用

（C）选拔成本效益＝被选中人数／选拔期间的费用

（D）录用成本效益＝正式录用的人员／录用期间的费用

28. 选拔成本效益的计算方式是（　　）。

（A）总成本效益＝录用人数／招聘总成本

（B）选拔成本效益＝应聘人数／招募期间的费用

（C）招募成本效益＝被选中人数／选拔期间的费用

（D）录用成本效益＝正式录用的人员／录用期间的费用

29.（　　）大于等于100%时，说明在数量上完成或超额完成了招聘任务。

（A）录用比　　　（B）录用人数　　　（C）招聘完成比　　　（D）应聘比

30. 信度系数不包括（　　）。

（A）稳定系数　　　　　　　　　　（B）等值系数

（C）内在一致性系数　　　　　　　（D）外在一致性系数

31.（　　）指用同一种测试方法对一组应聘者在两个不同时间进行测试的结果的一致性。

（A）稳定系数　　　　　　　　　　（B）等值系数

（C）内在一致性系数　　　　　　　（D）外在一致性系数

32.（　　）是把同一（组）应聘者进行的同一测试分为若干部分加以考察，各部分所得结果之间的一致性。

（A）稳定系数 　　　　　　　　　　　（B）等值系数

（C）内在一致性系数 　　　　　　　　（D）外在一致性系数

33. 效度的类型不包括（ 　 ）。

（A）预测效度 　　（B）内容效度 　　（C）同侧效度 　　（D）异侧效度

34.（ 　 ）能真正测出想要测定的内容的程度。

（A）预测效度 　　（B）费用效度 　　（C）内容效度 　　（D）同侧效度

35. 人员配置的原理不包括（ 　 ）。

（A）要素有用原理 　　　　　　　　　（B）能位对应原理

（C）互补增值原理 　　　　　　　　　（D）静态适应原理

36.（ 　 ）强调人各有所长也各有所短，以已之长补他人之短。

（A）要素有用原理 　　　　　　　　　（B）能位对应原理

（C）互补增值原理 　　　　　　　　　（D）动态适应原理

37. 下列不属于劳动分工的形式的是（ 　 ）。

（A）职能分工 　　　　　　　　　　　（B）专业（工种）分工

（C）能力分工 　　　　　　　　　　　（D）技术分工

38.（ 　 ）组是企业中最基本的协作关系和协作形式。

（A）作业 　　　　（B）管理 　　　　（C）执行 　　　　（D）操作

39. 将同一性质（技术水平相当）的作业，由纵向分工改为横向分工的劳动分工改进方法是（ 　 ）。

（A）扩大业务法 　　（B）充实业务法 　　（C）工作连贯法 　　（D）轮换工作法

40. 将若干项不同内容的工作交给若干人完成，每人每周轮换一次的劳动分工改进方法是（ 　 ）。

（A）扩大业务法 　　（B）充实业务法 　　（C）工作连贯法 　　（D）轮换工作法

41. 员工配置的基本方法不包括（ 　 ）。

（A）以人为标准进行配置 　　　　　　（B）以岗位为标准进行配置

（C）以单向选择为标准进行配置 　　　（D）以双向选择为标准进行配置

42.“5S”活动的第一步是（ 　 ）。

（A）整理 　　　　（B）整顿 　　　　（C）清扫 　　　　（D）清洁

43.“6S”活动是在“5S”活动基础上增加了（ 　 ）。

（A）清扫 　　　　（B）清洁 　　　　（C）素养 　　　　（D）安全

44. 以下关于劳动环境优化的说法错误的是（ 　 ）。

（A）色彩可以调节情绪 　　　　　　　（B）照明亮度越高越好

（C）色彩可以降低疲劳度 （D）不同环境照明度不同

45.不仅可以调节人的情绪，还可以降低人的疲劳程度的劳动环境优化因素是（ ）。

（A）绿化 （B）噪音 （C）照明 （D）色彩

46.工作地的温度直接影响作业，夏季人体的舒适温度为（ ）。

（A）18~20℃ （B）20~24℃ （C）18~24℃ （D）18~26℃

47.四班三运转的轮休制，是以8天为一个循环期，员工每8天轮休（ ）。

（A）1天 （B）2天 （C）3天 （D）4天

48.四班三运转的循环期不可能为（ ）。

（A）4天 （B）8天 （C）10天 （D）12天

49.每一个工作日由原来组织三班生产，改为四班生产，每班由8小时工作制改为6小时工作制的是（ ）。

（A）四八交叉 （B）四六工作制 （C）四班三运转 （D）五班轮休制

50.五班轮休制是在四班三运转的基础上，实行的一种新的轮班制度，它保证了企业员工每月平均工作时间不超过（ ）小时。

（A）166 （B）166.64 （C）167.64 （D）168

二、解析

1.解析：C 内部招募的优势包括：（1）准确性高；（2）适应较快；（3）激励性强；（4）费用较低。

2.解析：B 内部招募的主要方法包括：（1）推荐法；（2）布告法；（3）档案法。

3.解析：B 选择招聘渠道的主要步骤为：（1）分析单位的招聘要求；（2）分析招聘人员的特点；（3）确定适合的招聘来源；（4）选择合适的招聘方法。

4.解析：A 布告法经常用于非管理层人员的招聘，特别适合于普通职员的招聘。

5.解析：D 外部招募的方法主要包括：（1）发布广告；（2）借助中介；（3）校园招聘；（4）网络招聘；（5）熟人推荐

6.解析：B 发布广告是单位从外部招聘人员最常用的方法之一。通常是在一些大众媒体上刊登，有广泛的宣传效果，可以展示单位实力。发布广告有两个关键性问题：（1）广告媒体（广播、电视、报纸、杂志、网站）如何选择；（2）广告内容如何设计。广告的内容不仅应明确告诉潜在的应聘者，单位能够提供什么岗位、对应聘者的要求是什么，还应告诉应聘者申请的方式。

7.解析：D 熟人推荐可能在组织中形成裙带关系，不利于公司各项方针、政策和管理制度的落实。

8.解析：A 笔试可以增加对知识、技能和能力的考察信度与效度；可以对大规模的应聘者同时进行筛选，花较少的时间达到高效率；对应聘者来说，心理压力较小，容易发挥正常水平；成绩评定比较客观，且易于保存笔试试卷。

9. 解析：B　在筛选简历时注意力应放在客观内容上。

10. 解析：D　面试应聘者的目标包括：（1）创造一个融洽的会谈气氛，尽量展现自己的实际水平；（2）有充分的时间向面试考官说明自己具备的条件；（3）希望被理解、被尊重，并得到公平对待；（4）充分地了解自己关心的问题；（5）决定是否愿意来该单位工作等。

11. 解析：D　面试时应从应聘者可以预料到的问题开始发问。

12. 解析：B　诊断面试是对经初步面试筛选合格的应聘者进行实际能力与潜力的测试，目的在于招聘单位与应聘者双方补充深层次的信息。

13. 解析：D　非结构化面试无固定的模式，事先无须做太多的准备，面试者只要掌握组织、岗位的基本情况即可。

14. 解析：A　开放式提问让应聘者自由地发表意见或看法，以获取信息，避免被动。

15. 解析：B　假设式提问鼓励应聘者从不同角度思考问题，发挥应聘者的想象能力，以探求应聘者的态度或观点。

16. 解析：D　确认式提问鼓励应聘者继续与面试考官交流，表达出对信息的关心和理解。

17. 解析：D　举例式提问。这是面试的一种核心技巧，又称为行为描述提问。

18. 解析：C　兴趣的六种类型：现实型、智慧型、常规型、企业型、社交型和艺术型。

19. 解析：C　能力测试的内容包括普通能力倾向测试、特殊职业能力测试和心理运动技能测试。

20. 解析：B　情景模拟方法由于将应聘者放在一个模拟的真实环境中，较容易通过观察应聘者的行为和行为效果来鉴别应聘者的工作能力、人际交往能力、语言表达能力等综合素质。

21. 解析：A　情景模拟测试是一种常用的能力测试方法，其中最常用的情景模拟方法包括公文处理模拟法、无领导小组讨论法、角色扮演法。

22. 解析：C　角色扮演法是一种主要用来测评被测者人际关系处理能力的情景模拟测试法。

23. 解析：A　人员录用是依据选拔的结果做出录用决策并进行安置的活动，其中最关键的内容是做好录用决策。

24. 解析：D　在多重淘汰式中，每种测试方法都是淘汰性的，应聘者必须在每种测试中都达到一定水平，方能合格。

25. 解析：D　在做出录用决策时，应注意以下几个问题：（1）尽量使用全面衡量的方法；（2）减少作出录用决策的人员；（3）不能求全责备。

26. 解析：C　招聘成本效益评估是鉴定招聘效率的一个重要指标。

27. 解析：A　总成本效益 = 录用人数 / 招聘总成本

28. 解析：B　选拔成本效益 = 应聘人数 / 招募期间的费用

29. 解析：C　招聘完成比大于等于100%时，说明在数量上完成或超额完成了招聘任务。

30. 解析：D　信度评估系数可分为稳定系数、等值系数、内在一致性系数。

31. 解析：A　稳定系数是指用同一种测试方法对一组应聘者在两个不同时间进行测试的结果的一致性。

32. 解析：C　内在一致性系数是把同一（组）应聘者进行的同一测试分为若干部分加以考察，各部分所得结果之间的一致性。

33. 解析：D　效度主要分为三种：预测效度、内容效度、同侧效度。

34. 解析：C　内容效度是指测试方法能真正测出想测定的内容的程度。

35. 解析：D　人员配置的原理包括：（1）要素有用原理；（2）能位对应原理；（3）互补增值原理；（4）动态适应原理；（5）弹性冗余原理。

36. 解析：C　互补增值原理强调人各有所长也各有所短，以己之长补他人之短，从而使每个人的长处得到充分发挥，避免短处对工作的影响，通过个体之间取长补短而形成整体优势，实现组织目标的最优化。

37. 解析：C　企业内部劳动分工可以分为职能分工、专业（工种）分工、技术分工。

38. 解析：A　作业组是企业中最基本的协作关系和协作形式。

39. 解析：A　扩大业务法是将同一性质（技术水平相当）的作业，由纵向分工改为横向分工。

40. 解析：D　轮换工作法是将若干项不同工作交给若干人去完成，每人每周轮换一次，实行工作轮换制的方法。

41. 解析：C　员工配置的基本方法主要包括以人为标准进行配置、以岗位为标准进行配置和以双向选择为标准进行配置三种。

42. 解析：A　整理是开展"5S"活动的第一步。

43. 解析：D　在"5S"活动的基础上，有的人提出了"6S"活动，即在"整理、整顿、清扫、清洁、素养"的基础上增加了"安全（Security）"。

44. 解析：B　通常照明亮度越高看得越清楚，但如果亮度过高，反而会造成炫目看不准。一般应以人眼观察物体舒适度为标准。

45. 解析：D　适当的色彩不仅可以调节人的情绪，还可降低人的疲劳程度。

46. 解析：C　人体的舒适温度夏季为 18~24℃。

47. 解析：B　四班轮休制，亦称四三制。员工每 8 天轮休 2 天。

48. 解析：C　四班三运转从循环期上看，可分为 4 天、8 天、12 天等形式。

49. 解析：B　四六工作制是每一个工作日由原来组织三班生产，改为四班生产，每班由 8 小时工作制改为 6 小时工作制。

50. 解析：B　五班轮休制是我国企业推行 40 小时工作制之后，在四班三运转的基础上实行的一种新的轮班制度，它保证了企业员工每月平均工作时间不超过 166.64 小时的规定。

第二节　多项选择题及解析

一、多项选择题

1. 内部招募的优点包括（　　）。
（A）准确性高　　　　　　（B）成本较高　　　　　　（C）适应较快
（D）激励性强　　　　　　（E）费用较低

2. 外部招募的不足主要体现在（　　）。
（A）筛选难度大，时间长　（B）进入角色慢　　　　　（C）招募成本大
（D）决策风险大　　　　　（E）影响内部员工的积极性

3. 外部招募的优势包括（　　）。
（A）带来新思想和新方法　（B）有利于招聘一流人才　（C）树立形象的作用
（D）准确性高　　　　　　（E）适应较快

4. 选择招聘渠道的主要步骤包括（　　）。
（A）分析单位的招聘要求　　　　　（B）分析潜在应聘人员的特点
（C）确定适合的招聘来源　　　　　（D）选择适合的招聘方法
（E）评估招聘的效果

5.（　　）不属于内部招募的主要方法。
（A）推荐法　　　　　　　（B）发布广告　　　　　　（C）借助中介
（D）校园招聘　　　　　　（E）网络招聘

6. 网络招聘的优点包括（　　）。
（A）成本较低，方便快捷
（B）选择的余地大，涉及的范围广

（C）不受地点和时间的限制

（D）有广泛的宣传效果，可以展示单位实力

（E）使应聘者求职申请书、简历等重要资料的存储、分类、处理和检索更加便捷与规范化

7. 校园招聘应注意的事项有（　　）。

（A）要注意了解大学生在就业方面的一些政策和规定

（B）要注意大学生在就业中脚踩两只船或几只船的现状

（C）要注意了解大学生的就业心理

（D）对学生感兴趣的问题要做好准备

（E）应尽快与学生签署协议

8. 采用招聘洽谈会方式时应注意的问题有（　　）。

（A）注意招聘会的场地　　　　　　　（B）了解招聘会的档次

（C）了解招聘会面对的对象　　　　　（D）注意招聘会的组织者

（E）注意招聘会的宣传

9. 以下属于专业知识和能力的是（　　）。

（A）管理知识　　　　（B）人际关系能力　　　　（C）观察能力

（D）财务会计知识　　（D）记忆能力

10. 下列对笔试法描述正确的是（　　）。

（A）可以增加对知识、技能和能力的考查信度与效度

（B）可以对大规模的应聘者同时进行筛选，花较少的时间达到高效率

（C）考查结果比较主观

（D）不能全面考查应聘者的工作态度、品德修养、管理能力、口头表达能力和操作能力

（E）笔试往往作为应聘者的初次竞争，成绩合格者才能继续参加面试或下一轮的竞争

11. 筛选简历的方法包括（　　）。

（A）分析简历结构　　　　　　　　　（B）审查简历客观内容

（C）审查应聘者的隐私　　　　　　　（D）审查简历中的逻辑性

（E）对简历的整体印象

12. 简历的客观内容包括（　　）。

（A）应聘者对自己的描述　　（B）个人信息　　　　（C）受教育经历

（D）工作经历　　　　　　　（E）个人成绩

13. 筛选申请表的方法包括（　　）。

（A）判断应聘者的态度

（B）关注与职业相关的问题

（C）注明可疑之处

（D）关注表中所设栏目是否填写

（E）从表中筛选出复试者

14. 面试过程中，面试官的目标包括（　　）。

（A）创造一个融洽的会谈气氛，使应聘者能够正常发挥自己的实际水平

（B）让应聘者更加清楚地了解应聘单位的现实状况、应聘岗位的信息

（C）了解应聘者的专业知识、岗位技能和非智力素质

（D）希望被理解、被尊重，并得到公平对待

（E）决定应聘者是否通过本次面试

15. 面试的基本程序包括（　　）。

（A）面试前的准备阶段　　　（B）面试开始阶段　　　（C）正式面试阶段

（D）结束面试阶段　　　（E）面试评价阶段

16. 面试前的准备阶段工作应包括（　　）。

（A）确定面试的目的　　　（B）设计面试问题　　　（C）选择面试类型

（D）选择面试官　　　（E）确定面试的时间和地点

17. 非结构化面试的缺点包括（　　）。

（A）不够灵活　　　（B）不能得到较深入的信息（C）缺乏统一的标准

（D）易带来偏差　　　（E）效率不高

18. 面试提问的技巧包括（　　）。

（A）开放式提问　　　（B）封闭式提问　　　（C）清单式提问

（D）假设式提问　　　（E）重复式提问

19. 兴趣的类型包括（　　）。

（A）现实型　　　（B）智慧型　　　（C）常规型

（D）企业型　　　（E）社交型

20. 普通能力倾向测试的内容包括（　　）。

（A）思维能力　　　（B）想象能力　　　（C）记忆能力

（D）推理能力　　　（E）分析能力

21. 根据测试的内容不同，情景模拟测试可分为（　　）。

（A）语言表达能力测试　　　（B）事务处理能力测试　　　（C）普通能力倾向测试

（D）特殊职业能力测试　　　（E）心理运动机能测试

22. 情景模拟测试的方法包括（　　）。

（A）公文处理模拟法　　　（B）无领导小组讨论法　　　（C）决策模拟竞赛法

（D）访谈法　　　　　　　　（E）角色扮演法

23. 人员录用的主要决策模式包括（　　）。

（A）补偿式　　　　　　　　（B）多重淘汰式　　　　　　（C）结合式

（D）综合决定式　　　　　　（E）推荐式

24. 招聘成本的形式包括（　　）。

（A）招募成本　　　　　　　（B）选拔成本　　　　　　　（C）录用成本

（D）安置成本　　　　　　　（E）离职成本

25. 成本效益评估主要包括（　　）。

（A）总成本效益　　　　　　（B）招募成本效益　　　　　（C）选拔成本效益

（D）录用成本效益　　　　　（E）应聘成本效益

26. 通常信度评估系数主要包括（　　）。

（A）稳定系数　　　　　　　（B）随机系数　　　　　　　（C）等值系数

（D）内在一致性系数　　　　（E）外在一致性系数

27. 效度评估中的效度主要有（　　）。

（A）预测效度　　　　　　　（B）内容效度　　　　　　　（C）同侧效度

（D）异侧效度　　　　　　　（E）信度效度

28. 人员配置的原理包括（　　）。

（A）要素有用原理　　　　　（B）能位对应原理　　　　　（C）互补增值原理

（D）动态适应原理　　　　　（E）弹性冗余原理

29. 工作的层级包括（　　）。

（A）决策层　　　　　　　　（B）管理层　　　　　　　　（C）执行层

（D）监督层　　　　　　　　（E）操作层

30. 对过细的劳动分工进行改进的方法有（　　）。

（A）扩大业务法　　　　　　（B）充实业务法　　　　　　（C）工作连贯法

（D）轮换工作法　　　　　　（E）小组工作法

31. "5S" 活动的内容包括（　　）。

（A）整理　　　　　　　　　（B）整顿　　　　　　　　　（C）清扫

（D）清洁　　　　　　　　　（E）素养

32. 劳动环境优化的内容包括（　　）。

（A）照明与色彩　　　　　　（B）噪音　　　　　　　　　（C）温度和湿度

（D）绿化　　　　　　　　　（E）空气

33. 工作轮班制的主要组织形式有（　　）。

（A）混合制　　　　　　　　（B）三班制　　　　　　　　（C）四班制

（D）交叉制　　　　　　　　（E）两班制

34. 工作轮班组织应注意的问题包括（　　）。

（A）应从生产的具体情况出发，以便充分利用工时和节约人力

（B）要平衡各个轮班人员的配备

（C）建立和健全交接班制度

（D）适当组织各班工人交叉上班

（E）工作轮班制对人的生理、心理会产生一定的影响，特别是夜班对人的影响最大

35. 以下属于多班制轮班组织形式的是（　　）。

（A）四六工作制　　　　　（B）四三制　　　　　（C）五班轮休制

（D）四八交叉　　　　　　（E）四班三运转

二、解析

1. 解析：ACDE　内部招募的优势包括：(1)准确性高；(2)适应较快；(3)激励性强(4)费用较低。

2. 解析：ABCDE　外部招募的不足主要包括：(1)筛选难度大，时间长；(2)进入角色慢；(3)招募成本大；(4)决策风险大；(5)影响内部员工的积极性。

3. 解析：ABC　外部招募的优势主要包括：(1)带来新思想和新方法；(2)有利于招聘一流人才；(3)树立形象的作用。

4. 解析：ABCD　选择招聘渠道的主要步骤为：(1)分析单位的招聘要求；(2)分析招聘人员的特点；(3)确定适合的招聘来源；(4)选择合适的招聘方法。

5. 解析：BCDE　内部招募的主要方法包括：(1)推荐法；(2)布告法；(3)档案法。

6. 解析：ABCE　网络招聘的优点包括：成本较低，方便快捷；选择的余地大，涉及的范围广；不受地点和时间的限制；使应聘者求职申请书、简历等重要资料的存储、分类、处理和检索更加便捷与规范化。

7. 解析：ABD　采用校园招聘时应注意的问题包括：(1)要注意了解大学生在就业方面的一些政策和规定；(2)要注意大学生在就业中脚踩两只船或几只船的现状；(3)对学生感兴趣的问题要做好准备。

8. 解析：ABCDE　采用招聘洽谈会方式时应关注的问题：(1)通过收集信息，例如规模有多大、都有哪些单位参加、场地在哪里等，了解招聘会的档次；(2)了解招聘会面对的对象，以判断是否有你所要招聘的人；(3)注意招聘会的组织者；(4)注意招聘会的信息宣传。

9. 解析：ABCD　专业知识和能力即与应聘岗位相关的知识和能力，如财务会计知

识、管理知识、人际关系能力、观察能力等。

10. 解析：ABDE　笔试可以增加对知识、技能和能力的考察信度与效度；可以对大规模的应聘者同时进行筛选，花较少的时间达到高效率；对应聘者来说，心理压力较小，容易发挥正常水平；成绩评定比较客观，且易于保存笔试试卷。笔试的缺点是不能全面考察应聘者的工作态度、品德修养以及企业管理能力、口头表达能力和操作能力等。在人员招聘中，笔试往往作为应聘者的初次竞争，成绩合格者才能继续参加面试或下轮的竞争。

11. 解析：ABDE　筛选简历的方法包括：（1）分析简历结构；（2）审查简历客观内容；（3）判断是否符合岗位技术和经验要求；（4）审查简历中的逻辑性；（5）对简历的整体印象。

12. 解析：BCDE　客观内容主要分为个人信息、受教育经历、工作经历和个人成绩四个方面。

13. 解析：ABC　筛选申请表的方法包括：（1）判断应聘者的态度；（2）关注与职业相关的问题；（3）注明可疑之处。

14. 解析：ABCE　面试官的目标主要包括：（1）营造一种融洽的会谈气氛，使应聘者能够正常发挥自己的实际水平；（2）让应聘者更加清楚地了解应聘单位的发展状况、应聘岗位的信息和相应的人力资源政策等；（3）了解应聘者的专业知识、岗位技能和非智力素质；（4）决定应聘者是否通过本次面试等。

15. 解析：ABCDE　面试的基本程序包括：（1）面试前的准备阶段；（2）面试开始阶段；（3）正式面试阶段；（4）结束面试阶段；（5）面试评价阶段。

16. 解析：ABCE　面试前的阶段包括：确定面试的目的、科学地设计面试问题、选择合适的面试类型、确定面试的时间和地点等。

17. 解析：CD　非结构化面试的缺点是这种方法缺乏统一的标准，易带来偏差，且对面试者的要求较高。

18. 解析：ABCDE　面试提问的方式包括：（1）开放式提问；（2）封闭式提问；（3）清单式提问；（4）假设式提问；（5）重复式提问；（6）确认式提问；（7）举例式提问。

19. 解析：ABCDE　兴趣分为现实型、智慧型、常规型、企业型、社交型和艺术型六种类型。

20. 解析：ABCDE　普通能力倾向测试的主要内容有思维能力、想象能力、记忆能力、推理能力、分析能力、数学能力、空间关系判断能力、语言能力等。

21. 解析：AB　根据情景模拟测试内容的不同，可以分为语言表达能力测试、组织能力测试、事务处理能力测试等。

22. 解析：ABE　情景模拟测试方法包括：（1）公文处理模拟法；（2）无领导小组讨

论法；（3）角色扮演法。

23. 解析：ABC 人员录用的主要决策模式包括多重淘汰式、补偿式和结合式三种。

24. 解析：ABCDE 招聘成本的形式包括招募成本、选拔成本、录用成本、安置成本、离职成本、重置成本。

25. 解析：ABCD 成本效益评估是对招聘成本所产生的效果进行分析。包括：招聘总成本效益、招聘成本效益分析、人员选拔成本效益分析、人员录用成本效用分析等。

26. 解析：ACD 信度评估系数分为稳定系数、等值系数、内在一致性系数。

27. 解析：ABC 效度主要有预测效度、内容效度、同侧效度三种。

28. 解析：ABCDE 人力资源配置的基本原理包括：（1）要素有用原理；（2）能位对应原理；（3）互补增值原理；（4）动态适应原理；（5）弹性冗余原理。

29. 解析：ABCE 一个单位或组织的工作，一般可分为四个层级，即决策层、管理层、执行层、操作层。

30. 解析：ABCDE 改进过细劳动分工的方法包括：（1）扩大业务法；（2）充实业务法；（3）工作连贯法；（4）轮换工作法；（5）小组工作法；（6）安排生产员工负担力所能及的维修工作；（7）个人包干负责。

31. 解析：ABCDE "5S"分别表示五个日语词汇的罗马拼音的首字母缩写，即整理、整顿、清扫、清洁、素养。

32. 解析：ABCD 劳动环境优化的内容主要包括照明与色彩、噪音、温度和湿度、绿化等。

33. 解析：BCE 工作轮班的组织形式有很多，主要包括两班制、三班制和四班制。

34. 解析：ABCDE 组织工作轮班应注意的问题包括：（1）工作轮班的组织，应从生产的具体情况出发，以便充分利用工时和节约人力；（2）要平衡各个轮班人员的配备；（3）建立健全交接班制度；（4）适当组织各班员工交叉上班；（5）工作轮班制对人的生理、心理会产生一定的影响，特别是夜班对人的影响最大。

35. 解析：ACD 多班制主要的形式有四八交叉、四六工作制和五班轮休制。

第三节 简答题及解析

一、简答题

1. 外部招募法的优势和不足是什么？

2. 简述校园招聘时应注意的事项。

3. 筛选简历的方法有哪些？

4. 简述面试的基本程序。

5. 面试提问的技巧包括哪些？

6. 简述情景模拟法的分类及特点。

7. 简述"5S"活动的目标。

二、解析

1. 解析：

（1）优势：带来新思想和新方法；有利于招聘一流人才；起到树立形象的作用。

（2）不足：筛选难度大、时间长；进入角色慢；招募成本大；决策风险大；影响内部员工的积极性。

2. 解析：

（1）要注意了解大学生就业方面的一些政策和规定。

（2）一部分大学生在就业中有脚踩两只船或几只船的现象。

（3）学生往往对走上社会的工作有不切实际的估计，对自己的能力也缺乏准确的评价。

（4）对学生感兴趣的问题做好准备。

3. 解析：

（1）分析简历结构。结构合理的简历都比较简练，一般不超过两页。强调自己近期的工作，书写教育背景和工作经历时，可以采取从现在到过去的时间排列方式。

（2）审查简历的客观内容。简历的内容一般可分为：主观内容（包括应聘者对自己的描述）和客观内容（分为个人信息、受教育经历、工作经历和个人成绩四个方面）。在筛选简历时注意力应放在客观内容上。

（3）判断是否符合岗位技术和经验要求。要注意个人信息和受教育经历，判断应聘者的专业资格和经历是否与空缺岗位相关并符合要求。

（4）审查简历中的逻辑性。在工作经历和个人成绩方面，要注意简历的描述是否有条理，是否符合逻辑。

（5）对简历的整体印象。标出简历中感觉不可信的地方以及感兴趣的地方，面试时可询问应聘者。

4. 解析：

（1）面试前的准备阶段。确定面试的目的、科学地设计面试问题、选择合适的面试类型、确定面试的时间和地点等。

（2）面试开始阶段。面试时从应聘者可以预料到的问题开始发问，如工作经历、文化程度等，然后再过渡到其他问题，以消除应聘者的紧张情绪。

（3）正式面试阶段。采用灵活的提问和多样化的形式交流信息，进一步观察和了解应聘者。

（4）结束面试阶段。在面试考官确定问完了所有预设的问题之后，应该给应聘者一个机会，询问应聘者是否有问题要问，是否有要加以补充或修正错误之处。

（5）面试评价阶段。根据面试记录表对应聘人员进行评估。评估可以采用评语式评估，也可采用评分式评估。

5. 解析：

（1）开放式提问。让应聘者自由地发表意见或看法，以获取信息，避免被动。开放式提问又分为无限开放式和有限开放式。

（2）封闭式提问。让应聘者对某一问题做出明确的答复，一般用"是"或"否"回答。封闭式提问可以表示两种不同的意思：一是表示面试官对应聘者答复的关注，一般在应聘者答复后立即提出一些与答复有关的封闭式问话；二是表示面试考官不想让应聘者就某一问题继续谈论下去，不想让应聘者过多发表意见。

（3）清单式提问。鼓励应聘者在众多选项中进行优先选择，以检验应聘者的判断、分析与决策能力。

（4）假设式提问。鼓励应聘者从不同角度思考问题，发挥应聘者的想象能力，以探求应聘者的态度或观点。

（5）重复式提问。让应聘者知道面试考官接收到了应聘者的信息，检验获得信息的准确性。

（6）确认式提问。鼓励应聘者继续与面试考官交流，表达出对信息的关心和理解。

（7）举例式提问。这是面试的一种核心技巧，又称为行为描述提问。

6. 解析：

（1）情景模拟测试的分类

根据情景模拟测试内容的不同，可以分为语言表达能力测试，侧重于考察语言表达能力；组织能力测试，侧重于考查协调能力；事务处理能力测试，侧重于考查事务处理能力。

（2）情景模拟测试的特点

这种方法将应聘者放在一个模拟的真实环境中，较容易通过观察应聘者的行为和行为效果来鉴别应聘者的工作能力、人际交往能力、语言表达能力等综合素质。与笔试、面试方法的区别：针对被测者明显的行为、实际的操作以及工作效率进行测试，重点测试那些在书面测试中无法准确测试的被测者的实际能力。

7. 解析：

（1）工作变换时，寻找工具、物品的时间为零。

（2）整顿现场时，不良品为零。

（3）努力降低成本，减少消耗，浪费为零。

（4）缩短生产时间，交货延期为零。

（5）无泄漏危害，安全整齐，事故为零。

（6）各员工积极工作，彼此团结友爱，不良行为为零。

第四节　计算题及解析

一、计算题

1. 2013年4月，某公司因生产经营的需要向社会公开招聘下列人员：管理人员60名，销售人员200名，生产工人240名，共计500名。招聘相关资料见表3-2-1。

表3-2-1　某公司2013年4月人员招聘相关资料统计表

指标	人员分类（单位：人）		
	管理人员	销售人员	生产工人
应聘人数	245	500	300
录用人数	60	200	240
招聘费用（单位：元/人）			
实际招募费用	24000	24600	22500
实际选拔费用	20400	26400	22500
实际录用费用	6000	6000	8000

（1）计算招聘管理人员、销售人员、生产工人的单位成本并进行比较分析。

（2）计算管理人员、销售人员、生产工人的录用成本效益并进行比较分析。

2. 表3-2-2是某公司2012年4月通过各类招聘渠道获取的相关数据资料，请根据相关数据回答下面的问题。

表3-2-2　某公司2012年人员招聘情况统计表

招聘渠道	校园招聘	员工推荐	报刊广告	网络招聘
应聘人数	250	50	500	400
接受面试的求职者人数	150	45	400	160
合格的应聘人数	120	40	100	40
实际录用人数	100	30	40	15
总成本	300000	120000	200000	150000

（1）请计算各种招聘渠道的实际录用人数的单位成本。

（2）在选择最适合的招聘渠道时应考虑哪些问题？

3. 2013 年 6 月，某公司通过招聘洽谈会为下属各个分公司总共招收了 240 名新员工，其中管理人员 52 名，销售人员 48 名，技术人员 85 名，技术工人 55 名。为了对本次人员招聘活动进行全面评估，公司招聘主管列出了以下相关数据资料，如表 3-2-3 所示。

表 3-2-3 某公司 2013 年人员招收录用情况统计表

指标　　　　　　人员分类	管理人员	销售人员	技术人员	技术工人	汇总
计划招收人数	65	48	100	55	268
应聘人数	130	144	136	220	630
候选人数	78	78	102	110	362
实际录用人数	52	48	85	55	240

请根据上述资料计算四类人员以及总人员录用比、招聘完成比，并对其进行比较和分析说明。

二、解析

1. 解析：

（1）招聘成本分为招聘总成本与招聘单位成本，招聘单位成本是招聘总成本与实际录用人数之比。如果招聘实际费用少，录用人数多，意味着招聘单位成本低；反之，则意味着招聘单位成本高。

招聘的单位成本 = 招聘总成本 / 录用人数，具体计算如下：

招聘管理人员的单位成本 =（24000+20400+6000）/60=840（元 / 人）；

招聘销售人员的单位成本 =（24600+26400+6000）/200=285（元 / 人）；

招聘生产工人的单位成本 =（22500+22300+8000）/240=220（元 / 人）。

根据计算结果可知，招聘管理人员的单位成本最高，为 840 元 / 人；招聘生产工人的单位成本最低，为 220 元 / 人；销售人员的招聘成本居中，为 285 元 / 人。

（2）录用成本效益 = 正式录用人数 / 录用期间的费用，具体计算如下：

管理人员的录用成本效益 =60/6000=0.01；

销售人员的录用成本效益 =200/6000=0.033；

生产工人的录用成本效益 =240/8000=0.03。

根据计算结果可知，销售人员的录用成本效益最大，为 0.033；管理人员的录用成本效益最低，为 0.01；生产工人的录用成本效益居中，为 0.03。

2. 解析：

（1）实际录用人员的单位成本 = 该招聘渠道的总成本 / 实际录用人数，具体计算如下：

校园招聘单位成本 =300000/100=3000（元）；

员工推荐单位成本 =120000/30=4000（元）；

报刊广告单位成本 =200000/40=5000（元）；

网上招聘单位成本 =150000/15=10000（元）。

四种招聘渠道的实际录用人员的单位成本分别为：3000 元、4000 元、5000 元、10000 元。

（2）在选择最适合的招聘渠道时应考虑的问题包括：

①分析单位的招聘要求和分析潜在应聘人员的特点。应从单位和岗位的特点来选择适合的招聘渠道，包括企业发展要求、岗位性质等。②确定适合的招聘来源。按照招聘计划中岗位需求数量和资格要求，根据对成本收益的计算来选择一种效果最好的招聘来源，是内部还是外部，是学校还是社会等。③选择适合的招聘方法。按照招聘计划中岗位需求数量和资格要求，根据对成本收益的计算来选择一种效果最好的招聘方法，是发布广告还是上门招聘、借助中介等。

3. 解析：

录用人员评估主要从录用比、招聘完成比等方面进行展开，具体计算如下。

（1）录用比 = 录用人数 / 应聘人数 ×100%，则：

管理人员录用比 =52/130×100%=40%；

销售人员录用比 =48/144×100%≈33.3%；

技术人员录用比 =85/136×100%=62.5%；

技术工人录用比 =55/220×100%=25%；

总人员录用比 =240/630≈38.1%。

（2）招聘完成比 = 录用人数 / 计划招聘人数 ×100%，则：

管理人员招聘完成比 =52/65×100%=80%；

销售人员招聘完成比 =48/48×100%=100%；

技术人员招聘完成比 =85/100×100%=85%；

技术工人招聘完成比 =55/55×100%=100%；

总人员招聘完成比 =240/268≈89.6%。

当招聘完成比大于等于 100% 时，说明在数量上超额完成或完成了招聘任务。由上可知，该公司的销售人员和技术工人完成了招聘任务，而管理人员和技术人员的招聘任务没有完成。

第五节　案例分析题及解析

一、案例分析题

1. 宝洁公司在用人方面是外企中最为独特的，它与其他外企不同，只接受刚从大学毕业的学生。由于我国绝大部分学生 7 月份才毕业，宝洁公司才不得不接受少量的非应届毕业生。中国宝洁公司北京地区人力资源部傅经理介绍说，在中国，宝洁公司 90% 的管理人员是从各大学的应届毕业生中招聘来的。

20 年来，宝洁公司已经聘用了几千名应届毕业生。

结合本案例回答以下问题：

（1）宝洁公司为什么只招收应届大学毕业生？

（2）在招聘应届大学毕业生时，宝洁公司应该注意哪些问题？

2. 大地科技有限公司是一家国有高科技企业（以下简称"大地科技"），主要从事交换、传输等通信设备以及计算机、信息管理系统的研发和生产。去年公司收购了文达电脑有限公司，开始大规模进军信息行业，希望在信息技术及网络方面占有重要的市场份额。目前公司在程控交换、传输设备等领域具有较强的研发实力和技术，在华东、华南市场具有较好的知名度和市场份额，并被认为是非常有特色的服务企业。公司目前的客户主要来源于以前使用公司的程控交换、传输设备产品的老客户，而在新客户发展方面做得不是很好。

公司的主要竞争对手是特宇公司，它是一家民营企业，在信息管理系统、计算机等领域具有较强的研发实力，目前在大型企业的市场上占有较大份额。

根据公司的发展战略，公司决定进行一次大规模招聘，为公司的未来发展储备人才，尤其是计算机、市场营销等领域的专业人才。

人力资源部经理王希根据他与应聘人员短暂的几分钟面谈得出的个人判断来选聘应届毕业生。在这个简短的会谈之前，王希的助手审查了候选人的过去经历、受教育程度，并通过证明人核查其情况。一旦候选人被聘用，他先完成一些诸如填写申请表和进行简要的身体检查等正式手续，然后被聘用人员就会得到所分配的工作。工作指示仅持续几分钟时间。但新员工无论何时遇到困难，都会得到指导和帮助。

请回答：该公司的招聘工作存在哪些问题，应该如何改进？

3. 某公司在人员选拔过程中，为了有效评定应聘者的能力特征和发展潜力，决定采用情景模拟测试方法进行测评，请问：

（1）什么是情景模拟测试？

（2）情景模拟测试的方法有哪些?

（3）情景模拟测试的特点以及分类是什么?

二、解析

1. 解析:

（1）保洁公司只招应届大学毕业生的原因:

①大学生具有可塑性，很容易接受组织文化，能很快融入企业，阻力相对较小。

②大学毕业生是最具发展潜力的群体，用于评价其潜质的信息相对完整、可信度较高，从而能提高人员招聘的质量。

③宝洁很重视年轻人的发展，实行内部提升制原则，大学生刚离开学校走入社会，大家都处在同一个起跑线，竞争与升迁的条件是均等的，有利于激发他们的斗志。

④招聘有经验的管理人员进入企业，虽然有一定优势，但在工作安排、职务晋升、薪酬管理等方面必然会比大学生复杂得多，存在成本高、难管理、融入慢等问题，除非是特殊人才，否则，企业不会冒此风险。

（2）在进行校园招聘时，宝洁公司应注意以下问题:

①要注意了解和掌握政府在大学生就业方面的相关政策和规定。

②一部分大学生在就业中有脚踩两只船或几只船的现象。

③由于大学生缺乏社会经验，在走上社会之前，往往对自己有不切实际的过高评价，或存在好高骛远的倾向。

④针对学生感兴趣的问题做好应答准备。

2. 解析:

存在的问题:招聘工作没有做好前期准备工作；选拔方法简单潦草；测试方法单一，测试者单一；对新员工的培训和指导不足。

改进措施:

①按照被招聘人员的工作说明书，明确对应聘人员的素质要求。

②根据招聘对象，选择相应的招募渠道。

③按照应聘人员的素质要求，选择适合的人员甄选方案。建议通过筛选简历和申请表的方式进行初步筛选；运用人格测试等心理测试及面试的方式进行甄选，根据不同人员，适当增加情景模拟测试。

④在总结以前招聘经验的基础上，结合对应聘人员的素质要求以及专家的意见，认真设计申请表以及各种测试题目。

⑤面试可以分为初试与复试，面试官必须包括应聘人员所要从事岗位的有关经理。

⑥在被聘人员的试用期内，以及之后的工作中，公司应该对被聘人员的工作做跟踪

式的调查，以便及时发现问题，解决问题。

3. 解析：

（1）情景模拟测试是根据被测者可能担任的岗位，编制一套与该岗位实际情况相似的测试项目，将被测者安排在模拟的、逼真的工作环境中，要求被测者处理可能出现的各种问题，用多种方法来测试其心理素质、实际工作能力、潜在能力等综合素质。

（2）情景模拟测试是一种常用的能力测试方法，其中最常用的情景模拟方法包括公文处理模拟法、无领导小组讨论法、角色扮演法。

（3）①情景模拟测试的特点。这种方法由于将应聘者放在一个模拟的真实环境中，较容易通过观察应聘者的行为和行为效果来鉴别应聘者的工作能力、人际交往能力、语言表达能力等综合素质。与笔试、面试方法的区别：针对被测者明显的行为、实际的操作以及工作效率进行测试，重点测试那些在书面测试中无法准确测试的被测者的实际能力。

②情景模拟测试的分类。根据情景模拟测试内容的不同，可以分为：语言表达能力测试，侧重于考查语言表达能力；组织能力测试，侧重于考查协调能力；事务处理能力测试，侧重于考查事务处理能力。

第六节　方案设计题及解析

一、方案设计题

1. 一家刚刚成立的零售购物中心，当务之急就是招聘各类人员，请为该公司设计一个招聘方案。

2. 请设计一份员工招聘申请表。

二、解析

1.解析：

方案提纲如下。

（1）准备阶段：划分不同的岗位，确定不同岗位的不同需求；对岗位性质、工作特征进行分析；提出招聘策略。

（2）实施阶段：招募——如利用报纸刊登广告发布信息，吸引合格应聘者；筛选——根据简历或者申请表初步筛选，组织面试、情景模拟等选拔方法进行精选；录用——做出录用决策。

（3）评估阶段：数量评估、成本效益评估等，为以后工作提供经验。

2. 解析：

（1）在所设计的招聘申请表中应包含以下六项内容：

①个人基本情况：年龄、性别、住处、通讯地址、电话、婚姻状况、身体状况等；

②求职岗位情况：求职岗位、求职要求（收入待遇、时间、住房等）；

③工作经历和经验：以前的工作单位、职务、时间、工资、离职原因、证明人等；

④教育与培训情况：学历、学位、所接受过的培训等；

⑤生活和家庭情况：家庭成员姓名、关系、兴趣、个性与态度；

⑥其他：获奖情况、能力证明、未来的目标等。

（2）根据工作说明书确定申请表的内容：

①根据工作说明书确定申请表的内容；

②设计时应注意有关法律和政策；

③考虑申请表的存储和检索等问题；

④审查已有的申请表。

第三章　培训与开发辅导训练

第一节　单项选择题及解析

一、单项选择题

1.（　）是现代培训活动的首要环节。

（A）培训需求分析　　　　　　　　（B）培训效果评估

（C）培训计划制订　　　　　　　　（D）培训项目设计

2. 在培训需求循环评估模型中，作业层面分析的内容是（　）。

（A）确定组织范围内的培训需求

（B）员工达到理想的工作绩效所必须掌握的技术和能力

（C）将员工目前的实际工作绩效与企业员工绩效标准进行比较

（D）将员工现有的技能水平与预期未来对员工技能的要求进行比照，发现两者的差距

3.（　）建立在未来需求的基点上，使培训工作变被动为主动。

（A）Goldstein 组织培训需求分析模型　　（B）培训需求循环评估模型

（C）前瞻性培训需求评估模型　　　　　（D）三维培训需求分析模型

4.（　）是一种基于岗位胜任力和人才测评等手段的培训需求分析方法。

（A）三维培训需求分析模型　　　　　（B）前瞻性培训需求评估模型

（C）培训需求循环评估模型　　　　　（D）Goldstein 组织培训需求分析模型

5. 小规模的集中内训，着重较高层次的学习，重点培养（　）。

（A）对该胜任力的理解及综合运用能力

（B）对该胜任力基础层次的理解和把握能力

（C）对该胜任力基础层次的理解及综合应用能力

（D）对该胜任力的把握能力及综合应用能力

6.（　）是对某一个或少数几个培训需求要点的操作性细化方案，反映了组织对该培训项目的基本意图与期望。

（A）培训项目计划　　　　　　　　　（B）培训需求报告

（C）培训计划　　　　　　　　　　　（D）培训方案

7. 课程设计的第一步是（　）。

（A）制订培训项目计划　　　　　　　（B）研究培训的项目目标

（C）明确培训预算　　　　　　　　　（D）挑选培训讲师

8. 在员工培训过程中,（　）就要换一种培训方式。

（A）每一小时　　（B）每半小时　　（C）每 12 分钟　　（D）每 15 分钟

9.（　）是企业内部培训师资的重点培养对象与内部培训师资后备队伍的主要来源。

（A）各级管理者　　　　　　　　　　（B）学历高的员工

（C）经验丰富的老员工　　　　　　　（D）各类职业业务骨干

10. 为了促进外部培训师授课成果的转化，企业可以实行（　）。

（A）外部培训师考核制度　　　　　　（B）外部培训师满意度调查

（C）外部培训师俱乐部　　　　　　　（D）外部培训师助手制度

11.（　）可以衡量受训者在培训项目中学到了哪些知识。

（A）技能成果　　（B）情感成果　　（C）认知成果　　　（D）效果性成果

12.（　）是培训效果评估中最常用到的方法。

（A）观察法　　（B）测试法　　（C）问卷调查法　　（D）绩效考核法

13.（　）是国外企业培训效果评估方法中发展最为完善的一种评估方法。

（A）泰勒模式　　　　　　　　　　　（B）层次评估法

（C）目标导向模型法　　　　　　　　（D）360 度考核

14. 在柯克帕特里克四级评估模式中,（　　）是最低级别的评估。

（A）反应评估　　　（B）学习评估　　　（C）行为评估　　　（D）结果评估

15. 行为评估的评估时间，通常在（　　）进行。

（A）培训结束后 3 个月　　　　　　（B）培训后半年或一年

（C）培训当场或课程一结束　　　　（D）培训现场或培训结束之后

16. 结果评估主要采用的方式是（　　）。

（A）问卷调查法　　　　　　　　　（B）面谈法

（C）观察法　　　　　　　　　　　（D）培训前后绩效周期的绩效结果对比

17.（　　）适用各种类型的组织，包括一些私营性质的企业。

（A）层次评估法　　（B）泰勒模式　　（C）360 度考核　　（D）目标导向模型法

18. 员工知识水平的提升属于（　　）。

（A）信息之间的对比分析　　　　　（B）主观信息的采集

（C）客观信息的采集　　　　　　　（D）通过正式渠道采集的信息

19. 下列不是通过访问收集的培训效果信息的是（　　）。

（A）培训对象　　　　　　　　　　（B）培训方案的资料

（C）培训实施者　　　　　　　　　（D）培训组织者

20. 下列不属于培训后效果评估的是（　　）。

（A）评估受训者究竟学习或掌握了哪些知识

（B）评估受训者的工作行为有了多大程度的改变

（C）受训者对培训项目的认知程度

（D）评估企业的经营绩效有了多大程度的改进

21. 培训效果评估的工具有多种，其中关于 360 度评估的核心特征描述不正确的是（　　）。

（A）可以静态地检查发展效果

（B）全方位、多角度，评估者由上级、同事、下级、客户及本人共同构成

（C）重视信息反馈和双向交流的理念

（D）减少误差，实事求是

22. 下列关于信度高的测试描述不正确的是（　　）。

（A）指受训者对测试题目的理解和解答在经过一段时间后并没有发生改变

（B）使受训者相信，相对于培训前，培训后测试分数提高是由于在培训项目中进行了学习

（C）使受训者相信，相对于培训前，培训后测试分数提高是由测试特点导致的

（D）使受训者相信，相对于培训前，培训后测试分数提高不是因为测试环境的改变

23.（　　）是柯氏评估模型中最困难的测评。

（A）反应层面的评估 （B）学习层面的评估

（C）行为层面的评估 （D）结果层面的评估

24. 下列不属于培训的直接成本的是（　　）。

（A）参与培训的所有员工的工资和福利

（B）一般的办公用品、设施设备及相关费用

（C）培训使用的材料和设施费用

（D）设备或教室的租金或购买费用

25. 对学习型组织培训战略制定原则描述不正确的是（　　）。

（A）系统地从过去和当前的培训项目与经验中学习

（B）鼓励使用数量化的测量标准和衡量基准进行培训信息反馈与改进

（C）视参与者的支持为培训的主要部分和根本依据

（D）促进各个培训参与主体之间的联系，实现资源共享

26. 主动型的人的学习风格是（　　）。

（A）以经验与感觉为基础 （B）以多维思考与归纳推理为基础

（C）以逻辑推理和演绎分析为基础 （D）以理论和实践相结合为基础

27. 对于反思型学习风格的人应采用的培训方法是（　　）。

（A）培训者辅助下的自学 （B）头脑风暴法

（C）案例教学 （D）以教师为主，以理论讲授、报告会为主

28.（　　）是保证培训课程的设计实现理想目标的根本保证。

（A）培训者的选择 （B）培训方法的选择

（C）教材的选择 （D）教学技术手段和媒体的应用

29. 决定培训课程内容优先级时，应遵循的指导原则不包括（　　）。

（A）根据互为依据的课题进行编排 （B）按照问题由难到易的顺序来编排

（C）按照问题的出现频率进行编排 （D）按照问题的紧迫性和重要性进行编排

30. 培训课程修订分为主要修订和次要修订，下列属于次要修订的是（　　）。

（A）课程的重新设计 （B）目标的变更

（C）页码顺序的变动 （D）针对培训人群变化所做的变更

31.（　　）是早期教学设计模型中步骤最明确的一个。

（A）肯普的教学设计程序 （B）迪克的教学设计程序

（C）凯里的教学设计程序 （D）现代常用的教学设计程序

32.（　　）不属于以掌握技能为目的的实践性培训方法。

（A）工作指导法 （B）工作轮换法

（C）案例研究法　　　　　　　　　　　（D）特别任务法

33. 下列关于工作指导法的说法不正确的是（　　）。

（A）又称教练法、实习法　　　　　　　（B）应用范围有限制

（C）不一定要有详细、完整的教学计划　（D）可用于基层生产工人和管理人员培训

34.（　　）是与"学徒工制度"相类似的培训方法。

（A）头脑风暴法　　（B）个别指导法　　（C）工作指导法　　（D）讲授法

35.（　　）属于参与式的培训方法。

（A）拓展训练法　　　　　　　　　　　（B）角色扮演法

（C）案例研究法　　　　　　　　　　　（D）特别任务法

36. 下列不属于个别指导法缺点的是（　　）。

（A）为防止新员工对自己构成威胁，指导者可能会有意保留自己的经验、技术

（B）指导者不良的工作习惯会影响新员工

（C）指导者自身水平对新员工的学习效果影响不大

（D）不利于新员工的工作创新

37. 下列不属于头脑风暴法其他称呼的是（　　）。

（A）研讨会法　　　　　　　　　　　　（B）讨论培训法

（C）管理加值训练法　　　　　　　　　（D）集思广益法

38.（　　）是产业界最为普及的管理人员培训方法。

（A）管理者训练法　　（B）头脑风暴法　　（C）事件处理法　　（D）角色扮演法

39.（　　）属于行为调整和心理训练的培训方法。

（A）角色扮演法　　（B）头脑风暴法　　（C）案例研究法　　（D）研讨法

40.（　　）是在一个模拟真实的工作情景中，让参加者身处模拟的日常工作环境之中，并按照他在实际工作中应有的权责来担当与实际工作类似的角色，模拟性地处理工作事务，从而提高处理各种问题的能力。

（A）拓展训练法　　（B）模拟训练法　　（C）角色扮演法　　（D）案例研究法

41.（　　）不属于野外拓展和场地拓展的区别。

（A）野外拓展借助自然地域，轻松自然

（B）野外拓展以外化型体能训练为主

（C）野外拓展提供了真实模拟的情景体验

（D）野外拓展使参与人员拥有开放接纳的心态

42.（　　）属于科技时代的培训方式。

（A）虚拟培训　　（B）模拟训练法　　（C）野外拓展法　　（D）管理者训练法

43. 与解决问题能力的培训相适应的培训方法有（　　）。

（A）项目指导法　　（B）模拟训练法　　（C）个人指导法　　（D）商务游戏法

44.（　　）不属于与创造性培训相适应的培训方法。

（A）头脑风暴法　　　　　　　　　　（B）形象训练法

（C）集体决策法　　　　　　　　　　（D）等价变换的思考方法

45. 下列属于基本能力的开发方法的是（　　）。

（A）MTP　　　　（B）OJT　　　　（C）ST　　　　（D）头脑风暴法

46. 采用事件处理法这一培训方法时，指导员会将学员分组，每组（　　）。

（A）3 人　　　（B）4~5 人　　　（C）5 人　　　（D）5~6 人

47. 头脑风暴法一般以（　　）人为宜。

（A）5~10 人　　（B）5~7 人　　（C）6 人　　（D）7~10 人

48. 下列属于培训服务制度条款的是（　　）。

（A）培训申请被批准后需要履行培训服务协约签订手续

（B）参加培训的项目和目的

（C）参加培训的时间、地点、费用和形式等

（D）参加培训后要达到的技术或能力水平

二、解析

1. 解析：A　培训需求分析具有很强的指导性，是确定培训目标、制订培训计划、有效实施培训的前提，是现代培训活动的首要环节。

2. 解析：B　作业层面的分析需要确定培训的内容，即员工达到理想的工作绩效所必须掌握的技术和能力。

3. 解析：C　前瞻性培训需求评估模型建立在未来需求的基点上，使培训工作变被动为主动，并且充分考虑企业发展目标与个人职业发展规划的有效结合，为组织与个人发展准备一个结合点。

4. 解析：A　三维培训需求分析模型，是一种基于岗位胜任力和人才测评等手段的培训需求分析方法。

5. 解析：A　小规模的集中内训重点培养对胜任力的理解及综合运用能力。

6. 解析：D　培训方案是对某一个或少数几个培训需求要点的操作性细化方案，反映了组织对该培训项目的基本意图与期望。

7. 解析：B　课程设计的第一步是仔细研究培训的项目目标。

8. 解析：C　通常，人们能够集中精力在一件事情上的时间不会超过 12 分钟，因此，这就意味着在员工培训过程中每 12 分钟就要换一种培训方式。

9. 解析：D　各类职业业务骨干是企业内部培训师资的重点培养对象与内部培训师资后备队伍的主要来源。

10. 解析：D　为了促进外部培训师授课成果的转化，企业可以实行"外部培训师助手"制度，即为每一个正式聘用的外部培训师配备专门的内部助手。

11. 解析：C　认知成果被用来判断受训者对于培训项目所强调的原则、事实、技术、程序和流程的熟悉程度。它可以衡量受训者在培训项目中学到了哪些知识。

12. 解析：C　问卷调查法是评估中最常用到的方法，问卷设计要根据使用的范围和时机加以调整，最好是开放式问题和封闭式问题相结合。

13. 解析：B　层次评估法是国外企业培训效果评估方法中发展最为完善的一种评估方法，也是运用得最为广泛的一种评估方法。

14. 解析：A　反应是柯克帕特里克四级评估的最低级别。

15. 解析：A　行为评估的评估时间，通常在培训结束后3个月进行。

16. 解析：D　结果评估方式主要采用培训前后绩效周期的绩效结果对比。

17. 解析：D　目标导向模型法适用各种类型的组织，包括一些私营性质的企业。

18. 解析：C　客观信息的采集包括一切可用数据衡量的信息，如员工知识水平的提升、操作水平的改变等。

19. 解析：B　通过访问，可收集以下信息：（1）培训对象；（2）培训实施者；（3）培训组织者；（4）培训学员领导和下属。

20. 解析：C　培训后的效果评估主要包含以下几个层次：（1）评估受训者究竟学习或掌握了哪些知识；（2）评估受训者的工作行为有了多大程度的改变；（3）评估企业的经营绩效有了多大程度的改进。

21. 解析：A　360度评估的核心特征：一是全方位、多角度，评估者由上级、同事、下级、客户以及被评估者本人共同构成；二是可以动态地检查发展效果；三是重视信息反馈和双向交流的理念；四是减少误差，实事求是。

22. 解析：C　信度高的测试是指受训者对测试题目的理解和解答在经过一段时间后并没有发生改变。它可以使受训者相信，相对于培训前，培训后测试分数上的提高是由于在培训项目中进行了学习，而不是因为测试特点（如第二遍看题时更易理解）或测试环境（如受训者之所以能在培训后的测试中表现得更好，是由于教室更舒适、更安静）等其他因素。

23. 解析：D　结果层面的评估是柯氏评估模型中最困难的测评。

24. 解析：B　直接成本包括：参与培训的所有员工如受训者、培训师、咨询人员和项目设计人员的工资与福利，培训使用的材料和设施费用，设备或教室的租金或购买费用，以及交通费用。

25. 解析：C 学习型组织作为未来企业成功的模式，具有崭新的学习观念，其培训战略的制定可以归结为四个原则：（1）系统地从过去和当前的培训项目与经验中学习；（2）鼓励使用数量化的测量标准和衡量基准进行培训信息反馈及改进；（3）视参与者的支持为培训的一部分和进步依据；（4）促进各个培训参与主体之间的联系，实现资源共享。

26. 解析：A 主动型学习是以经验与感觉为基础的学习风格。

27. 解析：D 对反思型受训者，宜采用以教师为主的教学方法，以理论讲授、报告会为主。

28. 解析：B 培训方法的选择是保证培训课程的设计实现理想目标的根本保证。

29. 解析：B 在决定内容优先级的时候，应用下列指导原则使内容适合课程的目标和受训人员的需求：（1）根据互为依据的课题进行编排；（2）按照问题由易到难的顺序来编排；（3）按照问题的出现频率、紧迫性和重要性进行编排。

30. 解析：C 主要修订涉及课程的重新设计、大范围的内容重组和更新、目标的变更、课程整体的格式和编码变更、针对培训人群变化所做的变更等；次要修订涉及排版上的小改动、页码顺序的变动、内容上的小改动等。

31. 解析：A 肯普的教学设计程序是早期教学设计模型中步骤最明确的一个。

32. 解析：C 以掌握技能为目的的实践性培训方法包括工作指导法、工作轮换法、特别任务法及个别指导法。

33. 解析：B 工作指导法的优点是应用广泛。

34. 解析：B 个别指导法与我国以前的"师傅带徒弟"或"学徒工制度"相类似。

35. 解析：C 参与式培训方法的主要形式有自学、案例研究法、头脑风暴法、模拟训练法、敏感性训练法和管理者训练法。

36. 解析：C 个别指导法的缺点包括：（1）为防止新员工对自己构成威胁，指导者可能会有意保留自己的经验、技术，从而使指导流于形式；（2）指导者自身水平对新员工的学习效果有极大影响；（3）指导者不良的工作习惯会影响新员工；（4）不利于新员工的工作创新。

37. 解析：D 头脑风暴法又称研讨会法、讨论培训法或管理加值训练法。

38. 解析：A 管理者训练法是产业界最为普及的管理人员培训方法。

39. 解析：A 针对行为调整和心理训练采用的训练方法有角色扮演法和拓展训练。

40. 解析：C 角色扮演法是在一个模拟真实的工作情景中，让参加者身处模拟的日常工作环境之中，并按照他在实际工作中应有的权责来担当与实际工作类似的角色，模拟性地处理工作事务，从而提高处理各种问题的能力。

41. 解析：B 野外拓展和场地拓展的区别包括：（1）野外拓展借助自然地域，轻松自然；（2）野外拓展提供了真实模拟的情景体验；（3）野外拓展使参与人员拥有开放接纳的心态；（4）野外拓展使参与人员拥有与以往不同的共同生活经历。

42. 解析：A 科技时代的培训方式包括网上培训和虚拟培训等。

43. 解析：D 与解决问题能力的培训相适应的培训方法，如案例分析法、文件筐法、课题研究法和商务游戏法等。

44. 解析：C 与创造性培训相适应的培训方法，如头脑风暴法、形象训练法和等价变换的思考方法。

45. 解析：B 基本能力的开发方法，如自我开发的支持、OJT 以及将集中培训运用于工作中的跟踪培训等。

46. 解析：D 在事件处理法的准备阶段，指导员会将学员分组，每组 5~6 人。

47. 解析：A 头脑风暴法一般以 5~10 人为宜，不宜太多。

48. 解析：A 培训服务制度条款的内容包括：（1）员工正式参加培训前，根据个人和组织需要向培训管理部门或部门经理提出申请；（2）培训申请被批准后需要履行培训服务协约签订手续；（3）培训服务协约签订后方可参加培训。

第二节 多项选择题及解析

一、多项选择题

1. 在培训需求循环评估模型中，作业层面的分析内容包括（   ）。

（A）工作分析 　　　　　（B）绩效评价 　　　　　（C）质量控制报告

（D）顾客反应 　　　　　（E）业绩考核记录

2. 培训项目设计应遵循的原则包括（   ）。

（A）因材施教原则 　　　　（B）激励性原则 　　　　（C）实践性原则

（D）目标性原则 　　　　　（E）职业发展性原则

3. 培训项目规划的内容包括（   ）。

（A）培训项目的确定 　　　（B）培训内容的开发 　　（C）实施过程的设计

（D）评估手段的选择 　　　（E）培训资源的筹备、培训成本的预算

4. 下列属于员工层面培训需求调查与分析的内容是（   ）。

（A）理想工作绩效

（B）实际工作绩效

（C）受训人员对工作的各方面感受

（D）受训人员自认为产生绩效问题的可能原因

（E）解决问题的可能途径

5. 培训项目材料具体包括（　　）。

（A）课程描述　　　　　　（B）课程的具体计划　　　（C）学员用书

（D）培训师教学资料　　　（E）小组活动设计与说明

6. 选择小组讨论作为培训方式的情形包括（　　）。

（A）与学习内容相关联的问题

（B）一些复杂、有竞争性的问题

（C）有代表性的问题

（D）每个人都会有自己观点的问题

（E）可以从不同角度看的问题

7. 下列属于内部培训资源的是（　　）。

（A）商学院校　　　　　　（B）标准化培训产品　　　（C）培养企业内部培训师

（D）经理人作为培训资源　（E）成立员工互助学习小组

8. 培训有效性评估的内容包括（　　）。

（A）认知成果　　　　　　（B）技能成果　　　　　　（C）情感成果

（D）效果性成果　　　　　（E）投资净收益

9. 属于学习评估的方式包括（　　）。

（A）书面测验　　　　　　（B）观察法　　　　　　　（C）模拟情景

（D）操作测验　　　　　　（E）学前、学后比较

10. 下列属于层次评估法的是（　　）。

（A）柯克帕特里克四级评估模式　　　（B）菲利普斯五层评估模式

（C）柯氏改良法　　　　　　　　　　（D）考夫曼五层评估模式

（E）泰勒模式

11. 在制定培训评估方案时，最核心的工作内容包括（　　）。

（A）评估项目选择　　　（B）评估方法选择　　　（C）评估方案设计

（D）评估工具选择　　　（E）评估策略选择

12. 在制定培训评估方案时，参与人员应当由（　　）构成。

（A）培训项目的设计人员　（B）培训项目的实施人员　（C）培训管理人员

（D）培训评估人员　　　　（E）培训评估应用人员

13. 常见的培训评估信息收集的方法有（　　）。

（A）通过资料收集　　　（B）通过观察收集　　　（C）通过访问收集

（D）通过参与收集　　　（E）通过培训调查收集

14. 培训评估报告的内容包括（　　）。

（A）培训背景说明与培训概括　　　　（B）培训评估的过程说明

（C）培训评估信息的总结与分析　　　（D）培训评估结果与培训目标的比较

（E）关于培训项目计划调整的建议

15. 下列属于通过观察收集的信息的是（　　）。

（A）培训实施现场情况　　　　　　　（B）培训组织准备工作情况

（C）培训对象反应情况　　　　　　　（D）培训对象参加情况

（E）观察培训后一段时间内培训对象的变化

16. 导致培训内容缺失或不完整、培训内容错位或非标准化的可能原因是（　　）。

（A）培训师能力达不到要求

（B）培训项目的管理机构或人员没有严格按照计划实施培训

（C）计划的培训内容没有得到受训者的认同

（D）不同项目之间的交叉或相互影响

（E）外部环境的干扰

17. 采用访谈法进行培训效果评估时，其具体操作步骤包括（　　）。

（A）明确需要采集的信息　　（B）设计访谈方案　　　　（C）测试访谈方案

（D）全面实施　　　　　　　（E）进行资料分析

18. 下列关于培训目标说法正确的是（　　）。

（A）由知识掌握、理解与智力发展诸目标组成的认知领域

（B）由兴趣、态度、价值观和正确判断力、适应性的发展诸目标组成的情感领域

（C）由各种技能和运动技能诸目标组成的精神运动领域

（D）在传统的重视知识和技能培训的基础上，加强态度培训、观念培训和心理培训

（E）由传统的注重培训目标的单一性和专业化转变为重视培训目标的综合性和多样化

19. 培训课程设计过程的阶段划分为（　　）。

（A）定位：确定培训课程的基本性质和基本类别

（B）目标：明确培训课程的目标领域和目标层次

（C）策略：根据培训目的与学习者的学习风格设置课程系列

（D）模式：优化培训内容、调动培训资源、遴选培训方法

（E）评价：检测目标是否达成

20. 主动型学习风格的受训者的特点是（　　）。

（A）善于观察　　　　　　　　（B）主体意识强

（C）具有想象力和创造性思维　　（D）易于接受外来信息

（E）喜欢尝试新的体验

21. 培训环境分析的具体内容包括（　　）。

（A）实际环境分析　　　　　（B）限制条件分析　　　　　（C）引进与整合

（D）器材与媒体可用性　　　（E）先决条件

22. 培训教学设计的内容包括（　　）。

（A）培训目的的确定　　　　　　　　（B）教学策略与教学媒体的选择

（C）教学进度的安排　　　　　　　　（D）教学过程的实施与分析

（E）培训评价的实施

23. 撰写课程大纲的流程包括（　　）。

（A）根据课程目的和目标确定主题　　（B）为提纲搭建一个框架

（C）写下每项想讲的具体内容　　　　（D）选择各项内容的授课方式

（E）要修改、重新措辞或调整安排内容

24. 培训课程价值的评估主要从（　　）等方面进行。

（A）课程评估的设计　　　（B）学员的反应　　　（C）学员的掌握情况

（D）培训后学员的工作情况　（E）经济效果

25. 培训课程内容的制作包括的材料有（　　）。

（A）理论知识　　　　　　（B）相关案例　　　　　（C）测试题

（D）游戏　　　　　　　　（E）课外阅读材料

26. 下列关于工作轮换法说法正确的是（　　）。

（A）能丰富受训者的工作经验，增加对企业工作的了解

（B）使受训者明确自己的长处和弱点，找到适合自己的位置

（C）改善部门间的合作，更好地理解相互间的问题

（D）适合于一般直线管理人员的培训，不适用于职能管理人员

（E）适用于各级管理人员

27. 下列属于参与式培训方法的是（　　）。

（A）自学　　　　　　　　（B）头脑风暴法　　　　　（C）模拟训练法

（D）敏感性训练法　　　　（E）管理者训练法

28. 与解决问题能力的培训相适应的培训方法包括（　　）。

（A）案例分析法　　　　　（B）头脑风暴法　　　　　（C）文件筐法

（D）课题研究法　　　　　（E）个人指导法

29. 实现培训资源充分利用的措施包括（　　）。

（A）培训计划的科学编排　　　　　（B）让受训者变成培训者

（C）培训时间的开发与利用　　　　（D）培训预算的合理控制

（E）培训空间的充分利用

30. 企业培训制度由（　　）构成。

（A）培训服务制度　　　　　（B）入职培训制度　　　　　（C）培训激励制度

（D）培训考核评估制度　　　（E）培训奖惩制度

二、解析

1. 解析：ABCD　工作分析、绩效评价、质量控制报告和顾客反应等都为作业层面的分析提供了重要信息。

2. 解析：ABCDE　培训项目设计的原则包括因材施教原则、激励性原则、实践性原则、反馈及强化性原则、目标性原则、延续性原则及职业发展性原则。

3. 解析：ABCDE　培训项目规划主要包括培训项目的确定、培训内容的开发、实施过程的设计、评估手段的选择、培训资源的筹备及培训成本的预算。

4. 解析：ABCDE　员工层面培训需求调查与分析的内容包括：理想工作绩效、实际工作绩效、受训人员对工作的各方面感受、受训人员自认为产生绩效问题的可能原因及解决问题的可能途径。

5. 解析：ABCDE　培训项目材料具体包括课程描述、课程的具体计划、学员用书、培训师教学资料及小组活动设计与说明。

6. 解析：ABCDE　选择小组讨论作为培训方式的情形包括：（1）与学习内容相关联的问题；（2）一些复杂、有竞争性的问题；（3）有代表性的问题；（4）每个人都会有自己观点的问题；（5）可以从不同角度看的问题。

7. 解析：BCDE　内部培训资源包括标准化培训产品、培养企业内部培训师、经理人作为培训资源及成立员工互助学习小组。

8. 解析：ABCDE　培训有效性评估的内容包括认知成果、技能成果、情感成果、效果性成果及投资净收益。

9. 解析：ACDE　根据课程类型不同，学习评估的方式包括书面测验、模拟情景、操作测验及学前、学后比较。

10. 解析：ABCD　柯克帕特里克四级评估模式、菲利普斯五层评估模式、柯氏改良法及考夫曼五层评估模式属于层次评估法。

11. 解析：BCE　在制定培训评估方案时，最核心的工作内容包括评估方法选择、评估方案设计及评估策略选择。

12. 解析：BCDE　在制定评估方案时最好能够由培训项目的实施人员、培训管理人员、培训评估人员和培训评估应用人员共同进行。

13. 解析：ABCDE　培训评估数据收集有许多方法，常见的有通过资料收集、通过观察收集、通过访问收集、通过参与收集及通过培训调查收集。

14. 解析：ABCDE　培训评估报告一般包含培训背景说明与培训概括、培训评估的过程说明、培训评估信息的总结与分析、培训评估结果与培训目标的比较及关于培训项目计划调整的建议。

15. 解析：ABCDE　通过观察，可收集以下信息：（1）培训组织准备工作情况；（2）培训实施现场情况；（3）培训对象参加情况；（4）培训对象反应情况；（5）观察培训后一段时间内培训对象的变化。

16. 解析：BCDE　导致培训内容缺失或不完整、培训内容错位或非标准化的可能原因包括：（1）培训项目的管理机构或人员没有严格按照计划实施培训；（2）计划的培训内容没有得到受训者的认同；（3）不同项目之间的交叉或相互影响；（4）外部环境的干扰。

17. 解析：ABCDE　访谈法具体包括以下程序：（1）明确需要采集的信息；（2）设计访谈方案；（3）测试访谈方案；（4）全面实施；（5）进行资料分析。

18. 解析：ABCDE　培训课程应达成的全部目标分为三个领域：由知识掌握、理解与智力发展诸目标组成的认知领域；由兴趣、态度、价值观和正确判断力、适应性的发展诸目标组成的情感领域；由各种技能和运动技能诸目标组成的精神运动领域。

培训目标要实现相应的转变，即在传统的重视知识和技能培训的基础上，加强态度培训、观念培训和心理培训；由传统的注重培训目标的单一性和专业化转变为重视培训目标的综合性和多样化。

19. 解析：ABCDE　培训课程设计过程分为以下几个阶段：（1）定位：确定培训课程的基本性质和基本类别；（2）目标：明确培训课程的目标领域和目标层次；（3）策略：根据培训目的与学习者的学习风格设置课程系列；（4）模式：优化培训内容、调动培训资源、遴选培训方法；（5）评价：检测目标是否达成。

20. 解析：BCDE　主动型学习风格的受训者倾向于从亲身参与的事件中学习。受训者主体意识强，具有想象力和创造性思维，易于接受外来信息，喜欢尝试新的体验，课程设计可以考虑亲身体验式的教学策略。

21. 解析：ABCDE　培训环境分析的具体内容包括实际环境分析、限制条件分析、引进与整合、器材与媒体可用性、先决条件、报名条件及课程报名与结业程序。

22. 解析：ABCDE　培训教学设计的内容包括：（1）培训目的的确定；（2）教学策略与教学媒体的选择；（3）教学进度的安排；（4）教学过程的实施与分析；（5）培训评价的实施

23. 解析：ABCDE　撰写课程大纲的流程：（1）根据课程目的和目标确定主题；（2）为提纲搭建一个框架；（3）写下每项想讲的具体内容；（4）选择各项内容的授课方式；（5）要修改、重新措辞或调整安排内容。

24. 解析：ABCDE　培训课程价值的评估主要从以下方面进行：（1）课程评估的设

计；（2）学员的反应；（3）学员的掌握情况；（4）培训后学员的工作情况；（5）经济效果。

25. 解析：ABCDE　培训课程内容的制作包括五类材料：理论知识、相关案例、测试题、游戏及课外阅读材料。

26. 解析：ABCD　工作轮换法的优点：（1）能丰富受训者的工作经验，增加对企业工作的了解；（2）使受训者明确自己的长处和弱点，找到适合自己的位置；（3）改善部门间的合作，使管理者能够更好地理解相互间的问题。工作轮换法的缺点：鼓励"通才化"，适合于一般直线管理人员的培训，不适用于职能管理人员。

27. 解析：ABCDE　参与式培训方法的形式包括自学、案例研究法、头脑风暴法、模拟训练法、敏感性训练法和管理者训练法。

28. 解析：ACD　与解决问题能力的培训相适应的培训方法，如案例分析法、文件筐法、课题研究法和商务游戏法等。

29. 解析：BCE　实现培训资源充分利用的措施包括让受训者变成培训者、培训时间的开发与利用及培训空间的充分利用。

30. 解析：ABCDE　企业培训制度包括培训服务制度、入职培训制度、培训激励制度、培训考核评估制度、培训奖惩制度及培训风险管理制度等。

第三节　简答题及解析

一、简答题

1. 培训项目规划的内容。
2. 简述采用访谈法评估培训效果的程序。
3. 简述修订培训课程的程序。
4. 简述采用头脑风暴法进行培训的程序。
5. 简述培训考核评估制度的内容。

二．解析

1. 解析：

培训项目规划的每一部分都是必不可少的，主要包括以下几个部分：（1）培训项目的确定；（2）培训内容的开发；（3）实施过程的设计；（4）评估手段的选择；（5）培训资源的筹备；（6）培训成本的预算。

2. 解析：

采用访谈法评估培训效果具体包括以下程序：（1）明确需要采集的信息；（2）设计访谈方案；（3）测试访谈方案；（4）全面实施；（5）进行资料分析。

3. 解析：

培训课程修订的程序如下：（1）确定修订流程的频率；（2）确定修订流程的范围；（3）公布修订流程；（4）征求变更内容；（5）将修订通知存档；（6）巧妙应答各种建议；（7）培训课程编码。

4. 解析：

头脑风暴法的操作程序：（1）准备阶段；（2）热身阶段；（3）明确问题；（4）记录参加者的思想；（5）畅谈阶段；（6）解决问题。

5. 解析：

培训考核评估制度通常包括以下内容：（1）被考核评估的对象；（2）考核评估的执行组织；（3）考核的项目范围；（4）考核的标准区分；（5）考核的主要方式；（6）考核的评分标准；（7）考核结果的签署确认；（8）考核结果的备案；（9）考核结果的证明（发放证书等）；（10）考核结果的使用（使用奖惩制度）。

第四节　计算题及解析

一、计算题

某公司专门生产手机专用的滤波器，日产量200件（产品单价20元/件），现有60名工人、6名一线主管、2名监督管理员和1名项目主管。

该公司在生产经营过程中出现了一些问题，如每天生产的10%的滤波器因性能测试不符技术要求而报废；生产场所环境管理不善，如半成品堆放区域卫生条件差，影响了半成品质量；工人常与主管或监督发生争执，工人闹情绪以致缺勤率高等。为了解决这些问题，3月初公司培训部提出一项旨在提高管理人员管理水平的培训项目，经过主管领导修改批准后，该培训项目4月开始实施，并在5月初完成。经过一个多月的实践，到6月底时，由于员工情绪等问题得到明显改善，工人的缺勤率明显下降，使该公司平均每天的日产量增加了40件。

根据本案例提供的统计数据，试进行该培训项目的收益分析。

该培训项目的总成本如表3-3-1所示。

表3-3-1　成本分析表　（单位：元）

	培训项目购买费用（录像带及印刷品）	8000
直接成本	咨询专家费用（工资、交通及食宿）	6500
	培训场地租借费用	3000
	视听设备租借费用	1200

	培训组织者和辅助员工的工资及福利	7250
间接成本	受训者的工资及福利（根据离岗时间计算）	36250
	因联系培训有关事宜分摊的电话费	680
	企业的总体支持，高层管理时间成本 （直接成本＋其他间接成本）×10%	6280
总成本	合计	69160

二、解析

假定该公司每天生产的产品合格率大幅度提高，则该公司每日产品产量可以增加的数量为 200×10%+40=60（件）

在产品单价不变的情况下，该公司每个工作日新增加的，以及下半年新增加的收益分别为：

每个工作日预计新增收益 =60（件）×20（元／件）=1200（元）

下半年预计新增收益 =1200（元／天）×125（天／半年）=150000（元）

扣除培训项目成本之后，培训投资净回报率为：

培训项目投资净回报率 =（150000–69160）/69160×100%≈116.9%

在不扣除培训成本的情况下，培训投资回报率为：

培训投资回报率（培训成本收益率）=150000/69 160×100%≈216.9%

同时，该公司只需用 58 天时间便可用新增收益收回培训项目的成本，即 69160（元）/1200（元／天）≈58（天）

第五节　案例分析题及解析

一、案例分析题

1. 某公司每年都会引进一组新的会计人员。为此，公司请某学校财会学院吴教授设计开发了一门针对新入职会计人员的培训课程。经过试讲，大家都觉得该课程结构完整，具有很强的实用性和适用性。公司主管领导听取了汇报之后，提出："既然有如此好的课程，那以后就让财务部门的所有人员都参加。这对提高他们的专业素质是十分有益的。"

培训主管却认为："任何一个培训项目，哪怕一次简单的培训，也需要有计划、有准备、有步骤地进行。"在听完培训主管的详细阐述后，公司主要领导觉得很有道理，便要求人力资源部以此为契机，对公司的培训工作做一次系统全面的总结，并制定符合企业总体发展战略目标的员工培训规划。

请结合本案例，回答以下问题：

（1）企业员工培训规划主要包括哪些内容？

（2）企业设计员工培训项目的基本步骤是什么？

2. A企业发现员工在日常工作中运用电脑很不熟练，认为员工需要进行有关电脑方面的培训，于是让员工们参加某大学开办的一个很出名的电脑培训班。结果员工学到一半才发现这个培训班主要是关于高级程序语言的，而员工们只需要掌握基本办公软件的操作应用就可以了。

请结合案例，分析产生这种状况的原因及应采取的对策。

二、解析

1. 解析：

（1）企业员工培训规划主要包括以下内容：①培训项目的确定；②培训内容的开发；③实施过程的设计；④评估手段的选择；⑤培训资源的筹备；⑥培训成本的预算。

（2）基于培训需求分析的培训项目设计步骤：①明确员工培训目的；②对培训需求分析结果有效整合；③界定清晰的培训目标；④制定培训项目计划和培训方案；⑤培训项目计划的沟通和确认。

2. 解析：

A企业的问题是培训需求与培训提供的内容错位。出现这种状况的原因主要是企业负责培训工作的管理人员没有很好地分析目前员工到底需要哪方面的培训，所以在进行培训前，必须进行员工的培训需求分析。

需求分析的目的就是确定谁最需要培训、最需要什么培训，即需要确认培训对象和培训内容。这包括两个方面的内容。

（1）排他分析。绩效差距的产生可能是由多种因素造成的，如工具、结构等，并非都是出于人的素质和能力。所以，要对产生差距的原因进行全面分析，确定哪些是人为因素，哪些不是人为因素。如果不是人为因素，就要排除培训或者否定培训意向。

（2）因素确认。即使是由于人为因素产生的绩效差距，也不是都能够通过对现有人员的培训就能彻底弥补和解决的。当遇到现职人员的素质较低，或者素质较高但专业不对口，而需要投入的培训费用较高、花费的时间很长的情况，就应当转换策略，用人事调动的方式解决问题。

第六节　方案设计题及解析

一、方案设计题

某保险公司在第二季度末顺利完成季度目标，为了缓解全体员工为完成目标而负担的压力，让员工进一步释放能量，以更好地投入到下一个季度的工作中，同时为了增强团队的凝聚力，该保险公司在第二季度末专门拨出一部分培训费用用于此次拓展训练。

请结合案例，为该保险公司设计一份休闲探险活动方案。

二、解析

某保险公司休闲探险活动方案

一、企业拓展训练的目的

亲近自然，挑战自我，增强团队凝聚力及员工间相互配合的意识，改善人际关系，形成积极向上的团队风气，增进管理者与员工内部的沟通和交流，使参与者适应新环境，表现出最佳的领导和管理才能，在面临新的挑战时，更加从容有序，并在工作中不断进取、开拓自我，达到最佳工作状态。

二、拓展训练活动项目

1."握手"探险营——跨越险峰，天山深处体验自然生活。

2."小鬼当家"探险营。

3."险中情"探险营。

组织者：某俱乐部

咨询电话：010-88888666

三、拓展概述

任务：回归自然，挑战自我，帮助企业和组织激发成员潜能，增强团队活力、创造力和凝聚力，达到提升团队生产力的目的。

成功：它是一种境界，它意味着在野外拓展中我们每个人都能实现心中的梦想。它给你成功的信心，给你生活的力量。

积极主动：积极的工作态度和人生态度是拓展精神的核心。乐观自信，从我做起，环境因我而变；坐言起行，言必行，行必果；从内心关照客户。

开拓创新：以开放的心态应对变化，积极进取。

认真负责：人和事因认真而完美，注重细节是专业化的表现。坚守承诺，积累信用。

独立协作：独立自主，各司其职，独当一面。个人和公司的竞争力来自你不可替代的价值；高水平的独立，才有可能带来高水平的协作；局部利益服从整体利益；以双赢的心态创造最大的动力。

共享成功：成功来自每个人的努力和贡献，成功是协作的结晶；共享成功的经验，共享成功的果实。但共享不是平均分配、吃大锅饭。

第四章　绩效管理辅导训练

第一节　单项选择题及解析

一、单项选择题

1.（　　）是企业单位组织实施绩效管理活动的准则和行为规范。

（A）绩效管理制度　（B）绩效管理目标　（C）绩效管理内容　（D）绩效管理方法

2.（　　）是从宏观的角度对企业绩效管理程序进行设计。

（A）绩效管理制度的设计　　　　　　（B）绩效管理的总流程设计

（C）绩效管理方法的设计　　　　　　（D）绩效管理具体程序设计

3.（　　）应当从程序、步骤和方法上，切实保障企业绩效管理制度得到有效贯彻实施。

（A）绩效管理内容设计　　　　　　　（B）绩效管理目标设计

（C）绩效管理程序设计　　　　　　　（D）绩效管理制度设计

4. 考评方法的（　　）是指考评方法、工具与岗位人员的工作性质之间的对应性和一致性。

（A）适用性　　　　（B）实用性　　　　（C）科学性　　　　（D）可行性

5. 下列不属于用于培训的绩效考评的时间是（　　）。

（A）员工提出申请时　　　　　　　　（B）企业发现员工的绩效降低时

（C）有新的技术和管理要求时　　　　（D）准备提升某类人员时

6. 企业强化绩效管理的目的是（　　）。

（A）提升企业的素质　　　　　　　　（B）增强核心竞争力

（C）提高市场份额　　　　　　　　（D）提高员工工作积极性

7. 在考评的组织实施阶段，无须注意（　　）。

（A）考评信息的虚假程度　　　　　（B）考评的准确性

（C）考评结果的反馈方式　　　　　（D）考评的公正性

8. 在绩效管理的各个环节中，管理者关心的中心和焦点应当始终是（　　）。

（A）考评指标　　　（B）考评标准　　　（C）考评方法　　　（D）被考评者

9.（　　）是绩效管理系统闭合循环中的第一个环节。

（A）绩效沟通　　　（B）绩效计划　　　（C）绩效制度制定　（D）绩效方案

10. 绩效计划的最终结果是（　　）。

（A）明确员工工作目标　　　　　　（B）绩效考核方案

（C）签订绩效合同　　　　　　　　（D）实现企业年度目标

11.（　　）是员工制订工作计划的最直接来源。

（A）每年的总结大会　　　　　　　（B）各种文件、通告

（C）部门目标　　　　　　　　　　（D）小道消息

12.（　　）是整个绩效计划阶段的核心。

（A）沟通阶段　　　（B）准备阶段　　　（C）形成阶段　　　（D）应用阶段

13.（　　）采用特征性效标，重点考评员工的潜质，如心理品质、能力素质。

（A）结果主导型考评方法　　　　　（B）行为主导型考评方法

（C）价值导向型考评方法　　　　　（D）品质主导型考评方法

14. 对商业大厦的服务员应采用的考评方法类型是（　　）。

（A）品质主导型考评方法　　　　　（B）行为主导型考评方法

（C）情感导向型考评方法　　　　　（D）结果主导型考评方法

15. 以下关于行为主导型的绩效考评的说法错误的是（　　）。

（A）操作性较强　　　　　　　　　（B）适合对管理性工作岗位的考评

（C）重在工作过程　　　　　　　　（D）适合生产性、操作性工作岗位的考评

16. 生产性、操作性岗位宜采用的考评方法类型是（　　）。

（A）情感主导型考评方法　　　　　（B）价值主导型考评方法

（C）结果主导型考评方法　　　　　（D）行为主导型考评方法

17.（　　）利用的是人们容易发现极端、不容易发现中间的心理的一种方法。

（A）选择排列法　　　　　　　　　（B）成对比较法

（C）强制分布法　　　　　　　　　（D）结构式叙述法

18.（　　）是假设员工工作行为和绩效整体呈正态分布的一种方法。

（A）关键事件法　　（B）行为观察法　　（C）强制分布法　　（D）目标管理法

19. 关键事件法的缺点是（　　）。

（A）不能了解下属如何消除不良绩效　　（B）记录和观察费时、费力

（C）无法为考评者提供客观事实依据　　（D）不能贯穿考评始终

20.（　　）是关键事件法的进一步拓展和应用。

（A）行为观察法　　　　　　　　　　（B）加权选择量表法

（C）强迫选择法　　　　　　　　　　（D）行为锚定等级评价法

21.（　　）是要求评定者根据某一工作行为发生的频率或者次数的多少，对被评定者打分的绩效考评方法。

（A）关键事件法　　　　　　　　　　（B）行为锚定量表法

（C）行为观察法　　　　　　　　　　（D）加权选择量表法

22.（　　）与目标管理法相近，采用更直接的工作绩效衡量指标，通常应用于非管理岗位的员工。

（A）间接指标法　　（B）绩效标准法　　（C）直接指标法　　（D）成绩记录法

23. 采用可监测、可核算的指标构成若干考评要素，作为对下属的工作表现进行评估的主要依据的绩效考评方法为（　　）。

（A）目标管理法　　（B）绩效标准法　　（C）直接指标法　　（D）成绩记录法

24. 比较适合对从事科研教学工作的人员进行考评的绩效考评方法是（　　）。

（A）目标管理法　　（B）绩效标准法　　（C）直接指标法　　（D）成绩记录法

25. 成绩记录法的步骤包括：①由其上级主管来验证成绩的真实性；②由外部专家评估资料，评估个人绩效的大小；③被考评者把自己与工作职责有关的成绩写在一张成绩记录表上。其正确的排序是（　　）。

（A）③②①　　　　（B）①③②　　　　（C）②①③　　　　（D）③①②

26. 图解式评价量表法的步骤包括：①根据岗位的性质和特点，选择与绩效有关的若干评价要素；②制成专用的考评量表；③确定具体的考评项目（指标），每个项目分成 5~9 个等级，用数字或文字表示。其正确的排序是（　　）。

（A）③②①　　　　（B）①③②　　　　（C）②①③　　　　（D）③①②

27.（　　）能够将几种比较有效的方法综合在一起。

（A）综合式绩效考评方法　　　　　　（B）合成考评法

（C）短文法　　　　　　　　　　　　（D）加权选择量表法

28.（　　）是在绩效管理末期，主管与下属就本期绩效计划的贯彻执行情况，以及工作表现和工作业绩等方面所进行的全面回顾、总结和评估。

（A）绩效考评面谈　　（B）绩效总结面谈　　（C）绩效计划面谈　　（D）绩效反馈面谈

29.（　　）是将考评期内员工的实际表现与绩效计划的目标进行对比，寻找工作绩

效的差距和不足的方法。

（A）水平比较法　（B）横向比较法　（C）纵向比较法　（D）目标比较法

30. 在绩效考核管理中，通过对下属员工采取惩罚的手段，以防止和克服他们绩效低下的行为，属于绩效改进策略的（　　）。

（A）正向激励策略　（B）预防性策略　（C）负向激励策略　（D）制止性策略

二、解析

1. 解析：A　绩效管理制度是企业单位组织实施绩效管理活动的准则和行为规范。

2. 解析：B　总流程设计是从宏观的角度对企业绩效管理程序所进行的设计。

3. 解析：C　绩效管理程序设计应当从程序、步骤和方法上，切实保障企业绩效管理制度得到有效贯彻实施。

4. 解析：A　考评方法的适用性是指考评方法、工具与岗位人员的工作性质之间的对应性和一致性，切实保证考评方法能够体现工作的性质和特点。

5. 解析：D　用于培训的考评，可以在员工提出申请时或企业发现员工的绩效降低时或有新的技术和管理要求时组织进行。

6. 解析：B　从宏观上看，企业强化绩效管理的目的是非常明确的，就是要不断提升企业的整体素质以增强企业的核心竞争力。

7. 解析：A　在考评阶段，应注意从考评的准确性、考评的公正性及考评结果的反馈方式等方面做好考评的组织实施工作。

8. 解析：D　为了使绩效管理的双重功能得以贯彻和体现，在绩效管理各个环节中，被考评者应当始终是管理者关注的中心和焦点。

9. 解析：B　绩效计划是绩效管理系统闭合循环中的第一个环节。

10. 解析：C　绩效计划的最终结果是签订绩效合同。

11. 解析：C　对许多员工来说，他们可能并不关心企业的战略，但是必须清楚其所在部门的目标与行动计划，这种部门目标是员工制订工作计划的最直接来源。

12. 解析：A　沟通阶段是整个绩效计划阶段的核心。

13. 解析：D　品质主导型的绩效考评，采用特征性效标，以考评员工的潜质为主，着眼于"他这个人怎么样"，重点是考量该员工是一个具有何种潜质（如心理品质、能力素质）的人。

14. 解析：B　商业大厦的服务员应保持愉悦的笑容和友善的态度，其日常工作行为对公司影响很大，因此采用行为主导型考评方法。

15. 解析：D　由于行为主导型的考评重在工作过程而非工作结果，考评的标准较容易确定，操作性较强。行为主导型适合于对管理性、事务性工作进行考评，特别是对人际接触和交往频繁的工作岗位尤为重要。

16. 解析：C 结果主导型的考评方法具有滞后性、短期性和表现性等特点，它更适合生产性、操作性以及工作成果可以计量的工作岗位，对事务性工作岗位人员的考评不太适合。

17. 解析：A 选择排列法利用的是人们容易发现极端、不容易发现中间的心理。

18. 解析：C 强制分布法也称强迫分配法、硬性分布法。假设员工的工作行为和工作绩效整体呈正态分布，那么按照正态分布的规律，员工的工作行为和工作绩效好、中、差的分布存在一定比例关系，位于中间的员工应该最多，好的、差的是少数。

19. 解析：B 关键事件法的缺点是：关键事件的记录和观察费时费力；能做定性分析，不能做定量分析；不能具体区分工作行为的重要性程度，很难使用该方法在员工之间进行比较。

20. 解析：D 行为锚定等级评价法也称行为定位法、行为决定性等级量表法或行为定位等级法。这一方法是关键事件法的进一步拓展和应用。

21. 解析：C 行为观察法要求评定者根据某一工作行为发生频率或次数的多少来对被评定者打分。

22. 解析：B 绩效标准法与目标管理法基本接近，它采用更直接的工作绩效衡量指标。

23. 解析：C 直接指标法在员工的衡量方式上，采用可监测、可核算的指标构成若干考评要素，作为对下属的工作表现进行评估的主要依据。

24. 解析：D 成绩记录法比较适合于从事教学、科研工作的教师、专家们采用。

25. 解析：D 成绩记录法的步骤是，先由被考评者把自己与工作职责有关的成绩写在一张成绩记录表上，然后由其上级主管来验证这些成绩是否真实准确，最后由外部专家就这些材料进行分析，从而对被考评人的绩效进行评价。

26. 解析：B 图解式评价量表法的步骤是，首先依据岗位的性质和特点，选择与绩效有关的若干评价要素。其次，以这些评价因素为基础，确定具体的考评项目（指标），每个项目分成 5~9 个等级，用数字或文字表示。最后，制成专用的考评量表。

27. 解析：B 为了提高绩效考评的质量，部分企业将几种比较有效的方法综合在一起，采用合成考评法。

28. 解析：A 绩效考评面谈即在绩效管理末期，主管与下属就本期绩效计划的贯彻执行情况，以及其工作表现和工作业绩等方面所进行的全面回顾、总结和评估。

29. 解析：D 目标比较法是将考评期内员工的实际工作表现与绩效计划的目标进行对比，寻找工作绩效的差距和不足的方法。

30. 解析：C 负向激励策略也称反向激励策略，它对待下属、员工与正向激励策略完全相反，采取了惩罚的手段，以防止他们绩效低下的行为。

第二节　多项选择题及解析

一、多项选择题

1. 绩效管理系统设计由（　　）构成。

（A）准备阶段　　　　　　　　（B）实施阶段　　　　　　　　（C）考评阶段

（D）总结阶段　　　　　　　　（E）应用开发阶段

2. 考评者是保证绩效管理有效运行和工作质量的主体，因此所有考评者都应（　　）。

（A）作风正派，办事公道　　　　　（B）有事业心和责任感

（C）有主见，善于独立思考　　　　（D）坚持原则，大公无私

（E）具有实际工作经验，熟悉被考评对象情况

3. 设计绩效考评方法时，需要进行管理成本的分析，分析内容包括（　　）。

（A）改进绩效的成本　　　　　　（B）隐性成本

（C）考评者定时观察的费用　　　　（D）投资回报

（E）考评方法的研制开发成本

4. 在选择具体的绩效考评方法时，应当考虑（　　）。

（A）管理成本　　　　　　（B）工作实用性　　　　　　（C）工作责任

（D）工作适用性　　　　　（E）能力素质

5. 关于考评周期的说法正确的是（　　）。

（A）考评时间要与考评目的、企业管理制度相协调

（B）用于培训的考评，可以在员工提出申请时或企业发现员工的绩效降低时

（C）用于员工晋升、晋级的绩效考评，一般在出现职位空缺或准备提升某类人员的时候进行

（D）考评周期取决于绩效考评的目的

（E）考评周期应服从于企业人力资源管理制度与其他相关的管理制度

6. 企业绩效管理系统由（　　）构成。

（A）绩效管理流程设计　　（B）绩效管理制度设计　　　（C）绩效管理工具开发

（D）绩效管理组织构建　　（E）管理信息系统设计

7.（　　）可以保证和提高企业绩效管理制度与管理系统的有效性及可行性。

（A）获得高层领导的支持　　　　（B）聘请外部专家

（C）赢得一般员工的理解和认同　　（D）建立企业工会

（E）寻求中间各层管理人员的全心投入

8. 公司员工绩效评审系统的功能有（　　）。

（A）约束考评者　　　　　　　　　　（B）解决绩效考评中存在的问题

（C）对考评结果进行甄别　　　　　　（D）为员工提供发表意见的机会

（E）确保考评结果的公正性

9. 建立员工申诉系统，该系统的主要功能包括（　　）。

（A）减少矛盾和冲突　　　　　　　　（B）使考评者了解员工意愿

（C）提高员工的工作积极性　　　　　（D）允许员工对考评结果提出异议

（E）使考评者重视信息的采集和证据的获取

10. 在绩效管理的总结阶段，绩效诊断的主要内容包括（　　）。

（A）对企业绩效管理制度的诊断　　　（B）对企业绩效管理体系的诊断

（C）对绩效考评指标和标准体系的诊断（D）考评者和被考评者全面全过程的诊断

（E）对企业组织的诊断

11. 下列属于绩效计划特征的是（　　）。

（A）绩效计划是一个双向沟通的过程

（B）绩效计划的目的是制定绩效合同

（C）参与和承诺是制订绩效计划的前提

（D）绩效计划是关于工作目标和标准的契约

（E）绩效计划是绩效管理系统闭合循环中的第一个环节

12. 在绩效计划的准备阶段，员工获得"大目标"信息的渠道包括（　　）。

（A）每年的总结大会　　　　　　　　（B）事业部以及各部门的传达会

（C）高层领导的走访　　　　　　　　（D）各种文件、通告

（E）企业的内部网以及企业的内部刊物

13. 最常见的绩效计划沟通过程包含的步骤有（　　）。

（A）制定绩效计划书　　　（B）回顾有关信息　　　（C）确定关键绩效指标

（D）讨论主管人员提供的帮助　　　　　　　　　　（E）结束沟通

14. 绩效计划结束时，管理人员和员工应达成的共识包括（　　）。

（A）员工的工作目标与企业总体目标紧密相连

（B）员工的工作职责和描述能够反映本期绩效期内主要的工作内容

（C）关于员工的主要工作任务、各项工作任务的重要程度及完成任务的标准

（D）完成工作目标过程中可能遇到的困难和障碍

（E）形成经双方协商讨论的文档

15. 绩效合同的内容包括（　　）。

（A）受约人和发约人信息　　　（B）合同期限　　　（C）计划内容

（D）考评意见　　　　　　　　（E）签字确认

16. 以下关于关键事件法的说法正确的有（　　）。

（A）对事不对人　　　　　　（B）考虑到行为的情景　　　（C）考评特定的工作行为

（D）考评品质特征　　　　　　（E）具有较小的时间跨度

17. 关于行为观察法这一绩效考评方法表述正确的是（　　）。

（A）只能定性分析　　　　　　（B）不能量化　　　　　　　（C）能区分行为重要性

（D）费时费力　　　　　　　　（E）注重行为过程的结果

18. 以下关于加权选择量表法的说法正确的有（　　）。

（A）便于反馈　　　　　　　　（B）适用范围较大　　　　　（C）核算简单

（D）根据工作内容设计不同的考评表　　　　　　（E）打分容易

19. 以下对目标管理法的说法正确的是（　　）。

（A）目标管理法的结果易于观测　　　　（B）目标管理法适合对员工提供建议

（C）便于不同部门之间绩效的横向比较　（D）目标管理法直接反映员工的工作内容

（E）目标管理法适合对员工进行反馈和辅导

20. 以下关于短文法的说法不正确的是（　　）。

（A）适用于员工之间的比较　　　　　　（B）占用上级主管的时间

（C）适用于激发员工表现　　　　　　　（D）适用范围较广

（E）受到个人写作能力的限制

21. 劳动定额法在贯彻实施过程中，包括的基本环节是（　　）。

（A）定额制定　　　　　　　　（B）定额贯彻　　　　　　　（C）定额考评

（D）定额统计　　　　　　　　（E）定额修订

22. 关于图解式评价量表法说法正确的是（　　）。

（A）简单易行，使用方便　　　　　　　（B）设计简单，汇总快捷

（C）考评效标涉及范围小　　　　　　　（D）适应性较小

（E）极容易产生晕轮效应或集中趋势等偏误

23. 绩效申诉的意义体现为（　　）。

（A）纠正绩效考评过程中的偏差

（B）提高员工对绩效管理体系的接受和认同程度

（C）增强员工的工作满意感

（D）使员工个人目标与企业目标保持一致

（E）实现企业绩效管理公平性的重要保障

24. 根据面谈内容的不同，绩效面谈可以区分为（　　）。

（A）绩效计划面谈　　　　　　（B）绩效提高面谈　　　　　（C）绩效指导面谈

（D）绩效总结面谈　　　　　（E）绩效考评面谈

25. 绩效反馈面谈的目的包括（　　）。

（A）使员工认识到自己取得的进步和存在的缺点

（B）找出需要改进的地方

（C）制订绩效改进计划

（D）为员工的职业规划和发展提供信息

（E）促进员工改善工作绩效

26. 有效的绩效信息反馈应具有适应性，即（　　）。

（A）反馈信息要因人而异　　　　　（B）信息的反馈是为了沟通而非命令

（C）应解析员工的心理动机　　　　（D）应集中于重要的、关键的事项

（E）应考虑到下属的心理承受能力

27. 分析工作绩效差距的具体方法有（　　）。

（A）行为比较法　　　　　（B）目标比较法　　　　　（C）水平比较法

（D）纵向比较法　　　　　（E）横向比较法

28. 下列属于影响绩效的组织原因的是（　　）。

（A）工作量不均衡，缺乏有效衔接　　（B）人员调配缺乏灵活性

（C）加工工艺装备陈旧，需要更新　　（D）激励约束竞争机制不健全

（E）劳动环境、作业条件亟待改善

29. 正向激励的形式包括（　　）。

（A）物质性策略　　　　　（B）货币性策略　　　　　（C）精神性策略

（D）非货币性策略　　　　（E）荣誉性策略

30. 为了保障激励策略的有效性，应当坚持的原则包括（　　）。

（A）及时性原则　　　　　（B）同一性原则　　　　　（C）预告性原则

（D）开发性原则　　　　　（E）持续性原则

二、解析

1. 解析：ABCDE　绩效管理总流程的设计是一项系统工程，大体由五个阶段构成，依次为准备阶段、实施阶段、考评阶段、总结阶段和应用开发阶段。

2. 解析：ABCDE　考评者是保证绩效管理有效运行和工作质量的主体，在一般情况下，所有考评者都应具备以下条件：作风正派，办事公道；有事业心和责任感；有主见，善于独立思考；坚持原则，大公无私；具有实际工作经验，熟悉被考评对象情况等。

3. 解析：ACE　在设计考评方法时，需要进行管理成本的分析。管理成本包括：考评方法的研制开发成本；执行前的预付成本，如绩效管理的培训成本，各种书面说明

指导书的编写和印制成本等;实施应用成本，如考评者定时观察的费用，评定考评结果、改进绩效的成本。

4. 解析：ABD　在选择具体的绩效考评方法时，应当考虑管理成本、工作实用性、工作适用性三个重要因素。

5. 解析：ABCDE　考评周期除取决于绩效考评的目的，还应服从于企业人力资源管理制度与其他相关的管理制度。一般情况下，考评时间要与考评目的、企业管理制度相协调，以定期提薪和奖金分配为目的的绩效考评总是定期进行的，而且与企业的薪酬奖励制度的要求相适应、相配套。

用于培训的考评，可以在员工提出申请时，或企业发现员工的绩效降低时，或是有新的技术和管理要求时组织进行。用于员工晋升、晋级的绩效考评，其考评时间一般在出现职位空缺或准备提升某类人员的时候进行，它属于不定期的绩效考评。

6. 解析：BCDE　企业绩效管理系统由绩效管理制度设计、绩效管理工具开发、绩效管理组织构建、管理信息系统设计构成。

7. 解析：ACE　为了切实保证企业绩效管理制度和管理系统的有效性与可行性，必须采取"抓住两头，吃透中间"的策略，具体办法如下:（1）获得高层领导的全面支持;（2）赢得一般员工的理解和认同;（3）寻求中间各层管理人员的全心投入。

8. 解析：BCE　公司员工绩效评审系统作为绩效管理系统的子系统，主要有以下功能:（1）监督各个部门的领导者有效地组织员工的绩效考评工作;（2）针对绩效考评中存在的问题，进行专题研究，提出具体对策;（3）对员工考评结果进行必要复审、复查，确保考评结果的公平性和公正性;（4）对存在严重争议的考评结果进行调查甄别，防止诱发不必要的冲突。

9. 解析：ADE　公司员工申诉系统的主要功能包括:（1）允许员工对绩效考评的结果提出异议，他们可以就自己关心的事件发表意见和看法;（2）给考评者一定的约束和压力，使他们慎重从事，在考评中更加重视信息的采集和证据的获取;（3）减少矛盾和冲突，防患于未然，将不利影响控制在最小限度内。

10. 解析：ABCDE　在绩效管理的总结阶段，绩效诊断的主要内容包括对企业绩效管理制度的诊断、对企业绩效管理体系的诊断、对绩效考评指标和标准体系的诊断、对考评者和被考评者全面全过程的诊断及对企业组织的诊断。

11. 解析：ACD　作为绩效管理体系的首要环节，绩效计划与传统强压式下任务的考评方式相比，具有以下特征:（1）绩效计划是一个双向沟通的过程;（2）参与和承诺是制订绩效计划的前提;（3）绩效计划是关于工作目标和标准的契约。

12. 解析：ABCDE　在绩效计划的准备阶段，员工获得"大目标"信息的渠道主要包括：每年的总结大会，事业部以及各部门的传达会，高层领导的走访，各种文件、通告，企业的内部网以及企业的内部刊物等。

13. 解析：BCDE　绩效计划是一个双向沟通过程，但沟通过程并不是千篇一律，最常见的一种是：（1）回顾有关信息；（2）确定关键绩效指标；（3）讨论主管人员提供的帮助；（4）结束沟通。

14. 解析：ABCDE　当绩效计划结束时，管理人员和员工应确认双方是否能达成以下共识：（1）员工的工作目标与企业的总体目标紧密相连，并且员工清楚地知道自己的工作目标与组织的整体目标之间的关系；（2）员工的工作职责和描述已经按照现有的组织环境进行了修改，可以反映本绩效期内主要的工作内容；（3）管理人员和员工就员工的主要工作任务、各项工作任务的重要程度、完成任务的标准、员工在完成任务过程中享有的权限都已经达成了共识；（4）管理人员和员工清楚在完成工作目标过程中可能遇到的困难和障碍，并且明确管理人员所能提供的支持帮助；（5）形成一个经过双方协商讨论的文档。

15. 解析：ABCDE　绩效合同没有固定的流程和格式，它一般包括受约人信息、发约人信息、合同期限、计划内容、考评意见及签字确认。

16. 解析：ABC　关键事件法对事不对人，以事实为依据，考评者不仅要注重对行为本身的评价，还要考虑行为的情景；关键事件法考评的内容是下属特定的行为，而不是他的品质和个性特征；关键事件法有较大的时间跨度，因此可与年度、季度计划的制订与贯彻实施紧密地结合在一起。

17. 解析：CD　行为观察法克服了关键事件法不能量化、不可比以及不能区分工作行为重要性的缺点，但是编制一份行为观察量表较为费时、费力，同时，完全从行为发生的频率考评员工，可能会使考评者和员工双方忽略行为过程的结果。

18. 解析：ACDE　加权选择量表法具有打分容易、核算简单，便于反馈等优点，其主要缺点是适应范围较小。采用本方法时，需要根据具体岗位的工作内容，设计不同内容的加权选择考评量表。

19. 解析：ABDE　目标管理法的评价标准直接反映员工的工作内容，结果易于观测，所以很少出现评价失误，也适合对员工提供建议，进行反馈和辅导。但是，目标管理法没有在不同部门、不同员工之间设立统一目标，因此，难以对员工和不同部门间的工作绩效做横向比较，不能为以后的晋升决策提供依据。

20. 解析：ABD　由于短文法仅适用于激发员工表现，开发其技能，而不能用于员工之间的比较，以及重要的人事决策，因此它的适用范围很小。由被考评者自己撰写考评短文，虽然节省了上级主管的时间，但又受到个人写作能力的限制。

21. 解析：ABCDE　劳动定额法在贯彻实施过程中，包括五个基本环节，即定额制定、定额贯彻、定额考评、定额统计和定额修订。

22. 解析：ABE　图解式评价量表法采用的考评效标涉及范围较大，可以涵盖员工个人的品质特征、行为表现和工作结果，因此具有广泛适应性，同时该方法具有简单易行、使用方便、设计简单、汇总快捷等优点。在考评要素选择确定以及考评人存在问题的情况下，本方法极容易产生晕轮效应或集中趋势等偏误。

23. 解析：ABCDE　绩效申诉是绩效管理系统的重要环节，可以纠正绩效考评过程中的偏差，提高员工对绩效管理体系的接受和认同程度，增强员工的工作满意感，使员工个人目标与企业目标保持一致。因此，绩效申诉是实现企业绩效管理公平性的重要保障。

24. 解析：ACE　从绩效面谈的内容和形式上看，绩效面谈可以有多种区分，按照具体内容分为绩效计划面谈、绩效指导面谈、绩效考评面谈及绩效反馈面谈。

25. 解析：ABCDE　绩效反馈面谈的目的包括：（1）使员工认识到自己在本阶段工作中取得的进步和存在的缺点，了解主管对自己工作的看法，促进员工改善绩效；（2）对绩效评价结果达成共识，分析原因，找出需要改进的地方；（3）制订绩效改进计划，共同商讨确定下一个绩效管理周期的绩效目标和绩效计划；（4）为员工的职业规划和发展提供信息。

26. 解析：ABDE　有效的信息反馈应具有适应性，此适应性具有多种含义：（1）反馈信息时要因人而异；（2）有效的信息反馈是为了交流和沟通某种绩效信息，而不是给下属提出某种指令和要求；（3）有效的信息反馈应集中于重要的、关键的事项；（4）有效的信息反馈应考虑下属心理承受能力。

27. 解析：BCE　分析工作绩效差距的方法包括目标比较法、水平比较法和横向比较法。

28. 解析：ABE　影响绩效的组织原因包括：工作量不均衡，缺乏有效衔接；人员调配缺乏灵活性；劳动环境、作业条件亟待改善。

29. 解析：ABCDE　对达到和实现目标的员工所给予的正向激励，可以是物质性的，也可以是精神性、荣誉性的；可以采用货币的形式，也可以采用非货币的形式。

30. 解析：ABCD　为了保障激励策略的有效性，应当体现以下原则要求：及时性原则、同一性原则、预告性原则及开发性原则。

第三节　简答题及解析

一、简答题

1. 简述绩效管理系统总体设计的流程及各阶段的主要任务。

2. 简述绩效管理系统评估的内容。

3. 简述绩效考评方法的类别。

4. 简述绩效考评的过程中经常会出现哪些矛盾？应如何化解这些矛盾？

5. 简述绩效申诉处理的流程？

二、解析

1. 解析：

（1）绩效管理总流程的设计是一项系统工程，大体由五个阶段构成，依次为准备阶段、实施阶段、考评阶段、总结阶段和应用开发阶段。

（2）各阶段的主要任务

1）准备阶段：①明确绩效管理的对象以及各个管理层级的关系；②根据考评的具体对象，提出企业各类人员的绩效考评要素（指标）和标准体系；③根据绩效考评的内容，正确选择考评方法；④对绩效管理的运行程序、实施步骤提出具体要求。

2）实施阶段：①严格执行绩效管理制度的有关规定，认真完成各项工作任务；②通过提高员工的工作绩效增强核心竞争力；③收集信息并注意资料的积累。

3）考评阶段：确保考评准确性、公正性，明确考评结果的反馈方式。

4）总结阶段：①对企业绩效管理系统的全面诊断；②各个单位主管应承担的责任；③各级考评者应当掌握绩效面谈的技巧。

5）应用开发阶段：①重视考评者绩效管理能力的开发；②被考评者的绩效开发；③绩效管理的系统开发；④企业组织的绩效开发。

2. 解析：

（1）对管理制度的评估；（2）对绩效管理体系的评估；（3）对绩效考评指标体系的评估；（4）对考评全面、全过程的评估；（5）对绩效管理系统与人力资源管理其他系统的衔接的评估。

3. 解析：

在设计和选择绩效考评方法与指标时，可以根据被考评对象的性质和特点，分别采用特征性、行为性和结果性三大类效标，对考评对象进行全面的考评。由于采用的效标不同，从绩效管理的考评内容上看，绩效考评可以分为品质主导型、行为主导型和结果主导型三种。

（1）品质主导型。品质主导型的绩效考评，采用特征性效标，以考评员工的潜质为主，着眼于"他这个人怎么样"，重点是考量该员工是一个具有何种潜质（如心理品质、能力素质）的人。

（2）行为主导型。行为主导型的绩效考评，采用行为性效标，以考评员工的工作行为为主，着眼于"干什么"、"如何去干"，重点考量员工的工作方式和工作行为。

（3）结果主导型。结果主导型的绩效考评，采用结果性效标，以考评员工或组织工作效果为主，着眼于"干出了什么"，重点考量"员工提供了何种服务，完成了哪些工作任务或生产了哪些产品"。

4. 解析：

（1）绩效考评中存在的矛盾。

由于考评者与被考评者双方在绩效目标上的不同追求，可能产生三种矛盾：员工自我矛盾；主管自我矛盾；组织目标矛盾。

（2）化解绩效考评中存在的矛盾的方法。

①在绩效面谈中，做到以行为为导向、以事实为依据、以制度为准绳、以诱导为手段，本着实事求是、以理服人的态度，克服轻视下属等错误观念，与下属进行沟通交流。

②在绩效考评中，将过去的、当前的以及今后可能的目标适当区分开，将近期绩效考评的目标与远期开发目标严格区分开。

③适当下放权限，鼓励下属参与。

5. 解析：

为了保证绩效申诉切实有效，企业一般为员工提供两次申诉机会，具体的申诉处理流程如下。

（1）初次申诉处理。被考评者如对绩效考评结果存有异议，应首先通过与直接上级沟通的方式谋求解决。如解决不了，员工有权在得知考评结果后一定期限内向人力资源部提出申诉，填写绩效申诉表。

（2）二次申诉处理。如果员工对首次处理意见不服，还有权在接到首次处理意见后的一定期限内向公司的绩效管理委员会再次进行申诉，超过期限则不予受理；绩效管理委员会在接到员工的申诉后，须在一定期限内做出裁决。

（3）申诉材料归档。在绩效申诉处理完毕之后，由人力资源部负责进行归档，将员工申诉表归入员工绩效考评档案中，作为绩效考评过程的记录。

第四节　计算题及解析

一、计算题

某公司采用成对比较法对现有六种岗位进行评价，其结果如表 3-4-1 所示。

表 3-4-1　岗位评价表

工作岗位	A	B	C	D	E	F	排序
A	0	＋	＋	＋	＋	＋	
B		0	＋	＋	－	＋	

续表

工作岗位	A	B	C	D	E	F	排序
C			0	－	－	+	
D				0	－	+	
E					0	+	
F						0	
汇总							

请将表中的空白处填齐，并进行数据汇总，再对这六种岗位从低到高进行排序。

二、解析：

表 3-4-1　岗位评价表

工作岗位	A	B	C	D	E	F	排序
A	0	+	+	+	+	+	6
B	－	0	+	+	－	+	4
C	－	－	0	－	－	+	2
D	－	－	+	0	－	+	3
E	－	+	+	+	0	+	5
F	－	－	－	－	－	0	1
汇总	－5	－1	+3	+1	－3	+5	

第五节　案例分析题及解析

一、案例分析题

1. 富凯公司是一家连锁超市，在当地拥有相当大的客户群。然而随着几家超市在当地开业，富凯公司在当地的销售额和日客户量逐渐下降。该公司经调查发现：其下属超市的硬件设施、配套环境、人员比例、所销售货物的质量与数量都与竞争对手没有本质区别，有些方面甚至还有优势；但一线人员在服务态度、责任心、主动性和积极性上却存在严重问题。

为改变这一现状，富凯公司制定了一系列措施，其中包括对员工的考评方式和考评内容进行全面调整。以前，公司将员工绩效考评的核心和重点放在考查员工是否完成任务上，现在决定将重点放在考查工作行为上，拟采用行为锚定等级评价法进行员工绩效考评，从而加大对员工工作积极性和主动性的考评力度。

（1）采用行为锚定等级评价法对营业人员进行考评，应采取哪些具体工作步骤？

（2）行为锚定等级评价法具有哪些优势和不足？

2. A公司是一家具有独立生产能力的、中等规模的医药股份公司，在国内拥有十几家公司和办事处，经济效益较好，技术研发实力较强，虽然该公司发展较快，但它的绩效管理系统存在很大问题，特别是在工作绩效的改进方面一直裹足不前，导致企业无法实现跨越式发展。

结合本案例回答以下问题：

（1）该公司可以采取哪些具体的方法分析员工绩效的差距？

（2）该公司为了改进并提高全员工的工作绩效可以采取哪些策略？

二、解析

1. 解析：

（1）行为锚定等级评价法的操作步骤如下：

①进行岗位分析，获取本岗位的关键事件，由其主管人员做出明确简洁的描述。

②建立绩效评价等级，一般为5~9级，将关键事件归并为若干绩效指标，并给出确切定义。

③由另一组管理人员对关键事件做出重新分配，将它们归入最合适的绩效要素及指标中，确定关键事件的最终位置，并确定出绩效考评指标体系。

④审核绩效考评指标等级划分的正确性，由第二组人员将绩效指标中包含的重要事件从优到差、从高到低进行排列。

⑤建立行为锚定法的考评体系。

（2）行为锚定等级评价法的优势和不足。

优势：①对员工绩效的考量更加精确；②绩效考评标准更加明确；③具有良好的反馈功能；④具有良好的连贯性和较高的信度；⑤考评的维度清晰，各绩效要素的相对独立性强，有利于综合评价判断。

不足：行为锚定等级评价法设计和实施的费用高，比许多考评方法费时、费力。

2. 解析：

（1）分析员工绩效差距的方法。

①目标比较法。它是将考评期内员工的实际工作表现与绩效计划的目标进行对比，寻找工作绩效的差距和不足的方法。

②水平比较法。它是将考评期内员工的实际业绩与上期（或去年同期）的工作业绩进行比较的方法。

③横向比较法。在各个部门或单位之间、各个下属成员之间进行横向的对比，以发现组织与下属员工工作绩效实际存在的差距和不足。

（2）改进工作绩效的策略。

第一，预防性策略与制止性策略。

①预防性策略是在员工进行作业之前采取。②制止性策略是对员工的工作劳动过程进行全面的跟踪检查和监测。

第二，正向激励策略与负向激励策略。

①向激励策略是通过制定一系列行为标准，以及与之配套的人事激励政策，如奖励、晋级、升职、提拔等，鼓励员工更加积极主动工作的策略。

②负向激励策略也称反向激励策略，它对待下属员工与正向激励策略完全相反，采取惩罚的手段，以防止和克服他们绩效低下的行为。惩罚的手段主要包括：扣发工资奖金、降薪、调任、免职、解雇、除名、开除等。

③为了保障激励策略的有效性，应当体现以下原则要求：及时性原则、同一性原则、预告性原则、开发性原则。

第三，组织变革策略与人事调整策略。

①劳动组织的调整。②岗位人员的调动。③其他非常措施，如解雇、除名、开除等。

第六节　方案设计题及解析

一、方案设计题

某汽车有限公司为了提高公司的效益，树立公司的形象，形成文明礼仪的风气，准备对公司的行政人员从以下几方面进行考评：（1）打字速写；（2）接待；（3）计划安排；（4）文件与资料管理；（5）办公室一般服务。

请根据以上内容为办公室人员设计一张图解式评价量表，以评选出公司的优秀员工。设计方案时须考虑各因素权重的不同。

二、解析

行政人员图解式评价量表

被考评者姓名		所属部门		职务名称	
绩效考评期限	___年___月___日到___年___月___日			考评者	
1代表未达到要求，2代表基本符合要求，3代表全面达到要求，4代表很好达到要求，5代表超过要求					
被评价岗位：行政人员					
A. 打字速写（权重：30%）				评价等级：1□ 2□ 3□ 4□ 5□	

以每分钟60个单词的打字速度按照适当的格式准确地将来自以下各个方面的指令整理成文件：口头指示；录音内容；手写笔记；对工作日程进行有效管理的笔记，包括约见、会议、旅行以及其他正式笔记；总经理的手写材料；手写会议纪要等。打印通知、会议议程、工作日程和其他内部材料，如打印商业协会调查。汇总和打印经营报告及其他各种报告，包括文本和表格；打印从报纸和杂志上摘选下来的文章。整理和打印信件、备忘录、文件副本以及其他要求打印的文件	评述：
B. 接待（权重：25%）	评价等级：1 □ 2 □ 3 □ 4 □ 5 □
当面或通过电话核定已签订的合同，热心帮助来电话者和来访者；接听打进来的电话，转达消息、提供消息或将电话例行转给某人；接待来访者，提供信息或直接将客人引领到相应的办公室或个人处；作为主人，在客人等待期间提供临时服务；操纵自动应答设施；对来电话者和来访者保持一种合作态度	评述：
C. 计划安排（权重：20%）	评价等级：1 □ 2 □ 3 □ 4 □ 5 □
对工作日程进行有效管理，包括对约见、会议、出差以及其他此类活动的安排；对工作日程进行安排；为总经理、董事会成员和其他人员约见会面人员；为办理出差补贴做好准备；协助进行年度会议的安排；为保证在职培训计划的实施，在房间内、课间提供咖啡以及饮食方面的服务；对组织各项设施的使用进行计划安排；为外部发言人、咨询专家等安排好交通、旅程以及相应的食宿	评述：
D. 文件与资料管理（权重：15%）	评价等级：1 □ 2 □ 3 □ 4 □ 5 □
创建并维护一个合适的文件管理系统，能够按照要求迅速地放置和取出文件；制订文件空间分配计划，分别在文件管理系统中为回函、会议记录、报告、规定以及其他相关文件做出妥当安排；将资料放入文件夹中的适当位置；从文件夹中查找并取出需要的资料；对文件进行挑选、装订和剔除，必要时进行文件汇总或销毁；保存和保护某些重要文件，将文件资料整理成可直接使用的形式	评述：
E. 办公室一般服务（权重：10%）	评价等级：1 □ 2 □ 3 □ 4 □ 5 □
以一种受欢迎的方式和既定的程序来履行相关办公室职责；通过邮递中心处理邮件、寄送文件和邮品；拆阅外来邮件并进行分送；对文件进行复制；掌握一定的现金；从相关报纸和杂志中摘取与组织有关的文章；负责公告栏的书写，完成其他预定的工作	评述：

续表

考评者总评述： 总评分：	考评者签字：	日期：
被考评者自述：	被考评者签字：	日期：
上下级双方所达成的共识、异议及其他须补充说明的问题：	主管签字：	下属签字：
审核者意见：	审核者签字：	日期：

第五章　薪酬管理辅导训练

第一节　单项选择题及解析

一、单项选择题

1.（　　）泛指员工获得的一切形式的报酬。

（A）薪酬　　　　（B）报酬　　　　（C）收入　　　　（D）分配

2.（　　）是指以较长的时间为单位计算员工的劳动报酬，国内常使用"薪水"一词。

（A）薪酬　　　　（B）工资　　　　（C）薪金　　　　（D）薪资

3. 下列不属于直接薪酬的是（　　）。

（A）年薪　　　　（B）额外津贴　　（C）绩效工资　　（D）利润分成

4. 外部薪酬包括直接薪酬和间接薪酬，间接薪酬又称（　　）。

（A）薪资　　　　（B）工资　　　　（C）薪金　　　　（D）福利

5. 影响员工个人薪酬水平的因素不包括（　　）。

（A）劳动绩效　　（B）工作条件　　（C）年龄与工龄　（D）产品的需求弹性

6. 影响企业整体薪酬水平的因素不包括（　　）。

（A）生活费用与物价水平　　　　　　（B）产品的需求弹性

（C）工作条件　　　　　　　　　　　（D）企业薪酬策略

7. 企业薪酬管理对内具有公正性原则的前提是（　　）。

（A）支付符合劳动力市场水平的薪酬　　（B）支付相当于员工岗位价值的薪酬

（C）岗位与员工相匹配　　　　　　　　（D）适当拉开员工之间的薪酬差距

8. 适当拉开员工之间的薪酬差距体现了（　　）原则。

（A）对外具有竞争力　　　　　　　　　（B）对员工具有激励性

（C）对内具有公平性　　　　　　　　　（D）对成本具有控制性

9. 计算工资总额的方法不包括（　　）方法。

（A）工资总额与销售额　　　　　　　　（B）工资总额占附加值比例

（C）盈亏平衡点　　　　　　　　　　　（D）工资总额占利润值比例

10. 企业确定薪酬体系的依据不包括（　　）。

（A）职位　　　　　（B）技能　　　　　（C）能力　　　　　（D）资历

11. 薪酬职能是薪酬管理的核心，薪酬职能不包括（　　）。

（A）补偿职能　　　（B）激励职能　　　（C）控制职能　　　（D）调节职能

12.（　　）是指蕴含在个体身上的劳动能力。

（A）潜在劳动　　　（B）流动劳动　　　（C）凝固劳动　　　（D）实际劳动

13. 按（　　）计量薪酬适用于难以计算或不必计算工作定额、不存在竞争关系，而只要求按时出勤的工种或岗位。

（A）潜在劳动　　　（B）流动劳动　　　（C）凝固劳动　　　（D）实际劳动

14.（　　）是岗位薪酬体系设计的首要步骤。

（A）环境分析　　　（B）确定薪酬策略　（C）岗位分析　　　（D）市场薪酬调查

15.（　　）是技能分析的基本元素，是对特定工作的具体说明。

（A）技能单元　　　（B）技能模块　　　（C）技能种类　　　（D）技能说明

16.（　　）是企业管理人员根据具体的经营环境，可以选择的全部支付方式。

（A）薪酬体系　　　（B）薪酬战略　　　（C）薪酬政策　　　（D）薪酬制度

17.（　　）是企业确立的薪酬管理导向和基本思路的文字说明或统一意向。

（A）薪酬体系　　　（B）薪酬战略　　　（C）薪酬政策　　　（D）薪酬制度

18.（　　）是薪酬制度中最基本的制度，关系着员工的切身利益，也是吸引优秀员工的重要方面。

（A）奖励制度　　　（B）工资制度　　　（C）福利制度　　　（D）晋升制度

19. 超时奖是由于员工在规定时间之外工作，企业为了鼓励员工这种行为而支付的奖金，以下关于超时奖的表述错误的是（　　）。

（A）尽量鼓励员工在规定时间内完成任务

（B）明确规定何时算超时，何时不算超时

（C）明确规定哪一类岗位有超时奖，哪一类岗位没有超时奖

（D）如果员工劳动一直超时，则应适当降低奖励标准

20.（　　）是评定工作的相对价值、确定岗位定级、确定薪酬等级的依据。

（A）岗位分析　　　（B）岗位评价　　　（C）岗位调查　　　（D）岗位评定

21. 在岗位评价中，劳动强度要素不包括（　　）。

（A）工时利用率　　（B）工作轮班制　　（C）安全责任　　　（D）劳动紧张程度

22. 主要作用是对岗位评价的计量误差进行调整的权重系数类型是（　　）。

（A）总体加权　　　（B）局部加权　　　（C）内部加权　　　（D）要素指标加权

23.（　　）是指测评本身可能达到期望目标的程度，也就是测评结果反映被评价对象的真实程度。

（A）信度　　　　　（B）效度　　　　　（C）真实度　　　　（D）期望度

24. 分类法是一种典型的岗位评价方法，关于它的描述不正确的是（　　）。

（A）划分类别是关键　　　　　　　（B）成本相对较高

（C）适用大企业管理岗位　　　　　（D）对精度要求较高

25. 下列是关于评分法的具体步骤：①确定工作岗位评价的主要影响因素；②对各评价因素区分级别并赋予点数；③确定工作岗位评价的具体项目；④对评价项目分别给定权数；⑤将工作岗位评价的总点数分为若干级别。排列正确的是（　　）。

（A）①⑤②③④　　（B）③④①②⑤　　（C）①③②④⑤　　（D）①②③④⑤

26.（　　）可以说是企业人均人工成本占企业销售劳动生产率的比重。

（A）实物劳动生产率　　　　　　　（B）销货劳动生产率

（C）人工成本比率　　　　　　　　（D）附加价值劳动生产率

27. 企业应把按支付能力计算的所能支付的适度工资与（　　）所需要的工资相均衡后确定合理的人工成本。

（A）员工的生计费用　　　　　　　（B）物价水平变化

（C）生活水平变化　　　　　　　　（D）市场行情变化

28. 福利设施和服务项目应在规定的范围内力求以最少的费用达到最好的效果，体现了福利管理的（　　）。

（A）合理性原则　　　　　　　　　（B）必要性原则

（C）计划性原则　　　　　　　　　（D）协调性原则

29. 社会保障包括社会保险、社会救助、社会福利以及社会优抚等，社会福利是针对（　　）。

（A）劳动者　　　　　　　　　　　（B）全体居民

（C）社会贫困者　　　　　　　　　（D）军人及其家属

30. 新成立的单位应当自成立之日起（　　）内办理住房公积金缴存登记。

（A）15 日　　　　（B）30 日　　　　（C）60 日　　　　（D）90 日

二、解析

1. 解析：A　薪酬泛指员工获得的一切形式的报酬。

2. 解析：C　薪金通常是以较长的时间为单位计算员工的劳动报酬。

3. 解析：B　直接薪酬是员工薪酬的主体组成部分，包括员工的基本薪酬，即基本工资，如周薪、月薪、年薪等；也包括员工的激励薪酬，如绩效工资、红利和利润分成等。

4. 解析：D　间接薪酬即福利，包括公司向员工提供的各种保险、非工作日工资、额外的津贴和其他服务，比如单身公寓、免费工作餐等。

5. 解析：D　影响员工个人薪酬水平的因素包括：（1）劳动绩效；（2）职务或岗位；（3）综合素质与技能；（4）工作条件；（5）年龄与工龄。

6. 解析：C　影响企业整体薪酬水平的因素包括：（1）生活费用与物价水平；（2）企业工资支付能力；（3）地区和行业工资水平；（4）劳动力市场供求状况；（5）产品的需求弹性；（6）工会的力量；（7）企业的薪酬策略。

7. 解析：C　对内具有公正性原则的前提是每个员工都是按照岗位说明书经过严格的筛选被分配到该岗位的，岗位与员工相匹配。

8. 解析：B　根据员工的实际贡献付薪，并且适当拉开薪酬差距，使不同业绩的员工能在心理上觉察到这个差距，并产生激励作用。

9. 解析：D　计算工资总额的方法包括工资总额与销售额的方法、盈亏平衡点方法、工资总额占附加值比例的方法。

10. 解析：D　企业可以从职位、技能、能力三个要素中选择其一作为确定薪酬体系的依据。

11. 解析：C　薪酬职能是薪酬在运用过程中的具体功能的体现和表现，是薪酬管理的核心，包括补偿职能、激励职能、调节职能、效益职能和统计监督职能。

12. 解析：A　潜在劳动是指蕴含在个体身上的劳动能力。

13. 解析：B　按流动劳动计量薪酬适用于难以计算或不必计算工作定额、不存在竞争关系，而只要求按时出勤的工种或岗位。

14. 解析：A　环境分析是岗位薪酬体系设计的首要步骤，它为后面几个步骤提供了重要的基础性材料。

15. 解析：A　技能单元是技能分析的基本元素，是最小的分析单元，是对特定工作的具体说明。

16. 解析：B　薪酬战略是企业管理人员根据具体的经营环境，可以选择的全部支付方式。

17. 解析：C　薪酬政策是指企业为了把握员工的薪酬总额、薪酬结构和薪酬形式，所确立的薪酬管理导向和基本思路的文字说明或统一意向。

18. 解析：B　工资制度是薪酬制度中最基本的制度，关系着员工的切身利益，也是吸引优秀员工的重要方面。

19. 解析：D　允许在某一段时间内，由于完成特殊任务而支付超时奖。如果员工劳动一直超时，则应考虑增加员工。

20. 解析：B　岗位评价是评定工作的相对价值、确定岗位定级、确定薪酬等级的依据。

21. 解析：C　劳动强度是指岗位在生产过程中对劳动者身体的影响，主要反映岗位劳动者的体力消耗和生理、心理紧张程度。主要包括体力劳动强度、工时利用率、劳动姿势、劳动紧张程度、工作轮班制。

22. 解析：A　总体加权的主要作用是对岗位评价的计量误差进行调整。

23. 解析：B　效度是指测评本身可能达到期望目标的程度，也就是测评结果反映被评价对象的真实程度。

24. 解析：D　分类法对不同系统的岗位评比存在相当的主观性，准确度较差。

25. 解析：C　评分法的具体步骤包括：（1）确定工作岗位评价的主要影响因素；（2）确定工作岗位评价的具体项目；（3）对各评价因素区分级别并赋予点数；（4）对评价项目分别给定权数；（5）将工作岗位评价的总点数分为若干级别。

26. 解析：B　销货劳动生产率是指企业人工成本占企业销货额的比重，也可以说是企业人均人工成本占企业销售劳动生产率的比重。

27. 解析：A　企业应把按支付能力计算的所能支付的适度工资与员工生计费用所需要的工资相均衡后确定合理的人工成本。

28. 解析：A　福利设施和服务项目应在规定的范围内力求以最少的费用达到最好的效果，体现了福利管理的合理性原则。

29. 解析：B　从我国社会保障的实践活动来看，它包括社会保险、社会救助、社会福利以及社会优抚等，社会保险针对劳动者，社会救助针对社会贫困者或生活在贫困线以下的人，社会福利针对全体居民，社会优抚针对军人及其家属。

30. 解析：A　新成立的单位应当自成立之日起 30 日内办理住房公积金缴存登记。

第二节 多项选择题及解析

一、多项选择题

1. 薪酬的表现形式包括（   ）。

（A）精神的与物质的　　　（B）稳定的与非稳定的　　　（C）有形的与无形的

（D）货币的与非货币的　　　（E）内在的与外在的

2. 外部回报包括（   ）。

（A）基本工资　　　　　　（B）绩效工资　　　　　　　（C）社会保险

（D）额外津贴　　　　　　（E）晋升机会

3. 内部回报包括（   ）。

（A）参与企业决策　　　　（B）更大的责任　　　　　　（C）更大的工作空间

（D）免费工作餐　　　　　（E）工作的趣味性

4. 影响员工个人薪酬水平的因素包括（   ）。

（A）劳动绩效　　　　　　（B）工作条件　　　　　　　（C）年龄与工龄

（D）职务或岗位　　　　　（E）综合素质与技能

5. 影响企业整体薪酬水平的因素包括（   ）。

（A）生活费用与物价水平　（B）产品的需求弹性　　　　（C）工作条件

（D）企业薪酬策略　　　　（E）企业工资支付能力

6. 企业员工薪酬管理的基本目标包括（   ）等。

（A）吸引并留住优秀人才　（B）合理控制企业人工成本（C）保证内部公平

（D）保证外部公平　　　　（E）确立薪酬激励机制

7. 薪酬日常管理工作包括（   ）。

（A）开展薪酬市场调查　　　　　　　（B）制订年度员工薪酬激励计划

（C）员工满意度调查　　　　　　　　（D）人工成本核算

（E）必要的薪酬调整

8. 薪酬职能是薪酬在运用过程中的具体功能的体现和表现，包括（   ）。

（A）补偿职能　　　　　　（B）激励职能　　　　　　　（C）调节职能

（D）效益职能　　　　　　（E）统计监督职能

9. 薪酬体系设计的前期准备工作包括（   ）。

（A）掌握企业的财务状况

（B）明确企业总体发展战略规划的目标和要求

（C）掌握企业生产经营特点和员工特点

（D）明确掌握企业劳动供给与需求关系

（E）掌握竞争对手的人工成本状况

10. 根据津贴的性质，大体可分为（　　）。

（A）岗位性津贴　　　　　（B）技能性津贴　　　　　（C）特殊性津贴

（D）地区性津贴　　　　　（E）保证生活性津贴

11. 岗位评价的原则包括（　　）。

（A）系统原则　　　　　　（B）实用性原则　　　　　（C）标准化原则

（D）综合性原则　　　　　（E）能级对应原则

12. 岗位评价的基本功能包括（　　）。

（A）量化岗位的综合特征　　（B）为实现薪酬管理的内部公平公正提供依据

（C）横向比较岗位的价值　　（D）为企事业单位岗位归级列等奠定了基础

（E）掌握企业劳动供给与需求关系

13. 岗位评价的信息来源包括（　　）。

（A）数据采集　　　　　　（B）现场调查　　　　　　（C）规章制度

（D）岗位规范　　　　　　（E）工作说明书

14. 岗位评价指标要素包括（　　）。

（A）劳动责任要素　　　　（B）劳动技能要素　　　　（C）劳动强度要素

（D）劳动环境要素　　（E）社会心理要素

15. 确定岗位评价要素和指标的基本原则包括（　　）。

（A）少而精原则　　　　　　　　　（B）界限清晰、便于测量的原则

（C）可比性原则　　　　　　　　　（D）系统原则

（E）综合性原则

16. 在岗位评价中，多种要素综合计分标准的制定方法包括（　　）。

（A）简单相加法　　　　　（B）系数相乘法　　　　　（C）连乘积法

（D）百分比系数法　　　　（E）函数法

17. 从业人员劳动报酬包括（　　）。

（A）在岗员工工资总额　　　　　　（B）外籍及港台人员的劳动报酬

（C）社会保险费用总额　　　　　　（D）不在岗员工生活费

（E）留用的离退休人员劳动报酬

18. 社会保险费用包括（　　）。

（A）养老保险费用　　　　（B）医疗保险费用　　　　（C）失业保险费用

（D）工伤保险费用　　　　（E）生育保险费用

19. 核算人工成本的基本指标包括（　　）。

（A）企业从业人员平均人数　　　　　（B）企业从业人员人均工作时数

（C）企业销售收入　　　　　　　　　（D）企业增加值

（E）企业人工成本总额

20. 福利管理的主要内容包括（　　）。

（A）确定福利总额　　　　　　　　　（B）明确实施福利的目标

（C）确定福利的支付形式　　　　　　（D）确定福利的支付对象

（E）评价福利措施的实施效果

二、解析

1. 解析：ACDE　薪酬有不同的表现形式：精神的与物质的、有形的与无形的、货币的与非货币的、内在的与外在的，等等。

2. 解析：ABCD　外部回报是指员工因为雇佣关系从自身以外所得到的各种形式的回报，也称外部薪酬。直接薪酬是员工薪酬的主体组成部分，它包括员工的基本薪酬，即基本工资，如周薪、月薪、年薪等；也包括员工的激励薪酬，如绩效工资、红利和利润分成等。间接薪酬即福利，包括公司向员工提供的各种保险、非工作日工资、额外的津贴和其他服务。

3. 解析：ABCE　内部回报是指员工自身心理上感受到的回报，主要体现为一些社会和心理方面的回报。一般包括：参与企业决策，获得更大的工作空间或权限、更大的责任、更有趣的工作，个人成长的机会和活动的多样化等。

4. 解析：ABCDE　影响员工个人薪酬水平的因素包括：（1）劳动绩效；（2）职务或岗位；（3）综合素质与技能；（4）工作条件；（5）年龄与工龄。

5. 解析：ABDE　影响企业整体薪酬水平的因素包括：（1）生活费用与物价水平；（2）企业工资支付能力；（3）地区和行业工资水平；（4）劳动力市场供求状况；（5）产品的需求弹性；（6）工会的力量；（7）企业的薪酬策略。

6. 解析：ABCE　企业员工薪酬管理的基本目标包括：（1）保证薪酬在劳动力市场具有竞争性，吸引并留住优秀人才；（2）对各类员工的贡献给予充分肯定；（3）合理控制企业人工成本，提高劳动生产率，增强企业产品的竞争力；（4）通过薪酬激励机制的确立，将企业与员工长期、中短期经济利益有机结合在一起，促进公司与员工结成利益关系共同体，谋求员工与企业的共同发展。

7. 解析：ABCDE；　薪酬日常管理工作具体包括以下内容：（1）开展薪酬的市场调查，统计分析调查结果，写出调查分析报告；（2）制订年度员工薪酬激励计划，对薪酬计划执行情况进行统计分析；（3）深入调查了解各类员工的薪酬状况，进行必要的员工满意度调查；（4）对报告期内人工成本进行核算；（5）根据公司薪酬制度的要求，结合各部门绩效目标的实现情况，对员工的薪酬进行必要调整。

8. 解析：ABCDE　薪酬职能是薪酬在运用过程中的具体功能的体现和表现，是薪酬管理的核心，包括补偿职能、激励职能、调节职能、效益职能和统计监督职能。

9. 解析：ABCDE　薪酬体系设计的前期准备工作包括：（1）明确企业的价值观和经营理念；（2）明确企业总体发展战略规划的目标和要求；（3）掌握企业生产经营特点和员工特点；（4）掌握企业的财务状况；（5）明确掌握企业劳动供给与需求关系；（6）明确掌握竞争对手的人工成本状况。

10. 解析：ADE　根据津贴的性质，大体可分为岗位性津贴、地区性津贴、保证生活性津贴三类。

11. 解析：ABCE　岗位评价的原则包括：（1）系统原则；（2）实用性原则；（3）标准化原则；（4）能级对应原则。

12. 解析：ABCD　岗位评价的基本功能包括：（1）为实现薪酬管理的内部公平公正提供依据；（2）量化岗位的综合特征；（3）横向比较岗位的价值；（4）为企事业单位岗位归级列等奠定了基础。

13. 解析：ABCDE　岗位评价的信息来源包括：（1）直接的信息来源，即通过组织现场岗位调查，采集有关数据资料；（2）间接的信息来源，即通过现有的人力资源管理文件。

14. 解析：ABCDE　岗位评价指标要素包括：（1）劳动责任要素；（2）劳动技能要素；（3）劳动强度要素；（4）劳动环境要素；（5）社会心理要素。

15. 解析：ABCE　确定岗位评价要素和指标的基本原则包括：（1）少而精的原则；（2）界限清晰、便于测量的原则；（3）综合性原则；（4）可比性原则。

16. 解析：ABCD　在岗位评价中，多种要素综合计分标准的制定方法包括：（1）简单相加法；（2）系数相乘法；（3）连乘积法；（4）百分比系数法。

17. 解析：ABDE　从业人员劳动报酬包括：在岗员工工资总额，聘用、留用的离退休人员的劳动报酬，人事档案关系保留在原单位的人员劳动报酬，外籍及港澳台人员劳动报酬，还包括不在岗员工生活费。

18. 解析：ABCDE　社会保险费用是指企业按有关规定实际为使用的劳动力缴纳的养老保险、医疗保险、失业保险、工伤保险和生育保险费用。

19. 解析：ABCDE　核算人工成本的基本指标，包括企业从业人员平均人数、企业从业人员年人均工作时数、企业从业人员人均工作时数、企业销售收入（营业收入）、企业增加值（纯收入）、企业利润总额、企业成本（费用）总额、企业人工成本总额等。

20. 解析：ABCDE　福利管理的主要内容包括：确定福利总额，明确实施福利的目标，确定福利的支付形式和对象，评价福利措施的实施效果。

第三节　简答题及解析

一、简答题

1. 简述薪酬体系的类型。
2. 简述岗位工资或能力工资的制定程序。
3. 岗位评价的特点有哪些？
4. 简述成对比较法的基本程序。
5. 影响企业支付能力的因素主要有哪些？
6. 简述人工成本核算的程序。
7. 福利管理的主要内容有哪些？
8. 简述制订福利总额预算计划的程序。

二、解析

1. 解析：

（1）岗位薪酬体系。岗位薪酬体系就是指根据员工在组织中的不同岗位特征来确定其薪酬等级与薪酬水平。（2）技能薪酬体系。技能薪酬体系主要根据个人的技能特征来确定其薪酬的等级与水平。技术薪酬体系是指组织根据员工所掌握的与工作有关的技术或知识的广度和深度来确定员工薪酬等级及水平。（3）绩效薪酬体系。绩效薪酬体系将员工个人或团体的工作绩效与薪酬联系起来，根据绩效水平的高低确定薪酬结构和薪酬水平。

2. 解析：

（1）根据员工工资结构中岗位工资或能力工资所占比例，根据工资总额，确定岗位工资总额或能力工资总额。（2）根据企业战略等确定岗位工资或能力工资的分配原则。（3）岗位分析与评价或对员工进行能力评价。（4）根据岗位评价结果确定工资等级数量以及划分等级。（5）工资调查与结果分析。（6）了解企业财务支付能力。（7）根据企业工资策略确定各工资等级的等中点，即确定每个工资等级在所有工资标准的中点所对应的标准。（8）确定每个工资等级之间的工资差距。（9）确定每个工资等级的工资幅度，即每个工资等级对应多个工资标准。（10）确定工资等级之间的重叠部分大小。（11）确定具体计算办法。

3. 解析：

（1）岗位评价以岗位为评价对象。岗位评价的中心是"事"不是"人"。

（2）岗位评价是对企业各类具体劳动的抽象化、定量化过程。

（3）岗位评价需要运用多种技术和方法。

4. 解析：

成对比较法也称配对比较法、两两比较法。其基本程序是：首先将每个岗位按照所有的评价要素（岗位责任、劳动强度、环境条件、技能要求等）与其他所有岗位一一进行对比；然后将各个评价要素的考评结果整理汇总，求得最后的综合考评结果。

5. 解析：

影响企业支付能力的因素主要包括:（1）实物劳动生产率;（2）销货劳动生产率;（3）人工成本比率;（4）劳动分配率;（5）附加价值劳动生产率;（6）单位制品费用;（7）损益分歧点。

6. 解析：

（1）核算人工成本的基本指标，包括企业从业人员平均人数、企业从业人员年人均工作时数、企业从业人员人均工作时数、企业销售收入（营业收入）、企业增加值（纯收入）、企业利润总额、企业成本（费用）总额、企业人工成本总额等。

（2）核算人工成本投入产出指标，包括销售收入（营业收入）与人工费用比率、劳动分配率等。

7. 解析：

福利管理的主要内容包括：确定福利总额，明确实施福利的目标，确定福利的支付形式和对象，评价福利措施的实施效果。

8. 解析：

制订福利总额预算计划的程序如下。

（1）该项福利的性质：设施或服务。

（2）该项福利的起始执行日期、上年度的效果以及评价分数。

（3）该项福利的受益者、覆盖面、上年度总支出和本年度预算。

（4）新增福利的名称、原因、受益者、覆盖面、本年度预算、效果预测、效果评价标准。

（5）·根据薪酬总额计划以及工资、奖金等计划，检查该项福利计划的成本是否能控制在薪酬总额计划内。

第四节　计算题及解析

一、计算题

1. 某公司上年度人工成本为 2382 万元，净产值为 8780 万元，本年度确定目标净产值为 10975 万元，目标劳动分配率同上年。该企业本年度人工成本总额为多少？人工成本增长率多少？

2. 某公司人工费用率为 18%，上年平均薪酬为 6600 元，本年度计划平均人数为 108 人，平均薪酬增长 25%，本年销售额应为多少？利用销售净额基准法确定人工成本的依据是什么？

3. A 公司系商业企业，有职工 30 人，目前没有参加社会保险。2007 年 8 月份工资总额为 40000 元，9 月份应如何向地税机关申报缴纳社会保险费（当地用人单位基本养老保险缴费率为 18%，基本医疗保险缴费率为 5.5%，生育保险缴费率为 0.5%，A 公司工伤保险费费率为 0.5%，A 公司的最低申报比例为 30%）？

二、解析

1. 解析：

$$劳动分配率 = \frac{人工费用}{纯收入}$$

上年度劳动分配率 =2382÷8780=27.13%

目标劳动分配率同上年，则

$$目标分配率 = \frac{目标人工费用}{目标净产值}$$

$$27.13\% = \frac{目标人工费用}{10975}$$

则，本年度人工成本 =10975×27.13%=2977.52（万元）

人工成本增长率 =2977.52÷2382-100%=25%

即该公司本年度人工成本总额为 2977.52 万元，增长幅度为 25%。

2. 解析：

目标人工成本 = 本年度计划平均人数 × 上年度平均薪酬 ×（1+ 计划平均薪酬增长率）

则，目标人工成本 =108×6600×（1+25%）=891000（元）

目标销售额 = 目标人工成本 / 人工费用率

则，目标销售额 =891000÷18%=4950000（元）

销售净额基准法即根据前几年实际人工费用率、上年平均人数、平均薪酬和本年目标薪酬增长率，求出本年的目标销售额，并以此作为本年应实现的最低销售净额。

3. 解析：

（1）确定 9 月份单位缴费基数。

①工伤保险费单位缴费基数 =40000×100%=40000（元）

②其他四项社保费单位缴费基数 =40000×30%=12000（元）

（2）计算 9 月份单位部分应缴费额。

①基本养老保险费：12000×18%=2126（元）

②基本医疗保险费：12000×5.5%=660（元）

③失业保险费：12000×2%=240（元）

④生育保险：12000×0.5%=60（元）

⑤工伤保险：40000×0.5%=200（元）

合计：3320 元。

（3）计算 9 月份职工个人部分应缴费额。

由于 A 公司 9 月份没有参加社会保险，社保机构也没有核定参保职工个人部分应缴费数据，为此，职工个人缴费部分为零，A 公司 9 月份只能暂作 0 申报处理。

（4）A 公司 9 月向地税申报五项社会保险应缴费额总计为 3320+0=3320（元）。

第五节　案例分析题及解析

一、案例分析题

1. 某公司是中国目前最重要的特殊玻璃生产销售厂商之一。现有员工 500 余人，在全国有 21 个办事处。随着销售额的不断上升和人员规模的不断扩大，公司整体管理水平也需要提升。公司在人力资源管理方面起步较晚，原有基础比较薄弱，尚未形成科学的体系，尤其是薪酬福利方面的问题比较突出。经调查，公司目前存在产品老化、工作流程过于繁杂、市场反应速度慢等不足之处。员工对目前公司的薪酬水平、员工之间的薪酬差距也不甚满意。由于其他人力资源管理职能不健全，因而目前公司薪酬分配的依据不足，难以反映员工之间真正的能力差别、岗位价值差别。

现在，该公司要重新设计工资方案，你认为遵循哪些原则才能正确地确定员工薪酬？怎样制定出一个合理的薪酬管理制度？

2. A 煤矿是有 200 余人的年产 120 万吨原煤的中型煤矿，2012 年上级主管部门特拨 15 万元奖金，奖励该矿在安全生产中做出贡献的员工。

在这 15 万元奖金分配过程中，该矿矿长召集下属五位副矿长和工资科长、财务科长、人事科长及相关科室的领导开了一个"分配安全奖金"的会议。这些高层管理者认为，工人只需保证自身安全，而主管不但要保证自身安全还要负责一个班级、区、队或一个矿的安全工作；尤其是矿领导，不但要负经济责任，还要负法律责任。因此会议决定将奖金根据责任大小分为五个档次，矿长 3000 元，副矿长 2500 元，科长 800 元，一般管理人员 500 元，工人一律 50 元，奖金刚好发完。

奖金下发后全矿显得风平浪静，但几天后矿里的安全事故就接连发生。当矿长亲自带领工作组到各工队追查事故起因时，矿工们说："我们拿的安全奖金少，没那份安全责任，干部拿的奖金多，让他们干吧！"还有一些工人说："老子受伤，就是为了不让当官的拿安全奖。"

请结合本案例回答下列问题：

（1）请剖析 A 煤矿的奖金分配方案，并说明它产生负激励作用的原因。

（2）本次奖金分配方案的设计应重点考虑哪些因素？

（3）如你是该矿负责人会如何分配这批奖金？请说明理由。

二、解析

1. 解析：

（1）企业员工的薪酬管理应当遵循以下基本原则。

①对外具有竞争力原则；②对内具有公正性原则；③对员工具有激励性原则；④对成本具有控制性原则。

（2）岗位工资或能力工资的制定程序如下。

①根据员工工资结构中岗位工资或能力工资所占比例，根据工资总额，确定岗位工资总额或能力工资总额。

②根据企业战略等确定岗位工资或能力工资的分配原则。

③岗位分析与评价或对员工进行能力评价。

④根据岗位评价结果确定工资等级数量以及划分等级。

⑤工资调查与结果分析。

⑥了解企业财务支付能力。

⑦根据企业工资策略确定各工资等级的等中点，即确定每个工资等级在所有工资标准的中点所对应的标准。

⑧确定每个工资等级之间的工资差距。

⑨确定每个工资等级的工资幅度，即每个工资等级对应多个工资标准。

⑩确定工资等级之间的重叠部分大小。

⑪确定具体计算办法。

2. 解析：

（1）A 煤矿的奖金分配方案产生负激励作用的原因包括：

①安全奖金的分配按行政级别，得不到广大基层矿工的认同。因为煤矿的安全归根结底要落实到每个工人身上，只有提高每个工人的安全意识，才能保证生产安全。

②对同一行政级别的员工搞平均主义，对内缺乏竞争性。

③A 煤矿的员工人数多，基数大，每个人能得到的奖金不多，尤其是基层矿工，每个人 50 元，员工对激励的感受度弱，很难起到激励作用。

（2）本次奖金分配方案的设计应重点考虑的因素包括：

①员工的安全责任。在奖金分配方案的设计过程中应区分负有直接安全责任和间接安全责任的员工，区分安全意识淡薄和安全责任意识强的员工，借此机会完善安全责任制。

②奖金的分配方式。应根据不同部门、岗位的特点设计分配方式，不同分配方式的激励力度不同，不同分配方式激励持续的时间也不同。

（3）奖金分配方案：A 煤矿员工人数多，基数大，如果将 15 万元分发下去，每个员工得到的金额很少，起不到激励的作用，因此建议采取团队激励的方式分配奖金。根据工人的工作特点，把他们分成若干个小组，每个小组有个组长。记录每个小组的安全事故数量，并结合每个小组的生产效率来评估每个小组的安全系数。

这种激励方式的优点如下：①激励果大；②增强了员工的小组荣誉感；③为企业员工的沟通提供新的平台；④可以避免为了提高生产效率而盲目扩大生产，又可以制止为了降低安全事故放慢生产节奏的情况发生；⑤促进考核的公平性。

第六节　方案设计题及解析

一、方案设计题

某机械制造企业为了进行岗位工资制度设计，拟对生产岗位进行综合评价。请您对"安全生产责任"和"原材料消耗责任"两项重要评价指标的分级标准做出设计，填入表 3-5-1 和表 3-5-2 中（要求评价标准划分为五级，并对每个等级做出明确的界定）。

表 3-5-1　安全生产责任指标分级标准表

等级	分级定义
1	
2	
3	
4	
5	

表 3-5-2　原材料消耗责任指标分级标准表

等级	分级定义
1	
2	
3	
4	
5	

二、解析

根据题中要求，具体设计如下：

表 3-5-1　安全生产责任指标分级标准表

等级	分级定义
1	不会发生事故的岗位
2	事故发生率小，造成的伤害和损失都较小的岗位
3	事故发生率小，但能造成较大伤害和损失的岗位
4	事故发生率大，造成的伤害轻但损失大的岗位
5	事故发生率大，易造成严重伤害和重大损失的岗位

表 3-5-2　原材料消耗责任指标分级标准表

等级	分级定义
1	使用原材料少，价值小，或不使用原材料
2	使用原材料较多，但消耗不受人为因素影响
3	使用原材料较少，作业人员对原材料、能耗有影响
4	使用原材料较多，价值较大，作业人员对原材料、能耗有一定影响
5	使用原材料多，价值大，作业人员对原材料、能耗影响很大

第六章 劳动关系管理辅导训练

第一节 单项选择题及解析

一、单项选择题

1.（ ）是由企业职工通过民主选举产生的职工代表组成的，代表全体职工实行民主管理权利的机构。

（A）企业委员会 （B）股东大会

（C）工人协会 （D）职工大会

2. 职工代表实行常任制，每（ ）改选一次，可连选连任。

（A）1年 （B）2年 （C）3年 （D）5年

3.（ ）是劳动关系双方就企业生产经营与职工利益的事务平等商讨、沟通，以实现双方的相互理解和合作，并在可能的条件下达成一定协议的活动。

（A）集体协商 （B）集体协商制度

（C）平等协商 （D）劳动争议调解

4. 以实现双方的沟通而不以达成一定的协议为目的的企业民主管理制度是（ ）。

（A）集体协商制度 （B）平等协商制度

（C）组织参与 （D）职工代表大会

5.（ ）是企业组织内部依据具体分工，在同一机构、职能业务人员之间的信息传递。

（A）纵向沟通 （B）横向沟通 （C）内部沟通 （D）正式沟通

6. 具有信息传递准确，不易受到歪曲，且沟通内容易于保存等特点的是（ ）。

（A）劳动管理表单 （B）汇总报表 （C）正式通报 （D）例会制度

7.（ ）不属于目标型调查法。

（A）描述型调查法 （B）选择法 （C）正误法 （D）序数表示法

8. 下列关于降低沟通障碍和干扰表述不正确的是（ ）。

（A）在下向沟通中，管理人员必须准确地理解信息的含义

（B）在上向沟通中，积极鼓励员工提出建议和意见，对上向沟通的信息进行选择

答复

（C）必须注意沟通语言、符号的适应性与准确性，减少语言失真对沟通的干扰

（D）词语运用应避免引起歧义，借助行为了解信息，适当运用体态语言

9.（　　）是对劳动过程、劳动关系以及相关管理活动等方面的重复性事物、概念和行为做出的统一规定。

（A）劳动法规　　　　（B）劳动规范　　　　（C）规章制度　　　　（D）劳动标准

10.（　　）是指由国家法律制度规定的，在正常情况下劳动者从事工作或劳动的时间。

（A）标准工作时间　　　　　　　　（B）缩短工作时间

（C）计件工作时间　　　　　　　　（D）正常工作时间

11.（　　）是指在特殊情况下，劳动者实行的少于标准工作时间长度的工作时间制度。

（A）标准工作时间　　　　　　　　（B）缩短工作时间

（C）计件工作时间　　　　　　　　（D）正常工作时间

12.（　　）是以劳动者完成一定劳动定额为标准的工作时间，是标准工作时间的转换形式。

（A）工作时间　　　　　　　　　　（B）缩短工作时间

（C）计件工作时间　　　　　　　　（D）正常工作时间

13.延长工作时间是指超过（　　）长度的工作时间。

（A）标准工作时间　　　　　　　　（B）定额工作时间

（C）实际工作时间　　　　　　　　（D）实耗工作时间

14.以下关于工作时间的说法错误的是（　　）。

（A）每月制度工作时间为20.83天

（B）折算日工资、小时工资时，不剔除国家规定的11天法定节假日

（C）月计薪天数为21.75天

（D）用人单位延长工作时间，特殊情况下可以超过3小时

15.最低工资是国家以一定的立法程序规定的，劳动者在法定时间内提供了（　　）的前提下，其所在单位应支付的最低劳动报酬。

（A）标准劳动　　　　　　　　　　（B）正常劳动

（C）定额劳动　　　　　　　　　　（D）实际劳动

16.（　　）是指劳动者按照依法签订的劳动合同的约定，在法定工作时间或劳动合同约定的工作时间内从事的劳动。

（A）标准劳动　　　　　　　　　　（B）定额劳动

（C）正常劳动 （D）约定劳动

17. 用人单位应在最低工资标准发布后（ ）内将该标准向本单位全体劳动者公示。

（A）10 日 （B）15 日 （C）20 日 （D）30 日

18. 某地区最低收入组人均每月生活费用支出为 200 元，每一就业者赡养系数为 2，a 为工资调整数，则该地区月最低工资标准为（ ）。

（A）150+a （B）200+a （C）240+a （D）400+a

19. 某地区最低收入组人均每月生活费用支出为 200 元，每一就业者赡养系数为 2，最低食物费用为 120 元，恩格尔系数为 0.6，当地平均工资为 900，A 为工资调整系数，则按恩格尔系数法计算得出该地区月最低工资标准为（ ）。

（A）150+A （B）200+A （C）240+A （D）400+A

20. 工资应当以（ ）支付，不得以有价证券替代货币支付。

（A）现金 （B）法定货币 （C）有价证券 （D）实物

21. 用人单位支付病假工资不得低于（ ）的（ ）。

（A）当地最低工资标准，50% （B）员工月基本工资，50%

（C）当地最低工资标准，80% （D）员工月基本工资，80%

22. 用人单位内部劳动规则具有（ ）兼有的属性。

（A）合同规范和法律规范 （B）劳动法律和劳动合同

（C）制度规范和法律规范 （D）法律规范和实际情况

23. 下列关于用人单位内部劳动规则制定的程序描述不正确的是（ ）。

（A）内容、程序不合法的内部劳动规则不具有法律效力

（B）用人单位内部劳动规则的制定是单方法律行为，但需要体现劳动者一方的意志

（C）用人单位内部劳动规则的制定需要得到劳动者认同才能确保其实施

（D）用人单位内部劳动规则是劳动者单方的行为规范

24. 集体合同与劳动合同的主体、内容、功能和法律效力不同，集体合同的法律效力（ ）劳动合同。

（A）低于 （B）等于 （C）高于 （D）相当于

25. 集体合同均为定期合同，我国劳动立法规定集体合同的期限为（ ）。

（A）1~2 年 （B）1~3 年 （C）1~5 年 （D）2~5 年

26. 集体合同在履行过程中，（ ）应承担更多的监督检查的责任。

（A）企业领导层 （B）企业工会 （C）工会会员 （D）全体员工

27.（ ）是劳动关系双方当事人之间因劳动权利和劳动义务的认定与实现所发生的纠纷。

（A）劳动争议 （B）民事纠纷 （C）合同纠纷 （D）关系纠纷

28. 下列关于劳动争议的说法不正确的是（　　）。

（A）劳动争议的当事人是特定的

（B）劳动争议的内容是特定的

（C）劳动争议有特定的表现形式

（D）劳动争议可分为个别争议和集体争议两种

29. 企业（　　）是企业内依法成立的处理劳动争议的群众性组织。

（A）劳动争议仲裁委员会　　　　　（B）劳动争议调解委员会

（C）工会组织　　　　　　　　　　（D）职工代表大会

30. 调解委员会调解劳动争议贯彻申请自愿原则，下列不属于申请自愿原则的是（　　）。

（A）申请调解自愿　　　　　　　　（B）调解过程自愿

（C）调解行为自愿　　　　　　　　（D）履行协议自愿

31. 调解委员会接到调解申请后，对属于劳动争议受理范围且双方当事人同意调解的，应在（　　）内受理。

（A）3个工作日　　（B）5个工作日　　（C）10个工作日　　（D）15个工作日

32. 我国劳动安全卫生标准中，保证人体健康以及人身、财产安全的标准为（　　）。

（A）强制性标准　　　　　　　　　（B）推荐性标准

（C）安全性标准　　　　　　　　　（D）劳动标准

33.（　　）包括劳动安全卫生标准术语、符号、代码、图形、标志等。

（A）劳动安全卫生基础标准　　　　（B）劳动安全卫生管理标准

（C）劳动安全工程标准　　　　　　（D）职业卫生标准

34.（　　）是指对操作者本人及他人和周围设施、环境的安全有重大危害因素的作业。

（A）高危作业　　（B）高难作业　　（C）特种作业　　（D）危害性作业

35.（　　）又称职业伤害，指劳动者在从事职业活动或者与职业责任有关的活动时所遭受的事故伤害和职业病伤害。

（A）工作事故　　（B）职业事故　　（C）工作伤害　　（D）劳动伤害

36. 在工伤事故分类中，按照伤害类别可以划分为（　　）。

（A）10种　　　　（B）15种　　　　（C）20种　　　　（D）30种

37. 根据劳动者劳动功能障碍程度的等级鉴定，劳动功能障碍最重的为（　　）。

（A）一级　　　　（B）五级　　　　（C）十级　　　　（D）十五级

38. 造成10人以上30人以下死亡的事故为（　　）。

（A）特别重大事故　　（B）重大事故　　　（C）较大事故　　　（D）一般事故

39. 职工在上下班途中，受到非本人主要责任的交通事故或者城市轨道交通、客运轮渡、火车事故伤害的（　　）。

（A）应当认定为工伤 　　　　　　（B）应当视同工伤

（C）视具体情况而定 　　　　　　（D）不应认定为工伤

40. 职工所在单位应当自事故伤害发生之日或者被诊断、鉴定为职业病之日起（　　）内，向统筹地区社会保险行政部门提出工伤认定申请。

（A）10 日 　　　（B）15 日 　　　（C）20 日 　　　（D）30 日

41. 社会保险行政部门应当自受理工伤认定申请之日起（　　）内做出工伤认定的决定。

（A）15 日 　　　（B）20 日 　　　（C）30 日 　　　（D）60 日

42. 社会保险行政部门对受理的事实清楚、权利义务明确的工伤认定申请，应当在（　　）内做出工伤认定的决定。

（A）10 日 　　　（B）15 日 　　　（C）20 日 　　　（D）30 日

43. 停工留薪期一般不超过（　　）。

（A）6 个月 　　　（B）12 个月 　　　（C）18 个月 　　　（D）24 个月

44. 工伤职工治疗非工伤引发的疾病，（　　）享受工伤医疗待遇。

（A）不 　　　（B）酌情 　　　（C）部分 　　　（D）全部

45. 职工因工致二级伤残，从工伤保险基金支付一次性伤残补助金的标准为（　　）。

（A）27 个月的本人工资 　　　　　（B）25 个月的本人工资

（C）23 个月的本人工资 　　　　　（D）24 个月的本人工资

46. 职工因工致三级伤残，从工伤保险基金按月支付伤残津贴的标准为（　　）。

（A）本人工资的 75% 　　　　　　（B）本人工资的 80%

（C）本人工资的 85% 　　　　　　（D）本人工资的 90%

47. 职工因工致五级伤残，从工伤保险基金支付一次性伤残补助金的标准为（　　）。

（A）16 个月的本人工资 　　　　　（B）18 个月的本人工资

（C）20 个月的本人工资 　　　　　（D）24 个月的本人工资

48. 职工因工致六级伤残，由用人单位按月发给伤残津贴的标准为（　　）。

（A）本人工资的 50% 　　　　　　（B）本人工资的 60%

（C）本人工资的 70% 　　　　　　（D）本人工资的 80%

49. 一次性工亡补助金标准为上一年度全国城镇居民人均可支配收入的（　　）。

（A）10 倍 　　　（B）20 倍 　　　（C）30 倍 　　　（D）40 倍

50. 用人单位分立、合并、转让的，（　　）应当承担原用人单位的工伤保险责任。

（A）原用人单位 　　　（B）职工代表大会 　　　（C）工会组织 　　　（D）承继单位

二、解析

1. 解析：D　职工代表大会（职工大会）是由企业职工通过民主选举产生的职工代表组成的，代表全体职工实行民主管理权利的机构。

2. 解析：B　职工代表包括工人、技术人员和各级管理人员，代表实行常任制，每两年改选一次，可连选连任。

3. 解析：C　平等协商是劳动关系双方就企业生产经营与职工利益的事务平等商讨、沟通，以实现双方的相互理解和合作，并在可能的条件下达成一定协议的活动。

4. 解析：B　以实现双方的沟通而不以达成一定的协议为目的的企业民主管理制度是平等协商制度。

5. 解析：B　横向沟通是企业组织内部依据具体分工，在同一机构、职能业务人员之间的信息传递。

6. 解析：C　正式通报用于说明企业劳动关系管理计划、目标、发布规定和管理标准等。它的优点是信息传递准确，不易受到歪曲，且沟通内容易于保存。

7. 解析：A　目标型调查法包括选择法、正误法和序数表示法。

8. 解析：B　在上向沟通中，积极鼓励员工提出建议和意见，对上向沟通的信息需要给予回复的，必须答复。

9. 解析：D　劳动标准是对劳动过程、劳动关系以及相关管理活动等方面的重复性事物、概念和行为做出的统一规定。

10. 解析：A　标准工作时间是指由国家法律制度规定的，在正常情况下劳动者从事工作或劳动的时间。

11. 解析：B　缩短工作时间是指在特殊情况下，劳动者实行的少于标准工作时间长度的工作时间制度。

12. 解析：C　计件工作时间是以劳动者完成一定劳动定额为标准的工作时间，是标准工作时间的转换形式。

13. 解析：A　延长工作时间是指超过标准工作时间长度的工作时间。

14. 解析：D　用人单位延长工作时间，一般每日不得超过 1 小时，因特殊原因需要的，在保证劳动者身体健康的条件下，每日不得超过 3 小时，但每月不得超过 36 小时。

15. 解析：B　最低工资是国家以一定的立法程序规定的，劳动者在法定时间内提供了正常劳动的前提下，其所在单位应支付的最低劳动报酬。

16. 解析：C　正常劳动是指劳动者按照依法签订的劳动合同的约定，在法定工作时间或劳动合同约定的工作时间内从事的劳动。

17. 解析：A 用人单位应在最低工资标准发布后 10 日内将该标准向本单位全体劳动者公示。

18. 解析：D 运用比重法确定最低工资标准，即以一定比例的最低人均收入户为贫困户的人均生活费用支出水平，乘以每一就业者的赡养系数，再加上一个调整数。

19. 解析：D 根据国家营养学会提供的年度标准食物谱及标准食物摄取量，结合标准食物的市场价格，计算出最低食物支出标准，除以恩格尔系数，得出最低生活费用标准，再乘以每一就业者的赡养系数，再加上一个调整数。

20. 解析：B 工资应当以法定货币支付，不得以实物、有价证券替代货币支付。

21. 解析：C 用人单位支付病假工资不得低于当地最低工资标准的 80%。

22. 解析：A 用人单位内部劳动规则具有合同规范和法律规范兼有的属性。

23. 解析：D 用人单位内部劳动规则的制定虽然是企业生产经营管理权的表现，是单方的法律行为，但只有在吸收和体现劳动力一方的意志或者得到劳动者认同的情况下，才能确保其实施。

24. 解析：C 集体合同与劳动合同的主体、内容、功能和法律效力不同，集体合同的法律效力高于劳动合同。

25. 解析：B 集体合同均为定期合同，我国劳动立法规定集体合同的期限为 1~3 年。

26. 解析：B 集体合同在履行过程中，企业工会应承担更多的监督检查的责任。

27. 解析：A 劳动争议也称劳动纠纷，是指劳动关系双方当事人之间因劳动权利和劳动义务的认定与实现所发生的纠纷。

28. 解析：D 按照劳动争议主体划分可分为个别争议、集体争议和团体争议。

29. 解析：B 企业劳动争议调解委员会是企业内依法成立的处理劳动争议的群众性组织。

30. 解析：C 调解委员会调解劳动争议贯彻申请自愿原则，具体内涵为：（1）申请调解自愿；（2）调解过程自愿；（3）履行协议自愿。

31. 解析：B 调解委员会接到调解申请后，对属于劳动争议受理范围且双方当事人同意调解的，应在 3 个工作日内受理。

32. 解析：A 我国劳动安全卫生标准分为国家标准、行业标准、地方标准和企业标准四级。根据法律规定，国家标准、行业标准分为强制性标准和推荐性标准。保证人体健康及人身、财产安全的标准为强制性标准，其他标准是推荐性标准。

33. 解析：A 劳动安全卫生基础标准包括劳动安全卫生标准术语、符号、代码、图形、标志等。

34. 解析：C 特种作业是指对操作者本人及他人和周围设施、环境的安全有重大危害因素的作业。

35. 解析：C　工伤又称职业伤害、工作伤害，指劳动者在从事职业活动或者与职业责任有关的活动时所遭受的事故伤害和职业病伤害。

36. 解析：C　在工伤事故分类中，按照伤害类别可以划分为20种。

37. 解析：A　根据劳动者劳动功能障碍程度和生活自理障碍程度的等级鉴定，将劳动功能障碍分为10个伤残等级，最重的为一级，最轻的为十级。

38. 解析：B　造成10人以上30人以下死亡，或者50人以上100人以下重伤，或者5000万元以上1亿元以下直接经济损失的事故为重大事故。

39. 解析：A　职工在上下班途中，受到非本人主要责任的交通事故或者城市轨道交通、客运轮渡、火车事故伤害的，应当认定为工伤。

40. 解析：D　职工所在单位应当自事故伤害发生之日或者被诊断、鉴定为职业病之日起30日内，向统筹地区社会保险行政部门提出工伤认定申请。

41. 解析：D　社会保险行政部门应当自受理工伤认定申请之日起60日内做出工伤认定的决定，并书面通知申请工伤认定的职工或者其近亲属和该职工所在单位。

42. 解析：B　社会保险行政部门对受理的事实清楚、权利义务明确的工伤认定申请，应当在15日内做出工伤认定的决定。

43. 解析：B　职工因工作遭受事故伤害或者患职业病需要暂停工作接受工伤医疗的期间为停工留薪期，停工留薪期一般不超过12个月。伤情严重或者情况特殊，经社区的市级劳动能力鉴定委员会确认，可以适当延长，但延长不得超过12个月。

44. 解析：A　工伤职工治疗非工伤引发的疾病，不享受工伤医疗待遇，按照基本医疗保险办法处理。

45. 解析：B　职工因工致残退出工作岗位，从工伤保险基金按伤残等级支付一次性伤残补助金，标准为：一级伤残为27个月的本人工资，二级伤残为25个月的本人工资，三级伤残为23个月的本人工资，四级伤残为21个月的本人工资。

46. 解析：B　职工因工致残退出工作岗位，从工伤保险基金按月支付伤残津贴，标准为：一级伤残为本人工资的90%，二级伤残为本人工资的85%，三级伤残为本人工资的80%，四级伤残为本人工资的75%。

47. 解析：B　职工因工致残，从工伤保险基金按伤残等级支付一次性伤残补助金，标准为：五级伤残为18个月的本人工资，六级伤残为16个月的本人工资。

48. 解析：B　职工因工致残，保留与用人单位的劳动关系的，由用人单位安排适当工作。难以安排工作的，由用人单位按月发给伤残津贴，标准为：五级伤残为本人工资的70%，六级伤残为本人工资的60%，由用人单位按照规定为其缴纳应缴纳的各项社会保险费。

49. 解析：B　一次性工亡补助金标准为上一年度全国城镇居民人均可支配收入的

20 倍。

50. 解析：D 用人单位分立、合并、转让的，承继单位应当承担原用人单位的工伤保险责任。

第二节 多项选择题及解析

一、多项选择题

1. 职工参与企业的民主管理的具体形式有（ ）。
（A）职工代表大会制度 （B）质量管理小组 （C）班组自我管理
（D）各类岗位责任制 （E）通过个人行为参与企业管理

2. 职工代表大会的职权包括（ ）。
（A）审议建议权 （B）审议通过权 （C）审议决定权
（D）评议监督权 （E）推荐选举权

3. 平等协商与集体协商的区别在于（ ）。
（A）主体不同 （B）法律依据不同 （C）内容不同
（D）目的不同 （E）法律效力不同

4. 平等协商的形式包括（ ）。
（A）民主对话 （B）民主协商 （C）民主质询
（D）民主咨询 （E）民主协议

5. 下列属于劳动管理表单的是（ ）。
（A）统计表 （B）台账 （C）工资单
（D）员工卡片 （E）业务报告

6. 员工满意度调查的具体考核内容包括（ ）。
（A）薪酬 （B）工作 （C）晋升
（D）管理 （E）环境

7. 实施员工满意度调查的目的和要求包括（ ）。
（A）诊断公司潜在的问题 （B）找出本阶段出现的主要问题的原因
（C）增进企业凝聚力 （D）评估组织变化和企业政策对员工的影响
（E）促进公司与员工之间的沟通和交流

8. 员工满意度调查采用的目标型调查法具体包括（ ）。
（A）选择法 （B）正误法 （C）序数表示法
（D）确定性提问法 （E）不定性提问法

9. 劳动标准的纵向结构包括（　　）。

（A）国家劳动标准　　（B）行业劳动标准　　　　　　（C）地方劳动标准

（D）企业劳动标准　　（E）岗位劳动标准

10. 工作时间的种类包括（　　）。

（A）标准工作时间　　　（B）缩短工作时间　　　（C）计件工作时间

（D）综合计算工作时间　（E）不定时工作时间

11. 劳动法规定的确定和调整最低工资应考虑的因素包括（　　）。

（A）社会平均工资水平

（B）劳动者本人及平均赡养人口的最低生活费用

（C）地区之间经济发展水平的差异

（D）劳动生产率

（E）就业状况

12. 用人单位内部劳动规则的特点包括（　　）。

（A）制定主体的特定性

（B）规定劳动关系的协议

（C）企业和劳动者共同的行为规范

（D）是定期的书面合同，其生效需经过特定程序

（E）企业经营权与职工民主管理权相结合的产物

13. 用人单位内部劳动规则的内容包括（　　）。

（A）劳动纪律　　　　（B）劳动合同管理制度　　（C）劳动定员、定额规则

（D）劳动安全卫生制度　（E）劳动岗位规范制定规则

14. 劳动纪律的主要内容包括（　　）。

（A）时间规则　　　　（B）组织规则　　　　　（C）岗位规则

（D）协作规则　　　　（E）品行规则

15. 集体合同与劳动合同的区别主要体现在（　　）。

（A）主体不同　　　　（B）内容不同　　　　　（C）功能不同

（D）法律效力不同　　（E）形式要求不同

16. 订立集体合同应遵循的原则包括（　　）。

（A）相互尊重，平等协商　（B）遵守法律、法规、规章及国家有关规定

（C）诚实守信，公平合作　（D）兼顾双方合法权益（E）不得采取过激行为

17. 集体合同的内容包括（　　）。

（A）劳动条件标准部分　　　　　　（B）有效期间应当达到的具体目标

（C）一般性规定　　　　　　　　　（D）过渡性规定

（E）实现目标的主要措施

18. 以下属于集体合同的一般性规定的是（　　）。

（A）集体合同的有效期限　　（B）集体合同条款的解释　　（C）集体合同的争议处理

（D）集体合同的变更　　　　（E）集体合同的违约责任

19. 解决劳动争议，应当遵循哪些原则（　　）。

（A）合法原则　　　　　　　（B）公正原则　　　　　　　　（C）及时处理原则

（D）协商原则　　　　　　　（E）着重调解原则

20. 企业劳动争议调解委员会调解的特点主要有（　　）。

（A）群众性　　　　　　　　（B）自治性　　　　　　　　　（C）强制性

（D）非强制性　　　　　　　（E）法定性

21. 调解委员会调解员的职责包括（　　）。

（A）向调解委员会报告　　　　　　　（B）监督和解协议、调解协议的履行

（C）调解劳动争议案件　　　　　　　（D）做出裁决

（E）完成调解委员会交办的其他工作

22. 劳动安全卫生标准分为（　　）。

（A）劳动安全卫生基础标准　（B）劳动安全卫生管理标准　（C）劳动安全工程标准

（D）职业卫生标准　　　　　（E）劳动防护用品标准

23. 劳动安全卫生防护用品管理台账包括（　　）。

（A）一般防护用品发放台账　　　　　（B）特殊防护用品发放台账

（C）防护用品购置台账　　　　　　　（D）特殊防护用品修理台账

（E）防护用品修理、检验、检测台账

24. 下列属于职业病范畴的有（　　）。

（A）职业中毒　　　　　　　（B）职业性传染病　　　　　　（C）尘肺

（D）职业性眼病　　　　　　（E）职业性肿瘤

25. 职工虽然受到伤害或死亡，但不得认定为工伤或视同工伤的情形包括（　　）。

（A）故意犯罪　　　　　　　（B）醉酒　　　　　　　　　　（C）交通事故

（D）吸毒　　　　　　　　　（E）自残或者自杀

26. 提出工伤认定申请应当提交以下材料（　　）。

（A）工伤认定申请表

（B）与用人单位存在劳动关系包括（事实劳动关系）的证明材料

（C）医疗诊断证明或职业病诊断证明书

（D）工伤保险缴纳材料

（E）工伤责任证明

27. 职工因工死亡，其近亲属按照规定从工伤保险基金领取（ ）。

（A）医疗补助金　　　　　（B）工伤补助金　　　　　（C）丧葬补助金

（D）供养亲属抚恤金　　　（E）一次性工亡补助金

28. 工伤职工停止享受工伤保险待遇的情形有（ ）。

（A）拒绝继续参加工作的　　　　　（B）丧失享受待遇条件的

（C）拒不接受劳动能力鉴定的　　　（D）拒绝治疗的

（E）治疗无效的

二、解析

1. 解析：ABCDE　职工参与企业民主管理的形式包括组织参与、岗位参与和个人参与，具体如职工代表大会制度、质量管理小组、班组自我管理、各类岗位责任制以及职工通过其个人的行为参与企业管理。

2. 解析：ABCDE　职工代表大会的职权包括：（1）审议建议权；（2）审议通过权；（3）审议决定权；（4）评议监督权；（5）推荐选举权。

3. 解析：ABCDE　平等协商与集体协商的区别在于：（1）主体不同；（2）目的不同；（3）程序不同；（4）内容不同；（5）法律效力不同；（6）法律依据不同。

4. 解析：ACD　平等协商的形式包括民主对话、民主质询和民主咨询。

5. 解析：ABCD　劳动管理表单是由企业劳动管理制度规定、有固定传输渠道、按照规定程序填写的统一表格，如统计表、台账、工资单、员工卡片等。

6. 解析：ABCDE　员工满意度调查的内容包括薪酬、工作、晋升、管理、环境。

7. 解析：ABCDE　实施员工满意度调查的目的和要求包括：（1）诊断公司潜在的问题；（2）找出本阶段出现的主要问题的原因；（3）评估组织变化和企业政策对员工的影响；（4）促进公司与员工之间的沟通和交流；（5）增进企业凝聚力。

8. 解析：ABC　目标型调查法有选择法、正误法、序数表示法。

9. 解析：ABCD　劳动标准的纵向结构包括：（1）国家劳动标准；（2）行业劳动标准；（3）地方劳动标准；（4）企业劳动标准。

10. 解析：ABCDE　工作时间的种类包括：（1）标准工作时间；（2）缩短工作时间；（3）计件工作时间；（4）综合计算工作时间；（5）不定时工作时间。

11. 解析：ABCDE　劳动法规定的确定和调整最低工资应考虑的因素包括劳动者本人及平均赡养人口的最低生活费用、社会平均工资水平、劳动生产率、就业状况、地区之间经济发展水平的差异。

12. 解析：ACE　用人单位内部劳动规则的特点：（1）制定主体的特定性；（2）企业和劳动者共同的行为规范；（3）企业经营权与职工民主管理权相结合的产物。

13. 解析：ABCDE　用人单位内部劳动规则的内容包括：（1）劳动合同管理制度；（2）劳动纪律；（3）劳动定员、定额规则；（4）劳动岗位规范制定规则；（5）劳动安全卫生制度；（6）其他制度。

14. 解析：ABCDE　劳动纪律的主要内容包括：（1）时间规则；（2）组织规则；（3）岗位规则；（4）协作规则；（5）品行规则；（6）其他规则。

15. 解析：ABCD　集体合同与劳动合同的区别主要体现在主体不同、内容不同、功能不同、法律效力不同。

16. 解析：ABCDE　订立集体合同应遵循的原则包括：（1）遵守法律、法规、规章及国家有关规定；（2）相互尊重，平等协商；（3）诚实守信，公平合作；（4）兼顾双方合法权益；（5）不得采取过激行为。

17. 解析：ABCDE　集体合同的内容包括：（1）劳动条件标准部分；（2）一般性规定；（3）过渡性规定；（4）其他规定。补充条款规定在集体合同的有效期间应当达到的具体目标和实现目标的主要措施。

18. 解析：ABE　集体合同的一般性规定主要规定劳动合同和集体合同履行的有关规则。包括集体合同的有效期限，集体合同条款的解释、变更、解除和终止等内容。

19. 解析：ABCE　《劳动争议调解仲裁法》第三条规定："解决劳动争议，应当根据事实，遵循合法、公正、及时、着重调解的原则，依法保护当事人的合法权益。"

20. 解析：ABD　企业劳动争议调解委员会调解的特点主要有群众性、自治性和非强制性。

21. 解析：ABCE　调解委员会调解员的职责包括：（1）关注本企业劳动关系状况，及时向调解委员会报告；（2）接受调解委员会指派，调解劳动争议案件；（3）监督和解协议、调解协议的履行；（4）完成调解委员会交办的其他工作。

22. 解析：ABCDE　劳动安全卫生标准分为：（1）劳动安全卫生基础标准；（2）劳动安全卫生管理标准；（3）劳动安全工程标准；（4）职业卫生标准；（5）劳动防护用品标准。

23. 解析：ABCE　劳动安全卫生防护用品管理台账分为：（1）一般防护用品发放台账；（2）特殊防护用品发放台账；（3）防护用品购置台账；（4）防护用品修理、检验、检测台账。

24. 解析：ABCDE　职业病的种类包括：职业中毒；尘肺；物理因素职业病；职业性传染病；职业性皮肤病；职业性眼病；职业性耳、鼻、喉病；职业性肿瘤；其他职业病。

25. 解析：ABDE　职工虽然受到伤害或死亡，但不得认定为工伤或视同工伤的情形包括：故意犯罪的；醉酒或者吸毒的；自残或者自杀的。

26. 解析：ABC　提出工伤认定申请应当提交下列材料：（1）工伤认定申请表；（2）与用人单位存在劳动关系（包括事实劳动关系）的证明材料；（3）医疗诊断证明或者职业病诊断证明书（或者职业病诊断鉴定书）。

27. 解析：CDE　职工因工死亡，其近亲属按照下列规定从工伤保险基金领取丧葬补助金、供养亲属抚恤金和一次性工亡补助金。

28. 解析：BCD　工伤职工停止享受工伤保险待遇的情形包括：（1）丧失享受待遇条件的；（2）拒不接受劳动能力鉴定的；（3）拒绝治疗的。

第三节　简答题及解析

一、简答题

1. 实施员工满意度调查的目的和要求有哪些？

2. 简述最低工资标准确定和调整的步骤。

3. 签订集体合同的程序有哪些？

4. 简述劳动争议处理的程序。

5. 简述劳动安全卫生标准的内容。

二、解析

1. 解析：

（1）诊断公司潜在的问题；（2）找出本阶段出现的主要问题的原因；（3）评估组织变化和企业政策对员工的影响；（4）促进公司与员工之间的沟通和交流；（5）增进企业凝聚力。

2. 解析：

最低工资标准的确定和调整采用"三方性"原则，即在国务院劳动行政主管部门的指导下，由省、自治区、直辖市人民政府劳动行政主管部门会同同级工会、企业家协会研究拟订，并将拟订的方案报送人力资源和社会保障部。人力资源和社会保障部对方案可以提出修订意见，若在方案收到后14日内未提出修订意见的，视为同意。

3. 解析：

（1）确定集体合同的主体。

（2）协商集体合同。集体协商任何一方均可就签订集体合同或专项集体合同以及相关事宜，以书面形式向对方提出进行集体协商的要求，其主要步骤为：①协商准备；②协商会议；③集体合同草案或专项集体合同草案经职工代表大会或者职工大会通过后，由集体协商双方首席代表签字。

（3）政府劳动行政部门审核。由企业一方将签字的集体合同文本及说明材料一式三份，在集体合同签订后的 10 天内报送县级以上政府劳动行政部门审查。

（4）审核期限和生效。由劳动行政部门在收到集体合同后的 15 天内将审核意见书送达，集体合同的生效日期以审核意见书确认的日期为生效日期。

（5）集体合同的公布。经审核确认生效的集体合同或自行生效的集体合同，签约双方及时以适当的方式向各自代表的成员公布。

4. 解析：

（1）根据我国劳动立法的有关规定，当发生劳动争议时，争议双方应协商解决。（2）当事人不愿协商、协商不成或者达成和解协议后不履行的，可以向调解组织申请调解。（3）不愿调解、调解不成或者达成调解协议后不履行的，可以向劳动争议仲裁委员会申请仲裁。（4）对仲裁裁决不服的，除法律规定的最终裁决外，当事人一方或双方可申诉到人民法院，由人民法院依法审理并做出最终判决。

5. 解析：

我国劳动安全卫生标准分为国家标准、行业标准、地方标准和企业标准四级。根据法律规定，国家标准、行业标准分为强制性标准与推荐性标准。保证人体健康及人身、财产安全的标准为强制性标准，其他标准是推荐性标准。

第四节　计算题及解析

一、计算题

1. 某员工月度工资为 3400 元，5 月份的加班为：五一劳动节期间加班一天半，休息日加班一天，其他时间加班两天。那么，如果不考虑个人所得税和各项保险，其 5 月份实发工资是多少？

2. 某地区最低收入组人均每月生活费支出为 210 元，每个就业者赡养系数为 1.87，最低食物费用为 127 元，恩格尔系数为 0.604，当地平均工资为 900 元。

（1）按比重法计算得出该地区月最低工资标准？

（2）按恩格尔系数法计算出该地区月最低工资标准？

二、解析

1. 解析：

按照《中华人民共和国劳动法》（以下简称《劳动法》）第五十一条的规定，法定节假日用人单位应当依法支付工资，即折算日工资、小时工资时不剔除国家规定的 11 天法定节假日。据此，日工资、小时工资的折算为：

月计薪天数 =（365–104）÷12 = 21.75（天 / 月）

日工资 = 月工资收入 ÷ 月计薪天数 =3400÷21.75=156.32（元 / 天）

在法定标准工作时间以外延长工作时间的，按照不低于劳动合同规定的劳动者本人小时工资标准的 150% 支付劳动报酬；劳动者在休息日工作，却又不能安排劳动者补休的，按照不低于劳动合同规定的劳动者本人日或小时工资标准的 200% 支付劳动报酬；劳动者在法定节假日工作的，按照不低于劳动合同规定的劳动者本人小时工资标准的 300% 支付劳动报酬。

五一加班费 = 员工日工资 × 加班天数 ×3=156.32 × 1.5 × 3=703.44（元）

休息日加班费 = 员工日工资 × 加班天数 ×2=156.32 × 1 × 2=312.64（元）

其他时间加班费 = 员工日工资 × 加班天数 ×1.5=156.32 × 2 × 1.5=468.96（元）

本月工资 =3400+703.44+312.64+468.96=4885.04（元）

2. 解析：

（1）按比重法计算得出该地区月最低工资标准为

月最低工资标准 =210 × 1.87+a ≈ 393+a（元）

（2）按恩格尔系数法计算出该地区月最低工资标准为

月最低工资标准 =127÷0.604 × 1.87+a ≈ 393+a（元）

上述两式中，a 为工资调整数额。

第五节　案例分析题及解析

一、案例分析题

1. 王某与 B 公司签订了为期 3 年的劳动合同，合同中约定，王某的工资每月计发一次。合同履行期间，B 公司工会与公司经协商签订了一份集体合同，约定 B 公司所有员工每年年终可一次性获得第 13 个月的工资。B 公司的集体合同获得公司职工代表大会通过并经当地劳动行政部门审核后生效。但年终时，王某没有得到第 13 个月工资，王某提出补发要求，B 公司不予同意。

王某认为，双方虽然在劳动合同中约定了劳动报酬的支付次数，但工会与 B 公司协商签订的集体合同中又规定了员工每年增发第 13 个月的工资，两合同均为有效合同。因此，B 公司应当依照集体合同的规定补发第 13 个月的年终工资。而 B 公司认为，公司与劳动者本人的劳动合同，是经过双方协商签订的有效合同，双方应当严格遵照履行。集体合同是 B 公司与工会签订的有关 B 公司综合情况的协议，不应影响个别劳动合同的履行。王某提出的要求超出了集体劳动合同约定的范围，B 公司可以不予同意。

试依据相关规定分析本案例。

2. 2000 年李某被甲公司雇用，并与公司签订了劳动合同，其工作岗位是在产生大量粉尘的生产车间。李某上班后要求公司发劳动保护用品，被公司以资金短缺为由拒绝。李某于 2006 年年初生病住院。2006 年 3 月，经承担职业病鉴定的医疗卫生机构诊断，李某被确诊患有尘肺病。出院时，职业病鉴定机构提出李某不应再从事原岗位工作。李某返回公司后，要求调到无粉尘环境的岗位工作，并对其尘肺病进行疗养和治疗，但公司 3 个月后仍没有为其更换工作岗位，也未对其病进行治疗。当李某再次催促公司领导调动工作岗位时，公司以各岗位满员，不好安排别的工作为由，让其继续从事原工作。李某无奈，向当地劳动争议仲裁委员会提出申诉，要求用人单位为其更换工作岗位，对其尘肺病进行疗养和治疗，并承担治疗和疗养的费用。

请分析本案例，指出甲公司的做法违背了哪些劳动法律法规？应该如何正确解决？

二、解析

1. 解析：

（1）本案争议的焦点在于劳动者和用人单位签订的劳动合同与 B 公司工会及 B 公司签订的集体合同的内容不一致时应如何处理，即劳动合同与集体合同哪一个效力更大的问题。

（2）《劳动法》第三十五条规定："依法签订的集体合同对企业和企业全体职工具有约束力。职工个人与企业订立的劳动合同中劳动条件和劳动报酬等标准不得低于集体合同规定。"

（3）根据以上规定，当劳动合同的内容与集体合同的内容不一致时，劳动合同中有关劳动条件和劳动报酬等标准不得低于集体合同的规定，如低于集体合同规定，适用集体合同标准，即按集体合同标准处理。

（4）本案中，王某与 B 公司签订的劳动合同中虽然没有约定可以享受第 13 个月工资，但工会与 B 公司签订的集体合同中规定了第 13 个月工资的有关内容。根据《劳动法》的有关规定，B 公司应当按照集体合同的规定补发王某第 13 个月工资。

2. 解析：

（1）本案例是因用人单位违反劳动安全法律法规，不对职工实施劳动安全保护引发的。

（2）按照《劳动法》有关规定，劳动者有获得劳动安全保护的权利。公司没有为李某提供必要的劳动保护用品，违反了劳动安全卫生法规，公司必须发给李某劳动保护用品。

（3）劳动者由于职业病需要暂停工作，接受工伤治疗期间为停工留薪期。在评定伤残等级后，劳动者在停工留薪期满后仍需治疗的，继续享受工伤医疗待遇。

（4）本案中李某被职业病鉴定机构确认为尘肺病，患有尘肺病的劳动者有权享受职业病待遇。李某在暂停工作接受工伤医疗期间，公司应给予李某停工留薪待遇。同时，在医疗期终结后，公司应依据劳动鉴定委员会的伤残鉴定等级，支付李某一次性伤残补助金。

（5）本案中李某被确认为职业病后，即向公司提出调离岗位的请示，李某的要求是正当合理的。本案中公司在李某提出调离要求3个月后，仍不调换李某的工作岗位，这是违法的。公司必须为李某调换工作岗位，并承担在此期间的治疗费用。

第六节　方案设计题及解析

一、方案设计题

某省公交6路车队有员工800人，公司为了加强车队组织建设，要求人力资源部通过对乘务员的调查，了解员工对车队改革后满意度的总体意见，以及对现在工作岗位的安排情况是否满意进行调查，得出相应的结果，为今后再加强车队建设做准备。

请据此设计一份调查问卷。

二、解析

此调查问卷的说明如下：①此次问卷调查为匿名调查，任何信息都将严格保密，您可以放心作答；②题目以选择题的形式给出，请您为每个问题选择正确的答案，并在选项前面的"□"里划"√"；③请不要在问卷上乱写乱画。

一、总体满意度

1. 从总体而言，我对车队 _____。

□非常满意　　　□满意　　　□一般　　　□不太满意　　　□不满意

2. 我对本岗位的工作 _____。

□非常满意　　　□满意　　　□一般　　　□不太满意　　　□不满意

3. 我的辛苦没有白费，我对我的工作得到承认 _____。

□非常满意　　　□满意　　　□一般　　　□不太满意　　　□不满意

4. 我对车队的归属感 _____。

□非常满意　　　□满意　　　□一般　　　□不太满意　　　□不满意

二、岗位满意度

5. 在目前的工作中，我的成就欲 _____ 。

□很高　　　　　□较高　　　□一般　　　□很少　　　□没有

6. 我觉得我现在的工作量是 _____ 。

□超负荷　　　　□满负荷　　□适中　　　□低负荷　　□很低

7. 我对本岗位的工作条件、环境 _____ 。

□非常满意　　　□满意　　　□一般　　　□不太满意　□不满意

8. 我 _____ 本岗位的工作。

□完全胜任　　　□基本胜任　　　　　□不能胜任

9. 我对我现在的工作 _____ 。

□非常感兴趣　　□兴趣较高　　　　　□一般

□兴趣较低　　　□没有兴趣

10. 我觉得在工作中 _____ 学到新知识和新技能。

□总是　　　　　□经常　　　□有时　　　□很少　　　□几乎没有

11. 我觉得我的聪明才智得到了 _____ 。

□充分发挥　　　□大部分发挥　　　　□基本发挥

□部分发挥　　　□没有发挥

12. 我 _____ 工作目标是什么，而且知道哪个更重要。

□清楚　　　　　□较为清楚　　　　　□一般

□不太清楚　　　□不清楚

13. 本岗位的业务分工和职责范围 _____ 。

□清晰　　　　　□较为清晰　　　　　□一般

□不太清晰　　　□不清晰

14. 我的岗位权限 _____ ，我能全权处理在我的职责范围的一切事情。

□明确　　　　　□较为明确　　　　　□一般

□不太明确　　　□不明确

第七章　基础知识辅导训练

第一节　单项选择题及解析

一、单项选择题

1. 资源的有限性称为（　　）的稀缺性。

（A）消费　　　　（B）物质　　　　（C）需求　　　　（D）资源

2.（　　）是指在一定市场工资率的条件下，劳动力供给的决策主体（家庭或个人）愿意并且能够提供的劳动时间。

（A）劳动力供给　　（B）劳动力总量　　（C）劳动力需求　　（D）劳动力市场

3. 劳动力供给富有弹性表示为（　　）。

（A）$E_s=0$　　　（B）$E_s=1$　　　（C）$E_s>1$　　　（D）$E_s<1$

4. 劳动力无弹性表示为（　　）。

（A）$E_s=0$　　　（B）$E_s=1$　　　（C）$E_s>1$　　　（D）$E_s<1$

5.（　　）是指经济运行过程中繁荣与衰退的周期性交替。

（A）经济变动　　（B）经济周期　　（C）经济交换　　（D）经济变更

6. 劳动力需求有无限弹性表示为（　　）。

（A）$E_d=0$　　　（B）$E_d\to\infty$　　（C）$E_d>1$　　　（D）$E_d<1$

7. 劳动力需求富有弹性表示为（　　）。

（A）$E_d=0$　　　（B）$E_d=1$　　　（C）$E_d>1$　　　（D）$E_d<1$

8. 下列不属于货币工资的影响因素的是（　　）。

（A）货币工资率　　　　　　　　（B）工作时间长度

（C）工作效率　　　　　　　　　（D）相关的工资制度安排

9. 福利的特征不包括（　　）。

（A）以劳动为基础　　（B）法定性　　（C）企业自定性　　（D）激励性

10. 下列不属于失业类型的是（　　）。

（A）摩擦性失业　　（B）技术性失业　　（C）结构性失业　　（D）非结构性失业

11. 由于气候状况有规律的变化对生产、消费产生影响所引致的失业称为（　　）。

（A）摩擦性失业　　（B）技术性失业　　（C）结构性失业　　（D）季节性失业

12. 对就业总量影响最大的宏观调控政策不包括（　　）。

（A）财政政策　　（B）支出政策　　（C）货币政策　　（D）收入政策

13.（　　）是指政府以控制货币供应量为手段，通过调节利率来调节总需求水平，以促进充分就业、稳定物价和经济增长的一种宏观经济管理对策。

（A）财政政策　　（B）支出政策　　（C）货币政策　　（D）收入政策

14. 收入政策在社会经济中的作用不包括（　　）。

（A）有利于社会经济的快速发展　　　　（B）有利于宏观经济的稳定

（C）有利于资源的合理配置　　　　　　（D）有利于缩小不合理的收入差距

15. 通常的基尼系数在（　　）。

（A）0.1~0.2　　（B）0.2~0.3　　（C）0.1~0.3　　（D）0.2~0.4

16.《劳动法》的基本原则不包括（　　）。

（A）保障劳动者劳动权的原则　　　　　（B）劳动关系民主化原则

（C）物质帮助权原则　　　　　　　　　（D）劳动者平等原则

17. 劳动合同制度、劳动标准制度、职业培训制度、社会保险和福利制度等构成（　　）。

（A）劳动合同法　　（B）劳动权利法　　（C）劳动法体系　　（D）劳动保障体系

18. 劳动法律关系的种类不包括（　　）。

（A）劳动合同关系　　　　　　　　　　（B）劳动行政法律关系

（C）劳动民事法律关系　　　　　　　　（D）劳动服务法律关系

19.（　　）的内容是指劳动法律关系主体依法享有的权利和承担的义务。

（A）劳动法律事件　　（B）劳动法律关系　　（C）劳动法律效力　　（D）劳动法律后果

20. 劳动法律事实包括（　　）和劳动法律事件。

（A）劳动法律行为　　（B）劳动法律关系　　（C）劳动法律效力　　（D）劳动法律后果

21.（　　）是指企业为了适应未来环境的变化，寻求长期生存和稳定发展而制定的总体性及长远性的谋划与方略。

（A）企业调整　　（B）企业发展　　（C）企业战略　　（D）企业规划

22. 环境因素调研的主要方法不包括（　　）。

（A）获取口头信息　　（B）获取书面信息　　（C）获取环境信息　　（D）专题性调研

23.（　　）是指根据调查的信息，对外部环境中某些因素的今后发展及对本企业经营的影响用科学的方法进行预测，为企业进行经营决策提供依据。

（A）企业内部环境预测　　　　　　　　（B）企业外部环境预测

（C）企业内部环境评估　　　　　　　　（D）企业外部环境评估

24. 经营环境的微观分析不包括（　　）。

（A）现有竞争对手分析　　　　　　　　（B）潜在竞争对手分析

（C）替代产品或服务威胁的分析　　　　（D）供应渠道的分析

25. 经营环境的宏观分析不包括（　　）。

（A）政治法律环境　（B）经济环境　　（C）组织环境　　　（D）技术环境

26. SWOT分析方法的内容不包括（　　）。

（A）企业内部优势　　　　　　　　　　（B）企业内部劣势

（C）企业外部环境机会　　　　　　　　（D）国家经济政策的威胁

27. 企业的总体战略不包括（　　）。

（A）进入战略　　　（B）发展战略　　　（C）稳定战略　　　（D）重构战略

28. 下列不属于一般竞争战略的是（　　）。

（A）低成本战略　（B）高成本战略　　（C）差异化战略　　（D）重点战略

29. 下列不属于风险决策方法的是（　　）。

（A）收益矩阵　　（B）决策树　　　　（C）敏感性分析　　（D）乐观系数决策

30. 影响消费者购买行为的主要因素不包括（　　）。

（A）文化因素　　（B）市场因素　　　（C）个人因素　　　（D）心理因素

31. 产品组合策略属于（　　）。

（A）产品策略　　（B）定价策略　　　（C）分销策略　　　（D）促销策略

32.（　　）是指产品由企业（生产者）向最终顾客（消费者）移动过程中所经过的各个环节，或企业通过中间商（转卖者）到最终顾客的全部市场营销结构。

（A）产品策略　　（B）定价策略　　　（C）分销策略　　　（D）促销策略

33.（　　）是人对某种事物或特定对象所持有的一种肯定或否定的心理倾向。

（A）态度　　　　（B）认知　　　　　（C）智慧　　　　　（D）谦虚

34.（　　）指员工对自己的工作所抱有的一般性满足与否的态度。

（A）工作成就　　（B）工作绩效　　　（C）工作满意度　　（D）工作态度

35.（　　）是指个体对其他个体的知觉。

（A）个体知觉　　（B）社会知觉　　　（C）归因　　　　　（D）群体知觉

36.（　　）是利用有关的信息资料对人的行为进行分析，从而推论其原因的过程。

（A）内因　　　　（B）外因　　　　　（C）归因　　　　　（D）知觉

37.（　　）分离了三个情景因素，认为这是决定领导行为有效性的关键。

（A）科特　　　　（B）费德勒　　　　（C）梅耶　　　　　（D）贝克尔

38. 心理测验的类型按测验方式不可以分为（　　）。

（A）纸笔测验　　　（B）描述测验　　　（C）操作测验　　　（D）情景测验

39.（　　）不属于人力资本投资的特征。

（A）连续性、动态性　　　　　　　　（B）主体与客体具有同一性

（C）投资者与收益者的不完全一致性　　　（D）收益形式单一

40. 人力资源开发目标的特性不包括（　　）。

（A）多元性　　　（B）层次性　　　（C）整体性　　　（D）稳定性

二、解析

1. 解析：D　资源的有限性称为资源的稀缺性。

2. 解析：A　劳动力供给是指在一定市场工资率的条件下，劳动力供给的决策主体（家庭或个人）愿意并且能够提供的劳动时间。

3. 解析：C　供给富有弹性，即 $E_s > 1$。

4. 解析：A　供给无弹性，即 $E_s=0$。

5. 解析：B　经济周期是指经济运行过程中繁荣与衰退的周期性交替。

6. 解析：B　需求有无限弹性，即 $E_d= \infty$。

7. 解析：C　需求富有弹性，即 $E_d > 1$。

8. 解析：C　货币工资是指工人单位时间的货币所得。它受到三个主要因素的影响：货币工资率、工作时间长度、相关的工资制度安排。

9. 解析：D　福利的特征：福利支付以劳动为基础，具有法定性、企业自定性和灵活性。

10. 解析：D　失业的类型主要包括摩擦性失业、技术性失业、结构性失业和季节性失业四种。

11. 解析：D　由于气候状况有规律的变化对生产、消费产生影响所引致的失业称为季节性失业。

12. 解析：B　对就业总量影响最大的宏观调控政策是财政政策、货币政策和收入政策。

13. 解析：C　货币政策是指政府以控制货币供应量为手段，通过调节利率来调节总需求水平，以促进充分就业、稳定物价和经济增长的一种宏观经济管理对策。

14. 解析：A　收入政策在社会经济中具有以下重要作用:（1）有利于宏观经济的稳定;（2）有利于资源的合理配置;（3）有利于缩小不合理的收入差距。

15. 解析：D　从世界各国情况看，基尼系数小于 0.2 时，表示收入差距非常小;基尼系数在 0.4 以上，则表示收入差距比较大，通常的基尼系数在 0.2~0.4。

16. 解析：D 《劳动法》基本原则的内容有多种理解和阐释。根据《宪法》和《劳动法》的有关规定，可以将《劳动法》的基本原则归纳为以下内容：（1）保障劳动者劳动权的原则；（2）劳动关系民主化原则；（3）物质帮助权原则。

17. 解析：C 劳动法体系的法律制度构成包括：（1）促进就业法律制度；（2）劳动合同和集体合同制度；（3）劳动标准制度；（4）职业培训制度；（5）社会保险和福利制度；（6）劳动争议处理制度；（7）工会和职工民主管理制度；（8）劳动法的监督检查制度。

18. 解析：C 劳动法律关系的种类主要包括：（1）劳动合同关系；（2）劳动行政法律关系；（3）劳动服务法律关系。

19. 解析：B 劳动法律关系的内容是指劳动法律关系主体依法享有的权利和承担的义务。

20. 解析：A 劳动法律事实可以分为劳动法律行为和劳动法律事件两类。

21. 解析：C 企业战略是指企业为了适应未来环境的变化，寻求长期生存和稳定发展而制定的总体性及长远性的谋划与方略。

22. 解析：C 环境因素调研的主要方法包括：（1）获取口头信息；（2）获取书面信息；（3）专题性调研。

23. 解析：B 企业外部环境的预测，是指根据调查的信息，对外部环境中某些因素的今后发展及对本企业经营的影响用科学的方法进行预测，为企业进行经营决策提供依据。

24. 解析：D 经营环境的微观分析包括：（1）现有竞争对手分析；（2）潜在竞争对手分析；（3）替代产品或服务威胁的分析；（4）顾客力量分析；（5）供应商力量分析。

25. 解析：C 经营环境的宏观分析包括政治法律环境、经济环境、技术环境和社会文化环境四种。

26. 解析：D 企业内部条件和外部环境的综合分析，主要采用 SWOT 分析方法。所谓 S 是指企业内部优势（strengths）；W 是指企业内部劣势（weaknEssEs）；O 是指企业外部环境的机会（opportunitiEs）；T 是指外部环境的威胁（threats）。

27. 解析：D 企业的总体战略有进入战略、发展战略、稳定战略和撤退战略。

28. 解析：B 一般竞争战略有低成本战略、差异化战略和重点战略。

29. 解析：D 风险型决策是一种随机决策。对于风险型决策，有收益矩阵、决策树、敏感性分析等方法。

30. 解析：B 影响消费者购买行为的主要因素有文化因素、社会因素、个人因素、心理因素。

31. 解析：A 产品策略包括产品组合策略、品牌与商标策略、包装策略、产品生命周期、服务策略。

32. 解析：C　销售渠道是指产品由企业（生产者）向最终顾客（消费者）移动过程中所经过的各个环节，或企业通过中间商（转卖者）到最终顾客的全部市场营销结构。

33. 解析：A　态度是人对某种事物或特定对象所持有的一种肯定或否定的心理倾向。

34. 解析：C　工作满意度是指员工对自己的工作所抱有的一般性满足与否的态度。

35. 解析：B　社会知觉是指个体对其他个体的知觉，即我们如何认识他人。

36. 解析：C　归因就是利用有关的信息资料对人的行为进行分析，从而推论其原因的过程。

37. 解析：B　费德勒分离了三个情景因素，他认为这是决定领导行为有效性的关键。

38. 解析：B　心理测验按测验方式可分为纸笔测验、操作测验、口头测验和情景测验。

39. 解析：D　人力资本投资的特征包括：（1）人力资本投资的连续性、动态性；（2）人力资本投资主体与客体具有同一性；（3）人力资本投资的投资者与收益者的不完全一致性；（4）人力资本投资收益形式多样。

40. 解析：D　人力资源开发目标的特性包括多元性、层次性和整体性。

第二节　多项选择题及解析

一、多项选择题

1. 劳动力供给弹性分为（　　）。

（A）供给无弹性　　　　　（B）供给有无限弹性　　　　（C）单位供给弹性

（D）供给富有弹性　　　　（E）供给缺乏弹性

2. 劳动力需求弹性分为（　　）。

（A）需求无弹性　　　　　（B）需求有无限弹性　　　　（C）单位需求弹性

（D）需求富有弹性　　　　（E）需求缺乏弹性

3. 劳动力市场均衡的意义包括（　　）。

（A）劳动力资源的最优分配　　　　　（B）同质的劳动力获得同样的工资

（C）充分就业　　　　　　　　　　　（D）市场经济的平衡

（E）劳动力供需平衡

4. 生产要素分为（　　）。

（A）土地　　　　　　　（B）劳动　　　　　　　（C）资本

（D）企业家才能　　　　　（E）福利

5. 货币工资的影响因素包括（　　）。

（A）货币工资率　　　　（B）工作时间长度　　　　（C）相关的工资制度安排

（D）市场经济变动　　　　（E）市场需求

6. 下列属于福利实物支付方式的是（　　）。

（A）免费或折价的工作餐　　　　　　（B）折价或优惠的商品和服务

（C）退休金　　　　　　　　　　　　（D）失业保险

（E）医疗保险

7. 福利的特征包括（　　）。

（A）福利支付以劳动为基础　（B）法定性　　　　　（C）企业自定性

（D）灵活性　　　　　　（E）多变性

8. 失业的类型包括（　　）。

（A）摩擦性失业　　　　（B）技术性失业　　　　（C）结构性失业

（D）非结构性失业　　　　（E）季节性失业

9. 解决技术性失业的办法包括（　　　）。

（A）推行积极的劳动力市场政策　　　（B）强化职业培训

（C）普遍地实施职业技能开发　　　　（D）超前的职业指导和职业预测

（E）低费用的人力资本投资计划

10. 失业的影响包括（　　　）。

（A）造成家庭生活困难　　　　　　　（B）劳动力资源浪费的典型形式

（C）影响劳动者精神需要的满足程度　（D）造成市场动荡

（E）影响社会稳定

11. 对就业总量影响最大的宏观调控政策包括（　　　）。

（A）财政政策　　　　（B）货币政策　　　　（C）收入政策

（D）支出政策　　　　（E）市场经济政策

12.《劳动法》的基本原则是（　　）。

（A）保障劳动者劳动权的原则

（B）使生产受到影响也要坚持安全第一的原则

（C）劳动关系民主化原则

（D）物质帮助权原则

（E）依法行使的基本原则

13. 劳动法体系的劳动制度构成包括（　　　）。

（A）促进就业法律制度　　　　　　（B）劳动合同和集体合同制度

（C）劳动标准制度　　　　　　（D）职业培训制度

（E）社会保险和福利制度

14. 劳动法律关系的种类包括（　　）。

（A）劳动合同关系　　　　（B）劳动行政法律关系　　（C）劳动服务法律关系

（D）岗前培训法律关系　　（E）保障安全生产法律关系

15. 劳动法律关系的特征是（　　）。

（A）劳动法律关系是劳动关系的现实形态

（B）提供了劳动法律的当事人行为模式标准及其行为准则

（C）劳动法律关系的内容是权利和义务

（D）劳动法律关系的双务关系

（E）劳动法律关系具有国家强制性

16. 劳动法律关系的主体包括（　　）。

（A）企业　　　　　　　（B）个体经济组织　　　　（C）国家机关

（D）事业组织　　　　　（E）社会团体

17. 企业战略的特征包括（　　）。

（A）全局性　　　　　　（B）系统性　　　　　　　（C）长远性

（D）风险性　　　　　　（E）抗争性

18. 企业外部调研的方法主要包括（　　）。

（A）获取口头信息　　　（B）获取书面信息　　　　（C）外部环境预测

（D）获取电话信息　　　（E）专题性调研

19. 经营环境的微观分析包括（　　）。

（A）现有竞争对手的分析　　　　（B）潜在竞争对手分析

（C）替代产品或服务威胁的分析　（D）顾客力量的分析

（E）供应商力量的分析

20. 经营环境的宏观分析包括（　　）。

（A）政治法律环境　　　（B）经济环境　　　　　　（C）技术环境

（D）社会文化环境　　　（E）人文环境

21. 企业的总体战略有（　　）。

（A）进入战略　　　　　（B）发展战略　　　　　　（C）稳定战略

（D）撤退战略　　　　　（E）并购战略

22. 影响消费者购买行为的主要因素包括（　　）。

（A）文化因素　　　　　（B）社会因素　　　　　　（C）个人因素

（D）市场因素　　　　　（E）心理因素

23. 市场营销的策略包括（　　）。

（A）产品策略　　　　　　（B）定价策略　　　　　　（C）包装策略

（D）分销策略　　　　　　（E）促销策略

24. 人际关系与沟通的阶段包括（　　）。

（A）选择或定向阶段　　　（B）试验和探索阶段　　　（C）加强阶段

（D）融合阶段　　　　　　（E）盟约阶段

25.（　　）是人力资源开发的理论体系内容。

（A）心理开发　　　　　　（B）生理开发　　　　　　（C）伦理开发

（D）智力开发　　　　　　（E）技能开发

二、解析

1. 解析：ABCDE　根据劳动力供给工资弹性的不同取值，一般将劳动力供给弹性分为供给无弹性、供给有无限弹性、单位供给弹性、供给富有弹性和供给缺乏弹性五大类。

2. 解析：ABCDE　根据劳动力需求工资弹性的不同取值，一般将劳动力需求弹性分为需求无弹性、需求有无限弹性、单位需求弹性、需求富有弹性和需求缺乏弹性五大类。

3. 解析：ABC　劳动力市场均衡的意义包括：（1）劳动力资源的最优分配；（2）同质的劳动力获得同样的工资；（3）充分就业。

4. 解析：ABCD　生产要素分为四类：土地、劳动、资本和企业家才能。

5. 解析：ABC　货币工资是指工人单位时间的货币所得。它受三个主要因素的影响：货币工资率、工作时间长度、相关的工资制度安排。

6. 解析：AB　福利的支付方式分为两类：其一为实物支付，包括各种免费或折价的工作餐、折价或优惠的商品和服务；其二为延期支付，包括各类保险支付，如退休金、失业保险等。

7. 解析：ABCD　福利的特征：福利支付以劳动为基础，具有法定性、企业自定性和灵活性。

8. 解析：ABCE　失业的类型主要包括摩擦性失业、技术性失业、结构性失业和季节性失业。

9. 解析：ABC　解决技术性失业最有效的办法是推行积极的劳动力市场政策，强化职业培训，普遍地实施职业技能开发。

10. 解析：ABC　失业的影响包括：（1）失业造成家庭生活困难；（2）失业是劳动力资源浪费的典型形式；（3）失业直接影响劳动者精神需要的满足程度。

11. 解析：ABC　对就业总量影响最大的宏观调控政策是财政政策、货币政策、收入政策。

12. 解析：ACD　《劳动法》基本原则的内容有多种理解和阐释。根据《宪法》和《劳动法》的有关规定，可以将《劳动法》的基本原则归纳为：（1）保障劳动者劳动权的原则；（2）劳动关系民主化原则；（3）物质帮助权原则。

13. 解析：ABCDE　劳动法体系的劳动法律制度构成包括：（1）促进就业法律制度；（2）劳动合同和集体合同制度；（3）劳动标准制度；（4）职业培训制度；（5）社会保险和福利制度；（6）劳动争议处理制度；（7）工会和职工民主管理制度；（8）劳动法的监督检查制度。

14. 解析：ABC　劳动法律关系的种类包括劳动合同关系、劳动行政法律关系和劳动服务法律关系。

15. 解析：ACDE　劳动法律关系的特征包括：（1）劳动法律关系是劳动关系的现实形态；（2）劳动法律关系的内容是权利和义务；（3）劳动法律关系的双务关系；（4）劳动法律关系具有国家强制性。

16. 解析：ABCDE　劳动法律关系的主体是指依据劳动法律的规定，享有权利、承担义务的劳动法律关系的参与者，包括企业、个体经济组织、国家机关、事业组织、社会团体等用人单位和与之建立劳动关系的劳动者，即雇主与雇员。

17. 解析：ABCDE　企业战略具有全局性、系统性、长远性、风险性、抗争性的特征，离开这些特征就称不上经营战略。

18. 解析：ABE　企业外部调研的方法主要包括获取口头信息、获取书面信息和专题性调研三种。

19. 解析：ABCDE　经营环境的微观分析包括现有竞争对手的分析、潜在竞争对手分析、替代产品或服务威胁的分析、顾客力量的分析、供应商力量的分析。

20. 解析：ABCD　经营环境的宏观分析包括政治法律环境、经济环境、技术环境、社会文化环境。

21. 解析：ABCD　企业的总体战略有进入战略、发展战略、稳定战略和撤退战略。

22. 解析：ABCE　影响消费者购买行为的主要因素有文化因素、社会因素、个人因素、心理因素。

23. 解析：ABDE　市场营销策略包括产品策略、定价策略、分销策略和促销策略。

24. 解析：ABCDE　人际关系与沟通的五个阶段包括选择或定向阶段、试验和探索阶段、加强阶段、融合阶段、盟约阶段。

25. 解析：ABCDE　人力资源开发以提高效率为核心，以挖掘潜力为宗旨，以立体开发为特征，形成一个相对独立的理论体系。这一理论体系包括了人力资源的心理开发、生理开发、伦理开发、智力开发、技能开发和环境开发。

第八章　职业道德辅导训练

第一节　单项选择题及解析

一、单项选择题

1. 职业道德是从业人员在职业活动中（　　）。

（A）必须服从的工作指令　　　　　　（B）应该遵循的行为规范

（C）衡量绩效的根本标准　　　　　　（D）自我评价的价值尺度

2. 下列不属于职业道德的具体功能的是（　　）。

（A）导向功能　　　（B）协助功能　　　（C）整合功能　　　（D）激励功能

3. 社会主义道德的基本要求是（　　）。

（A）爱岗敬业　　（B）爱社会主义　　（C）诚实守信　　（D）奉献社会

4. 下列不同时属于职业道德和社会公德的要求的是（　　）。

（A）文明礼貌　　（B）勤俭节约　　（C）诚实守信　　（C）崇尚科学

5. 关于职业道德修养的重要性，下列说法不正确的是（　　）。

（A）有利于职业生涯的拓展　　　　　（B）有利于职业境界的提高

（C）有利于组织目标的实现　　　　　（D）有利于个人成长成才

6. 敬业的重要性不包括（　　）。

（A）敬业是从业人员晋升的原因　　　（B）敬业是从业人员在职场立足的基础

（C）敬业是从业人员事业成功的保证　（D）敬业是企业发展壮大的根本

7. 诚信的特征不包括（　　）。

（A）通识性　　　（B）智慧性　　　（C）止损性　　　（D）公平性

8. 公道的重要性不包括（　　）。

（A）公道是企业发展的重要保证　　　（B）公道是员工发展的动力

（C）公道是确定员工薪酬的一项指标　（D）公道与否影响到员工职业发展的前景

9.（　　）可以是本职工作之内的，也可以是职责以外的。

（A）奉献　　　（B）纪律　　　（C）合作　　　（D）公道

10. 公民道德建设坚持（　　）为核心。

（A）以集体主义　（B）以为人民服务　（C）以爱社会主义　（D）以社会公德

二、解析

1. 解析：B　职业道德是从事一定职业的人们在职业活动中应该遵循的，依靠社会舆论、传统习惯和内心信念来维持的行为规范的总和。

2. 解析：B　职业道德的具体功能包括导向功能、规范功能、整合功能和激励功能。

3. 解析：B　社会主义职业道德确立了以为人民服务为核心，以集体主义为原则，以爱祖国、爱人民、爱劳动、爱科学、爱社会主义为基本要求，以爱岗敬业、诚实守信、办事公道、服务群众、奉献社会为主要规范和主要内容，以社会荣辱观为基本行为准则。

4. 解析：C　下列几个方面，既是职业道德的要求，又是社会公德的要求。（1）文明礼貌；（2）勤俭节约；（3）爱国为民；（4）崇尚科学。

5. 解析：C　职业道德修养的重要性包括：（1）加强职业道德修养有利于职业生涯的拓展；（2）加强职业道德修养有利于职业境界的提高；（3）加强职业道德修养有利于个人成长成才。

6. 解析：A　敬业的重要性包括：（1）敬业是从业人员在职场立足的基础；（2）敬业是从业人员事业成功的保证；（3）敬业是企业发展壮大的根本。

7. 解析：D　诚信的特征包括通识性、智慧性、止损性、资质性。

8. 解析：B　公道的重要性包括：（1）公道是企业发展的重要保证；（2）公道是员工和谐相处、实现团队目标的保证；（3）公道是确定员工薪酬的一项指标；（4）公道与否影响到员工职业发展的前景。

9. 解析：A　奉献可以是本职工作之内的，也可以是职责以外的，如见义勇为，它往往与无私联系在一起，人们称为"无私奉献"。

10. 解析：B　公民道德建设坚持以为人民服务为核心，以集体主义为原则，以爱祖国、爱人民、爱劳动、爱科学、爱社会主义为基本要求，以社会公德、职业道德、家庭美德为着力点。

第二节　多项选择题及解析

一、多项选择题

1. 职业道德的社会作用包括（　　）。

（A）有利于调整职业利益关系，维护社会生产和生活秩序

（B）有助于提高人们的社会道德水平，促进良好社会风尚的形成

（C）有利于完善人格，促进人的全面发展

（D）有利于维护社会良好风气

2．社会主义职业道德的基本要求包括（　　）。

（A）爱祖国，爱人民　　　　　　　　（B）爱社会主义

（C）爱劳动　　　　　　　　　　　　（D）爱科学

3．下列关于"诚信"的说法正确的是（　　）。

（A）诚信关系着企业的兴衰　　（B）诚信是个人职业生涯的生存力和发展力

（C）诚信是企业发展的保障　　（D）诚信是个人事业成功的前提

4．公道的特征包括（　　）。

（A）公道观念的单一性　　　　　　　（B）公道标准的时代性

（C）公道观念的多元性　　　　　　　（D）公道意识的社会性

5．从领域上看，职业纪律包括（　　）。

（A）劳动纪律　　　（B）财经纪律　　　（C）保密纪律　　　（D）管理纪律

6．关于"节约"，正确的说法是（　　）。

（A）节约是企业兴盛的重要保证　　（B）节约是从业人员立足企业的品质

（C）节约是从业人员事业成功的法宝　　（D）节约是企业赢得利润的最关键手段

7．奉献的重要性包括（　　）。

（A）奉献是企业健康发展的保障

（B）奉献是从业人员履行职业责任的必经之路

（C）奉献有助于创造良好的工作环境

（D）奉献是从业人员实现职业理想的途径

8．我国社会主义道德建设（　　）。

（A）以为人民服务为核心

（B）以集体主义为原则

（C）以爱祖国、爱人民、爱劳动、爱科学、爱社会主义为基本要求

（D）以社会公德，职业道德、家庭美德为着力点

二、解析

1．解析：ABC　职业道德的社会作用包括：（1）有利于调整职业利益关系，维护社会生产和生活秩序；（2）有助于提高人们的社会道德水平，促进良好社会风尚的形成；（3）有利于完善人格，促进人的全面发展。

2. 解析：ABCD 社会主义职业道德确立了以为人民服务为核心，以集体主义为原则，以爱祖国、爱人民、爱劳动、爱科学、爱社会主义为基本要求，以爱岗敬业、诚实守信、办事公道、服务群众、奉献社会为主要规范和主要内容，以社会荣辱观为基本行为准则。

3. 解析：AB （1）诚信关系着企业的兴衰；（2）诚信是个人职业生涯的生存力和发展力。

4. 解析：BCD 公道的特征包括公道标准的时代性、公道观念的多元性、公道意识的社会性。

5. 解析：ABC 从领域上看，职业纪律包括劳动纪律、财经纪律、保密纪律等。

6. 解析：ABC （1）节约是企业兴盛的重要保证；（2）节约是从业人员立足企业的品质；（3）节约是从业人员事业成功的法宝。

7. 解析：ABCD 奉献的重要性包括：（1）奉献是企业健康发展的保障；（2）奉献是从业人员履行职业责任的必经之路；（3）奉献有助于创造良好的工作环境；（4）奉献是从业人员实现职业理想的途径。

8. 解析：ABCD 坚持以为人民服务为核心，以集体主义为原则，以爱祖国、爱人民、爱劳动、爱科学、爱社会主义为基本要求，以社会公德、职业道德、家庭美德为着力点。

第三节 个人表现部分及解析

一、个人表现部分

1. 如果工作场所内的自然光线充足，你会（ ）。

（A）关闭电灯

（B）多数情况下会关闭电灯

（C）因为没有这方面的规定，关或不关闭电灯就无所谓了

（D）没有注意过

2. 单位总是要求员工周末加班，你很不情愿。但单位的事情实在是太多，如果没有人愿意加班，客户要求在限定时间内完成的订货任务就无法完成。你会（ ）。

（A）虽然不情愿，但还是接受了

（B）反映自己的看法，但在没有回应前会遵守规定

（C）直接拒绝

（D）找理由推脱加班

3. 在单位工作时，你会（ ）。

（A）怕有的人说三道四，不敢多与异性同事交往

（B）怕领导挑剔自己的工作，总是躲避与同事说话

（C）怕信息传导错误，不在背地对人评头论足

（D）怕影响工作，即使对要好的同事，说话也会注意分寸

4. 在与同事们闲聊时，你通常会（　　）。

（A）说说学习、工作的感受　　　　　　（B）聊聊自己家里的事情

（C）聊聊新闻　　　　　　　　　　　　（D）传播小道消息

5. 超市正在营业，突然停电了，超市内一片黑暗，人们纷纷呼喊着、簇拥着向外挤，超市陷入了混乱，这时你会（　　）。

（A）担心超市会发生踩踏事故

（B）估计超市会丢失很多东西

（C）设想警察会立即赶到超市维持秩序

（D）相信超市经理和全体员工会迅速行动起来做好工作

6. 一个多年不见的亲戚突然来访，你正在忙于工作，无暇接待，你会（　　）。

（A）让他耐心等待，然后忙自己的事情

（B）边工作边询问一些关于他家里的事情，但主要在干自己的工作

（C）要他出去转转，等到下班时再来找自己

（D）责怪他为什么不事先打个招呼

7. 你正在紧张地工作，邻居单位施工现场不断传来巨大的嘈杂声，这时你会（　　）。

（A）放下手头的工作，闭目养神

（B）向主管领导反映，并说在这种环境下难以完成工作任务

（C）尽管心烦，但工作还得继续

（D）这样的声音不会对自己造成影响

8. 在你的面前有下列几种工作，你会选择的是（　　）。

（A）工资低，但公司的成长性很强

（B）地理位置偏远，但能够给你安排一个不错的职务

（C）收入高，但工作十分辛苦

（D）所学知识用得上，但工作环境十分单调

二、解析

此部分无标准答案，请根据人力资源从业人员的职业价值观作答。

第四篇

通关计划四：

名师点评易错易混鉴定点

工欲善其事，必先利其器！考前复习要讲究方法，提高效率，不能没有重点盲目地进行，只有方法得当，才能够提高复习的效率和效果。本篇呈现了名师对历年真题的考情点评，对2014年以及之后考试的预测，对各章节易错易混鉴定点的深入分析，以《企业人力资源管理师国家职业标准》为准绳，以《企业人力资源管理师（三级）》为依据，为考生掌握重点、理解难点、解析疑点提供了具体的指导。

同时，本篇解读了六类题型的应试技巧，如命题视角、答题要求和答题策略等，使考生能够在全面复习、掌握重点的基础上，按照命题的视角与答题的要求，有针对性地掌握考试内容。

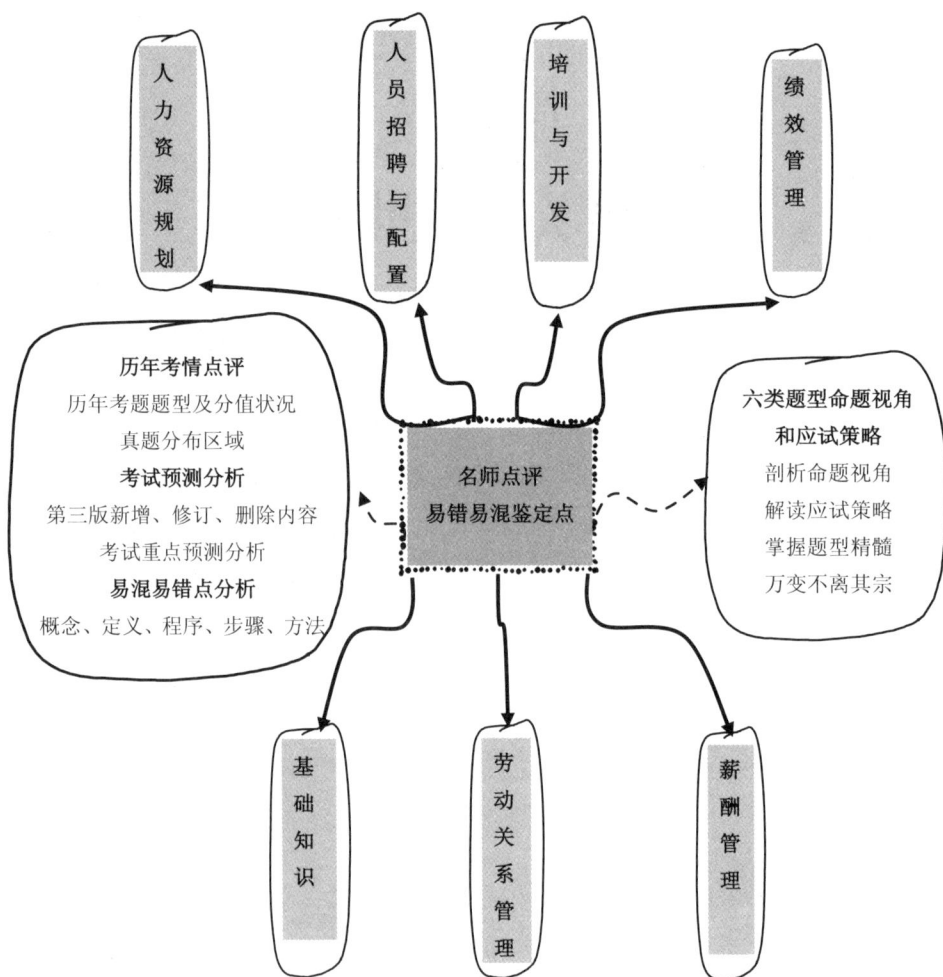

第一章　人力资源规划

第一节　历年考情点评

一、历年考题题型及分值状况

历年考题题型及分值情况具体如表 4-1-1 所示。

表 4-1-1　历年考题题型及分值情况

年份 题型	2010.5	2010.11	2011.5	2011.11	2012.5	2012.11	2013.5	2013.11
选择题	15	15	15	15	15	15	15	15
简答题	10	—	15	—	14	15	15	16
计算题	—	—	—	15	—	—	—	—
综合分析题	—	—	—	—	—	—	—	—
小计	25	32	30	30	29	30	30	31

从 2010 年 5 月至 2013 年 11 月的企业人力资源管理师三级考试中可以发现，人力资源规划这一章在试卷中总体所占分值在 25~32 分，卷册二中对本章知识点的考察主要以简答题的形式为主，但也会出现计算题或综合分析题的形式。

二、真题分布区域

2010 年 5 月至 2013 年 11 月的企业人力资源管理师三级考试中，简答题、计算题和综合题对本章知识点的考查情况在培训教程中分布如下。

（1）2010 年 5 月，以简答题的形式考查岗位规范的定义和主要内容，相关知识点参见《企业人力资源管理师（三级）》（第三版）第 15~16 页。

（2）2010 年 11 月，以方案设计题的形式考查工作说明书的内容以及考生编制工作说明书的实际能力，相关知识点参见《企业人力资源管理师（三级）》（第三版）第 17~24 页。

（3）2011 年 5 月、2012 年 5 月考查的工作岗位设计方法等内容，以及 2013 年 5 月考查的人力资源管理制度规划等内容，在《企业人力资源管理师（三级）》（第三版）教程中均已删除。

（4）2011年11月，以计算题的形式考查企业定员人数核算的基本方法，相关知识点参见《企业人力资源管理师（三级）》（第三版）第42~54页。

（5）2012年11月，以简答题的形式考查工作岗位分析中岗位调查方案的内容，相关知识点参见《企业人力资源管理师（三级）》（第三版）第18~19页。

（6）2013年11月，以简答题的形式考查劳动定员标准的构成要素及行业定员标准的内容，相关知识点参见《企业人力资源管理师（三级）》（第三版）第54~58页。

综上可知，工作岗位分析、企业定员人数核算的基本方法、定员标准的编写格式和要求等内容是本章简答题、计算题和综合题考查的重点。

第二节　考试预测分析

从2014年11月份开始，企业人力资源管理师三级的考试将采用第三版教程，因此对考试的预测分析不仅要依托历年考情的总结，还要基于对第三版教材与第二版教材中的内容进行比对。第三版《企业人力资源管理师（三级）》中关于人力资源规划部分变动的内容具体有以下方面。

一、第三版新增内容

（1）企业组织结构图的绘制。

企业组织结构的概念；企业组织机构设置的原则；现代企业组织结构的类型；组织结构设计后的实施要则；组织结构图的基本图示；绘制组织结构图的前期准备；绘制组织结构图的基本方法。

（2）企业劳动定额定员管理。

劳动定额水平；劳动定额的修订；劳动定额统计与分析。

（3）人力资源费用预算的审核。

企业人力资源费用的构成：①人工成本；②人力资源管理费用。

审核人力资源费用预算的基本程序部分新增了"人工成本预算表"。

二、第三版删除内容

（1）工作岗位设计部分在第三版教程中已删除。

（2）人力资源管理制度规划部分在第三版教程中已删除。

三、考试重点预测分析

根据近年企业人力资源管理师三级真题分析以及对新版教材新增、修订部分的分析，我们对人力资源规划部分的考试重点进行了以下预测，但考生不可抱有侥幸心理，预测仅供参考，考生仍应努力掌握其他要点、重点。预测分析具体内容如表 4-1-2 所示。

表 4-1-2　人力资源规划考试重点预测分析表

序号	预测重点	教程页码	解析	题型
1	现代组织结构的类型	P5	各组织结构的类型定义、特点、适用范围以及组织结构图的绘制	简答题综合题
2	工作岗位分析的作用	P14	对企业的作用；对员工的作用	综合题
3	起草和修改工作说明书的具体步骤	P20	起草初稿；组织专家专题研讨会，第一、二稿到送审稿增删多次形成"审批稿"，审查批准并颁布执行	简答题综合题
4	劳动定额水平的概念和种类	P28	按定额的综合程度划分；按劳动定额所考察的范围划分	简答题
5	劳动定额修订的步骤和方法	P32	准备阶段；修订阶段；审查平衡和总结阶段；运用公式计算新的劳动定额	简答题计算题
6	运用概率推断确定经济合理的医务人员人数	P51	平均每天就诊人数、标准差和就诊人数上限，以及考虑辅助人员、勤杂人员等人数	计算题
7	企业人力资源费用的构成	P60	人工成本；人力资源管理费用	简答题综合题
8	2008 年至 2013 年历年真题			

第三节　易错易混鉴定点分析

一、概念、定义易错易混鉴定点分析

（1）岗位规范与工作说明书。

①涉及的内容不同；②二者所突出的主题不同；③具体的结构形式不同。

（2）劳动定额与劳动定员。

①从概念的内涵来看，企业定员与劳动定额的内涵是完全一致的。②从计量单位来看，劳动定员与劳动定额所采用的劳动时间单位只是长度不同。③从实施和应用的范围来看，企业中可以实行定额的人员，也可以实行定员管理；而不能实行定额的人员，仍可实行定员管理。④从制定的方法来看，制定企业定员的方法与劳动定额存在着直接的联系或是制定劳动定额的基本方法。

企业定员与劳动定额的共同点，即两者都是对人力消耗所规定的限额，只是粗细不同、计量单位不同、应用范围不同而已。

例如，2013年5月真题第41题：以下关于劳动定员与定额的说法错误的是（　　）。

（A）劳动定额是劳动定员的发展形式　　（B）二者都是对人力消耗所规定的限额

（C）二者劳动时间采用的单位长度不同　（D）劳动定员与劳动定额的内涵完全一致

答案：A。

（3）企业人力资源费用与人力资源管理费用。

企业人力资源费用包括人工成本和人力资源管理费用，前者是指支付给员工的费用，如工资、福利、保险等；后者是指人力资源管理部门开展人力资源管理活动的经费，如招聘费用、培训费用等。

人力资源管理费用是指企业在一个生产经营周期内，人力资源管理部门的全部管理活动的费用支出，它是计划期内人力资源管理活动得以正常运行的资金保证，包括招聘费用、培训费用、劳动争议处理费用。

二、程序、步骤易错易混鉴定点分析

（1）工作岗位分析的程序与工作岗位分析准备阶段的程序。

工作岗位分析的程序包括准备阶段、调查阶段、总结阶段3个阶段；准备阶段共有5项工作；准备阶段的第二项任务设计岗位调查方案的程序又包括5项内容。这是一处极易混淆的知识点，考生在复习和考试时应理清知识脉络，明确考点之间的联系和区别，避免混淆。

例如，2008年5月真题，简答题第1题：在工作岗位分析准备阶段，主要应当做好哪些工作？

解析：①根据工作岗位分析的总目标、总任务，对企业各类岗位的现状进行初步了解，掌握各种基本数据和资料。②设计岗位调查方案。③做好员工的思想工作，说明该工作岗位分析的目的和意义。④根据工作岗位分析的任务、程序，分解成若干工作单元和环节，以便逐项完成。⑤对工作分析的人员进行必要的培训。

（2）审核人力资源费用预算的基本程序与人力资源费用支出控制的程序。

审核人力资源费用预算的基本程序：①检查项目是否齐全，尤其是那些子项目；②注意国家有关政策的变化，是否涉及人员费用项目的增加、变更或废止，特别是那些涉及员工权益的资金管理、社会保险等重要项目。

人力资源费用支出控制的程序：①制定控制标准；②人力资源费用支出控制的实施；③差异的处理。

考生在考试中应注意看清考题题干，认真区分所考知识点，快速甄别答题要点，避免陷入误区而出现"答非所问"的现象。

第二章　人员招聘与配置

第一节　历年考情点评

一、历年考题题型及分值状况

历年考题题型及分值情况具体如表 4-2-1 所示。

表 4-2-1　历年考题题型及分值情况

年份 题型	2010.5	2010.11	2011.5	2011.11	2012.5	2012.11	2013.5	2013.11
选择题	15	15	15	15	15	15	15	15
简答题	—	—	—	—	—	—	—	16
计算题	20	—	20	—	—	—	15	—
综合 分析题	—	15	—	18	20	17	—	—
小计	35	30	35	33	35	32	30	31

从 2010 年 5 月至 2013 年 11 月的企业人力资源管理师三级考试中可以发现，人员招聘与配置这一章在试卷中总体所占分值在 31~35 分，卷册二中对本章知识点的考察主要以综合分析题的形式为主，但也会出现简答题或计算题的形式。

二、真题分布区域

2010 年 5 月至 2013 年 11 月的企业人力资源管理师三级考试中，简答题、计算题和综合题对本章知识点的考查情况在培训教程中分布如下。

（1）2010 年 5 月，以计算题的形式考查补偿式的内容，相关知识点参见《企业人力资源管理师（三级）》（第三版）第 94~95 页。

（2）2010 年 11 月，以综合分析题的形式考查人力资源配置的基本原理的内容，相关知识点参见《企业人力资源管理师（三级）》（第三版）第 105~107 页。

（3）2011 年 5 月，以计算题的形式考查招聘总成本效益、招募成本效益、招聘完成比、录用比和应聘比的内容，相关知识点参见《企业人力资源管理师（三级）》（第三版）第 97 页。

（4）2011 年 11 月，以综合分析题的形式考查面试环境布置的内容，相关知识点参见《企业人力资源管理师（三级）》（第三版）第 84~85 页。

（5）2012 年 5 月，以综合分析题的形式考查面试目标的内容，相关知识点参见《企业人力资源管理师（三级）》（第三版）第 82~83 页。

（6）2012 年 11 月，以综合分析题的形式考查外部招募的优势和不足的内容，相关知识点参见《企业人力资源管理师（三级）》（第三版）第 69~70 页。

（7）2013 年 5 月，以计算题的形式考查匈牙利法的内容，相关知识点参见《企业人力资源管理师（三级）》（第三版）第 115~120 页。

（8）2013 年 11 月，以简答题的形式考查工作轮班制的内容，相关知识点参见《企业人力资源管理师（三级）》（第三版）第 126~128 页。

综上可知，补偿式的内容、人力资源配置的基本原理、面试环境的布置、面试的目标等内容是本章简答题、计算题和综合分析题考查的重点。

第二节　考试预测分析

第三版《企业人力资源管理师（三级）》相对于第二版而言，关于人员招聘与配置部分的变动内容具体有以下方面。

一、第三版新增内容

（1）招聘成本的形式。

招聘成本主要包括招募成本、选拔成本、录用成本、安置成本、离职成本和重置成本六种形式。

（2）角色扮演法。

角色扮演法是一种主要用来测评被测者人际关系处理能力的情景模拟测试法。

（3）录用合格比和录用基础比。

录用合格比 =（已录用胜任岗位人数 / 实际录用总人数）× 100%

录用基础比 =（原有人员胜任岗位人数 / 原有人员总数）× 100%

录用合格比和录用基础比之差，反映了本次招聘的有效性是否高于以前招聘有效性的平均水平，即招聘有效性是否在逐步提高。

（4）公平程度。

招聘过程中的甄选环节伴随着对被测者录用与否的决策，因此甄选方法的公平程度是一个不可忽视的重要指标。该指标反映的是测评题目对所有被测者是否具有相同的难度。

（5）招募环节的评估。

①招募渠道的吸引力。包括所吸引的有效候选人数量、所收有效简历的数量、有效电话咨询的数量等。该指标是一个绝对指标，关键要看相对指标，即与成本的对照关系。

②招募渠道有效性的评估。招募渠道的有效性可采用招募渠道成本效用的统计指标进行分析。招募渠道收益与成本的比值越大，说明招募渠道越有效。

（6）甄选环节的评估。

①面试方法的评估。主要从提问的有效性、面试考官是否做到有意识地避免各种心理偏差的出现、面试考官在面试过程中对技巧使用情况的评价三个方面评估面试方法的有效性。

②无领导小组讨论的评估。主要包括无领导小组讨论题目的有效性和对考官表现的综合评价两方面。

（7）录用环节的评估。

①录用员工的质量（业绩、出勤率等）。②职位填补的及时性。③用人单位或部门对招聘工作的满意度。④新员工对所在岗位的满意度。

二、第三版修订内容

（1）成本效用评估、总成本效用、招募成本效用、选拔成本效用、人员录用效用名称修改为成本效益评估、总成本效益、招募成本效益、选拔成本效益、人员录用效益。

（2）内部招募的不足。

①因处理不公、方法不当或员工个人原因，可能会在组织中造成一些矛盾，产生不利影响。

②容易造成"近亲繁殖"。

③有可能出现裙带关系等不良现象。

④采用内部招募的方法，在培训上有时并不经济。

⑤采用内部招募的方法，尤其是管理者的内部提拔，有可能产生一种把人晋升到他所不能胜任的职位的倾向。

三、第三版删除内容

劳务外派与引进部分在第三版教程中已删除。

四、考试重点预测分析

根据近年企业人力资源管理师三级真题分析以及对新版教材新增、修订部分的分析，我们对人员招聘与配置部分的考试重点进行了相关预测，但考生不可抱有侥幸心理，预测不是押题，仅供参考，考生仍应努力掌握其他要点、重点。具体内容如表4-2-2所示。

表4-2-2　人员招聘与配置考试重点预测分析表

序号	预测重点	教材页码	解析	题型
1	选择招聘渠道的主要步骤	P72	单位要求；招聘人员的特点；适合的招聘来源；招聘方法	案例分析题
2	参加招聘会的主要程序和关注的4个问题	P72~78	2008年11月的真题涉及程序前5步骤	案例分析题
3	面试的目标	P82	应聘者的5个目标	案例分析题
4	公文处理模拟法应用	P92	发文件汇编；介绍背景材料、假设、真刀真枪处理并做记录；按既定维度考评	简答题
5	员工招聘过程的评估	P98	招募环节评估；甄选环节评估；录用环节评估	案例分析题
6	员工配置的基本方法	P113	以人员为标准；以岗位为标准；以双向选择为标准	案例分析题
7	工作轮班组织的形式；工作轮班组织应注意的5个问题	P126~129	两班制；三班制；多班制	简答题
8	2010年至2013年历年真题			

第三节　易错易混鉴定点分析

一、概念、定义易错易混鉴定点分析

（1）结构化面试和非结构化面试。

根据面试的结构化程度，可分为结构化面试和非结构化面试。结构化面试是在面试之前，已经有一个固定的框架或问题清单，面试考官根据框架控制整个面试的进行，按照设计好的问题和有关细节逐一发文，严格按照这个框架对每个应聘者分别进行相同的提问。

非结构化面试无固定模式，事先无须做太多的准备，面试者只要掌握组织、岗位的基本情况即可。两者的区别在于面试过程中的自由程度不同，对面试官的要求不同。

（2）信度和效度。

信度主要是指测试结果的可靠性或一致性。效度是指实际测到应聘者的有关特征与想要测的特征的符合程度。两者在招聘活动过程中的测试内容和对象不同。

（3）成本效益评估计算公式。

成本效益评估包括招聘总成本效益分析、招募成本效益分析、选拔成本效益分析、录用成本效益分析等。考试在答题过程中应分清不同效益分析的计算公式，具体计算公式分别如下：

$$总成本效益 = 录用人数 / 招聘总成本$$

$$招募成本效益 = 应聘人数 / 招募期间的费用$$

$$选拔成本效益 = 被选中人数 / 选拔期间的费用$$

$$录用成本效益 = 正式录用人数 / 录用期间的费用$$

二、方法、程序易错易混鉴定点分析

（1）筛选简历的方法与筛选申请表的方法。

筛选简历的方法与筛选申请表的方法有所区别，也易混淆。考试应分清简历和申请表的不同之处，根据筛选对象的不同回答不同的方法。

应聘简历是应聘者自带的个人介绍材料。筛选简历的方法包括：①分析简历结构；②审查简历的客观内容；③判断是否符合岗位技术和经验要求；④审查简历中的逻辑性；⑤对简历的整体印象。

申请表的筛选方法与简历的筛选有很多相同之处，其特殊地方包括：①判断应聘者的态度；②关注与职业相关的问题；③注明可疑之处。

（2）参加招聘会的主要程序和面试的基本程序。

参加招聘会的主要程序：①准备展位；②准备资料和设备；③招聘人员的准备；④与协作方的沟通联系；⑤招聘会的宣传工作；⑥招聘会后的工作。

面试的基本程序：①面试前的准备阶段；②面试开始阶段；③正式面试阶段；④结束面试阶段；⑤面试评价阶段。

考生在考试中应注意看清考题题干，认真区分所考知识点，快速甄别答题要点，避免陷入误区而出现"答非所问"的现象。

第三章　培训与开发

第一节　历年考情点评

一、历年考题题型及分值状况

历年考题题型及分值情况具体如表 4-3-1 所示。

表 4-3-1　历年考题题型及分值情况

题型＼年份	2010.5	2010.11	2011.5	2011.11	2012.5	2012.11	2013.5	2013.11
选择题	15	15	15	15	15	15	15	15
简答题	—	15	—	—	—	—	—	—
计算题	—	—	—	—	—	—	—	—
综合分析题	20	—	18	18	15	18	20	18
小计	35	30	33	33	30	33	35	33

根据表 4-3-1 得知，关于培训与开发的选择题所占分值为 15 分，并从 2010 年 5 月至 2013 年 11 月保持不变。而和培训与开发相关的简答题在这八次考试中仅出现一次，另外七次均以综合分析题的形式出现，并且所占分值较高。未考查和培训与开发相关的计算题。再从"小计"这一栏中发现，和培训与开发相关的知识点在企业人力资源管理师三级考试中所占分值较高。

二、真题分布区域

2010 年 5 月至 2013 年 11 月的企业人力资源管理师三级考试中，和培训与开发相关的简答题及综合分析题在培训教程中分布如下。

（1）2010 年 5 月的综合分析题考查的是培训项目计划的内容，相关知识点参见《企业人力资源管理师（三级）》（第三版）第 140 页。

（2）2010 年 11 月的简答题考查的是企业培训制度的基本结构，相关知识点参见《企业人力资源管理师（三级）》（第三版）第 210 页。

（3）2011 年 5 月的综合分析题考查的是员工培训有效性评估的内容，相关知识点参见《企业人力资源管理师（三级）》（第三版）第 160~161 页。

（4）2011 年 11 月的综合分析题是从培训与开发的整个流程来进行考查，即涉及培训需求分析、培训有效性评估、培训方法的选择及培训的组织实施等多方面的知识。

（5）2012 年 5 月的综合分析题考查的是培训项目规划的内容，相关知识点参见《企业人力资源管理师（三级）》（第三版）第 137~141 页。

（6）2012 年 11 月与 2013 年 11 月的综合分析题考查的是培训方法的选择与应用的内容，相关知识点参见《企业人力资源管理师（三级）》（第三版）第 199~201 页。

（7）2013 年 5 月的综合分析题考查的是培训制度建立与推行的内容，相关知识点参见《企业人力资源管理师（三级）》（第三版）第 210 页。

综上所述，培训与开发的各单元内容都可能会成为简答题及综合分析题的考查重点，同时考生在复习过程中还应注意从总体上把握培训与开发的相关内容，即用联系的观点看待各个知识点，而不能将其相互孤立地学习。

第二节　考试预测分析

第三版《企业人力资源管理师（三级）》相对于第二版而言，关于人员培训与开发部分的变动内容具体有以下方面。

一、第三版新增内容

（1）基于需求分析的项目设计。

培训需求分析的含义；培训需求的调查与确认；培训项目设计的原则；基于培训需求分析的培训项目设计；培训项目的开发与管理；培训项目的设计与管理应关注的问题。

（2）员工培训的有效性评估。

培训有效性评估的含义和作用；培训效果评估的一般程序；培训有效性评估的方法；培训有效性评估的技术；培训效果评估方案的设计；培训效果评估信息的收集；培训效果评估的实施。

（3）培训课程的设计。

（4）培训方法的选择与应用。

第三版教程增加了一个应用案例。

（5）培训制度的建立与推行。

培训档案管理制度；培训经费管理制度；企业培训制度示例:《某公司员工教育训练实施办法》。

二、第三版修订内容

（1）培训需求分析的技术模型。

（2）将"培训效果评估的指标"修订为"培训的有效性内容"。

（3）将"直接传授型培训法"修订为"适宜知识类培训的直接传授培训方法"；将"实践型培训法"修订为"以掌握技能为目的的实践性培训方法"；将"参与型培训法"修订为"参与式培训方法"；将"态度型培训法"修订为"适宜行为调整和心理训练的培训方法"。

三、第三版删除内容

（1）基于需求分析的项目设计。

培训需求分析的作用；培训需求分析的内容；培训需求分析的实施程序；撰写员工培训需求分析报告；培训需求信息的收集方法；年度培训计划的构成；制定培训规划的步骤和方法；年度培训计划的制订；年度培训计划的经费预算。

（2）员工培训的有效性评估。

培训效果信息的整理与分析；培训效果监控情况的总结。

（3）培训计划实施的控制。

（4）岗位培训制度的内涵。

四、考试重点预测分析

根据历年考情点评情况以及新版教材中关于培训与开发内容的变动情况，我们对培训与开发部分的考试重点进行了以下预测，预测内容仅供参考，考生也应注意对其他知识点的掌握。预测分析具体内容如表4-3-2所示。

表4-3-2　培训与开发考试重点预测分析表

序号	预测重点	教程页码	解析	题型
1	培训项目规划的内容	P137	培训项目确定、培训内容开发、实施过程设计、评估手段选择、培训资源筹备、培训成本预算	简答题 综合题
2	培训方式的选择	P143	培训方式的选择列表	简答题
3	培训效果评估的程序	P152	评估目标确定、评估方案制定、评估方案实施、评估工作总结	综合题
4	培训评估方案的设计	P158	5个步骤	综合题

续表

序号	预测重点	教程页码	解析	题型
5	培训效果的评估工具	P165	问卷评估法、360度评估、访谈法、测验法	综合题简答题
6	培训投资回报率	P171	培训投资净回报率与培训投资回报率计算	计算题
7	培训课程设计的策略	P176	基于学习风格和资源整合的课程设计；对课程设计效果的事先控制	简答题
8	培训课程价值的评估	P181	课程评估的设计、学员反应、学员掌握情况、培训后学员工作情况及经济效果	简答题
9	常用培训方法的应用	P198	案例分析法、事件处理法、头脑风暴法	简答题案例题
10	企业培训制度的基本结构	P210	制定依据、实施目的、实施办法、核准与施行、解释与修订权限的规定	简答题案例题
11	企业培训制度的起草	P210	培训服务制度；入职培训制度；培训激励、考核、奖惩、风险管理、档案管理、经费管理制度	简答题案例题

第三节　易错易混鉴定点分析

（1）培训项目规划与培训项目计划。

培训项目规划的内容包括培训项目的确定、培训内容的开发、实施过程的设计、评估手段的选择、培训资源的筹备及培训成本的预算。

培训项目计划的内容包括培训目的、培训目标、受训人员和内容、培训范围、培训规模、培训时间、培训地点、培训费用、培训方法及培训师。

（2）培训有效性评估的方法、技术与培训效果的评估工具。

培训有效性评估的方法包括观察法、问卷调查法、测试法、情景模拟测试、绩效考核法、360度考核、前后对照法、时间序列法及收益评价法。

培训有效性评估的技术包括泰勒模式、层次评估法及目标导向模型法。

培训效果的评估工具包括问卷评估法、360度评估、访谈法及测验法。

（3）培训投资回报率与培训投资净回报率。

$$培训投资回报率 = \frac{培训项目收益}{培训项目成本} \times 100\%$$

$$培训投资净回报率 = \frac{培训项目收益 - 培训项目成本}{培训项目成本} \times 100\%$$

（4）培训服务制度条款与培训服务协约条款。

培训服务制度条款须明确的内容如下：

①员工正式参加培训前，根据个人和组织需要向培训管理部门或部门经理提出申请。

②培训申请被批准后需要履行培训服务协约的签订手续。

③培训服务协约签订后方可参加培训。

培训服务协约条款要明确的内容如下：

①参加培训的申请人。

②参加培训的项目和目的。

③参加培训的时间、地点、费用和形式等。

④参加培训后要达到的技术或能力水平。

⑤参加培训后要在企业服务的时间和岗位。

⑥参加培训后如果出现违约的补偿。

⑦部门经理人员的意见。

⑧参加人与培训批准人的有效法律签署。

第四章　绩效管理

第一节　历年考情点评

一、历年考题题型及分值状况

历年考题题型及分值情况具体如表 4-4-1 所示。

表 4-4-1　历年考题题型及分值情况

年份 题型	2010.5	2010.11	2011.5	2011.11	2012.5	2012.11	2013.5	2013.11
选择题	10	10	10	10	10	10	10	10
简答题	10	15	12	15	—	15	15	—
计算题	—	—	—	—	—	—	—	—
综合分析题	—	—	—	—	18	—	—	16
小计	20	25	22	25	28	25	25	26

根据表4-4-1得知，从2010年5月至2013年11月，绩效管理在企业人力资源管理师三级考试中所占分值在20~28分。其中，选择题所占分值保持10分不变，综合分析题在八次考试中仅出现两次，更多地是以简答题的形式考查绩效管理。未出现与绩效管理相关的计算题。

二、真题分布区域

2010年5月至2013年11月的企业人力资源管理师三级考试中，与绩效管理相关的简答题和综合分析题在培训教程中分布如下。

（1）2010年5月与2013年5月的简答题考查的是绩效面谈与绩效改进的内容，相关知识点参见《企业人力资源管理师（三级）》（第三版）第270~280页。

（2）2010年11月与2011年11的简答题，以及2013年11月综合分析题考查的是绩效管理系统的设计的内容，相关知识点参见《企业人力资源管理师（三级）》（第三版）第221~231页。

（3）2011年5月简答题与2013年11月综合分析题考查的是绩效考评方法及应用的内容，相关知识点参见《企业人力资源管理师（三级）》（第三版）第265~267页。

（4）2012年5月综合分析题与2012年11月简答题考查的内容在《企业人力资源管理师（三级）》（第三版）中已经删除。

综上所述，绩效管理系统的设计、绩效考评方法及应用，以及绩效面谈与绩效改进是企业人力资源管理师三级考查的重点。考生应当以此为重点，同时兼顾其他知识点的学习和掌握。

第二节　考试预测分析

第三版《企业人力资源管理师（三级）》相对于第二版而言，关于绩效管理部分的变动内容具体有以下方面。

一、第三版新增内容

（1）绩效管理系统的设计。

绩效管理系统的评估；企业绩效管理系统再开发的案例。

（2）绩效计划的内容与实施。

（3）绩效考评方法及应用。

结构式叙述法；强迫选择法；短文法；劳动定额法；综合型绩效考评方法；绩效申诉及处理。

（4）绩效反馈面谈的目的。

二、第三版修订内容

（1）将"排列法"、"选择排列法"、"成对比较法"、"强制分布法"归为"行为导向型主观考评方法"。

（2）将"绩效总结面谈"修订为"绩效反馈面谈"。

三、第三版删除内容

（1）绩效管理系统的设计。

明确绩效管理的对象；考评使用表格的再检验；考评方法的再审核；企业绩效管理系统的检查与评估。

（2）绩效考评方法及应用的注意事项。

（3）绩效面谈与绩效改进。

单向劝导式面谈；双向倾听式面谈；解决问题式面谈；综合式绩效面谈；第二版教程中员工激励类型与方式的构成图示。

四、考试重点预测分析

根据历年考情点评情况以及新版教材中关于绩效管理内容的新增、修订及删除情况，我们对绩效管理部分的考试重点进行了以下预测，预测内容仅供参考，考生也应注意对其他知识点的掌握。预测分析具体内容如表4-4-2所示。

表4-4-2　绩效管理考试重点预测分析表

序号	预测重点	教程页码	解析	题型
1	绩效管理系统总体设计流程	P221	准备阶段、实施阶段、考评阶段、总结阶段和应用开发阶段	简答题 综合题
2	绩效合同的设计	P241	受约人与发约人信息、合同期限、计划内容、考评意见、签字确认	综合题
3	成对比较法	P246	见列表	计算题
4	行为锚定等级评价法	P249	工作步骤	简答题 综合题
5	行为观察法	P251	见列表	综合题
6	图解式评价量表法	P257	图解式评价量表设计	综合题
7	绩效考评中的矛盾	P265	三种矛盾、三项措施和方法	简答题 综合题
8	绩效申诉及处理	P267	受理内容、处理机构及处理流程	简答题 综合题
9	绩效改进的方法与策略	P275	三种分析工作绩效差距和原因的方法、三对改进工作绩效的策略	简答题 综合题

第三节　易错易混鉴定点分析

一、概念、定义易错易混鉴定点分析

（1）绩效管理制度的设计与绩效管理程序的设计。

绩效管理制度是企业单位组织实施绩效管理活动的准则和行为的规范，它是以企业单位规章规则的形式，对绩效管理的目的、意义、性质和特点，以及组织实施绩效管理的程序、步骤、方法、原则和要求所做的统一规定。

绩效管理程序的设计，由于涉及的工作对象和内容的不同，可分为管理的总流程设计和具体考评程序设计两部分。总流程设计是从企业宏观的角度对绩效管理程序所进行的设计，而具体程序设计是在较小的范围内，对部门或科室员工绩效考评活动过程所做的设计。

绩效管理制度设计应当充分体现企业的价值观和经营理念，以及人力资源管理发展战略和策略的要求，而绩效管理程序设计应当从程序、步骤和方法上，切实保障企业绩效管理制度得到有效贯彻和实施。

（2）国内与国外对绩效管理系统的不同认识。

国内认为绩效管理包括四个环节，分别是目标设计、过程指导、考核反馈和激励发展。

国外认为绩效管理由四个部分构成，分别是指导、激励、控制和奖励。

（3）行为导向型主观考评方法与行为导向型客观考评方法。

行为导向型主观考评方法包括排列法、选择排列法、成对比较法、强制分布法及结构式叙述法。行为导向型客观考评方法包括关键事件法、行为锚定等级评价法、行为观察法、加权选择量表法及强迫选择法。

（4）绩效面谈的类型。

绩效计划面谈是在绩效管理期初进行的面谈；绩效指导面谈是在绩效管理活动的过程中进行的面谈；绩效考评面谈是在绩效管理末期进行的面谈；绩效反馈面谈是在本期绩效管理活动完成之后进行的面谈。

二、程序、步骤易错易混鉴定点分析

绩效管理总流程的设计是考试重点，在选择题、简答题及综合分析题中都会出现。考生应对绩效管理总流程设计各个阶段的任务进行区分。绩效管理总流程由五个阶段构成，依次为准备阶段、实施阶段、考评阶段、总结阶段和应用开发阶段。各阶段的主要任务如下。

1）准备阶段；①明确绩效管理的对象以及各个管理层级的关系；②根据考评的具体对象，提出企业各类人员的绩效考评要素（指标）和标准体系；③根据绩效考评的内容，正确地选择考评方法；④对绩效管理的运行程序、实施步骤提出具体要求。

2）实施阶段：①严格执行绩效管理制度的有关规定，认真完成各项工作任务；②通过提高员工的工作绩效增强核心竞争力；③收集信息并注意资料的积累。

3）考评阶段：确保考评的准确性、公正性，明确考评结果的反馈方式。

4）总结阶段：①对企业绩效管理系统的全面诊断；②各个单位主管应承担的责任；③各级考评者应当掌握绩效面谈的技巧。

5）应用开发阶段：①重视考评者绩效管理能力的开发；②被考评者的绩效开发；③绩效管理的系统开发；④企业组织的绩效开发。

第五章　薪酬管理

第一节　历年考情点评

一、历年考题题型及分值状况

历年考题题型及分值情况具体如表 4-5-1 所示。

表 4-5-1　历年考题题型及分值情况

年份 题型	2010.5	2010.11	2011.5	2011.11	2012.5	2012.11	2013.5	2013.11
选择题	10	10	10	10	10	10	10	10
简答题	—	—	—	—	—	—	—	—
计算题	—	20	—	—	19	17	—	16
综合分析题	20	—	20	20	—	—	18	—
小计	30	30	30	30	29	27	28	26

从 2010 年 5 月至 2013 年 11 月的企业人力资源管理师三级考试中可以发现，薪酬管理这一章在试卷中总体所占分值在 26~30 分，卷册二中对本章知识点的考查主要以计算题和综合分析题的形式为主，但也不排除以简答题形式出现的可能。

二、真题分布区域

2010 年 5 月至 2013 年 11 月的企业人力资源管理师三级考试中，简答题、计算题和综合题对本章知识点的考查情况在培训教程中分布如下。

（1）2010 年 5 月，以案例分析题的形式考查薪酬管理制度的制定依据，2011 年 11 月，以案例分析题的形式考查对薪酬制度设计相关内容的综合掌握情况，相关知识点在新版教程中已修订为薪酬体系设计，参见《企业人力资源管理师（三级）》（第三版）第 282~295 页。

（2）2010 年 11 月以及 2013 年 5 月，分别以计算题和案例分析题的形式考查岗位评价指标的量化标准制定，相关知识点参见《企业人力资源管理师（三级）》（第三版）第 325~326 页。

（3）2011 年 5 月，以方案设计题的形式考查岗位评价指标的分级标准设定，相关知识点参见《企业人力资源管理师（三级）》（第三版）第 318~324 页。

（4）2012 年 5 月、2012 年 11 月以及 2013 年 11 月，以计算题的形式考查企业人工成本的核算，相关知识点参见《企业人力资源管理师（三级）》（第三版）第 336~345 页。

综上可知，薪酬体系设计、岗位评价指标的量化标准制定、岗位评价指标的分级标准设定以及企业人工成本的核算等内容是本章考查的重点。

第二节 考试预测分析

第三版《企业人力资源管理师（三级）》相对于第二版而言，关于薪酬管理部分的变动内容具体有以下方面。

一、第三版新增内容

（1）薪酬体系设计。

薪酬体系的概念；薪酬体系的类型；岗位薪酬体系设计；技能薪酬体系设计；绩效薪酬体系设计。

（2）专项薪酬管理制度。

薪酬制度的内容；奖金制度制定的程序；常见奖金项目的设计要点。

（3）岗位评价结果误差的调整。

新增了积差相关系数的计算方法。

（4）各类保险金的计算。

新增了各类保险金的征缴比例相关规定。

二、第三版修订内容

（1）将第一单元"薪酬管理制度的制定依据"修订为"薪酬体系设计"。

①薪酬管理的内容修订为"薪酬制度设计与薪酬日常管理"。

②"企业薪酬制度设计的基本要求"修订为"薪酬体系设计的基本要求"，并对具体内容也做了相应修订。

③"制定薪酬管理制度的基本依据"修订为"薪酬体系设计的前期准备"，并对具体内容也做了相应修订。

（2）将"工作岗位评价"修订为"岗位评价"。

（3）将"岗位评价的步骤"进行了修订，将10个步骤修订为14个步骤。

（4）岗位评价方法的应用中，将"成对比较法"从"排列法"中单独列出。

三、第三版删除内容

（1）薪酬管理制度制定依据、薪酬管理制度制定程序的部分内容在新教程中已删除。

（2）工资奖金制度的调整部分在新教程中已删除。

四、考试重点预测分析

根据近年企业人力资源管理师三级真题分析以及对新版教材新增、修订部分的分析，我们对薪酬管理部分的考试重点进行了以下预测，但考生不可抱有侥幸心理，预测仅供参考，考生仍应努力掌握其他要点、重点。预测分析具体内容如表4-5-2所示。

表4-5-2　薪酬管理考试重点预测分析表

序号	预测重点	教程页码	解析	题型
1	各类薪酬体系设计	P286	薪酬体系的概念、类型；岗位薪酬体系设计；技能薪酬体系设计；绩效薪酬体系设计	简答题 综合题
2	奖金制度的制定	P298	奖金制度制定的程序；常见奖金项目的设计要点	综合题
3	岗位评价的主要步骤	P311	将10个步骤修订为14个步骤	简答题 综合题
4	岗位评价结果误差的调整	P318	积差相关系数的计算方法	计算题
5	概率加权法的计算应用	P327	计算公式；计算步骤	计算题
6	成对比较法的计算应用	P335	成对比较法的统计汇总表	计算题

序号	预测重点	教程页码	解析	题型
7	员工工资总额的计算；人工成本总额的计算	P341	工资总额＝计时工资＋计件工资＋奖金＋津贴和补贴＋加班加点工资＋特殊情况下支付的工资 人工成本＝企业从业人员劳动报酬总额＋社会保险费用＋福利费用＋教育费用＋劳动保护费用＋住房费用＋其他人工成本	计算题综合题
8	各类保险金的计算	P349	人工成本；人力资源管理费用	计算题综合题
9	2010年至2013年历年真题			

第三节　易错易混鉴定点分析

一、概念、定义易错易混鉴定点分析

（1）薪酬、薪资与薪金。

①薪酬泛指员工获得的一切形式的报酬。包括薪资、福利和保险等各种直接或间接的报酬。薪酬有不同的表现形式：精神的与物质的、有形的与无形的、货币的与非货币的、内在的与外在的，等等。②薪资即薪金、工资的简称。③薪金通常是以较长的时间为单位计算员工的劳动报酬。

（2）薪酬制度与薪酬体系。

①薪酬制度设计主要是指薪酬策略设计、薪酬体系设计、薪酬水平设计、薪酬结构设计等。②狭义的薪酬体系是指薪酬中相互联系、相互制约、相互补充的各个构成要素形成的有机统一体，其基本模式包括基本工资、津贴、奖金、福利、保险等形式。广义的薪酬体系涉及薪酬政策、薪酬制度、薪酬管理的方方面面。

（3）社会保险、社会救助、社会福利以及社会优抚。

从我国社会保障的实践活动来看，它包括社会保险、社会救助、社会福利以及社会优抚等，社会保险针对劳动者，社会救助针对社会贫困者或生活在贫困线以下的人，社会福利针对全体居民，社会优抚针对军人及其家属。

二、方法、步骤易错易混鉴定点分析

（1）岗位薪酬体系设计的步骤与岗位工资或能力工资的制定程序。

岗位薪酬体系设计的步骤共8个，岗位工资或能力工资的制定程序共14步，二者易混淆，考生应注意在复习和答题时仔细分辨。

（2）函数法和常数法。

系数法计分可分为函数法和常数法两种：①函数法是借用模糊数学中隶属度函数的概念，按评价指标分级标准进行计分；②常数法是在评价要素分值（x）之前设定常数（a），将其乘积作为评定的结果（ax）。

系数法与自然数法计分的根本区别在于：自然数法是一次性获得测评的绝对数值，而系数法获得的只是相对数值，还需要与指派给该要素指标的分值相乘，才能得到绝对数值。

（3）确定合理的人工成本应考虑的影响因素与影响企业支付能力的因素。

①确定合理的人工成本应考虑的影响因素包括：企业的支付能力、员工的生计费用、工资的市场行情。②影响企业支付能力的因素有：实物劳动生产率、销货劳动生产率、人工成本比率、劳动分配率、附加价值劳动生产率、单位制品费用、损益分歧点。

第六章　劳动关系管理

第一节　历年考情点评

一、历年考题题型及分值状况

历年考题题型及分值情况具体如下表4-6-1所示。

表4-6-1　历年考题题型及分值情况

年份 题型	2010.5	2010.11	2011.5	2011.11	2012.5	2012.11	2013.5	2013.11
选择题	15	15	15	15	15	15	15	15
简答题	—	—	—	14	14	—	—	—
计算题	—	—	—	—	—	—	—	—
综合分析题	20	18	15	—	—	18	17	18
小计	35	33	30	29	29	33	32	33

从2010年5月至2013年11月的企业人力资源管理师三级考试中可以发现，人力资源规划这一章在试卷中总体所占分值在29~35分，卷册二对本章知识点的考查以综合

分析题和简答题的形式为主，但也不排除以计算题形式出现的可能。

二、真题分布区域

2010年5月至2013年11月的企业人力资源管理师三级考试中，简答题、计算题和综合题对本章知识点的考查在培训教程中分布如下。

（1）2010年5月以及2013年11月，以案例分析题的形式考查工伤管理相关规定，相关知识点参见《企业人力资源管理师（三级）》（第三版）第420~423页。

（2）2010年11月，以案例分析题的形式考查最低工资保障制度，相关知识点参见《企业人力资源管理师（三级）》（第三版）第378~384页。

（3）2011年5月，以案例分析题的形式考查集体合同管理相关规定的应用，相关知识点参见《企业人力资源管理师（三级）》（第三版）第394~405页。

（4）2011年11月，以简答题的形式考查调整劳动关系的方式，相关知识点在《企业人力资源管理师（三级）》（第三版）教程中已删除。

（5）2012年5月，以简答题的形式考查标准工作时间的定义以及限制延长工作时间的措施，相关知识点参见《企业人力资源管理师（三级）》（第三版）第375~377页。

（6）2012年11月以及2013年5月，以案例分析题的形式考查劳动合同的解除以及劳动争议的处理，相关知识点参见《企业人力资源管理师（三级）》（第三版）第406~412页。

综上可知，工伤管理相关规定、最低工资保障制度、集体合同管理相关规定的应用、工作时间制度以及劳动争议案件的处理是计算题和综合题考查的重点。

第二节　考试预测分析

第三版《企业人力资源管理师（三级）》相对于第二版而言，关于劳动关系管理部分的变动内容具体有以下方面。

一、第三版新增内容

（1）劳动标准的含义。

所谓劳动标准，是指基于劳动领域的自然科学、社会科学和实践经验的综合成果，经有关方面协商一致决定，或由有关方面批准，以多种形式发布的对劳动过程和劳动关系领域内的重复性事物、概念和行为所做的统一规定，作为共同遵守的准则和依据。

（2）劳动标准的结构。

①劳动标准的横向结构；②劳动标准的纵向结构；③劳动标准的功能结构。

（3）各类标准工作时间的计算方法。

①年制度工作时间 =365 天 –104 天（休息日）–11 天（法定节假日）=250 天

②季制度工作时间 =250 天 ÷4 季 =62.5 天 / 季

③月制度工作时间 =250 天 ÷12 月 =20.83 天

④年制度工作工时 =250×8=2000（工时 / 人·年）

⑤季制度工作工时 =62.5×8=500（工时 / 人·季）

⑥月制度工作工时 =2000/12=166.67（工时 / 人·月）

⑦月计薪天数 =（365–104）÷12=21.75（天 / 月）

⑧日工资 = 月工资收入 ÷ 月计薪天数

⑨小时工资 = 月工资收入 ÷（月计薪天数 ×8 小时）

（4）劳动争议的协商与调解。

劳动争议的概念；劳动争议的分类；劳动争议产生的原因；劳动争议处理的原则；调解委员会与劳动争议仲裁委员会、人民法院处理劳动争议时调解的区别；调解委员会的构成和职责；调解委员会调解劳动争议的原则；劳动争议处理的程序；劳动争议的协商解决；调解委员会调解的程序。

（5）劳动安全卫生保护管理。

劳动安全卫生标准的内容和分类；特种作业的范围。

（6）工伤管理。

工伤的概念；事故划分；劳动能力鉴定。

二、第三版修订内容

（1）员工满意度调查的基本程序。

将员工满意度调查基本程序的 5 个步骤修订为 7 个步骤，并对具体内容也做了相应修订。

（2）降低沟通障碍和干扰。

①树立主动的沟通意识；②创造有利的沟通环境；③员工沟通不能独立于员工性格特点而孤立存在，员工的精神状态、价值观念、交往习惯等多种人格特征都可能形成沟通障碍；④注意沟通语言的选择。

（3）用人单位内部劳动规则制定的程序。

①制定主体合法；②内容合法；③职工参与；④正式公布。

（4）集体合同的内容。

将"集体合同的内容"这一部分更加具体化、细化。

（5）对工伤事故分类标准的表述进行了修订。

（6）工伤保险待遇。

《国务院关于修改〈工伤保险条例〉的决定》自 2011 年 1 月 1 日起正式施行，决定中对于工伤致残待遇做了一系列修改。《企业人力资源管理师（三级）》（第三版）教程中对相应内容进行了修订，具体内容见该教程第 421~423 页。因此，考生应当注意，自 2011 年 1 月 1 日起，职工因工致残所享受的各级工伤保险待遇均应按照最新的工伤保险条例施行。

三、第三版删除内容

劳动关系调整方式的部分内容在第三版教程中已删除。

四、考试重点预测分析

根据近年企业人力资源管理师三级真题分析以及对新版教材新增、修订部分的分析，我们对劳动关系管理部分的考试重点进行了以下预测，但考生不可抱有侥幸心理，预测仅供参考，考生仍应努力掌握其他要点、重点。预测分析具体内容如表 4-6-2 所示。

表 4-6-2　劳动关系管理考试重点预测分析表

序号	预测重点	教程页码	解析	题型
1	员工满意度调查的基本程序	P366	7 个主要步骤；调查问卷的设计	简答题综合题
2	降低沟通障碍和干扰	P366	4 个注意事项	简答题
3	劳动标准	P372	劳动标准的含义及特点	简答题
4	各类标准工作时间的计算	P377	掌握公式和计算方法	计算题综合题
5	用人单位内部劳动规则制定的程序	P388	制定主体合法；内容合法；职工参与；正式公布	简答题综合题
6	劳动争议的协商与调解	P406	劳动争议处理的程序；劳动争议的协商解决；调解委员会调解的程序	简答题综合题
7	劳动安全卫生保护管理	P413	劳动安全卫生标准的内容和分类	简答题
8	工伤保险待遇	P421	职工因工致残的各级工伤保险待遇	综合题
9	2010 年至 2013 年历年真题			

第三节　易错易混鉴定点分析

一、概念、定义易错易混鉴定点分析

（1）各类工作时间。

考生应仔细辨析标准工作时间、缩短工作时间、计件工作时间、综合计算工作时间以及不定时工作时间之间的区别，明确各自的定义、适用范围和特点，做出清晰准确的判断。

（2）用人单位内部劳动规则的内容、劳动合同管理制度的内容与劳动纪律的内容。

①用人单位内部劳动规则的内容包括：劳动合同管理制度；劳动纪律；劳动定员定额规则；劳动岗位规范制定规则；劳动安全卫生制度；其他制度。

②劳动合同管理制度的主要内容包括：劳动合同履行的原则；员工招收录用条件、招工简章、劳动合同草案、有关专项协议草案审批权限的确定；员工招收录用计划的审批、执行权限的划分；劳动合同续订、变更、解除事项的审批办法；试用期考查办法；员工档案的管理方法；应聘人员相关材料保存办法；集体合同草案的拟定、协商程序；解除、终止劳动合同人员的档案移交办法、程序；劳动合同管理制度修改、废止的程序等。

③劳动纪律的内容包括：时间规则；组织规则；岗位规则；协作规则；品行规则；其他规则。

（3）劳动争议处理的原则与调解委员会调解劳动争议的原则。

①《劳动争议调解仲裁法》第三条规定："解决劳动争议，应当根据事实，遵循合法、公正、及时、着重调解的原则，依法保护当事人的合法权益。"

②调解委员会调解劳动争议的原则包括：申请自愿，即申请调解自愿、调解过程自愿、履行协议自愿；尊重当事人申请仲裁和诉讼权利。

二、程序、步骤易错易混鉴定点分析

（1）签订集体合同的程序与协商集体合同的步骤。

①签订集体合同的程序：确定集体合同的主体；协商集体合同；政府劳动行政部门审核；审核期限和生效；集体合同的公布。

②协商集体合同的主要步骤为：协商准备；协商会议；集体合同草案或专项集体合同草案经职工代表大会或者职工大会通过后，由集体协商双方首席代表签字。

（2）劳动争议处理的程序与调解委员会调解的程序。

①劳动争议处理的程序：根据我国劳动立法的有关规定，当发生劳动争议时，争议双方应协商解决；当事人不愿协商、协商不成或者达成和解协议后不履行的，可以向调解组织申请调解；不愿调解、调解不成或者达成调解协议后不履行的，可以向劳动争议仲裁委员会申请仲裁；对仲裁裁决不服的，除法律规定的最终裁决外，当事人一方或双方可申诉到人民法院，由人民法院依法审理并做出最终判决。

②调解委员会调解的程序：申请和受理；调查和调解；调解协议书；与协商、调解

相关的时效规定；人民法院的支付令。

考生在答题时应注意看清考题题干，认真区分所考知识点，快速甄别答题要点，避免陷入误区而出现"答非所问"的现象。

第七章 基础知识

第一节 历年考情点评

此部分为专业基础知识，对专业部分的理解具有间接基础性的帮助，就实践来讲，对提升人力资源管理的理性认识会有直接的帮助。人力资源基础知识在第一场考试中所占分值比例为20%，共12道单选、8道多选，各章平均题数为4题。此部分只有选择题，无其他题型。

第二节 考试预测分析

基础知识部分的历年考点较为集中，就复习的命中率来说，比专业部分选择题的命中率高出很多。历年真题中有许多相同的考点，平均每章内容均有考查的可能，考生应做好相应准备。

第三节 易错易混鉴定点分析

一、概念、定义易错易混鉴定点分析

（1）劳动力供给弹性与劳动力需求弹性。

劳动力供给量变动对工资率变动的反应程度被定义为劳动力供给的工资弹性，简称劳动力供给弹性。劳动力需求量变动对工资率变动的反应程度定义为劳动力需求的自身工资弹性。

两者都是对工资率变动的反应程度，但是前者表示的是劳动力的供给量，后者表示的是劳动力的需求量，考生在考试过程中应仔细辨别。

（2）劳动合同与集体合同。

劳动合同是雇员与雇主确立劳动关系、明确双方权利义务的协议。集体合同是通

过工会与雇主或雇主协会按照合法的程序，经过集体谈判达成的关于一般劳动条件的协议。两者的区别在于劳动合同是雇员直接与雇主达成协议，而集体合同需要通过工会、经过集体谈判来达成协议。

二、方法、步骤易错易混鉴定点分析

（1）确定型决策方法和不确定型决策方法。

确定型决策方法包括：①量本利分析法；②线性规划法；③微分法。

不确定型决策方法包括①悲观决策标准；②乐观系数决策标准；③中庸决策标准；④最小后悔决策标准；⑤同等概率标准（机会均等标准）。

（2）企业的战略选择

企业的战略选择包括：①总体战略；②一般竞争战略；③不同行业阶段的战略。

企业的总体战略有进入战略、发展战略、稳定战略和撤退战略；一般竞争战略包括低成本战略、差异化战略、重点战略；不同行业的战略又分为新兴行业的战略、成熟行业的战略、衰退行业的战略。

此部分内容很容易混淆，考生在答题过程中应仔细对待，对企业的战略有明确、清晰的认知。

考生在考试中应注意看清考题题干，认真区分所考知识点，快速甄别答题要点，避免陷入误区而出现"答非所问"的现象。

第八章　六类题型命题视角和应试策略

第一节　单项选择题

一、单选题命题视角

（1）基本概念。主要是指各种概念、定义的内涵。

例如:(　　)指用同一种测试方法对一组应聘者在两个不同时间进行测试的结果的一致性。

（A）稳定系数　　　　　　　　　　（B）等值系数

（C）内在一致性系数　　　　　　　（D）外在一致性系数

解析：A

（2）基本观点。主要是指常识性的、比较重要的观点。

例如：人员培训活动的起点是（　　）。

（A）培训目标的确定　　　　　　（B）培训计划的确定

（C）培训师资的选定　　　　　　（D）培训需求的确定

解析：D

（3）相近概念。一些相近（并列）的概念，内涵差别不十分明显，其外延也不易区别，容易"张冠李戴"的词与句，往往是比较好的出题素材。

例如：以下关于劳动定员与劳动定额的说法错误的是（　　）。

（A）二者的应用范围相同

（B）二者的计量单位不同

（C）二者的内涵完全一致

（D）劳动定额采用的劳动时间单位是"工时"、"工日"

解析：A

二、单选题应试策略

单项选择题的答题要求是每小题的备选答案中只有一个最符合题意。这就是说，每小题只能选一个答案，选两个以上（尽管正确的也被选中了）将被视作错误，不给分。选择题的得分在于问题的准确性，在答题时应注意每个选项的差别和联系，合理选择出正确的选项。

第二节　多项选择题

一、多选题命题视角

（1）基本概念的外延，这是主要的题目来源之一。

例如：员工配置的基本方法包括（　　）。

（A）以人为标准进行配置　　　　（B）以性别为标准进行配置

（C）以岗位为标准进行配置　　　　（D）以双向选择为标准进行配置

（E）以单向选择为标准进行配置

解析：ACD

（2）包含于一个命题中的并列从属项多见于一些并列的"性质"、"方法"等。

例如：在员工培训中，面谈法的具体操作方法有（　　）。

（A）个人面谈法　　　　（B）现场面谈法　　　　（C）集体会谈法

（D）团队分析法　　　　（E）任务分析法

解析：AC

二、多选题应试策略

多项选择题的答题要求是每小题的备选答案中有两个或两个以上符合题意的答案。错选、漏选或多选不得分。这里需注意答题要求，在多选题中，只有全部选择正确才能得分，比如某小题有四个正确答案，你从五个备选答案中选择了四个，其中三个是正确的，一个是错误的，那么你选的答案也不能得分。同样，多选、漏选也不得分。

第三节　简答题

一、简答题命题视角

简答题的命题视角比较好掌握，主要包括企业人力资源管理的具体程序、方法、过程和步骤等。

例如：简要说明工作岗位调查设计方案的构成。

解析：①明确岗位调查的目的；②确定调查的对象和单位；③确定调查项目；④确定调查表格和填写说明；⑤确定调查的时间、地点和方法。

例如：请简要说明企业工资、奖金调整方案的设计方法。

解析：①根据员工定级、入级规定，根据工作岗位评价结果、能力评价结果或绩效考核结果给员工定级。

②按照新的工资、奖金方案确定每个员工的岗位工资、能力工资和奖金。

③如果出现某员工薪酬等级降低，原来的工资水平高于调整后的工资方案，根据过渡办法中的有关规定，一般维持原有的工资水平，但薪酬等级按调整后的方案确定。

④如果出现员工薪酬等级没有降低，但调整后的薪酬水平比原有的低，则应分析原因，以便重新调整方案。

⑤汇集测算中出现的问题，供上级参考，以便对调整方案进行完善。

二、简答题应试策略

简答题的答题要求是力求"简要"。考生在解答这类题型时不应刻意追求完美，花费大量篇幅，做出过多的阐述，而要根据试题的要求，准确和完整地抓住重点，突出要点，对试题做出明确和完整的回答。

第四节　计算题

一、计算题命题视角

计算题主要检验考生从事企业人力资源管理活动所应具有的基本计算能力，以及对各种数据进行处理和分析的水平。相对来说，计算题所考的知识面比案例分析题、图表分析题和方案设计题都要简单一些，因为计算题所涉的题目都是企业人力资源管理师在日常工作中所必须用到的数量分析方法，计算题的命题视角也集中于此。

例如：某公司上年度相关费用如表 4-8-1 所示，上一年度净产值为 9780 万元，本年度确定目标净产值为 12975 万元，目标劳动分配率同上一年。

表 4-8-1　某公司上年度相关费用　　　　（单位：万元）

费用项目	数额
在岗员工工资总额	2300
不在岗员工工资总额	81
企业高管分工	260
社会保险费用	678
福利费用	219
教育经费	44
劳动保护费用	58
住房费用	127
工会经费	30
招聘费用	22
解聘费用	21

请根据上述资料，分别计算出该企业本年度目标人工成本总额及目标人工成本的增长率。

解析：①人工成本费用（总额）＝企业在岗人员工资总额＋不在岗员工工资总额＋社会保险费用＋福利费用＋教育经费＋劳动保护费用＋住房费用＋工会经费＋招聘费用＋解聘费用

②上一年度人工成本费用总额＝（2300+81+678+219+44+58+127+30+22+21）=3580（万元）

③劳动分配率 = 人工费用总额 / 净产值

上一年度劳动分配率 =3580÷9780 =36.61%

④根据已知条件，本年度目标劳动分配率与上一年相同，则：

本年度目标劳动分配率 =36.61%

⑤目标劳动分配率 = 目标人工成本费用 / 目标净产值，即 36.61%= 目标人工费用 /12975

本年度目标人工成本 =12975 × 36.61%=4750.15（万元）

本年度目标人工成本增长率 =4750.15÷3580–100%=32.69%

例如：某印刷集团公司下属的印制厂购置了 25 台 C 型数字化印制设备。由于供货方提供的定员资料不够完整，厂方领导要求人力资源部在最短的时间内，提出该类设备的定员方案。

于是人力资源部门负责组建的测评小组，首先对已经试运行的五台设备进行了全面测定，通过工作日写实，发现看管该种设备的岗位有三个工作点，甲点的工作时间为 300 工分，乙点的工作时间为 220 工分，丙点的工作时间为 280 工分，根据以往经验，该种设备的个人需要与休息宽放时间为 60 工分。

此外，根据 2009 年的计划任务量，该种设备每台需要开动 2 个班次，才能满足生产任务的需要。已知过去 3 年该厂员工的平均出勤率为 96%。

请根据上述资料：（1）核算出每台设备的看管定额（人 / 台）;（2）核算出 2009 年该类设备的定员人数。

解析:（1）多人一机共同进行看管的设备，其岗位定员人数的计算亦即单台设备的看管定额的计算。

班定员人数 = 共同操作各岗位生产工作时间总和 ÷（工作班时间 – 个人需要与休息宽放时间）

那么，该类设备的班定员人数 =（300+220+280）÷（480–60）=1.905 ≈ 2（人 / 台），即 0.5（台 / 人）。

（2）核算该种设备定员总人数时，按设备定员的计算公式：

定员人数 =（需要开动设备台数开动班次）/（员工看管定额出勤率）

那么，该种印制设备的定员人数 =（25 × 2)/（0.5 × 0.96）=50/0.48=104.17 ≈ 104（人）。

二、计算题应试策略

计算题的答题要求是不仅要求考生的计算结果正确，还要求考生写出必要的步骤和计算过程，以及所依据的原理、方法或公式等。因此，计算题的答案只有计算结果而没有计算过程，或者有了计算过程而计算结果不正确，都要扣分。在做计算题时，考生不要只追求计算结果的正确性，还要注意计算过程的合理性与条理性，并且要有相关的理论依据。

第五节　案例分析题

一、案例分析题命题视角

案例分析题的命题不是简单孤立地考核问题本身，而是考核考生对基本原理和方法的掌握程度与综合应用能力。这类试题的命题视角一般体现在对企业人力资源管理重要的基本原理的理解，以及基本程序、方法的操作和运用上。

例如：某机械公司新任人力资源部部长 W 先生，在一次研讨会上学到了一些他自认为不错的培训经验，回来后就兴致勃勃地向公司提交了一份全员培训计划书，要求对公司全体人员进行为期一周的脱产计算机培训，以提升全员的计算机操作水平。

不久，该计划书获批准，公司还专门下拨十几万元的培训费。可一周的培训过后，大家对这次培训说三道四、议论纷纷。除办公室的几名文员和 45 岁以上的几名中层管理人员觉得有所收获外，其他员工要么觉得收效甚微，要么觉得学而无用，白费功夫。大多数人认为，十几万元的培训费只买来了一时的轰动效应。有的员工甚至认为，这次培训是新官上任点的一把火，是某些领导拿单位的钱往自己脸上贴金。听到种种议论的 W 先生感到委屈：在一个有着传统意识的老国企，给员工灌输一些新知识，为什么效果这么不理想？当今竞争环境下，每人学点计算机知识应该是很有用的，为什么会不受欢迎呢？他百思不得其解。

请分析：（1）导致这次培训失败的主要原因是什么？

（2）企业应当如何把员工培训落到实处？

解析：（1）这次培训失败的主要原因有：①培训与需求严重脱节；②培训层次不清；③没有确定培训目标；④没有进行培训效果评估。

（2）企业应采取如下措施把培训落到实处：①培训前做好培训需求分析，包括培训层次分析、培训对象分析、培训阶段分析；②尽量设立可以衡量的、标准化的培训目标；③开发合理的培训考核方案、设计科学的培训考核指标体系；④实施培训过程管理，实现培训中的互动；⑤重视培训的价值体现。

二、案例分析题应试策略

案例分析题主要考查考生的实际专业能力，要求考生根据人力资源管理的有关原理和方法，对案例中存在的问题进行深入分析，紧密结合工作实际，或说明自己的具体意见，或提出切实可行的对策建议，或指出解决问题的途径和方法。一般来说，考生在回答此类问题时，需要综合运用教材中所涉及的企业人力资源管理的原理、程序、步骤、工具和方法，同时注意高级别覆盖低级别的要求。

首先，审阅案例的内容和情节。为了弄清案例发生的背景和来龙去脉，需要采用5W2H的方法。要提出 Who（何人）、When（何时）、Where（何地）、What（何事）、Which（何物）、How（如何做）、How much（费用）等一连串的疑问，即从时间、空间、人物、过去、现在与未来等多维度、多视角提出问题，然后再认真思考。只有对提问逐一做出正确的回答，才能真正把握案例实情。在分析案例发生的背景和隐含的问题时，一定要注意文中的细节，认真地对待案例中的人和事。考生应当实现中高层管理者的角色扮演，设身处地进入案例的情节之中，只有这样做，考生才能在掌握各种数据的基础上，透过错综复杂的案情，"一进门"就抓住事件的关键，认清事物的本质。其次，考生应当根据正确的判断，提出具体的评析意见或者解决问题的对策。

在撰写案例分析的答卷时，考生还应当注重分析问题的系统性和深入性，考虑问题思路的逻辑性和清晰性，文章层次结构的条理性和严谨性，运用所学理论知识的针对性和适用性，语言表达的准确性和流畅性等。

第六节　方案设计题

一、方案设计题命题视角

方案设计题主要检验考生对企业人力资源管理的基本原理和基本方法，以及相关制度的基本内容、制定程序、执行过程等方面知识和能力的理解与掌握程度。简言之，就是检测考生运用企业人力资源管理的基本原理和基本方法，分析和解决实际工作中遇到的困难与问题的能力。一般而言，方案设计题为一个案例，要求考生在对案例中所存在的问题进行分析的基础上提出具体的解决方案。

此外，方案设计题的另一个命题视角就是要求考生根据一定情景和约束条件，提出实践性很强的工作计划，或者设计出具有可操作性的规章制度、劳动规范或管理标准，或者设计出一些日常管理中经常使用的调查统计表格，如招聘申请表、员工满意度调查表、企业薪酬调查表等。因此，方案设计题并不是单纯地考查考生对企业人力资源管理内容和程序的了解与记忆程度，而是考查考生对企业人力资源管理实践活动的掌控和驾驭能力。

例如：某外贸企业为提升企业的竞争力，针对部分业务人员进行了为期三天的商务礼仪培训。希望通过培训，每个学员能运用规范的商务礼仪来进行各种商务活动，塑造良好的企业形象。培训结束后人力资源部门为了解受训者对培训项目的感性认识，同时为将来课程的改进收集信息，要求受训者填写培训课程评估表。

请根据上述情况，为该企业设计一份培训课程评估表。

解析：培训课程评估应当包括以下项目：①调查时间；②课程基本资料，包括课程名称、讲师姓名、培训时间、受训者姓名等；③课程内容评估，包括课程结构、教材选择和练习活动等；④讲师表现评估，包括专业水平、讲课技巧和气氛营造等；⑤学员参与度评估，包括被调查人员自己的参与度，以及其他学员的参与度；⑥培训评估标准的设置；⑦培训反映评估，如"活动期间您有哪些感悟"；⑧培训效果评估，如"本课程对您的工作有帮助的部分为何处"；⑨改善意见和建议；⑩下一期培训需求调查。

表 4-8-2 为培训课程评估表参考范例。

表 4-8-2　培训课程评估表参考范例

_年_月_日

培训课程名称			培训时间		
受训者姓名			讲师姓名		
受训者岗位			培训地点		
受训者部门			受训人数		
您是否在课前对于本课的内容有清楚的了解？					是□　　否□
活动期间您有哪些感悟？					
本课程对您的工作有何帮助？请具体说明。					
分项评估					
评估内容		评估标准			改善意见
课程内容	1. 课程选择	好	较好	一般	差	
	2. 教材选择	好	较好	一般	差	
	3. 练习活动	好	较好	一般	差	
讲师表现	1. 专业水平	好	较好	一般	差	
	2. 讲授技巧	好	较好	一般	差	
	3. 气氛营造	好	较好	一般	差	
学员参与度	1. 本人参与度	好	较好	一般	差	
	2. 其他学员参与度	好	较好	一般	差	
请您为此次培训打分（总体满意度为 100 分）。					＿＿＿＿＿分
除了本次培训之外，您还期望在哪几个领域得到培训？					
恳请您对此次培训提出意见或建议。					

二、方案设计题应试策略

方案设计题要求考生在对题目所提供的案例进行分析的基础上，提出解决问题的对策或实施方案，或者要求考生根据题意起草一项操作性更强的专项管理的制度、计划。方案设计题的命题范围一般集中于企业人力资源管理中的基础工作或者是经常出现的一些"难点"、"疑点"或"焦点"问题。在制度设计方面，一般会涉及企业人力资源管理重要制度，如员工的绩效管理制度、薪酬福利制度（工资方案设计）、员工培训与开发等。

第五篇
通关计划五：真题模拟题测试与综合检查

我们已经进入真题及模拟练习阶段，在这一阶段的复习过程中，考生应按照真题考试的时间长短，抽出整块时间进行测试，并严格遵循闭卷考试规则，对自己的真实水平进行检验。考生可以通过自我测试，考查自己对知识点的掌握情况，并对照教材查漏补缺，扎实掌握理论知识与操作技能。

在真题练习结束后，考生可以有针对性地进行模拟训练，通过本篇精编的全真模拟考题，全面巩固和掌握知识要点，从而信心百倍、从容应对考试！

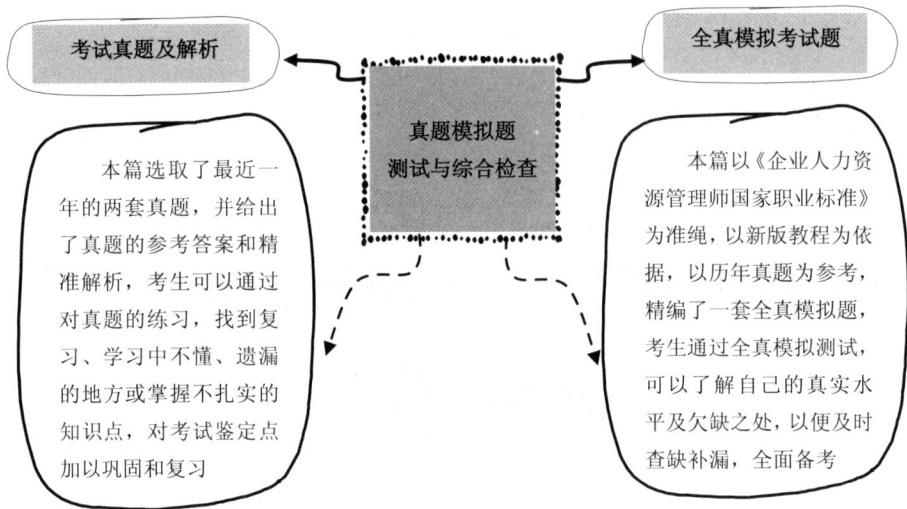

考试真题及解析

全真模拟考试题

真题模拟题
测试与综合检查

本篇选取了最近一年的两套真题，并给出了真题的参考答案和精准解析，考生可以通过对真题的练习，找到复习、学习中不懂、遗漏的地方或掌握不扎实的知识点，对考试鉴定点加以巩固和复习

本篇以《企业人力资源管理师国家职业标准》为准绳，以新版教程为依据，以历年真题为参考，精编了一套全真模拟题，考生通过全真模拟测试，可以了解自己的真实水平及欠缺之处，以便及时查缺补漏，全面备考

2013年5月企业人力资源管理师

全国统一鉴定考试真题

卷册一及答案

第一部分 职业道德

（第1~25题，共25道题）

一、职业道德基础理论与知识部分

（一）单项选择题（第1~8题）

1. 下列范畴中，属于道德评价的是（ ）。

（A）高低 （B）大小 （C）美丑 （D）松紧

2. 道德作为调节社会关系的重要手段，道德调节能够弥补法律调节的不足，其意思是说（ ）。

（A）道德调节无所不能，法律调节多有局限性

（B）"吃软不吃硬"是人的心理特点，所以道德调节更有效

（C）道德比法律的适用范围广泛，调节具有事前性

（D）道德存在的历史比法律更久远

3. 我国社会主义职业道德建设的基本原则是（ ）。

（A）集体主义 （B）爱国创新 （C）包容和谐 （D）共产主义

4. 职业化包含多种层次的内容，其核心层是（ ）。

（A）职业化理念 （B）职业化流程 （C）职业化作风 （D）职业化素养

5. 在职业活动的内在道德准则中，"勤勉"的内涵是（ ）。

（A）当一天和尚撞一天钟 （B）不偷懒，不三心二意

（C）领导安排什么，就干好什么 （D）不讲求计划性，该干什么就干什么

6. "敬业"特征所要求的主动、务实、持久的根本含义是（ ）。

（A）尽职尽责＋科学认真＋坚持不懈 （B）崇尚自由＋踏实肯干＋坚持到底

（C）自觉服从＋不苟言语＋默默无闻 （D）不令而行＋反对空谈＋从一而终

7. 下列说法中，符合"比尔·盖茨关于十大员工优秀准则"要求的是（　　）。

（A）热爱并关注别人的工作

（B）对别的公司的产品抱有寻根究底的好奇心

（C）了解客户并满足自己的需求

（D）与公司制定的长期目标保持一致

8. 下列对于职业道德规范"诚信"本质内涵的理解，正确的是（　　）。

（A）表达自己的真心和愿望即为诚信

（B）物美价廉是诚信在商业领域的基本要求

（C）说话算话是诚信的本质要求

（D）诚信是一种社会信誉和经营资质

（二）多项选择题（第9~16题）

9. 社会主义核心价值体系包括（　　）。

（A）以儒家思想为核心的传统道德　　　（B）以发家致富为核心的共同理想

（C）以爱国主义为核心的民族精神　　　（D）以改革创新为核心的时代精神

10. 根据"中国商业企业诚信公约"，下列说法中正确的是（　　）。

（A）排除或限制消费者合法权益应事先进行听证

（B）商品促销中的虚假宣传不应该超过合理限度

（C）对售出商品应该实行商品质量先行负责制

（D）应该主动征求消费者意见，妥善解决消费者投诉

11. 践行"公道"职业道德规范的要求包括（　　）。

（A）平等待人　　　（B）公私分明　　　（C）灵活机动　　　（D）因事制宜

12. 根据"禁止商业贿赂行为的暂行规定"，下列说法中正确的是（　　）。

（A）只有经营者采用财务手段贿赂对方个人的行为，才被定性为商业贿赂

（B）回扣是指经营者在销售商品时在账外暗中以现金、实物等方式退给对方的价款

（C）经营者销售商品，可以以明示方式给予对方折扣

（D）经营者销售或者购买商品，可以以明示方式给中间人佣金

13. 关于职业纪律，正确的说法是（　　）。

（A）理解的纪律要执行，不理解的纪律也要执行

（B）完备的纪律要执行，不完备的纪律可以不执行

（C）领导的话要执行，它比执行纪律更具体、更重要

（D）本企业的纪律要执行，到了外部场合要执行对方的纪律

14. 关于从业人员"执业操作规程"，理解正确的是（　　）。

（A）操作规程是长期实践经验的总结，从业人员要牢记操作规程

（B）为了熟练掌握操作规程，从业人员上岗前应反复演练操作规程

（C）从业人员的操作经验十分丰富时，可以适当简化操作规程

（D）操作规程并非一成不变，从业人员可以大胆创新操作规程

15. 下列关于职业道德规范"节约"的说法中，正确的是（　　）。

（A）节约的目的是合理利用资源，促进可持续发展

（B）节约的重点是节省能源、原材料消耗，降低生产成本

（C）节约的方式因人而异，但解决的本质具有共同性

（D）节约的内容、领域十分广泛，所以无法形成任何可操作性的行为规范

16. 关于"奉献"，正确的说法是（　　）。

（A）任何加班加点的行为，均属于奉献行为

（B）在正常工作日内，多干事、把事情做好做精也是奉献精神的体现

（C）衡量奉献与否的主要标准是看其有无为干好工作而努力的态度和精神

（D）具有奉献精神，能够赢得更多的成才机遇

二、职业道德个人表现部分（第17~25题）

17. 某员工被大家评选为业务标兵，公司号召大家向他学习，但你觉得这个标兵不合格，因为日常接触中，你发现了他的许多缺点，对此，你会（　　）。

（A）向公司反映标兵的情况　　　　（B）既然是大家选的，自己不会反对

（C）心里不舒服，但会跟着走个过场　　（D）反思自己的认知，按公司要求做

18. 四个人在一起交流学习体会，对于他们的观点，你能认可的是（　　）。

（A）甲："学习要捡管用的学，否则就是浪费时间。"

（B）乙："结合工作需要学，感觉收获最大。"

（C）丙："开卷有益，学习什么没关系。"

（D）丁："学习重在思考，思考之后学习的东西才变成自己的。"

19. 一个顾客在购物时突然晕倒在地，不省人事，你从未遇到过这样的情况，也没有救护经验。这时，你会（　　）。

（A）马上告知主管　　　　　　　（B）马上拨打120

（C）请周围的顾客帮助救护　　　　（D）救人如救火，抬他去医院

20. 你觉得某个以前和你关系要好的同事现在与你疏远了，对此，你会（　　）。

（A）认为大家都在忙工作，正常现象　　（B）怀疑有人挑拨，查找这个人是谁

（C）合久必分，分久必合，无所谓　　　（D）主动找对方聊一聊，看看是什么缘故

21. 对领导安排的工作，你的态度是（　　）。

（A）领导安排什么，就尽力完成什么　　（B）先做计划，然后按计划执行

（C）悠着点儿干，不着急 　　　　（D）好像总有干不完的工作

22. 公司要搞一场大型产品推介会，要你制定一个方案。对此，你会优先考虑的是（　　）。

（A）是否有助于树立公司领导人的形象

（B）当地政府的支持很重要，别怠慢了他们

（C）如何加强现场技术人员的接待宣传力量

（D）产品如何能够引起消费者的关注

23. 下列说法中，你能够接受的是（　　）。

（A）朋友比领导重要，感情比规则重要

（B）钱不是万能的，但没钱是万万不能的

（C）关系是第一资源，身体是第一本钱

（D）人干事是现实之事，干人事是头等大事

24. 你认为，朋友之间的良好感情基础是（　　）。

（A）礼尚往来　　（B）相互关照　　（C）合作上进　　（D）敞开心扉

25. 某员工因工作出了一点小差错，被主管劈头盖脸训斥一通。假如你就是这名员工，你会（　　）。

（A）觉得对方是在故意找茬，会当场理论一番

（B）当场不言语，事后会找对方进行深入沟通

（C）为了免受这个窝囊气，会直接打报告离职

（D）虽然很难受，但能够接受

第二部分　理论知识

（26~125题，共100道题，满分为100分）

一、单项选择题（26~85题，每题1分，共60分。每小题只有一个最恰当的答案，请在答题卡上将所选答案的相应字母涂黑）

26. 按要素类别分配社会总产品或收入称为（　　）。

（A）要素性收入分配　　　　　　　（B）功能性收入分配

（C）结构性收入分配　　　　　　　（D）成本性收入分配

27. （　　）是政府通过调节利率来调节总需求水平，以促进充分就业、稳定物价和经济增长的一种宏观经济管理对策。

（A）财政政策　　（B）货币政策　　（C）金融政策　　（D）收入政策

28. 保护劳动者劳动权时，应该优先保护在劳动关系中事实上处于（　　）的劳动者。

（A）特殊地位　　（B）优势地位　　（C）司法解释　　（D）弱势地位

29.（　　）不具有法律效力。

（A）立法解释　　（B）任意解释　　（C）司法解释　　（D）行政解释

30. PDCA 循环法包括：①计划；②检查；③执行；④处理。其正确排序为（　　）。

（A）①②③④　　（B）③②①④　　（C）③①④②　　（D）①③④②

31. 企业（　　）是指企业的声誉、人力、财力和物力。

（A）销售能力　　（B）实力　　（C）服务能力　　（D）潜力

32.（　　）是团队生存、改进和适应变化着的环境的能力。

（A）团队成长　　（B）团队建设　　（C）团队学习　　（D）团队发展

33. 满足权力需要的行为不包括（　　）。

（A）解决了复杂问题　　　　　　（B）控制他人和活动

（C）战胜对手或敌人　　　　　　（D）对资源进行控制

34.（　　）认为领导者的主要任务是提供必要的支持以帮助下属达成他们的目标，并确保他们的目标与群体和组织的目标相互配合、协调一致。

（A）参与模型　　　　　　　　　（B）情景领导理论

（C）路径 – 目标理论　　　　　　（D）费德勒的权变模型

35. 心理测验按测验的内容可分为两大类：一类是人格测验，一类是（　　）。

（A）能力测验　　（B）成就测验　　（C）性向测验　　（D）情商测验

36. 人力资源的（　　）能力是企业竞争优势的根本。

（A）技术　　（B）创新　　（C）智力　　（D）管理

37. 在管理技术上，现代人力资源管理（　　）。

（A）照规章办事　　　　　　　　（B）追求科学性和艺术性

（C）以事为中心　　　　　　　　（D）追求精确性与科学性

38. 在人力资源规划中，（　　）事关全局，是各种人力资源计划的核心。

（A）战略规划　　（B）组织规划　　（C）制度规划　　（D）人员规划

39. 以下关于工作岗位设计的说法错误的是（　　）。

（A）岗位设计应充分考虑企业人力资源管理结构特征

（B）岗位设计要杜绝人浮于事、效率低下的现象

（C）岗位的存在是为实现组织的特定任务和目标服务的

（D）岗位的调整与合并必须以实现工作目标为衡量标准

40. 在工作岗位设计中，方法研究步骤包括：①记录；②选择；③改进；④实施；⑤分析。其正确顺序是（　　）。

（A）①②③④⑤　　（B）②①⑤④③　　（C）①②⑤③④　　（D）②①⑤③④

41. 以下关于劳动定员与定额的说法错误的是（　　）。

（A）劳动定额是劳动定员的发展形式　　（B）二者都是对人力消耗所规定的限额

（C）二者劳动时间采用的单位长度不同　（D）劳动定员与劳动定额的内涵完全一致

42. 核定企业定员的基本方法不包括（　　）。

（A）按设备定员　　（B）按岗位定员　　（C）按任务定员　　（D）按比例定员

43. 某车间为完成生产任务需开动机床 30 台，每台开动班次为 3 班，看管定额为每人看管 2 台，出勤率为 90%，则该工种定员人数为（　　）。

（A）40 人　　　　（B）50 人　　　　（C）90 人　　　　（D）100 人

44.（　　）的岗位最不适合按工作岗位进行定员。

（A）清洁工　　　（B）信访人员　　　（C）警卫员　　　（D）医务人员

45. 影响企业人力资源管理的内部环境因素不包括（　　）。

（A）企业文化氛围的营造　　　　　　（B）人员整体的素质结构

（C）员工价值观与满意度　　　　　　（D）竞争对手的人力资源情况

46. 企业在审核人工成本预算时，无须（　　）。

（A）关注消费者物价指数

（B）关注竞争对手的管理费用情况

（C）定期进行劳动力工资水平的市场调查

（D）关注政府有关部门发布的年度工资指导线

47. 有可能影响内部员工积极性的员工招募方式是（　　）。

（A）校园招聘　　（B）网络招聘　　（C）内部招募　　（D）外部招募

48. 布告法经常用于非管理层人员的招聘，特别适合于招聘（　　）。

（A）销售人员　　（B）技术人员　　（C）普通职员　　（D）高层人员

49. 在费用和时间允许的情况下，对应聘者的初选工作应坚持（　　）。

（A）细选选择　　（B）精选原则　　（C）重点原则　　（D）面广原则

50. 面试不能够考核应聘者的（　　）。

（A）交流能力　　（B）风度气质　　（C）衣着外貌　　（D）科研能力

51. 一般让应聘者对某一问题做出明确答复的面试提问方式是（　　）。

（A）开放式提问　　（B）封闭式提问　　（C）清单式提问　　（D）假设式提问

52. 企业招聘大批初级技术人员，最适合的招聘渠道是（　　）。

（A）校园招聘　　（B）猎头公司　　（C）熟人推荐　　（D）档案筛选

53.（　　）说明了根据测试结果预测将来行为的有效性。

（A）预测效度　　（B）费用效度　　（C）内容效度　　（D）同侧效度

54.（　　）是指把同一（组）应聘者进行的同一测试分为若干部分加以考察，各部分所得结果之间的一致性。

（A）内在一致性系数　　　　　　　　（B）稳定系数

（C）外在一致性系数　　　　　　　　（D）等值系数

55. 用人单位可以聘用外国人，但聘用期限不得超过（　　）。

（A）3年　　　　（B）4年　　　　（C）5年　　　　（D）10年

56. 有关培训前期的准备工作的说法错误的是（　　）。

（A）培训部门应建立起员工的背景档案，密切关注员工的变化

（B）培训部门工作人员要与其他部门人员建立良好的个人关系

（C）培训部门应当在掌握足够数量的培训要求后再向上级汇报

（D）培训档案应注重员工素质、工作变动情况以及培训历史等内容的记载

57. 培训开始实施以后，第一件事情就是对有关事项进行介绍，具体内容不包括（　　）。

（A）管理规则　　　（B）培训课程　　　（C）培训主题　　　（D）培训教材

58. 在制定培训规划时，陈述目标的目的在于（　　）。

（A）明确工作对培训提出的要求　　　　（B）确定培训内容的前后顺序

（C）翻译和提炼早期收集的信息　　　　（D）发现更为适合的培训类型

59.（　　）是指教师按照准备好的讲稿系统地向受训者传授知识的方法。

（A）讲授法　　　（B）专题讲座法　　　（C）研讨法　　　（D）案例研讨法

60. 运用研讨法实施培训时，选择研讨题目的注意事项不包括（　　）。

（A）具有代表性　　　（B）具有启发性　　　（C）难度要适当　　　（D）不提前发放

61.（　　）不属于案例研究法。

（A）案例分析法　　　（B）个案分析法　　　（C）工作指导法　　　（D）事件处理法

62.（　　）比较适用于对操作技能要求较高的员工进行培训。

（A）模拟训练法　　　（B）头脑风暴法　　　（C）敏感性训练　　　（D）事件处理法

63. 要用"以人为本"的指导思想和管理理念制定培训制度，保证制度的（　　）。

（A）稳定性和连贯性　　　　　　　　（B）稳定性与现实性

（C）周期性和变化性　　　　　　　　（D）创新性和变革性

64. 有关培训激励制度的说法错误的是（　　）。

（A）企业要建立起培训－使用－考核－奖惩的配套制度

（B）建立岗位培训责任制，使培训与部门领导利益挂钩

（C）应在培训激励制度中明确规定奖惩执行的方式、方法

（D）激发企业的培训积极性，满足企业生产发展的需要

65. 考评者对被考评者心存顾虑，致使考评的结果缺乏客观公正性的绩效考评方式是（　　）。

（A）上级考评 （B）同级考评 （C）下级考评 （D）自我考评

66. 在选择具体的绩效考评方法时，无须考虑的因素是（ ）。

（A）培训成本 （B）工作实用性 （C）管理成本 （D）工作适用性

67. 在绩效管理的总结阶段中，对企业各级组织诊断分析的基础和前提是（ ）。

（A）对企业绩效管理体系的诊断 （B）对考评者全面、全过程的诊断

（C）对企业绩效管理制度的诊断 （D）对被考评者全面、全过程的诊断

68. （ ）在各个部门或单位之间、各个下属成员之间进行对比，以发现组织与下属员工工作绩效实际存在的差距和不足。

（A）水平比较法 （B）目标比较法 （C）纵向比较法 （D）横向比较法

69. 在绩效管理中，通过对下属员工采取惩罚的手段，以防止和克服他们绩效低下的行为，属于绩效改进策略的（ ）。

（A）正向激励策略 （B）预防性策略 （C）负向激励策略 （D）制止性策略

70. （ ）是在绩效管理活动的过程中，根据下属不同阶段上的实际表现，主管与下属围绕思想认识、工作程序等方面的问题所进行的面谈。

（A）绩效考评面谈 （B）绩效总结面谈 （C）绩效计划面谈 （D）绩效指导面谈

71. （ ）通常指员工超额劳动的报酬。

（A）收入 （B）奖励 （C）薪金 （D）工资

72. 外部回报是员工因雇佣关系从自身以外所得到的各种形式的回报，也称（ ）。

（A）外部奖金 （B）外部激励 （C）外部薪酬 （D）外部分配

73. 工作岗位评价结果有多种表现形式，但不包括（ ）。

（A）分值形式 （B）排序形式 （C）等级形式 （D）比例形式

74. 开展工作岗位评价的首要步骤是（ ）。

（A）制订总体计划 （B）将全部岗位分为若干大类

（C）收集岗位信息 （D）对岗位评价工作全面总结

75. （ ）是指评价要素和评价标准体系反映岗位特征的有效程度。

（A）内容效度 （B）结构效度 （C）过程效度 （D）同侧效度

76. 工作岗位评价的对象是（ ）。

（A）岗位员工的工作活动 （B）岗位的绝对价值

（C）岗位员工的能力素质水平 （D）岗位的责任权限

77. 下列不属于劳动法律关系特点的是（ ）。

（A）它是一种双务关系 （B）具有国家强制性

（C）内容是权利和义务 （D）具有平等性和隶属性

78. （ ）是指基于劳动合同，为获取工资而有义务处于从属地位，为他人提供劳

动的人员。

（A）雇员　　　　　　　　　　　　（B）用人单位主管

（C）雇主　　　　　　　　　　　　（D）劳动力使用者

79. 在劳动关系的调整方式中，（　　）的基本特点是体现劳动关系当事人双方的意志。

（A）劳动合同　　　（B）民主管理制度　　（C）集体合同　　　（D）劳动法律法规

80.（　　）在集体合同内容的构成中处于核心地位。

（A）一般性规定　　　　　　　　　（B）其他规定

（C）过渡性规定　　　　　　　　　（D）劳动条件标准条款

81. 以下关于用人单位内部劳动规则的说法错误的是（　　）。

（A）以正式文件的形式公布　　　　（B）用人单位可不考虑职工的意见

（C）内容不合法的不具有法律效力　（D）其制定程序是先职工参与后正式发布

82.（　　）是由企业职工经过民主选举产生的职工代表组成的，代表全体职工实行民主管理权利的机构。

（A）创新开发委员会　　　　　　　（B）质量管理小组

（C）技术参与工作组　　　　　　　（D）职工代表大会

83. 正式通报的优点不包括（　　）。

（A）信息不易受到歪曲　　　　　　（B）信息传递准确

（C）沟通内容易于保存　　　　　　（D）便于双向沟通

84. 员工满意度调查的步骤包括：①确定调查方法；②确定调查项目；③调查结果分析；④确定调查组织；⑤确定调查对象。其排序正确的是（　　）。

（A）⑤①②④③　　　（B）①⑤②④③　　　（C）②⑤①④③　　　（D）⑤②①④③

85. 非因劳动者本人造成用人单位停工、停业的，在一个工资支付周期内，用人单位（　　）支付劳动者工资。

（A）无须　　　　（B）部分　　　　　（C）酌情　　　　（D）按照正常劳动

二、多项选择题（86~125题，每小题1分，共40分。每题有多个答案正确，请在答题卡上将所选答案的相应字母涂黑。错选、少选、多选，均不得分）

86. 女性劳动力参与率呈上升趋势的主要原因包括（　　）。

（A）女性教育水平提高　　（B）劳动法日益完善　　　（C）制度劳动时间缩短

（D）人口出生率下降　　　（E）科学技术不断进步

87. 政府购买的具体项目包括（　　）。

（A）社会救济　　　　　（B）公共管理服务　　　　（C）社会雇员薪金报酬

（D）公共工程项目　　　（E）事业组织中劳动者的薪金报酬

88. 下面属于劳动法律渊源的有（　　）。

（A）国务院劳动行政法规　　　　　（B）劳动法律

（C）宪法中关于劳动问题的规定　　（D）个案判例

（E）我国立法机关批准的相关国际公约

89. 劳动合同和集体合同制度包括（　　）。

（A）劳动合同的订立、履行　　　　（B）集体合同协商、订立的程序

（C）劳动合同的变更、解除和终止　（D）集体合同协商、订立的原则

（E）因劳动合同发生争议的调节和处理

90. 企业战略的特点包括（　　）。

（A）全局性　　　　　（B）系统性　　　　　（C）长远性

（D）风险性　　　　　（E）科学性

91. 成熟期企业可以采取的营销策略有（　　）。

（A）市场改良　　　　（B）市场营销组合改良　（C）产品改良

（D）增强销售渠道功效　（E）适时降价

92. 满足亲和需要的行为可以是（　　）。

（A）参加社交活动　　　　　　　　（B）受到许多人的喜欢

（C）影响并改变他人的态度和行为　（D）成为团队的一分子

（E）友好、合作地与同事一起工作

93. 人性的特征包括（　　）。

（A）能动性　　　　　（B）社会性　　　　　（C）整体性

（D）多面性　　　　　（E）可变性

94. 工作岗位分析信息的主要来源有（　　）。

（A）书面的材料　　　（B）同事的报告　　　（C）任职者报告

（D）直接的观察　　　（E）任职者家属的报告

95. 工作说明书的内容包括（　　）。

（A）岗位职责　　　　（B）技能要求　　　　（C）工艺流程

（D）绩效考评　　　　（E）工作时间

96. 在改进岗位设计中，工作扩大化的作用有（　　）。

（A）有利于提高劳动效率　　　　　（B）使工作范围和责任增加

（C）有利于发挥员工技术专长　　　（D）促进员工综合素质提高

（E）有利改变员工对工作的单调、乏味感

97. 企业定员的原则包括（　　）。

（A）定员标准要长期固定　　　　　（B）必须以精简、高效、节约为目标

（C）各类人员的比例关系要协调　　（D）必须以企业生产经营目标为依据

（E）要做到人尽其才、人事相宜

98. 以下关于制度化管理的说法正确的是（　　）。

（A）管理人员所拥有的权利受严格的限制

（B）每个管理者都拥有自己的职能所必要的权力

（C）制度化管理通常称作"官僚制"、"科层制"

（D）制度化管理是由瑞典管理学家马克斯·韦伯提出的

（E）制度化管理主要依靠外在于个人的、科学合理的理性权威实行管理

99. 以下属于以任务为中心的企业管理哲学内容的有（　　）。

（A）重视员工职业生涯规划　　　　　（B）着眼于员工的近期目标

（C）认为员工是人工成本的承担者　　（D）单一的物质刺激手段

（E）着眼于企业长远发展

100. 从员工档案中可以了解到的员工信息有（　　）。

（A）教育　　　　　　　（B）培训　　　　　　　（C）经验

（D）技能　　　　　　　（E）绩效

101. 下列属于网络招聘优点的有（　　）。

（A）成本较低　　　　　（B）选择余地大，涉及范围广　　　（C）方便快捷

（D）不受地点和时间的限制　（E）成功率高

102. 非结构化面试的优点包括（　　）。

（A）灵活自由　　　　　（B）问题可因人而异　　　（C）标准统一

（D）得到信息较深入　　（E）效率较高

103. 在面试过程中，应聘者通常希望（　　）。

（A）创造融洽的会谈气氛　　　　　（B）充分了解自己所关心的问题

（C）被理解、尊重，被公平对待　　（D）决定是否愿意到该单位工作

（E）有足够的时间向考官说明自己具备的条件

104. 关于工作地组织，下列说法正确的是（　　）。

（A）要有利于工人进行生产劳动　　（B）增加工人辅助生产的时间

（C）要为企业创造良好的工作环境　　（D）要有利于工人的身心健康

（E）要有利于发挥工作地装备效能

105. 工作轮班制的主要组织形式有（　　）。

（A）混合制　　　　　　（B）三班制　　　　　　（C）四班制

（D）交叉制　　　　　　（E）两班制

106. 员工个人层次的培训需求分析的内容主要包括（　　）。

（A）工作态度　　　　　（B）员工素质　　　　　（C）工作绩效

（D）员工技能 　　　　　　（E）工作任务

107. 年度培训计划必须具备的内容有（　　）。

（A）培训目的 　　　　　　（B）培训原则 　　　　　　（C）培训需求

（D）培训对象 　　　　　　（E）培训内容

108. 对培训效果监控情况的总结报告的内容包括（　　）。

（A）培训目的 　　　　　　（B）培训对象和内容 　　　　（C）培训计划

（D）培训分析与评估 　　　　（E）培训方法

109. 培训需求分析模型包括（　　）。

（A）循环评估模型 　　　　　（B）绩效差距分析模型 　　　（C）全面性任务分析模型

（D）薪酬差距分析模型 　　　（E）前瞻性培训需求分析模型

110. 态度型培训法中，角色扮演法的缺点包括（　　）。

（A）设计者需要精湛的设计能力 　　　（B）模拟环境是静态不变的

（C）若学员参与意识不强，影响效果 　　（D）角色固定，不够灵活

（E）问题分析不具有普遍性

111. 采用案例分析法，培训前的准备工作包括（　　）。

（A）选择适当案例 　　　　　（B）展示案例资料 　　　　　（C）让学员熟悉案例

（D）制订培训计划 　　　　　（E）确定培训时间、地点

112. 根据考评者的来源，绩效考评可以分为（　　）。

（A）上级考评 　　　　　　　（B）员工自我考评 　　　　　（C）同级考评

（D）外部人员考评 　　　　　（E）下级考评

113. 根据面谈的具体过程及其特点，绩效面谈可以分为（　　）。

（A）单向劝导式面谈 　　　　（B）解决问题式面谈 　　　　（C）双向倾听式面谈

（D）综合式绩效面谈 　　　　（E）单向指导型面谈

114.（　　）可以分析出工作绩效的差距。

（A）目标比较法 　　　　　　（B）纵向比较法 　　　　　　（C）水平比较法

（D）组合比较法 　　　　　　（E）横向比较法

115.（　　）属于行为导向型考评方法。

（A）行为观察法 　　　　　　（B）成对比较法 　　　　　　（C）选择排列法

（D）强迫分布法 　　　　　　（E）关键事件法

116. 根据劳动合同规定，企业应对员工为企业所提供的贡献以及（　　），支付给员工相应的薪酬。

（A）工龄 　　　　　　　　　（B）情感 　　　　　　　　　（C）技能

（D）体力 　　　　　　　　　（E）工作表现

117. 工资奖金调整的方式包括（　　）。

（A）奖励性调整　　　　（B）生活指数调整　　　（C）物质性调整

（D）工龄工资调整　　　（E）特殊性调整

118. 岗位评价中的权重系数的作用主要有（　　）。

（A）便于评价结果的汇总

（B）突出不同类别岗位的主要特征

（C）使同类岗位的不同要素的得分可以进行比较

（D）使不同类岗位的同一要素的得分可以进行比较

（E）使不同类岗位的不同要素的得分可以进行比较

119. 福利管理的主要原则包括（　　）。

（A）合理性原则　　　　（B）协调性原则　　　（C）必要性原则

（D）整体性原则　　　　（E）计划性原则

120. 十一届三中全会后，我国劳动关系发生了深刻的变化，主要表现在（　　）。

（A）劳动关系多元化　　（B）劳动关系主体明确化　（C）劳动内容复杂化

（D）劳动关系客体多变化　（E）劳动关系的利益协调机制趋向法制化

121. 集体合同与劳动合同的区别在于（　　）。

（A）主体不同　　　　　（B）内容不同　　　　（C）功能不同

（D）意义不同　　　　　（E）法律效力不同

122. 集体合同与一般协议的相同特点有（　　）。

（A）合法性　　　　　　（B）主体平等性　　　（C）内容一致性

（D）客体平等性　　　　（E）法律约束性

123. 平等协商与作为订立集体合同程序的集体协商的区别在于（　　）。

（A）主体不同　　　　　（B）客体不同　　　　（C）程序不同

（D）内容不同　　　　　（E）法律效力和法律依据不同

124. 劳动纪律的内容包括（　　）。

（A）作息时间　　　　　（B）考勤办法　　　　（C）考核制度

（D）劳动任务　　　　　（E）薪酬结构

125. 工伤认定申请表应当包括（　　）。

（A）职工伤害程度　　　（B）事故发生的地点　（C）事故发生的原因

（D）事故发生的时间　　（E）事故发生时在场人

真题卷册一参考答案

第一部分　职业道德

此部分无标准答案，根据人力资源从业人员的职业价值观作答。

第二部分　理论知识

26.B　27.B　28.D　29.B　30.D　31.B　32.C　33.A　34.C　35.A　36.B　37.B　38.A

39.A　40.D　41.A　42.C　43.B　44.D　45.D　46.B　47.D　48.C　49.D　50.D　51.B

52.A　53.A　54.A　55.C　56.C　57.D　58.C　59.A　60.D　61.C　62.A　63.A　64.C

65.C　66.A　67.D　68.D　69.C　70.D　71.B　72.C　73.D　74.B　75.A　76.A　77.D　78.A

79.A　80.D　81.B　82.D　83.D　84.D　85.D　86.ACDE　87.BDE　88.ABCE　89.ABCD

90.ABCD　91.ABC　92.ABDE　93.ABCE　94.ABCD　95.ABDE　96.ABE　97.BCDE

98.ABCE　99.BCD　100.ABCDE　101.ABCD　102.ABD　103.ABCDE　104.ADE　105.BCE

106.ABCD　107.ABCDE　108.ABDE　109.ABCE　110.ABCE　111.ADE　112.ABCDE

113.ABCD　114.ACE　115.ABCDE　116.ACDE　117.ABDE　118.ABCDE　119.ABCE　120.ABE

121.ABCE　122.ABE　123.ACDE　124.ABD　125.ABCD

卷册二及答案

一、简答题（本题共 2 题，每小题 15 分，共 30 分）

1. 简述制定具体人力资源管理制度的基本程序。（15 分）

2. 简述绩效改进的方法与策略。（15 分）

二、计算题（本题共 1 题，共 15 分。先根据题意进行计算，然后进行必要分析，只有计算结果没有计算过程不得分）

某车间产品装备组有甲、乙、丙、丁四位员工，现有 A、B、C、D 四项任务，在现有生产技术及组织条件下，每位员工完成每项工作所需要的工时如表 1 所示。请运用匈牙利法求出员工与任务的最佳分派方案，以保证完成任务的总时间最短，并求出完成任务的总工时。

表 1　每位员工完成四项工作任务的工时统计表（单位：工时）

员工 工作任务	甲工人	乙工人	丙工人	丁工人
A	13	8	12	21
B	16	21	9	15
C	5	6	7	7
D	21	19	13	12

三、案例分析题（本题共 2 题，第 1 小题 18 分，第 2 小题 17 分，共 35 分）

1. 某工业公司是一家中型企业，根据岗位的工作性质和特点，该公司将工作岗位划分为管理人员、技术人员和操作人员三大类。公司人力资源部根据薪酬制度改革的要求，拟对现有各类岗位组织一次系统全面的岗位评价。为了切实保证岗位评价的质量，从各个职能业务部门抽调了一些有丰富工作经验的主管人员，组成了岗位评价专家小组。人力资源部张经理在总结吸收同行业岗位评价经验的基础上，提出了包含岗位责任、劳动强度、技能要求和工作条件四个方面要素共22项评价指标的岗位评价体系，但在与专家小组讨论如何制定岗位评价指标的计分标准时，大家各执一词，使他一筹莫展。

请结合本案例，回答下列问题：

（1）岗位指标的计量标准应由哪些基础标准组成？（6分）

（2）在制定岗位评价指标的计分标准时，可采用哪几种计分标准和方法？（12分）

2. 2010年10月8日，于某通过招工考试被录用为某商场营业员，双方当事人签订劳动合同，约定聘用期3年，并明确试用期从2010年10月10日开始。于某上岗以后，工作表现不错，得到主管的一致好评。

2011年5月初该商场又从社会公开招聘女营业员50名。2011年7月7日，商场同时以试用期不符合录用条件为由解聘了30名女营业员，于某也接到了商场人事部的解聘通知。当日下午，于某到商场人事部质询，人事部负责人出示了2010年10月招聘女营业员的广告，其中规定，应聘者身高应该在165厘米以上。于某身高只有160厘米，但在笔试和面试时表现都非常出色，当时商场开业在即，怕一时找不到合适人选，因此决定录用于某为营业员。于某不服，向当地劳动争议仲裁委员会申诉，要求录用单位履行原劳动合同。

请结合本案例进行分析（17分）

四、方案设计题（本题20分）

某公司是一家高科技企业，其科研人员经常需要外派接受专项培训，例如该公司一项赴德国的技术人员培训，每年需要派数十人参加，为期6个月，人均费用达10万元。请为该公司设计一份培训服务协议，以明确公司和受训员工的责任与权利。

真题卷册二解析

一、简答题

1. 解析：在企业中，人力资源管理制度体系是由一系列具体管理制度组成的。一项具体的人力资源管理制度一般应由总则、主文和附则等章节组成。在制定具体内容时，可按照如下程序进行：

①概括说明建立本项人力资源管理制度的原因，在人力资源管理中的地位和作用，即在企业中加强人力资源管理的重要性和必要性。②对负责本项人力资源管理的机构设置、职责范围、业务分工，以及各级参与本项人力资源管理活动的人员的责任、权限、义务和要求做出具体的规定。③明确规定本项人力资源管理的目标、程序和步骤，以及具体实施过程中应当遵守的基本原则。④说明本项人力资源管理制度设计的依据和基本原理，对采用数据采集、汇总整理、信息传递的形式和方法，以及具体的指标和标准等

做出简要、确切的解释及说明。⑤详细规定本项人力资源管理活动的类别、层次和期限（例如，何时提出计划，何时确定计划，何时开始实施，何时具体检查，何时反馈汇总，何时总结上报等）。⑥对本项人力资源管理制度中所使用的报表格式、量表、统计口径、填写方法、文字撰写和上报期限等提出具体的要求。⑦对本项人力资源管理活动的结果应用原则和要求，以及与之配套的规章制度（如薪酬奖励、人事调整、晋升培训等）的贯彻实施做出明确规定。⑧对各个职能和业务部门本项人力资源管理活动的年度总结、表彰活动和要求做出原则规定。⑨对本项人力资源管理活动中员工的权利与义务、具体程序和管理办法做出明确详细的规定。⑩对本项人力资源管理制度的解释、实施和修改等其他有关问题做出必要的说明。

2. 解析：（1）分析工作绩效的差距与原因。

1）分析工作绩效的差距。具体方法有：

①目标比较法。它是将考评期内员工的实际工作表现与绩效计划的目标进行对比，寻找工作绩效的差距和不足的方法。

②水平比较法。它是将考评期内员工的实际业绩与上期（或去年同期）的工作业绩进行比较的方法。

③横向比较法。在各个部门或单位之间、各个下属成员之间进行横向的对比，以发现组织与下属员工工作绩效实际存在的差距和不足。

2）查明产生差距的原因。

既有员工主观的因素也有企业客观的因素，既有物质的影响因素也有精神的影响因素，特别是员工工作行为和工作表现受到多种因素的影响。

（2）制定改进工作绩效的策略。

1）预防性策略与制止性策略。

①预防性策略是员工进行作业之前采取。

②制止性策略是对员工的工作劳动过程进行全面的跟踪检查和监测。

2）正向激励策略与负向激励策略。

①正向激励策略是通过制定一系列行为标准，以及与之配套的人事激励政策，如奖励、晋级、升职、提拔等，鼓励员工更加积极主动工作的策略。

②负向激励策略，也可称为反向激励策略，它对待下属员工与正向激励策略完全相反，采取了惩罚的手段，以防止和克服他们绩效低下的行为。惩罚的手段主要有：扣发工资奖金、降薪、调任、免职、解雇、除名、开除等。

3）组织变革策略与人事调整策略。

①劳动组织的调整；②岗位人员的调动；③其他非常措施，如解雇、除名、开除等。

二、计算题

解析：1. 以各员工完成工作任务的工时构造矩阵一。

矩阵一

13　8　12　21

16　21　9　15

5　6　7　7

21　19　13　12

2. 对矩阵一进行约减，得矩阵二。

矩阵二

5　0　4　13

7　12　0　6

0　1　2　2

9　7　1　0

3. 由于矩阵二各行各列均有"0"，则画盖"0"线，得矩阵三。

矩阵三

5　0　4　13

7　12　0　6

0　1　2　2

9　7　1　0

4. 由于矩阵三中盖"0"线数目等于矩阵维数，则求最优解，得矩阵四。

矩阵四

5　　0√　4　　13

7　　12　0√　6

0√　1　　2　　2

9　　7　　1　　0√

5. 员工配置最终结果，见下表。

工作任务 ＼ 员工	甲工人	乙工人	丙工人	丁工人
A		8		
B			9	
C	5			
D				12

6. 甲、乙、丙、丁 4 位工人分别完成 C、A、B、D 工作任务的总工时 =5+8+9+

12=34（工时）

三、案例分析题

1.解析：（1）岗位评价指标的计量标准由计分、权重和误差调整等三项基础标准组成。

（2）在工作岗位评价中，对评价指标的计分标准的制定，可以采用单一计分制和多种综合计分两类标准。

①单一指标计分标准的制定可以采用自然数法和系数法。自然数法计分可以设一个自然数和多个自然数。系数法计分可以分为函数法和常数法。

②多种要素综合计分标准的制定方法。具体包括：简单相加法、系数相乘法、连乘积法、百分比系数法。

2.解析：（1）本案涉及的法律问题是劳动合同中对试用期的约定及试用期不符合录用条件的确定。

（2）我国《劳动法》表明劳动合同中可以约定试用期，试用期最长不得超过6个月。

（3）《劳动合同法草案》为更好保护劳动者，对试用期规定得更短，《草案》第12条："非技术性岗位的试用期不得超过1个月；技术性岗位的试用期不得超过3个月；高级专业技术岗位的试用期不得超过6个月。"

（4）本案中，于某和商场虽然约定了试用期，但没有约定试用期的时间到底有多长。如果双方在合同履行中没有发生纠纷，没有约定具体的时间这个问题不会影响劳动合同；一旦发生纠纷时，双方当事人就会为试用期的长短发生争执。

（5）劳动争议仲裁委员会在解决这类争议时通常采取两种做法，一是确认视同没有规定试用期，二是推定试用期为6个月。通常不能因为试用期期限约定不明而裁决劳动合同无效，因为这样不利于保护劳动者的利益。

（6）对本案的处理，劳动争议仲裁庭应推定试用期为6个月，由于劳动合同已实际履行了9个月，因而超过了试用期，用人单位以试用期间劳动者不符合录用条件为由解除劳动合同的决定是无效的，不予支持，双方当事人应继续履行劳动合同，这样达到了保护于某的合法利益的目的。

（7）通过本案，劳动合同当事人应吸取的经验教训：①试用期的约定，关系着劳动关系的存续问题，必须双方自愿协商一致方可在劳动合同中约定，而不能强迫规定。否则将视为无效条款。②约定试用期应当在劳动合同签订的同时进行，而不应在合同已签订后再重新单方规定试用期。③劳动合同签订后再要求约定试用期，属于劳动合同变更，不能单方进行。

四、方案设计题

解析：

甲方：_____

乙方：_____　性别：____出生年月：_____　家庭地址：_____

户口所在地：_____　电话：_____

经甲乙双方平等协商，同意签订本协议，并共同遵守执行以下条款：

（一）甲方的责任、权利、义务

1. 根据工作需要，自__年__月__日至__年__月__日安排乙方在进行有关____（脱产、半脱产、不脱产）的学习与培训，为期__个月。

2. 甲方为乙方提供学习（培训）费用预计_____元。

3. 甲方保证乙方在学习与培训期间享受规定的待遇，并有权对乙方的学习情况进行检查监督，并对乙方在学习培训中的不良表现进行惩处。

4. 甲方有权要求乙方自培训结束后正式上班之日起必须为甲方服务____以上，服务期未满自己提出调动（离职），应将甲方支付的学习培训费用按"未履行月数／服务期月数"的比例退还。

（二）乙方的责任、权利、义务

1. 在学习与培训期间，自觉遵章守纪，努力学习，完成培训任务。

2. 在培训结束之后，按照培训协议规定的年限为公司服务。若不能完成，将依"员工培训协议管理"的相关规定为公司赔付相应培训费用。

3. 乙方学期培训期满，应将学习成绩单交人力资源部审核。如果成绩不及格，应将甲方支付的学费按比例退还甲方。乙方一次退还有困难的，甲方酌情从其月总收入中扣除。

4. 若乙方在培训期间内辞职，按实际发生金额赔付公司培训费用。

（三）双方约定的其他事宜

培训后请填：实际培训费用为人民币_____元。

（四）本协议一式两份，甲乙双方各执一份，自签字之日起生效。

甲方代表（签字）：_____　　　　乙方（签字）：_____

2013年11月企业人力资源管理师
全国统一鉴定考试真题

卷册一及答案

第一部分 职业道德
（第1~25题，共25道题）

一、职业道德基础理论与知识部分

（一）单项选择题（第1~8题）

1. 关于道德的说法中，正确的是（   ）。

（A）道德是处理人与人之间、人与社会之间关系的特殊行为规范

（B）道德总是发展变化的，因此判定一个人的道德优劣是不可能的

（C）道德中的"应该"与"不应该"因人而异，没有共同道德标准

（D）在维护社会秩序上，道德只起表面作用，难以深入人心

2. 传统道德所谓"见利思义"的意思是（   ）。

（A）见到利益时，不要犹豫，应立即获取

（B）见到利益时，在考虑经济成本后决定是否获取

（C）见到利益时，首先需要思考是否合乎道义

（D）见到利益时，要讲义气，把好处让给朋友

3. 对一般从业人员来说，符合文明礼貌具体要求的是（   ）。

（A）着装朴素　　　（B）语言委婉　　　（C）举止典雅　　　（D）严肃待客

4. 在企业文化诸要素中，居于核心地位的是（   ）。

（A）企业规章制度　（B）企业价值观　　（C）企业形象　　　（D）企业目标

5. 爱岗敬业的意思是（   ）。

（A）只要工作符合自己的兴趣，就努力去做好

（B）不管从事何种工作，从业人员不能想"跳槽"

（C）选择工作时，要把个人专业和能力放在第一位

（D）对工作不怠慢，心存崇敬之情

6. 关于诚实守信，正确的说法是（　　）。

（A）诚实守信是从业人员立足于社会、干好工作的资本

（B）诚实守信的本质是不欺骗他人，对自身不存在诚实与否的问题

（C）不管做出怎样的许诺都要坚持兑现，才是诚实守信

（D）诚实守信属于个人品质，与企业发展无关

7. 关于节俭，你能够认可的说法是（　　）。

（A）节俭须因人而异，因个人或企业不同而有所区别

（B）节俭绝不会促使企业增值，不应成为企业文化建设的内容

（C）节俭是建设节约型社会的需要

（D）会花钱方能挣钱，无须大力倡导节俭

8. 哲学家萧伯纳说："倘若你有一个苹果，我有一个苹果，而我们彼此交换这些苹果，那么，我们依然各有一个苹果。但是倘若你有一种思想，而我们彼此交换这些思想，那么，我们每个人将有两种思想。"你对此的理解是（　　）。

（A）物质交换没有意义，只有思想交换才能拓展视野

（B）团结合作不是等级交换，心灵的沟通与理解才是根本目的

（C）团结互助前提是能否增加收益，应摒弃等价交换式的互助

（D）物质交换是清晰的，而思想交换往往导致思想雷同

（二）多项选择题（第9~16题）

9. 企业文化的自律功能表现为（　　）。

（A）以企业追求利润最大化为唯一目标

（B）不管怎样干，能够最大限度地促进发展就行

（C）精益求精，自觉服务社会

（D）兼顾经济效益和社会效益，实现二者有机统一

10. 员工之间保持密切关系，应做到（　　）。

（A）多替同事着想，多给同事方便

（B）对同事的关心要记在心上，给予适当方式的回报

（C）尊重同事隐私，谅解他们的不足

（D）对同事的恶意诽谤，要敢于以眼还眼

11. 职业道德与员工技术进步的关系是（　　）。

（A）职业道德有助于员工在技术上取得进步

（B）员工在技术上的进步能够代替在职业道德上的进步

（C）员工具有良好的职业道德自然会取得技术上的进步

（D）职业道德是增强企业技术进步的精神动力

12. 在职业理想上，符合职业道德要求的做法是（　　）。

（A）把劳动作为谋生的手段　　　　（B）把职业追求与为社会服务结合起来

（C）寻求能够发挥自己特长的职业　　（D）把职业作为实现个人目标的踏板

13. 属于"忌语"的说法是（　　）。

（A）"有完没完"　　　　　　　　　（B）"喊什么，等什么"

（C）"我就这态度"　　　　　　　　（D）"不买看什么"

14. 关于办事公道，正确的说法是（　　）。

（A）普通员工因为手中无权，不存在办事公道与否的问题

（B）在服务过程中，违背法律职业纪律的行为一般会违背办事公道原则

（C）办事公道就是把个人谋取利益与为社会服务分别开来

（D）要做到办事公道，必须在细微之处严格要求自己

15. 职业纪律具有（　　）的特点。

（A）内容上的明确规定性　　　　　（B）制定上的人为性

（C）理解上的主观差异性　　　　　（D）执行上的强制性

16. 关于创新，正确的认识是（　　）。

（A）创新是个人事业成功的保障　　（B）时时、事事、处处存在着创新的机遇

（C）创新之中蕴含着很大的经济价值　（D）创新完全取决于个人的才智状况

二、职业道德个人表现部分（第 17~25 题）

17. 假如你是小区物业管理人员，就春节期间小区内燃放烟花爆竹一事征求业主意见，发现三分之一业主赞同燃放，三分之一业主表示反对，另有三分之一业主的意见不得而知。如果继续征求业主的意见，会相当困难。这时，你会（　　）。

（A）继续调查，直到把所有的意见收集上来

（B）根据征求到的依据做出决定

（C）根据自己的经验做出决定

（D）根据所征求到的意见，通过物业公司会议研究决定

18. 如果你不喜欢过春节，你的理由是（　　）。

（A）太累，休息不好　　　　　　　（B）花钱太多

（C）又长一岁　　　　　　　　　　（D）好东西吃多了，影响健康

19. 如果你喜欢过春节，你的理由是（　　）。

（A）吃得好，改善生活　　　　　　（B）能够与家人朋友长时间团聚

（C）好好玩一玩　　　　　　　　　（D）好好休息几天

20. 工作之余，你与周围同事进行联络最常用的方式是（　　）。

（A）发手机短信　（B）打电话　　（C）发电子邮件　　（D）见面

21. 白天上班时，远在外地的同学（老乡）来找你，但你近来工作忙，你会（ ）。

（A）告诉他（她），不能见面 （B）约他（她）来单位，简短会面

（C）让他（她）等待，晚上见面 （D）只能和他（她）在电话中交流

22. 日常生活中，想和朋友聊天时，你通常会（ ）。

（A）等朋友来找自己 （B）自己主动去找他们

（C）碰到时再说 （D）不管他们干什么，想找谁就去找

23. 在工作中，在与自己不和的同事相遇时，你会（ ）。

（A）小心翼翼地避开他们 （B）尽力装作若无其事的样子

（C）正常交往，但心里别扭 （D）既小心谨慎，又主动接近

24. 某同事在公开场合说了伤害你的话，事后他虽然私下向你道了歉，但这并不能挽回对你造成的影响。这时，你会（ ）。

（A）在心里记住这件事，不再理睬同事

（B）要他公开道歉，以挽回影响

（C）既然事情已经过去了，就不再想了

（D）与他聊天，看他为什么做出这样的举动

25. 如果你的上司是一个既头脑简单又性格固执的人，在交往中你发现，他听不进你的任何意见，你会（ ）。

（A）不听就算了

（B）向上司的上司提出自己合理的意见或建议

（C）写信给上司的主管部门，建议撤换上司

（D）离开这个部门或干脆离开公司

第二部分 理论知识

（26~125题，共100题，满分为100分）

一、单项选择题（26~85题，每题1分，共60分。每题只有一个最恰当的答案，请在答题卡上将所选答案的相应字母涂黑）

26. 衡量收入差距最常用的指标是（ ）。

（A）国民收入 （B）基尼系数 （C）人均GDP （D）需求弹性

27. 劳动力市场的客体是（ ）。

（A）劳动力资源 （B）劳动者的劳动力

（C）使用劳动者的企业 （D）劳动者的所有者个体

28. 对劳动者而言，物质帮助权主要通过（ ）来实现。

（A）社会保险 （B）社会保障 （C）社会救济 （D）薪酬福利

29.（ ）不具有法律效力。

（A）立法解释 （B）任意解释 （C）司法解释 （D）行政解释

30. 劳动法律关系的构成要素不包括（ ）。

（A）劳动法律关系的主体 （B）劳动法律关系的内容

（C）劳动法律关系的客体 （D）劳动法律关系的原则

31. PDCA 循环法作为一种计划管理的方式，包括①执行、②处理、③检查、④计划四个阶段，周而复始地按照（ ）顺序循环进行。

（A）④①③② （B）③②①④ （C）③①④② （D）①②③④

32. 建立合理有效的（ ）是企业完成计划任务的关键。

（A）计划体系 （B）决策体系 （C）目标体系 （D）营销体系

33.（ ）是指利用有关的信息资料对人的行为进行分析，从而推论其原因的过程。

（A）引申 （B）总结 （C）归因 （D）归纳

34. 组织公正与报酬分配的原则不包括（ ）。

（A）分配公平 （B）程序公平 （C）互动公平 （D）法律公平

35.（ ）是把领导行为风格与下属参与决策相联系，并在具体情景与工作结构下讨论如何选择领导方式和参与决策的形式以及参与的程度。

（A）费德勒权变模型 （B）参与模型

（C）路径 – 目标理论 （D）情景领导理论

36. 人力资本投资收益率的变化规律不包括（ ）。

（A）人力资本投资收益的变动规律

（B）投资和收益之间的替代与互补关系

（C）人力资本投资的社会收益变化规律

（D）人力资本投资的内生收益率递减规律

37.（ ）是人力资源规划、人员招聘、员工薪酬等日常人事管理活动的重要前提和依据。

（A）岗位调查 （B）岗位评价 （C）岗位分析 （D）岗位分类分级

38. 在企业规划中起决定作用的规划是（ ）。

（A）战略规划 （B）制度规划 （C）费用规划 （D）人力资源规划

39. 以下关于岗位规范和工作说明书的说法错误的是（ ）。

（A）岗位规范的结构形式呈现多样化

（B）工作说明书不受标准化原则的限制

（C）岗位规范覆盖的范围比工作说明书广泛

（D）岗位规范与工作说明书的内容有所交叉

40. 岗位工作丰富化的作用不包括（ ）。

（A）有利于提高岗位工作效率 （B）使工作的范围和责任增加

（C）使员工有更多机会实现个人价值　　（D）为员工发展提供了更广阔的空间

41. 以下关于企业定员的说法错误的是（　　）。

（A）编制包括机构编制和政府编制

（B）它与劳动定额的内涵完全一致

（C）企业定员亦称劳动定员或人员编制

（D）是对劳动力使用的一种数量、质量界限

42. 以下关于企业定员管理的说法错误的是（　　）。

（A）合理的劳动定员能提高劳动生产率

（B）劳动定员必须以生产效率最大化为中心

（C）劳动定员可以激发员工钻研业务技术的积极性

（D）合理的定员能使企业各岗位的任务量实现满负荷运转

43. 以下关于兼职的说法错误的是（　　）。

（A）主要限于少数岗位采用

（B）可扩大劳动者的知识面

（C）对挖掘企业的劳动潜力具有重要意义

（D）就是让一个人完成两种或两种以上的工作

44. 劳动定员标准属于劳动定额工作标准，即以（　　）为对象制定的标准。

（A）人力消耗　　　（B）时间消耗　　　（C）资源消耗　　　（D）一切劳动消耗

45. 制度化管理的优点不包括（　　）。

（A）是理性精神合理化的体现　　　（B）个人与权力相分离

（C）适合现代大型企业组织的需要　　　（D）以非正式权威为主

46. 以下关于企业人力资源管理制度规划的说法错误的是（　　）。

（A）必须与企业集体合同的精神一致

（B）保持企业人力资源制度规划的动态性

（C）与集体合同具体条款不一致时，修改集体合同

（D）必须在国家劳动人事法律、法规的大框架内进行

47.（　　）是新经济环境下组织发展至关重要的两个因素。

（A）稳定和创新　　（B）冒险和创新　　（C）冒险和进取　　　（D）稳定与改革

48. 可能在组织中形成裙带关系的员工招募方法是（　　）。

（A）校园招聘　　　（B）借助中介　　　（C）猎头公司　　　（D）熟人推荐

49. "如果我理解正确的话，你的意思是说……"这属于（　　）。

（A）开放式提问　　（B）封闭式提问　　（C）重复式提问　　（D）清单式提问

50.（ ）是面试的一项核心技巧，又称为行为描述提问。

（A）引导式提问　　（B）举例式提问　　（C）交叉式提问　　（D）假设式提问

51. 企业招聘大批的初级技术人员，最适合的招聘渠道是（ ）。

（A）校园招聘　　（B）猎头公司　　（C）熟人推荐　　（D）档案筛选

52. 在（ ）人员录用策略中，应聘者必须在每种测试中都达到一定水平，方能通过。

（A）补偿式　　（B）重点选择式　　（C）结合式　　（D）多重淘汰式

53.（ ）是将同一性质的作业，由纵向分工改为横向分工的劳动作业改进方式。

（A）扩大业务法　　（B）充实业务法　　（C）工作连贯法　　（D）轮换工作法

54. 在冬季，室内温度低于（ ）时，应采取防寒保暖措施。

（A）0℃　　（B）5℃　　（C）10℃　　（D）15℃

55. 四班三轮转轮休制的循环周期不可能为（ ）。

（A）4天　　（B）6天　　（C）8天　　（D）12天

56. 战略层次的培训需求分析的内容不包括（ ）。

（A）外部环境　　（B）组织条件　　（C）目标任务　　（D）人员变动

57. 培训规划的主要内容不包括（ ）。

（A）培训项目的确定　　　　　　　　（B）培训需求的分析

（C）评估手段的选择　　　　　　　　（D）培训成本的预算

58. 以下关于培训师的说法错误的是（ ）。

（A）授课技巧的高低是影响培训效果的关键因素

（B）培训师必须能够熟练使用现代化的教学工具

（C）内部培训师了解企业情况并熟悉行业新动向

（D）外部培训师的一般知识较扎实，但对企业情况不甚了解

59. 在培训效果评估的指标中，技能转换通常是用（ ）来判断的。

（A）笔试　　（B）问卷法　　（C）面谈　　（D）观察法

60. 在培训中要对培训效果进行跟踪与反馈，对培训机构和培训人员的评估不包括（ ）。

（A）教师的教学经验　　　　　　　　（B）管理人员的工作积极性

（C）教师的领导能力　　　　　　　　（D）管理人员的合作精神

61. 在案例分析法中，解决问题的过程包括7个环节：①找问题；②查原因；③分主次；④提方案；⑤细比较；⑥试运行；⑦做决策。排序正确的是（ ）。

（A）①②③④⑤⑥⑦　　　　　　　　（B）①③②④⑤⑦⑥

（C）①②④⑤③⑦⑥　　　　　　　　（D）①③②⑤④⑥⑦

62. 态度型培训法适合于（　　）方面的培训。

（A）知识

（B）行为调整和心理训练

（C）技能

（D）调动员工积极性

63. 针对（　　）的培训与开发，应采用案例分析、文件筐和课题研究等培训方法。

（A）基础理论知识

（B）创造能力

（C）解决问题能力

（D）特殊技能

64. 在案例分析法中，案例讨论的步骤包括：①展示案例资料；②确定核心问题；③小组分别讨论；④选择最佳方案；⑤全体讨论解决问题的方案。排序正确的是（　　）。

（A）①②③④⑤　　（B）①③②④⑤　　（C）①⑤②③④　　（D）①⑤③②④

65. 容易受到个人因素影响，有一定局限性的绩效考评方式为（　　）。

（A）上级考评　　（B）同级考评　　（C）下级考评　　（D）自我考评

66. 以下关于绩效管理的说法错误的是（　　）。

（A）考评时间的确定只取决于绩效考评的目的

（B）考评时间的确定包括考评时间和考评期限的设计

（C）用于员工晋升、晋级的绩效考评属于不定期的绩效考评

（D）以定期提薪和奖金分配为目的的绩效考评是定期举行的

67.（　　）面谈是在一次面谈中，采取灵活变通的方式，从一种面谈形式转换过渡到另一种面谈形式。

（A）单向劝导式　　（B）综合式绩效　　（C）双向倾听式　　（D）解决问题式

68.（　　）即在本期绩效管理活动完成之后，将考评结果以及有关信息反馈给员工本人，并为下一期绩效管理活动创造条件的面谈。

（A）绩效计划面谈

（B）绩效指导面谈

（C）绩效考评面谈

（D）绩效总结面谈

69. 以下关于行为锚定等级评级法的说法错误的是（　　）。

（A）设计和实施的费用比较低

（B）绩效评价的等级是5~9级

（C）将关键事件和等级评价有效地结合

（D）是关键事件法的进一步拓展和应用

70. 结果导向型考评方法不包括（　　）。

（A）直接指标法　　（B）绩效标准法　　（C）成绩记录法　　（D）关键事件法

71. 间接形式的薪酬不包括（　　）。

（A）利润分成　　（B）额外补贴　　（C）社会保险　　（D）员工福利

72. 薪酬水平低的企业应关注市场（　　）点处的薪酬水平。

（A）25%　　　　（B）50%　　　　（C）75%　　　　（D）90%

73.（　　）为企业岗位归级列等奠定了基础。

（A）岗位分析　　（B）岗位评价　　（C）绩效考核　　（D）培训开发

74. 评价指标计量的基础标准不包括（　　）。

（A）计分　　　　（B）误差调整　　（C）权重　　　　（D）权重调整

75. 在工作岗位评价中，不适合采用平衡系数调整法对评价总分进行（　　）调整。

（A）事先　　　　（B）初始　　　　（C）中期　　　　（D）终结

76. 选择关键评价要素，确定权重，并赋予分值，然后对每个岗位进行评价的岗位评价方法是（　　）。

（A）排列法　　　（B）分值法　　　（C）因素比较法　　（D）评分法

77. 下列不属于劳动法律关系特征的是（　　）。

（A）它是一种双务关系　　　　　　（B）具有国家强制性

（C）内容是权利和义务　　　　　　（D）平等性和隶属性

78. 在劳动关系的调整方式中,（　　）的基本特点是企业或雇主意志的体现。

（A）劳动法律法规　　　　　　　　（B）企业内部劳动规则

（C）劳动争议处理制度　　　　　　（D）劳动监督检查制度

79. 集体合同由（　　）代表职工与企业签订。

（A）工会　　　　　　　　　　　　（B）企业人事部门

（C）企业法人　　　　　　　　　　（D）职工所在部门负责人

80. 劳动行政部门在收到集体合同后的（　　）内未提出异议的，集体合同即行生效。

（A）7日　　　　（B）10日　　　（C）15日　　　　（D）30日

81. 以下关于用人单位内部劳动规则的说法错误的是（　　）。

（A）以正式文件的形式公布　　　　（B）用人单位可不考虑职工的意见

（C）内容不合法的不具有法律效力　（D）其制定程序是先职工参与后正式公布

82. 例会制度的优点不包括（　　）。

（A）信息不易受到歪曲　　　　　　（B）沟通具有亲切感

（C）易获得沟通对方的反馈　　　　（D）有利于双向沟通

83. 以下关于工作时间的说法错误的是（　　）。

（A）每月制度工作时间为20.83天

（B）用人单位延长工作时间每日可超过3个小时

（C）劳动者在法定节假日、公休日工作的称为加班

（D）劳动者超过日标准工作时间以外延长工作时间的称为加点

84. 劳动行政部门应当自受理工伤认定申请之日起（　　）内做出工伤认定。

（A）30日　　　　（B）45日　　　（C）60日　　　　（D）90日

85. 非劳动者本人原因造成用人单位停工、停业的，在一个工资支付周期内，用人单位（　　）支付劳动者工资。

（A）无须　　　　　　　　　　　　（B）应当按照约定

（C）应当酌情　　　　　　　　　　（D）应当按照提供正常劳动

二、多项选择题（86~125 题，每题 1 分，共 40 分。每题有多个答案正确，请在答题卡上将所选答案的相应字母涂黑。错选、少选、多选，均不得分）

86. 财政政策的手段包括（　　）。

（A）降低利率　　　　　　　　　　（B）增减预算支出水平

（C）增减政府税收　　　　　　　　（D）发展社会保险事业

（E）调节法定准备金率

87. 政府实施货币政策的主要措施包括（　　）。

（A）调整贴现率　　　　（B）调整税率　　　　（C）公开市场业务

（D）调整政府转移支付　　（E）调整法定准备金率

88. 依据劳动法律事实是否以当事人的意志为转移，法律事实可分为（　　）。

（A）劳动法律行为　　　（B）劳动法律渊源　　　（C）劳动法律体系

（D）劳动法律事件　　　（E）劳动合同关系

89. 企业经营环境的微观分析包括（　　）。

（A）顾客力量分析　　　（B）现有竞争对手分析　　（C）供应商力量分析

（D）潜在竞争对手分析　　（E）替代产品或服务威胁的分析

90. 现代企业计划职能的作用包括（　　）。

（A）科学决策程序化　　　（B）使决策目标具体化　　（C）为控制提供标准

（D）提高企业工作效率　　（E）决策方法科学化

91. 企业采购中心的成员通常包括（　　）。

（A）生产者　　　　　　（B）影响者　　　　　　（C）采购者

（D）决定者　　　　　　（E）信息控制者

92. 领导者与众不同的特质包括（　　）。

（A）自信心　　　　　　（B）领导动机　　　　　（C）内驱力

（D）随机应变的能力　　（E）创造性

93. 人的心理属性包括（　　）。

（A）心理过程　　　　　（B）个性心理特征　　　（C）心理素质

（D）个性意识倾向　　　（E）心理状态

94. 工作说明书的内容包括（　　）。

（A）家庭主要关系　　　（B）监督与岗位关系　　　（C）心理品质要求

（D）劳动条件和环境　　　　（E）思想政治面貌

95. 按岗位规范的具体内容，岗位规范的基本形式包括（　　）。

（A）管理岗位的培训规范　　　　　　（B）生产岗位工作规范

（C）管理岗位考核规范　　　　　　　（D）生产岗位考核规范

（E）生产岗位技术业务能力规范

96. 以下关于工作岗位设计的说法正确的是（　　）。

（A）要遵循明确任务目标的原则

（B）"因人设岗"是设置岗位的基本原则

（C）岗位应以"事"、"物"为中心设置

（D）组织中的岗位设置是由该组织的领导决定的

（E）岗位的权限是赋予岗位员工对人、财、物的支配使用权

97. 按照社会实体单位的性质和特点，人员编制可分为（　　）。

（A）行政编制　　　　　（B）企业编制　　　　　（C）军事编制

（D）机构编制　　　　　（E）政府编制

98. 人力资源管理制度的基本职能是围绕（　　）等环节展开的，要有效完成这些职能，企业必须加强各项基础工作。

（A）计划　　　　　　　（B）组织　　　　　　　（C）监督

（D）激励　　　　　　　（E）惩罚

99. 政府有关部门发布的年度企业工资指导线包括（　　）。

（A）基准线　　　　　　（B）控制下线　　　　　（C）预警线

（D）控制上线　　　　　（E）平均线

100. 外部招募的优势包括（　　）。

（A）带来新思想和新方法　　　　　　（B）树立企业的形象

（C）外部招募成本比较小　　　　　　（D）存在着较小风险

（E）有利于招聘一流人才

101. 以下属于一般知识和能力的是（　　）。

（A）智商　　　　　　　（B）记忆能力　　　　　（C）理解速度

（D）数字才能　　　　　（E）财务会计知识

102. 面试可以使用人单位全面了解应聘者的（　　）。

（A）社会背景　　　　　（B）专业能力　　　　　（C）反应能力

（D）心理素质　　　　　（E）身体能力

103. 最常用的情景模拟方法有（　　）。

（A）决策模拟竞赛法　　　（B）角色扮演　　　　　（C）公文处理模拟法

（D）案例分析 （E）无领导小组讨论

104. 根据测试内容的不同，情景模拟测试可分为（ ）。

（A）语言表达能力测试 （B）组织能力测试

（C）心理运动机能测试 （D）学历水平测试

（E）事务处理能力测试

105. 常用的效度评估类型包括（ ）。

（A）预测效度 （B）稳定效度 （C）内容效度

（D）等值效度 （E）同侧效度

106. 战略层次的培训需求分析的主要内容包括（ ）。

（A）调查并了解员工对企业的满意度

（B）考察可能对企业目标产生影响的因素

（C）找出可能对培训有利的各种辅助方法

（D）将企业长期目标与短期目标作为一个整体来考察

（E）预测企业未来的人事变动和人才结构的发展趋势

107. 在制定培训规划时，陈述目标的结果包括（ ）。

（A）工作人员面临的情景 （B）行为及其结果的标准

（C）每项行为所需的技能 （D）使用的辅助工具或工作助手

（E）对每种情景所必须做出的反应行为

108. 进行培训后勤准备工作时，应该考虑的因素有（ ）。

（A）培训性质 （B）行政服务 （C）交通情况

（D）座位安排 （E）教材准备

109. 讲授法的局限性在于（ ）。

（A）不能满足学员的个性需求 （B）传授的方式较为枯燥单一

（C）传授内容具备较好的系统性 （D）教师水平直接影响培训的效果

（E）单向传授不利于教学双方互动

110. 实践型培训法的优点包括（ ）。

（A）培训经济高效，节约企业培训成本

（B）无须特别准备教室及其他培训设施

（C）多向式信息交流有利于提高培训效果

（D）能迅速得到关于工作行为的反馈和评价

（E）使培训内容与受训者将要从事的工作紧密结合

111. 培训方法的选用要与受训者群体特征相适应，学员构成这一参数通过学员的
（ ）等方面影响培训方法的选择。

（A）职务特征　　　　　　　（B）技术心理成熟度　　　　（C）个性特征

（D）工作内容熟练度　　　　（E）家庭背景

112. 绩效管理系统的设计包括（　　）。

（A）绩效管理制度的设计　　　　　　　（B）绩效管理程序的设计

（C）绩效管理标准的设计　　　　　　　（D）绩效管理计划的设计

（E）绩效管理人员的选拔

113. 原始记录的登记制度能保证绩效管理信息的有效性和可靠性，它要求（　　）。

（A）说明材料的来源

（B）以图像记录为依据

（C）应包括有利和不利的记录

（D）详细记录事件发生的时间、地点和参与者

（E）尽可能对行为的过程、环境和结果做出说明

114. 以下关于单向劝导式面谈的说法正确的有（　　）。

（A）给下属申诉的机会　　　　　　（B）有利于员工改进行为和表现

（C）对管理者知识和能力要求高　　　（D）尤其适用于参与意识不强的下属

（E）让员工明白上级对其优缺点的评价

115. 以下关于目标管理法的说法正确的有（　　）。

（A）能为晋升决策提供依据　　　　（B）很少出现评价失误

（C）能提高员工工作积极性　　　　（D）可以进行横向比较

（E）适合对员工提供建议，进行反馈和辅导

116. 影响企业整体薪酬水平的因素包括（　　）。

（A）员工的劳动绩效　　　　　　　（B）劳动力市场供求状况

（C）企业的薪酬策略　　　　　　　（D）生活费用与物价水平

（E）企业工资支付能力

117. 制定企业薪酬管理制度应明确企业战略发展规划的内容，包括（　　）。

（A）企业的战略目标　　　（B）关键成功因素　　　（C）实现战略的计划

（D）核心的竞争力　　　　（E）实现战略的措施

118. 岗位评价中的权重系数的作用主要有（　　）。

（A）便于评价结果的汇总

（B）反映工作岗位的性质和特点

（C）使同类岗位的不同要素的得分可以进行比较

（D）使不同岗位的同一要素的得分可以进行比较

（E）使不同岗位的不同要素的得分可以进行比较

119. 核算人工成本的基本指标包括（　　）。

（A）企业增加值　　　　　　　　（B）企业利润总额

（C）企业年缴税总额　　　　　　（D）企业销售收入

（E）企业从业人员年平均人数

120. 劳动法律事件包括（　　）。

（A）企业破产　　　　（B）劳动者死亡　　　　（C）劳动争议

（D）战争　　　　　　（E）劳动者伤残

121. 调解劳动争议应贯彻自愿原则，具体包括（　　）。

（A）申请调解自愿　　（B）接受调解自愿　　　（C）调解过程自愿

（D）达成协议自愿　　（E）履行协议自愿

122. 一般协议的特点包括（　　）。

（A）合法性　　　　　（B）主体平等性　　　　（C）意思表示一致性

（D）法律约束性　　　（E）双方利益的公平性

123. 劳动纪律的制定应当符合（　　）等方面的要求。

（A）内容合法　　　　（B）结构完整　　　　　（C）严格履行制定的程序

（D）标准一致　　　　（E）内容应当全面约束管理行为和劳动行为

124. 劳动纪律的内容包括（　　）。

（A）请假程序　　　　（B）职业培训　　　　　（C）岗位职责

（D）员工发展　　　　（E）操作规范

125. 在（　　）情况下，劳动者应当被认定为工伤。

（A）患职业病

（B）受到机动车事故伤害

（C）外出期间受到某种伤害

（D）在工作时间和工作场所内，因工作原因受到事故伤害

（E）在工作时间和工作场所内，因履行工作职责受到暴力伤害

真题卷册一参考答案

第一部分　职业道德

此部分无标准答案，根据人力资源从业人员的职业价值观作答。

第二部分　理论知识

26.B　27.B　28.A　29.B　30.D　31.A　32.C　33.C　34.D　35.B　36.C　37.C　38.D

39.A　40.B　41.A　42.B　43.A　44.A　45.D　46.C　47.B　48.D　49.C　50.B　51.A

52.D　53.A　54.B　55.B　56.C　57.B　58.C　59.D　60.C　61.B　62.B　63.C　64.B

65.D　66.A　67.B　68.D　69.A　70.D　71.A　72.A　73.B　74.D　75.A　76.D　77.D

78.B　79.A　80.C　81.B　82.A　83.B　84.C　85.D　86.BC　87.ACE　88.AD
89.ABCDE　90.BCD　91.BCDE　92.ABCDE　93.ABDE　94.BCD　95.ABCDE
96.ACE　97.ABC　98.ABCD　99.ABC　100.ABE　101.ABCD　102.AC　103.CE
104.ABE　105.ACE　106.ACE　107.ABDE　108.ABCD　109.ABDE　110.ABDE
111.ABC　112.AB　113.ACDE　114.BD　115.BCE　116.BCDE　117.ABCD　118.ABCDE
119.ABDE　121.ACDE　122.ABCD　123.ABDE　124.ACE　125.ADE

卷册二及答案

一、简答题（本题共2题，每小题16分，共32分）

1. 简述劳动定员标准由几大要素构成？行业定员标准包括哪些内容？（16分）

2. 简述为实现有效的工作时间组织，企业可以采用哪些工作轮班制？（16分）

二、计算题（本题1题，共16分。先根据题意进行计算，然后进行必要分析，只有计算结果没有计算过程不得分）

某工业企业2012年有关统计数据如表1所示。

表1　某企业2012年生产经营指标完成情况统计表

序号	统计指标	指标数值
1	营业收入	32000万元
2	固定资产折旧	3000万元
3	生产税净额	2400万元
4	营业盈余	6000万元
5	企业从业人员劳动报酬	3600万元
6	社会保险费用	1440万元
7	福利费用	400万元
8	教育培训费用	200万元
9	劳动保护费	400万元
10	住房费用	300万元
11	其他人工成本	180万元
12	全年从业人员投入总工时	1200000工时

请根据表1中的相关数据，核算出该企业2012年以下4项经济指标：

（1）全年增加值（采用收入法）。（4分）

（2）全年人工成本总额。（4分）

（3）全年人工费用比率。（4分）

（4）全年从业人员小时劳动报酬率。（4分）

三、综合分析题（本题共 3 题，第 1 小题 18 分，第 2 小题 16 分，第 3 小题 18 分，共 52 分）

1. 某家用电器公司的人力资源部经理严先生，正在审核 2014 年度公司全员培训计划。由于公司技术资源部编制的设备维修案例库、质量控制与安全管理案例库、管理与技术案例库等已通过审定，严经理认为在 2014 年的人员培训计划中，一定要充分地利用好案例库这一培训资源以克服以往培训内容缺乏针对性、培训方法过于单一等方面的不足，使员工培训工作迈上一个新的台阶。因此，严经理在修改意见中，提出"一定要采用更加灵活多样的培训方法，如案例分析法、事件处理法、模拟训练法等。充分开发、利用公司新建的案例库系统，使受训者积极参加与培训，能够认真地汲取过去成功的经验和失败的教训，坚持理论联系实际，提高其实战能力"。

请结合本案例，分析说明事件处理法的基本程序和实施要点。（18 分）

2. 某公司人力资源部在总结过去一年绩效管理工作时，发现了一些问题和不足。其中最主要问题是：绩效管理准备阶段的很多工作流于形式，没有认真进行落实，导致考评者对考评的指标和标准概念模糊，把握不准；对具体考评的程序和要求不够明确；没有掌握绩效反馈的技巧，绩效反馈没有达成预定的目标。同样，被考评者也存在着这样或那样的问题，导致绩效管理的效果大打折扣。该公司为了提高绩效考评的质量和绩效管理的总体水平，计划在绩效管理的准备阶段进行一系列的培训。

请结合本案例，回答以下问题：

（1）按照不同的培训对象和要求，应当分别对哪几类人员进行培训？（4 分）

（2）对相关人员绩效管理方面的培训，一般应包括哪些具体内容？（12 分）

3. 吕某于 2003 年 8 月到某汽车俱乐部工作，双方没有签订劳动合同。吕某任汽车修理工，每月工资为 1000 元。2003 年 9 月 25 日，吕某在工作中铁屑飞入左眼导致左眼受伤，经专科医院检查，诊断为"左眼外伤性白内障、左眼内异物、左眼角膜裂伤"。2004 年 8 月 30 日，吕某经所在区劳动鉴定委员会鉴定为工伤十级伤残。2004 年 9 月 17 日吕某因工伤赔偿为题向所在区劳动争议仲裁委员会提起申诉，要求该汽车俱乐部向其赔偿一次性伤残补助金、一次性工伤医疗补助金和伤残就业补助金、拖欠工资以及仲裁费用等共计 3 万余元。2004 年 10 月 16 日，双方经区劳动争议仲裁委员会调解达成了协议。按照协议，自本调解书生效之日起 7 日内，俱乐部向吕某支付一次性伤残补助金、一次性工伤医疗补助金和伤残就业补助金共 9000 元，吕某自愿放弃其他申诉请求。之后俱乐部向吕某支付了 9000 元，吕某将工伤证交回，双方解除劳动关系。

2006 年 4 月 15 日吕某左眼视力突然下降，到眼科医院治疗，被医院确诊为"左视网膜脱离、左人工晶体眼"。2006 年 6 月 16 日，区劳动争议仲裁委员会做出裁决，吕某不服裁决，遂向区人民法院起诉。在审理过程中，根据吕某申请。经双方当事人一致同意，委托当地法庭科学技术鉴定研究所对吕某的伤情进行了鉴定。其结论为：被鉴定人吕某左眼视网膜脱离与其 2003 年外伤有直接因果关系；被鉴定人吕某的伤残程度为七级。吕某支付了 1600 元的鉴定费。2006 年 4 月 15 日至 2006 年 9 月间，吕某在眼科医院花费检查费、住院费、医药费共计 9945.31 元，交通费 650 元。本案在审理过程中，汽车俱乐部没有提供吕某离开该汽车俱乐部后再次受伤的证据，吕某提出该俱乐部应当按照 2006 年以后工伤的相关标准进行赔偿。

请结合本案例，分析说明一审法院应当如何做出合法公正的裁决。（18 分）

真题卷册二解析

一、简答题

1. 解析：（1）劳动定员标准应由以下三大要素构成。

①概述。这一部分应由封面、目次、前言、首页等要素构成。②标准正文。它由一般要素和技术要素构成。③补充。这一部分包括：提示的附录、脚注、条文注、表注、图注等项内容。

（2）行业定员标准包括以下内容。

①企业管理体制以及机构设置的基本要求和规范，按照不同生产能力和生产规模，提出年实物劳动生产率和全员劳动生产率的原则要求，规定出编制总额以及各类人员员额控制幅度；②根据不同生产类型和生产环境、条件，提出不同规模企业各类人员比例控制幅度；③规定各类人员划分的方法和标准；④对本标准涉及的新术语给出确切定义；⑤企业各工种、岗位的划分，其名称、代号、工作程序、范围、职责和要求；⑥各工种、工序的工艺流程及作业要求；⑦采用的典型设备与技术条件；⑧用人的数量与质量要求；⑨人员任职的国家职业资格标准（等级）。

2. 解析：工作轮班的组织形式很多，企业曾经采用过的有两班制、三班制和四班制。

（1）两班制。两班制是每天分早、中两班组织生产，工人不上夜班。

（2）三班制。三班制是每天分早、中、夜三班组织生产。根据公休日是否进行生产，又可分为间断性三班制和连续性三班制。

（3）四班制。四班制是指每天组织四个班进行生产。四班制轮班组织又分为三种形式，即"四八交叉"、四六工作制和五班轮休制。

二、计算题

（1）计算企业增加值（纯收入）采用收入法：

增加值 = 劳动者报酬 + 固定资产折旧 + 生产税净额 + 营业盈余

=3600 万元 +3000 万元 +2400 万元 +6000 万元 =15000 万元

（2）企业人工成本总额核算方法：

人工成本 = 企业从业人员劳动报酬总额 + 社会保险费用 + 福利费用 + 教育费用 +

劳动保护费用 + 住房费用 + 其他人工成本

$$=3600\,万元 +1440\,万元 +400\,万元 +200\,万元 +400\,万元 +300\,万元 +180\,万元$$

$$=6520\,万元$$

（3）全年人工费用比率 = 人工费用 / 销售收入（营业收入）=6520 万元 /32000 万元

$$=20.38\%$$

（4）全年从业人员小时劳动报酬率 = 人工成本 / 从业人员投入总工时

$$=6520\,万元 /1200000\,工时 =54.3\,元 / 工时$$

三、综合题

1. 解析：事件处理法的基本程序包括以下几个环节。

（1）准备阶段。

①指导员确定培训对象及人数。②指导员确定议题的大致范围，范围不宜过窄，以免学员"无话可说"。③每位学员根据议题制作个人亲历案例。④指导员将学员分组，每组 5~6 人。⑤确定会议地点和会议时间。⑥指导员应准备的知识包括：个案研究法的一般方法、实施要点及其他应用个案研究法进行培训时应注意的问题；事件处理法特有的方法、注意点、背景特色以及会议后的评价。

（2）实施阶段。

①指导员向各小组成员介绍本法实施概要、背景特色及注意点。②各小组简单介绍小组成员所提出的个案，包括问题名称及发生状况。③从较容易讨论的内容开始，由指导员或组长排定讨论程序。④各组开始进行讨论，先提出个案，由各组组员收集信息。个案制作者在讨论到他制作的个案时，应作为这轮讨论的主持人，其他组员收集信息时可质询主持人。发现问题时，组员相互讨论，并阐述个人的解决方法。组长或指导员组织学员进行评价，讨论"学到了什么"。

（3）实施要点。

①指导员确定的议题范围不宜过窄，以免学员们没有问题可讨论。②制作个人亲历案例时应注意：这一案例应该是你亲身经历的问题中最难解决的一个实例；应尽可能是最近发生的；应是工作上经常发生的，难以判断、把握和处理，不能任其再次发生的；要简单记述该案例的背景。由于提出个案是为学习、讨论，因此不管成功还是失败的例子都可选择，但必须选择自己亲身经历的案例。③记录个案发生的背景时应依据的 5W2H 原则：何人（Who）、何事（What）、何时（When）、何地（Where）、何物（Which）、如何做（How）、多少费用（How much）。④各组讨论时应注意：学员自主讨论，指导员不参加讨论；自主讨论时，必须明确讨论目标，并注意时间的控制，每个个案进行时间为 30~40 分钟；主持人在回答组员咨询时，应回答事件发生前的背景情况，而不是事件发生后的解决策略。⑤在讨论"学到什么"时，需多花费一些时间。

2. 解析：（1）按不同的培训对象和要求，绩效考评者的技能培训与开发，可分为员工的培训、一般考评者的培训、中层干部的培训、考评者与被考评者的培训等。

（2）培训的内容一般应包括：

①企业绩效管理制度的内容和要求，绩效管理的目的、意义，考评者的职责和任务，考评者与被考评者的角色扮演等。②绩效管理的基本理论和基本方法，成功企业绩效管理的案例剖析。③绩效考评指标和标准的设计原理，以及具体应用中应注意的问题和要点。④绩效管理的程序、步骤，以及贯彻实施的要点。⑤绩效管理的各种误差与偏误的杜绝和防止。⑥如何建立有效的绩效管理运行体系，如何解决绩效管理中出现的矛盾和冲突，如何组织有效的绩效面谈等。

3. 解析：（1）这是一起汽车修理工吕某与某汽车俱乐部之间因工伤复发赔偿问题引发的劳动争议案件。

（2）双方达成协议的依据是 2004 年 8 月 30 日所在地区劳动鉴定委员会对吕某眼疾为十级工伤的鉴定。根据我国 2003 年颁布的《工伤保险条例》、2011 年 1 月 1 日起施行的《国务院关于修改＜工伤保险条例＞的决定》，以及各地区实施细则的相关规定，十级工伤是可以解除劳动关系的，但是用人单位要对劳动者有一定的经济补偿。

吕某根据双方达成的协议拿到相应的补偿是符合相关的法律、法规的，也是双方意思自治的体现，即双方达成的协议是有效的。

（3）吕某在拿到相应的经济补偿后将工伤证交回所在单位，双方劳动关系解除，该协议已经得到了完全的履行。双方的工伤纠纷到此为止，画上了圆满的句号。

（4）2006 年 4 月 15 日，吕某左眼视力突然下降，被诊断为左眼视网膜脱离。双方当事人委托法庭科学技术鉴定研究所对吕某的伤情进行司法鉴定，结论为：①被鉴定人吕某左眼视网膜脱离，与其 2003 年所受外伤有直接因果关系；②被鉴定人吕某的伤残程度为七级。此外，该汽车俱乐部也没有提供吕某离开该单位后左眼再次受伤的证据。因此，该鉴定符合法律程序和相关规定，鉴定结论有效，一审法院应予以采信。

（5）依据上述事实，双方于 2004 年 8 月 30 日所签订的赔偿协议的前提条件发生了变化，原赔偿协议的内容也明显存在着缺陷，故该协议转化为无效协议。吕某虽与该汽车俱乐部解除了劳动关系，但该汽车俱乐部作为用人单位仍然不能免除其工伤赔偿责任。因此，当吕某工伤复发后，依然可以按照工伤赔偿的规定得到相应的赔偿。

（6）吕某提出应当按照 2006 年以后进行工伤赔偿的主张不应支持。因此，工伤赔偿的标准应当按照原赔偿协议的标准予以确定。

全真模拟考试题

卷册一及答案

第一部分 职业道德

（第 1~25 题，共 25 道题）

一、职业道德基础理论与知识部分

（一）单项选择题（第 1~8 题）

1. 诚信的基本特征是（   ）。

（A）通识性、智慧性、止损性、资质性 （B）双向性、对等性、资质性、惩罚性

（C）社会性、共识性、双向性、对等性 （D）单向性、前置性、智慧性、要约性

2. 职业化管理是一种建立在职业道德和职业精神基础上的法治。（   ）是实施职业化管理的关键步骤。

（A）重视标准化和规范化   （B）重视职业道德与科学管理的统一

（C）建立职业化行为规范   （D）建立职业化标准

3. 关于打造品牌，正确的说法是（   ）。

（A）只要掌握了高新技术，就能打造品牌

（B）打造品牌，核心任务是加强广告等媒体宣传工作的力度

（C）员工具有敬业精神和强烈的社会责任感是打造企业品牌的内在力量

（D）质优价高才能打造品牌

4. 企业文化的自律功能是指（   ）。

（A）不断强化从业人员追求利益最大化的动机

（B）严格按照法律矫正员工的动机和行为

（C）加强制度建设，通过制度建设推动企业行为规范化

（D）开展职业纪律教育，增强从业人员的纪律意识

5. 从业人员爱岗敬业的基本要求是（   ）。

（A）无私奉献

（B）即使不喜欢某个工作，也得表现出喜欢的样子

（C）干一行、爱一行、专一行

（D）对得起良心，拿工资问心无愧

6. 某公司奉行"不惜一切为顾客服务"的理念，正确的理解是（   ）。

（A）要不计成本地满足顾客的要求　　（B）无条件地满足顾客提出的任何要求

（C）一切都是顾客说了算　　（D）顾客的满意程度决定企业的命运

7. 奉献的特征是（   ）。

（A）非强制性及社会性、倡导性　　（B）非利己性及条件性、自制性

（C）非明确性及自主性、人本性　　（D）非功利性及普遍性、可为性

8. 设立"公民道德宣传日"的目的是更广泛地动员社会各界关心支持和参与道德建设，使公民道德建设贴近实际、贴近生活、贴近群众，增强针对性和实效性，促进公民道德素质和社会文明程度的提高，为全面建设小康社会奠定良好的思想道德基础。我国规定的道德宣传日是（   ）。

（A）9 月 11 日　　（B）9 月 12 日　　（C）9 月 20 日　　（D）9 月 21 日

（二）多项选择题（第 9~16 题）

9. 职业道德的社会作用包括（   ）。

（A）有利于调整职业利益关系，维护社会生产和生活秩序

（B）有助于提高人们的社会道德水平，促进良好社会风尚的形成

（C）有利于完善人格，促进人的全面发展

（D）促进道德立法工作和信用档案体系的建立

10. 以职业化的精神来从事自己的职业并持续追求体现工作的最优效果，是现代职业观和职业人的理想境界。职业精神指的是（   ）。

（A）职业态度和职业道德，如崇尚敬业、责任、团队、创新和学习等

（B）在文化上的体现是重视标准化和规范化

（C）表现为对自己的严格要求

（D）职业思想、职业语言、职业动作

11. 诚信的要求包括（   ）。

（A）尊重事实　　（B）真诚不欺　　（C）讲求信用　　（D）信誉至上

12. 提高售后服务质量的正确做法有（   ）。

（A）与客户建立经常性的通信联系

（B）为避免顾客投诉给企业造成不良杜会影响，拒绝顾客登门解决问题

（C）征求顾客在产品使用过程中所发现的问题，并设法加以改进

（D）多设立一些服务网点

13. 敬业的含义包括（   ）。

（A）恪尽职守　　（B）勤奋努力　　（C）享受工作　　（D）精益求精

14. 践行诚信规范、尊重事实的要求是（　　）。

（A）坚持原则，不为个人利害关系所左右

（B）澄清事实，主持公道

（C）主动担当，不自保推责

（D）敢于说出一切事实真相

15. 职业活动中，纪律的主要特征是（　　）。

（A）社会性　　　　（B）强制性　　　　（C）普遍适用性　　　（D）变动性

16. 关于合作的几项要求中，求同存异指的是（　　）。

（A）换位思考，理解他人　　　　　　（B）胸怀宽广，学会宽容

（C）和谐相处，密切配合　　　　　　（D）团结合作，争先创优

二、职业道德个人表现部分（第17~25题）

17. 在日常工作中，你感觉自己处理的最好的关系是（　　）。

（A）上下级关系　　（B）同事关系　　（C）与客户的关系　　（D）朋友关系

18. 假如你只是某公司的一名普通员工，遇到下列状况时，你认为自己最有可能做出的选择是（　　）。

（A）如果有人给"我"50万，"我"就可以辞职不干了

（B）如果有出国深造的机会，"我"绝不会放弃

（C）如果有公司聘"我"去当总经理，"我"会认真考虑

（D）就目前状态而言，"我"会继续待在这家公司

19. 如果有人向你请教问题，而这个问题恰巧你也不懂，你一般会（　　）。

（A）直接告诉他，自己不懂这个问题

（B）直接告诉他，自己虽然不懂，但某某人可能懂

（C）告诉他，自己不懂，请他问别人吧

（D）与他一起研究一下，看能不能解决问题

20. 星期一早上刚上班，就听到几个员工边走边神色紧张地议论什么，似乎单位出了什么事。但你不认识这几个员工，这时你会（　　）。

（A）在心里想，但愿不要有什么事情发生

（B）上班打卡要紧，先别管

（C）追过去问一下到底是什么事情

（D）如果真有事，到了办公室肯定有人讲

21. 主管领导广泛向员工们征求对他的批评意见。你的态度是（　　）。

（A）看别人是否提意见，如果别人提意见，自己再提

（B）看主管是否有诚意，如有诚意就提，如无诚意就不提

（C）担心这是假象，如果提了意见，日后主管会给自己"穿小鞋"

（D）不管别人提不提意见，反正自己只管如实提

22. 如果你赞同"企业家应该成为大家学习的榜样"这个观点，你的理由是（　　）。

（A）企业家有钱　　　　　　　　　（B）企业家可以做慈善事情

（C）企业家有能力　　　　　　　　（D）企业家社会地位高

23. 你所在公司已经在电视上做了一段时间的广告了，你会（　　）。

（A）觉得公司里的事情，自己都知道，不会看

（B）还是感到新鲜，总要看一看

（C）问问周围的人对这个广告有什么看法

（D）主动向周围的人介绍一下广告里的内容

24. 如果你去参加会议，会议的内容使你感到很无聊，下列做法，你最可能做的是（　　）。

（A）玩手机游戏　　　　　　　　　（B）和旁边的人聊天

（C）休息　　　　　　　　　　　　（D）浏览事先带的报纸

25. 你和某同事同住一室，这天，你回寝室时发现同事的家人来了，你会（　　）。

（A）说明自己只是偶尔回来，借口自己忙，便匆匆离开寝室

（B）问候同事的家人，早早离开寝室

（C）和同事的家人聊聊天，简短介绍自己和同事相处的情况

（D）把同事拉到一边，询问有什么需要自己做的事情

第二部分　理论知识

（26~125题，共100道题，满分为100分）

（一）单项选择题（第26~85题，每题1分，共60分。每小题只有一个最恰当的答案，请在答题卡上将所选答案的相应字母涂黑）。

26. 在生产要素市场，（　　）是生产要素的供给者。

（A）居民户　　　（B）市场　　　（C）劳动者　　　（D）企业

27. 劳动法的基本原则的特点不包括（　　）。

（A）指导性　　　（B）权威性　　　（C）稳定性　　　（D）唯一性

28. 在劳动关系领域，工会不享有（　　）。

（A）参与权　　　（B）决定权　　　（C）知情权　　　（D）咨询权

29. 消费者市场是指所有为了（　　）而购买商品或服务的个人和家庭所构成的市场。

（A）家庭消费　　　（B）个人消费　　　（C）政府购买　　　（D）产业消费

30. 在现代社会中，劳动关系是基于（　　）而建立的。

（A）劳动合同　　　　　　　　　　（B）事实劳动关系

（C）集体合同　　　　　　　　　　（D）形式劳动关系

31.（　　）是指企业的声誉、人力、财力和物力。

（A）企业销售能力　　　　　　　　（B）企业实力

（C）企业服务能力　　　　　　　　（D）企业控制能力

32. 教师连续提问两个学生都不能回答某个问题，而第三个学生则对问题进行了分析和解释，尽管他的回答并不完全正确，可是教师还是会认为第三个学生更加出色。这种现象属于（　　）。

（A）首因效应　　　（B）光环效应　　　（C）投射效应　　　（D）对比效应

33.（　　）是指导行为或事件的相对不容易变化的因素。

（A）内因　　　　　（B）外因　　　　　（C）稳因　　　　　（D）非稳因

34. 个体的沟通风格不包括（　　）。

（A）自我完善型　　（B）自我保护型　　（C）自我暴露型　　（D）自我实现型

35. 以下有关人力资本投资的表述错误的是（　　）。

（A）投资主体可以是国家或个人　　（B）投资对象是人

（C）投资直接提高人的劳动生产能力　　（D）是一种非生产性投资

36. 以下不属于人力资源特点的是（　　）。

（A）时间性　　　　（B）创造性　　　　（C）消费性　　　　（D）规律性

37.（　　）分离了三个情景因素，认为这是决定领导行为有效性的关键。

（A）科特　　　　　（B）费德勒　　　　（C）梅耶　　　　　（D）贝克尔

38.（　　）不属于现代人力资源管理的三大基石。

（A）定编定岗定额　　　　　　　　（B）员工的绩效管理

（C）员工的引进与培养　　　　　　（D）员工技能开发

39. 企业组织机构设置的原则不包括（　　）。

（A）任务目标原则　　　　　　　　（B）分工协作原则

（C）灵活多变原则　　　　　　　　（D）权责对应原则

40.（　　）又称军队式结构，它是一种最简单的集权式组织结构形式。

（A）直线制　　　　（B）职能制　　　　（C）直线职能制　　（D）事业部制

41. 以下关于工作岗位分析的作用说法错误的是（　　）。

（A）为岗位评价奠定了重要基础　　（B）为员工的素质测评提供依据

（C）使员工明确自己的工作职责　　（D）能揭示出工作中的薄弱环节

42. 以下关于岗位规范和工作说明书的说法错误的是（　　）。

（A）岗位规范的结构形式呈现多样化

（B）工作说明书不受标准化原则的限制

（C）岗位规范覆盖的范围比工作说明书广泛

（D）岗位规范与工作说明书的内容有所交叉

43. 劳动定额管理的内容不包括（　　）。

（A）劳动定额的制定　　　　　　　（B）劳动定额的贯彻执行

（C）劳动定额的评估　　　　　　　（D）劳动定额的修订

44. 衡量劳动定额水平的方法不包括（　　）。

（A）用实耗工时来衡量　　　　　　（B）用实测工时来衡量

（C）用标准工时来衡量　　　　　　（D）用平均差来衡量

45. 以下关于企业定员的说法错误的是（　　）。

（A）编制包括机构编制和政府编制　（B）它与劳动定额的内涵完全一致

（C）企业定员亦称劳动定员或人员编制（D）使用劳动力的一种数量和质量界限

46. 根据生产任务量，每个劳动者的工作效率、出勤率等因素确定的定员标准是（　　）。

（A）效率定员　　（B）设备定员　　（C）岗位定员　　（D）比例定员

47. 根据工作岗位的性质和特点、工作流程与任务总量，以及劳动者负荷量等因素确定的定员标准是（　　）。

（A）效率定员标准　　　　　　　　（B）设备定员标准

（C）岗位定员标准　　　　　　　　（D）职责分工定员标准

48. 以下关于人力资源费用预算的表述不正确的是（　　）。

（A）员工医疗费和失业保险费属于工资项目下的子项目

（B）非奖励基金的奖金不属于工资和基金项目下的费用

（C）在审核下一年度的人力成本预算时，首先要检查项目是否齐全

（D）员工权益资金的项目和标准涉及国家、企业及员工三者的利益

49. 以下不属于审核人力资源费用预算的基本要求的是（　　）。

（A）确保人力资源费用预算的合理性（B）确保人力资源费用预算的准确性

（C）确保人力资源费用预算的灵活性（D）确保人力资源费用预算的可比性

50. 对求职者的信息掌握较全面、招聘成功率高的员工招募方式是（　　）。

（A）校园招聘　　（B）借助中介　　（C）猎头公司　　（D）熟人推荐

51. 招聘成本的形式不包括（　　）。

（A）招募成本　　（B）选拔成本　　（C）录用成本　　（D）培训成本

52. 常用的信度评估系数不包括（　　）。

（A）稳定　　　　（B）外在一致性　（C）等值　　　　（D）内在一致性

53. 下列不属于录用环节的评估的是（　　）。

（A）录用员工的质量　　　　　　　（B）职位填补的及时性

（C）录用员工的素质　　　　　　　（D）新员工对所在岗位的满意度

54. 为了解决夜班疲劳和工人生理、心理不适应，以及工作效率下降的问题，一般可采用的办法不包括（　　）。

（A）适当增加夜班前后的休息时间　　（B）缩短上夜班的次数

（C）采取四班三运转制的全班办法　　（D）采取五班四运转制的全班办法

55. 培训项目设计的原则不包括（　　）。

（A）因材施教原则　（B）激励性原则　（C）实践性原则　（D）动态性原则

56.（　　）被用来判断受训者对于培训项目所强调的原则、事实、技术、程序和流程的熟悉程度。

（A）认知成果　　（B）技能成果　　（C）情感成果　　（D）效果性成果

57.（　　）主要用于对知识性和技能型内容的测试。

（A）观察法　　（B）问卷调查法　　（C）测试法　　　（D）情景模拟测试

58.（　　）是一种成本较低也便于实现的方法，可以通过受训员工的上级来实现。

（A）资料收集　　（B）观察收集　　（C）访问收集　　（D）调查收集

59. 下列哪种不适宜知识类培训的方法（　　）。

（A）讲授法　　（B）工作指导法　（C）专题讲座法　（D）研讨法

60.（　　）又称研讨会法、讨论培训法或管理价值训练法。

（A）头脑风暴法　（B）案例研究法　（C）模拟训练法　（D）敏感性训练法

61. 绩效管理的环节不包括（　　）。

（A）目标设计　　（B）过程监督　　（C）考核反馈　　（D）激励发展

62. 绩效合同的内容不包括（　　）。

（A）受约人信息　（B）发约人信息　（C）绩效评估　　（D）合同期限

63.（　　）的绩效考评，采用行为性效标，以考评员工的工作行为为主，着眼于"干什么"、"如何去干"，重点考量员工的工作方式和工作行为。

（A）品质主导型　（B）行为主导型　（C）结果主导型　（D）效用主导型

64. 在绩效管理末期，主管与下属就本期的绩效计划的贯彻执行情况，以及其工作表现和工作业绩等方面所进行的全面回顾、总结和评估的绩效面谈类型是（　　）。

（A）绩效计划面谈　　　　　　（B）绩效指导面谈

（C）绩效考评面谈　　　　　　（D）绩效反馈面谈

65. 分析工作绩效的差距和原因的方法不包括（　　）。

（A）目标比较法　（B）水平比较法　（C）横向比较法　（D）纵向比较法

66.（　　）是通过制定一系列行为标准，以及与之配套的人事激励政策，鼓励员工更加积极主动工作的策略。

（A）预防性策略　（B）制止性策略　（C）正向激励策略　（D）负向激励策略

67. 保障激励策略的有效性原则不包括（   ）。

（A）及时性原则   （B）同一性原则   （C）预告性原则   （D）协调性原则

68. 间接形式的薪酬不包括（   ）。

（A）利润分成   （B）其他补贴   （C）社会保险   （D）员工福利

69. 下列哪项不属于影响员工个人薪酬水平的因素（   ）。

（A）劳动绩效   （B）职务或岗位

（C）企业的薪酬策略   （D）综合素质与技能

70. 薪酬体系的类型不包括（   ）。

（A）岗位薪酬体系   （B）技能薪酬体系   （C）绩效薪酬体系   （D）层级薪酬体系

71. （   ）是指企业为了把握员工的薪酬总额、薪酬结构和薪酬形式，所确立的薪酬管理导向和基本思路的文字说明或者统一意向。

（A）薪酬战略   （B）薪酬体系   （C）薪酬结构   （D）薪酬政策

72. （   ）是对员工额外的劳动消耗或因特殊原因而支付的劳动报酬，是员工薪酬的一种补充形式，是职工工资的重要组成部分。

（A）工资制度   （B）奖励制度   （C）福利制度   （D）津贴制度

73. （   ）是指由于员工在规定时间之外工作，企业为了鼓励员工这种行为而支付的奖金。

（A）超时奖   （B）绩效奖   （C）建议奖   （D）特殊贡献奖

74. 岗位评价的原则不包括（   ）。

（A）系统原则   （B）实用性原则   （C）标准化原则   （D）动态性原则

75. 质量责任属于（   ）。

（A）劳动责任要素   （B）劳动技能要素   （C）劳动强度要素   （D）劳动环境要素

76. 福利管理的主要原则（   ）。

（A）合理性原则   （B）必要性原则   （C）计划性原则   （D）灵活性原则

77. 对企业非直接生产经营而且属于职工利益的事项进行审议，并做出决定，交由企业执行，属于职工代表大会的（   ）。

（A）审议建议权   （B）审议通过权   （C）审议决定权   （D）评议监督权

78. 平等协商的形式不包括（   ）。

（A）民主对话   （B）民主协商   （C）民主质询   （D）民主咨询

79. 劳动安全标准属于（   ）劳动标准。

（A）基础类   （B）管理类   （C）工作类   （D）技术类

80. 用人单位延长工作时间，一般每日不得超过（   ）小时。

（A）1   （B）2   （C）3   （D）4

81. 工资支付的一般规则不包括（　　）。

（A）货币支付　　　（B）直接支付　　　（C）按时支付　　　（D）间接支付

82. 用人单位支付病假工资不得低于当地最低工资标准的（　　）。

（A）60%　　　　（B）70%　　　　（C）80%　　　　（D）90%

83. 集体合同由（　　）代表职工与企业签订。

（A）工会组织　　　　　　　　　（B）企业人事部门

（C）企业法人　　　　　　　　　（D）职工所在部门负责人

84. 职工因工致残被鉴定为一级至四级伤残的，退出工作岗位，从工伤保险基金按伤残等级支付一次性伤残补助金，三级伤残应发（　　）的本人工资。

（A）27个月　　　（B）25个月　　　（C）23个月　　　（D）21个月

85. 一次性工亡补助金标准为上一年度全国城镇居民人均可支配收入的（　　）。

（A）10倍　　　　（B）20倍　　　　（C）30倍　　　　（D）40倍

（二）多项选择题（第86~125题，每题1分，共40分。每题有多个答案正确，请在答题卡上将所选答案的相应字母涂黑。错选、少选、多选，均不得分）

86. 劳动力供给的工资弹性 E_s 表示为（　　）。

（A）（$\Delta W/W$）/（$\Delta S/S$）　　　　　（B）（$\Delta S/S$）/（$\Delta W/W$）

（C）（$\Delta W/S$）/（$\Delta S/W$）　　　　　（D）（$\Delta S/W$）/（$\Delta W/S$）

（E）（$\Delta S/\Delta W$）/（S/W）

87. 劳动力市场的制度结构要素有（　　）。

（A）工会　　　　　（B）最低工资标准　　　（C）最长劳动时间标准

（D）最低社会保障　　　（E）劳动力供给量

88. 政府制定或调整重大劳动关系标准应当贯彻"三方原则"，其中三方指的是（　　）。

（A）行业协会　　　（B）政府　　　　（C）企业员工

（D）工会　　　　　（E）企业家协会

89. 企业战略的特点包括（　　）。

（A）前瞻性　　　　（B）系统性　　　　（C）动态性

（D）风险性　　　　（E）抗争性

90. 按照在购买决策过程中的作用不同，消费者角色可分为（　　）。

（A）倡议者　　　　（B）需求者　　　　（C）供给者

（D）购买者　　　　（E）使用者

91. 成熟期企业可以采取的营销策略有（　　）。

（A）市场改良　　　（B）市场营销组合改良　　　（C）产品改良

（D）增强销售渠道功效　　　（E）服务改良

92. 路径－目标理论认为的领导行为主要包括（　　）。

（A）反馈型　　　　　　　　（B）指导型　　　　　　　（C）支持型

（D）参与型　　　　　　　　（E）成就导向型

93. 人的心理属性包括（　　）。

（A）心理过程　　　　　　　（B）个性心理特征　　　　（C）心理素质

（D）个性意识倾向　　　　　（E）心理状态

94. 人力资源规划的内容包括（　　）。

（A）战略规划　　　　　　　（B）组织规划　　　　　　（C）制度规划

（D）人员规划　　　　　　　（E）费用规划

95. 现代企业组织结构包括（　　）。

（A）直线制　　　　　　　　（B）职能制　　　　　　　（C）直线职能制

（D）事业部制　　　　　　　（E）综合制

96. 按照劳动定额所考察的范围，劳动定额水平包括（　　）。

（A）车间定额水平　　　　　　　　　（B）企业定额水平

（C）行业或部门定额水平　　　　　　（D）工序定额水平

（E）工种定额水平

97. 按定员标准的综合程度，劳动定员可以分为（　　）。

（A）单项定员标准　　　　　（B）综合定员标准　　　　（C）效率定员标准

（D）设备定员标准　　　　　（E）岗位定员标准

98. 内部招募的优势包括（　　）。

（A）准确性高　　　　　　　（B）有利于招聘一流人才　（C）激励性强

（D）费用较低　　　　　　　（E）树立组织形象

99. 普通能力倾向测试的内容不包括（　　）。

（A）思维能力　　　　　　　（B）想象能力　　　　　　（C）记忆能力

（D）工作能力　　　　　　　（E）身体能力

100. 最常用的情景模拟方法包括（　　）。

（A）描述法　　　　　　　　（B）问卷调查法　　　　　（C）公文处理模拟法

（D）无领导小组讨论法　　　（E）角色扮演法

101. 招聘成本的形式包括（　　）。

（A）招募成本　　　　　　　（B）选拔成本　　　　　　（C）录用成本

（D）安置成本　　　　　　　（E）离职成本

102. 人力资源配置的基本原理包括（　　）。

（A）要素有用原理　　　　　（B）能位对应原理　　　　（C）互补增值原理

（D）静态适应原理 （E）弹性冗余原理

103. 四班三运转的循环期可以为（ ）。

（A）4 天 （B）6 天 （C）8 天

（D）10 天 （E）12 天

104. 培训评估的方法包括（ ）。

（A）观察法 （B）问卷调查法 （C）笔试法

（D）情景模拟测试 （E）绩效考核法

105. 适宜知识类培训的方法包括（ ）。

（A）讲授法 （B）专题讲座法 （C）研讨法

（D）工作指导法 （E）工作轮换法

106. 参与式培训的方法不包括（ ）。

（A）自学 （B）案例研究法 （C）特别任务法

（D）头脑风暴法 （E）角色扮演法

107. 起草与修订企业员工的培训制度应体现的要求包括（ ）。

（A）战略性 （B）稳定性 （C）长期性

（D）适用性 （E）效益性

108. 下列属于绩效管理系统评估的内容是（ ）。

（A）对管理制度的评估 （B）对绩效管理体系的评估

（C）对绩效考评人员的评估 （D）对考评全面、全过程的评估

（E）对绩效管理系统与人力资源管理其他系统的衔接的评估

109. 结果主导型绩效考评的指标包括（ ）。

（A）价值观 （B）忠诚度 （C）工作内容

（D）工作质量 （E）员工信念

110. 下列属于行为导向型客观考评方法的是（ ）。

（A）排列法 （B）关键事件法 （C）行为锚定等级评价法

（D）行为观察法 （E）结构式叙述法

111. 绩效面谈的类型包括（ ）。

（A）绩效计划面谈 （B）绩效结果面谈 （C）绩效指导面谈

（D）绩效考评面谈 （E）绩效反馈面谈

112. 有效的信息反馈的要求是（ ）。

（A）针对性 （B）真实性 （C）及时性

（D）主动性 （E）适应性

113. 为了保障激励策略的有效性，应当体现的原则是（   ）。

（A）及时性原则 （B）同一性原则 （C）预告性原则
（D）适应性原则 （E）创新性原则

114. 薪酬货币形式的间接形式包括（   ）。

（A）绩效工资 （B）特殊津贴 （C）其他补贴
（D）社会保险 （E）员工福利

115. 薪酬制度设计主要是指（   ）。

（A）薪酬策略设计 （B）薪酬指标设计 （C）薪酬体系设计
（D）薪酬水平设计 （E）薪酬结构设计

116. 选择薪酬类型的企业外部因素包括（   ）。

（A）劳动力供给状况 （B）企业的发展规模 （C）外部市场薪酬水平
（D）企业战略目标 （E）现行的薪酬政策

117. 薪酬职能包括（   ）。

（A）补偿职能 （B）激励职能 （C）调节职能
（D）效益职能 （E）统计监督职能

118. 薪酬管理中，岗位评价的方法通常有（   ）。

（A）排列法 （B）观察法 （C）分类法
（D）评分法 （E）海氏评估法

119. 劳动环境要素主要包括（   ）程度。

（A）粉尘危害 （B）高温危害 （C）操作复杂
（D）心理紧张 （E）噪音危害

120. 住房公积金的性质包括（   ）。

（A）普遍性 （B）强制性 （C）长期性
（D）福利性 （E）返还性

121. 员工满意度调查的内容不包括（   ）。

（A）薪酬 （B）福利 （C）工作
（D）时间 （E）晋升

122. 按劳动标准的横向结构分类，可以划分为（   ）标准。

（A）就业 （B）劳动关系 （C）劳动报酬
（D）劳动安全卫生 （E）劳动福利

123. 集体合同与劳动合同的区别包括（   ）。

（A）主体不同 （B）对象不同 （C）内容不同
（D）功能不同 （E）法律效力不同

124. 职业卫生标准包括（　　）。

（A）防尘标准　　　　（B）防毒标准　　　　（C）防爆安全标准

（D）储运安全标准　　（E）燃气安全标准

125. 职工在下列哪些情形下不得认定为工伤或者视同工伤（　　）。

（A）故意犯罪　　　　（B）醉酒或者吸毒　　（C）抢险救灾

（D）突发疾病　　　　（E）自残或者自杀

模拟题卷册一参考答案

第一部分　职业道德

此部分无标准答案，根据人力资源从业人员职业价值观作答。

第二部分　理论知识

（一）单项选择题

26.A　27.D　28.B　29.B　30.A　31.D　32.D　33.C　34.D　35.D　36.D　37.B　38.C

39.C　40.A　41.A　42.A　43.C　44.D　45.A　46.A　47.C　48.A　49.C　50.C　51.D

52.B　53.C　54.D　55.D　56.A　57.C　58.C　59.B　60.A　61.B　62.C　63.B　64.C

65.D　66.C　67.D　68.A　69.C　70.D　71.D　72.D　73.A　74.D　75.A　76.D　77.C　78.B

79.D　80.A　81.D　82.C　83.A　84.C　85.B

（二）多项选择题

86.BE　87.ABCD　88.BDE　89.BDE　90.ABCDE　91.ABC　92.BCDE　93.ABDE

94.ABCDE　95.ABCD　96.ABC　97.AB　98.ACD　99.DE　100.CDE　101.ABCDE

102.ABCE　103.ACE　104.ABDE　105.ABC　106.CE　107.ACD　108.ABDE

109.CD　110.BCD　111.ACDE　112.ABCDE　113.ABC　114.CDE　115.ACDE

116.AC　117.ABCDE　118.ACD　119.ABE　120.ABDE　121.BD　122.ABCDE

123.ACDE　124.AB　125.ABE

卷册二及答案

一、简答题（本题共 2 题，每题 14 分，共 28 分）

1. 员工满意度调查的基本程序是什么？（14 分）

2. 请回答培训项目设计的原则包括哪些？（14 分）

二、计算题（本题 1 题，共 19 分。先根据题意进行计算，然后进行必要分析，只有计算结果没有计算过程不得分）

某企业生产产品 A，2012 年工时定额 a 为 125 工时／吨，生产员工人数为 20 人，年实际产量为 450 吨，年制度工日为 251 天，每日工作时间为 8 小时，平均出勤率为

90%，2013年修改后的定额工时允许比上一年实际耗用工时高20%（k），试核算出新的定额工时以及定额压缩率。

三、综合分析题（本题共2题，第1小题15分，第2小题18分，共33分）

1. 某百货公司成立于2000年，目前在全国17个城市拥有百货公司31家，随着公司的发展，预计在2013年将扩充50个大型百货商场。经调查，目前各地商场的员工素质不均，薪资标准也有不同，各区域经理的待遇区别也很大，为此问题已经有7位经理不同程度地表示了对公司的不满。为保障公司战略的顺利进行，总经理要求人力资源部提交一份解决方案，以明确公司的薪酬制度。

请阐述薪酬管理制度制定的步骤和程序。（15分）

2. 某公司在人员选拔过程中，为了有效评定应聘者的能力特征和发展潜力，决定采用情景模拟测试的方法对应聘者进行测评，请问：

（1）情景模拟法的概念和分类是什么？（8分）

（2）如何运用角色扮演法来进行测评？（10分）

四、方案设计题（本题1题，20分）

A公司总经理认为，对管理人员评价的核心应放在行为管理，而不仅是考查指标完成了多少，销售额达到多少，利润率是多少。A公司对管理人员一般从六个方面采取综合素质的考评，这六个方面分别是：战略力、应变能力、协调配合力、团队精神、全局观、学习力与创新力。

请运用行为观察量表法就案例中管理人员的"团队精神"指标，设计考评表。（20分）

模拟题卷册二解析

一、简答题

1. 解析：员工满意度调查的基本程序和具体步骤如下。

（1）确定调查对象。（2）确定满意度调查指向（调查项目）。（3）确定调查方法：①目标型调查法；②描述型调查法。（4）确定调查组织。（5）调查结果分析。（6）结果反馈。（7）制定措施落实，实施方案跟踪。

2. 解析：培训项目设计的原则包括：（1）因材施教原则；（2）激励性原则；（3）实践性原则；（4）反馈及强化性原则；（5）目标性原则；（6）延续性原则；（7）职业发展性原则。

二、计算题

解析：（1）$a_1=450 \times 125=56250$

$a_2=20 \times 251 \times 8 \times 0.9=36144$

$y= a_1/a_2-1=56250/36144-1=0.5563$

（2）求 b，由于 a=125，故 $b=\dfrac{a}{1+y}=\dfrac{125}{1+0.5563}=80.32$

（3）求 x，由于 k=20%，故 x=（1+k）b=（1+20%）×80.32=96.38（工时／吨）

按此值来确定 2013 年产品的工时定额，则比 2012 年的旧定额下降了 28.62 工时／吨（125–96.38），定额压缩率为 22.90%（28.62/125）。

三、综合分析题

1. 解析：制定企业薪酬管理制度的基本步骤和程序如下。

（1）单项工资管理制度制定的基本程序。

①准确标明制度的名称，如工资总额计划与控制制度、工资构成制度、奖金制度、劳动分红制度、长期激励制度等；②明确界定单项工资制度的作用对象和范围；③明确工资支付与计算标准；④涵盖该项工资管理的所有工作内容，如支付原则、等级划分、过渡办法等。

（2）岗位工资或能力工资的制定程序。

①根据员工工资结构中岗位工资或能力工资所占比例，根据工资总额，确定岗位工资总额或能力工资总额；②根据该企业战略等确定岗位工资或能力工资的分配原则；③岗位分析与评价或对员工进行能力评价；④根据岗位（能力）评价结果确定工资等级数量以及划分等级；⑤工资调查与结果分析；⑥了解该企业财务支付能力；⑦根据该企业工资策略确定各工资等级的等中点，即确定每个工资等级在所有工资标准的中点所对应的标准；⑧确定每个工资等级之间的工资差距；⑨确定每个工资等级的工资幅度，即每个工资等级对应多个工资标准，工资幅度是指各等级的最高工资标准与最低工资标准之间的幅度；⑩确定工资等级之间的重叠部分大小；⑪确定具体计算办法。

（3）奖金制度的制定程序。

①按照企业经营计划的实际完成情况确定奖金总额；②根据企业战略、企业文化等确定奖金分配原则；③确定奖金发放对象及范围；④确定个人奖金计算办法。

2. 解析：（1）情景模拟测试是根据被测者可能担任的岗位，编制一套与该岗位实际情况相似的测试项目，将被测者安排在模拟的、逼真的工作环境中，要求被测者处理可能出现的各种问题，用多种方法来测试其心理素质、实际工作能力、潜在能力等综合素质。

（2）根据情景模拟测试内容的不同，可以分为语言表达能力测试、组织能力测试、事务处理能力测试等。其中，语言表达测试侧重于考察语言表达能力，包括演讲能力测试、介绍能力测试、说服能力测试、沟通能力测试等；组织能力测试侧重于考察协调能力；事务处理能力测试侧重于考察事务处理能力。

四、方案设计题

解析：管理人员的"团队精神"行为观察量表具体内容如下表所示。

A 公司管理人员考评表

考评岗位		所在部门	
被考评者		考评者	

考评管理者的行为，用 5~1 和 NA 代表下列各种行为出现的频率，评定后填在括号内。

5 表示 95%~100% 都能观察到这一行为。

4 表示 85%~94% 都能观察到这一行为。

3 表示 75%~84% 都能观察到这一行为。

2 表示 65%~74% 都能观察到这一行为。

1 表示 0~64% 都能观察到这一行为。

NA 表示从来没有这一行为。

考评项目：团队精神。

（1）大方地传播别人需要的信息。（　　　）

（2）推动团体会议与讨论。（　　　）

（3）确保每一成员的参与。（　　　）

（4）为他人提供展示其成果的机会。（　　　）

（5）了解激励不同员工的方式。（　　　）

（6）若有冲突，第一时间弄清实质，并及时解决。（　　　）

A：6~10 分，未达到标准。B：11~15 分，勉强达到标准。C：16~20 分，完全达到标准。D：21~25 分，出色达到标准。E：26~30 分，优秀。

本考评项目等级：（　　　）

考评者：

日期：　年　月　日

被考评者：

日期：　年　月　日

第六篇
资料分享与实操技能提升

在通关考试后，考生将进入或者回归人力资源管理实践的各个工作岗位。本篇所提供的人力资源管理实务资料旨在帮助人力资源从业者深入了解人力资源前沿理论与工具，在实践中升华理论，逐步提升人力资源管理实践操作的技能。

通过对本篇的学习，考生应能够有效地借助所提供的人力资源实操工具、方法、步骤等现有资料，增强人力资源知识与经验的积累，在实践工作中拨开人力资源管理的迷雾，学会站在巨人的肩膀上勇往直前！

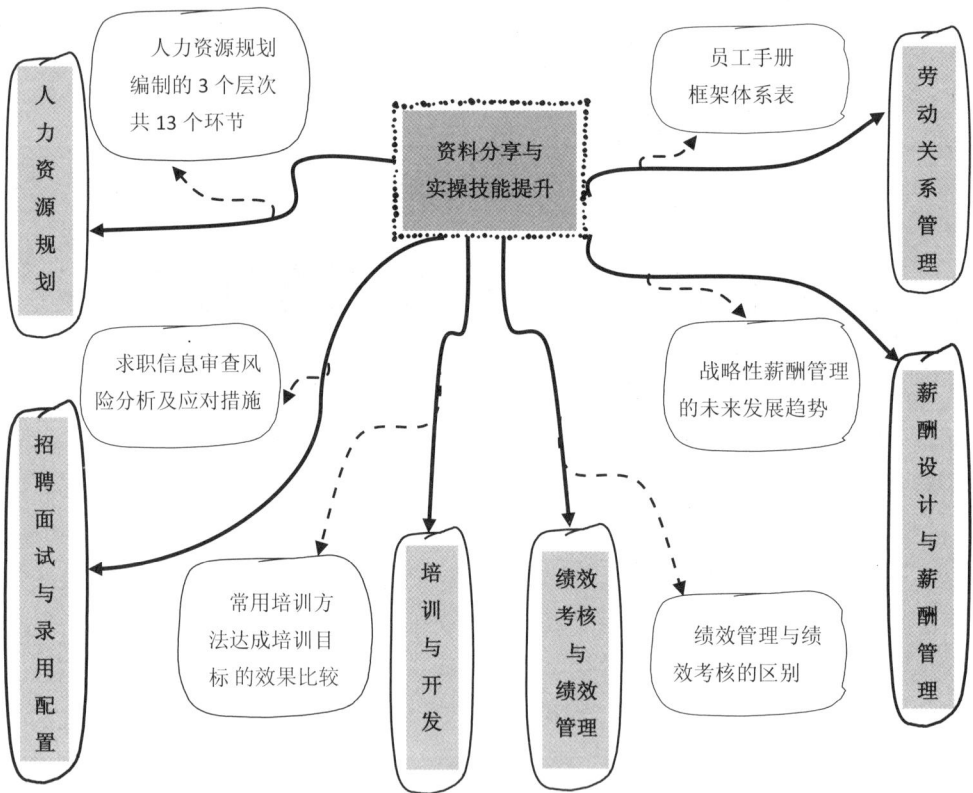

第一章 人力资源规划技能提升

人力资源规划的最终目的和成果是编制人力资源规划书。人力资源规划书的编制步骤可划分为 3 个层次，即长期人力资源规划的编制、阶段人力资源规划的编制，以及规划的实施、控制与评价，这 3 个层次包括 13 个环节，具体如图 6-1-1 所示。

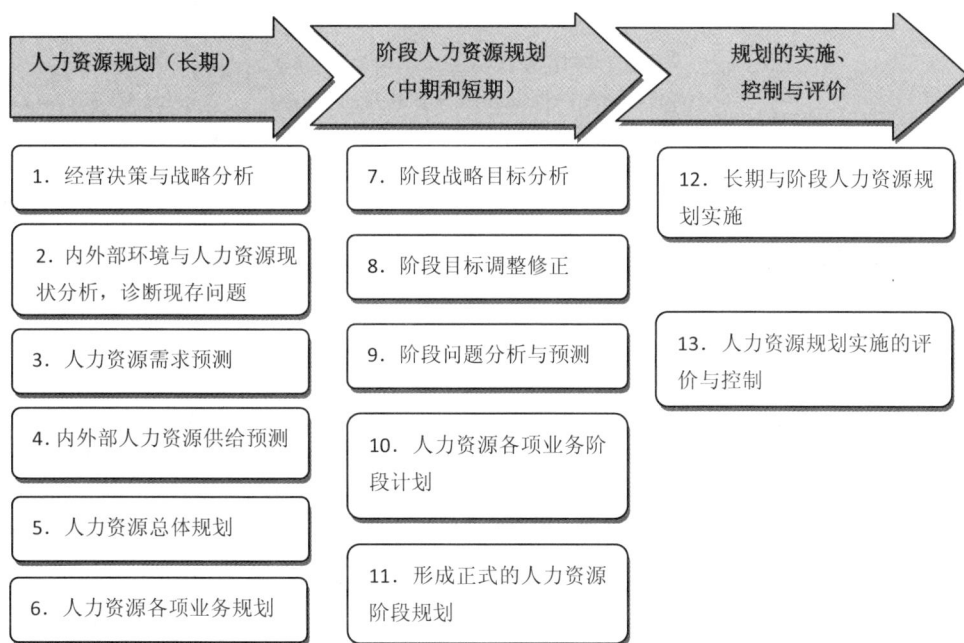

人力资源规划（长期）	阶段人力资源规划（中期和短期）	规划的实施、控制与评价
1. 经营决策与战略分析	7. 阶段战略目标分析	12. 长期与阶段人力资源规划实施
2. 内外部环境与人力资源现状分析，诊断现存问题	8. 阶段目标调整修正	13. 人力资源规划实施的评价与控制
3. 人力资源需求预测	9. 阶段问题分析与预测	
4. 内外部人力资源供给预测	10. 人力资源各项业务阶段计划	
5. 人力资源总体规划	11. 形成正式的人力资源阶段规划	
6. 人力资源各项业务规划		

图 6-1-1 人力资源规划编制的 3 个层次 13 个环节

第二章 招聘面试与录用配置技能提升

在人力资源工作实践中，招聘、面试、录用、配置等工作的具体实施可能会存在诸多风险。为了防患于未然，人力资源工作者对应聘者的求职信息进行全面审查，分析其可能存在的风险和能够采取的应对措施，对于企业招聘录用管理工作的

顺利开展是极其重要的。求职信息审查风险分析及应对措施的具体内容如表 6-2-1
所示。

表 6-2-1　求职信息审查风险分析及应对措施

序号	审查内容	风险分析	应对措施
1	基本信息是否属实	如果在招聘时，招聘人员对应聘者的身份、学历、资格、工作经历等审查不严格，而应聘者信息有弄虚作假的情形，会导致其无法胜任公司的工作，虽然公司会与其解除劳动合同，但会增加招聘失败的成本	查验身份证明，核实信息
2	是否有潜在疾病、职业病等	处于医疗期的员工是不能随便辞退的。即便医疗期届满，辞退劳动者也需要履行相应的程序	入职体检
3	是否与其他企业存在未到期的合同	《劳动法》和《劳动合同法》均明确规定，用人单位招用尚未解除劳动合同的劳动者，对原用人单位造成经济损失的，该用人单位应当依法承担连带赔偿责任	（1）要求员工提供与原单位解除或终止劳动合同的证明；（2）可要求其提供原用人单位的联系方式或证明人，以便进行背景调查
4	是否与其他单位存在竞业限制协议	企业招用的员工与原单位签订了竞业限制协议，致使员工进入本企业工作构成违约；或员工使用"其原单位有关资源"，而导致本企业对员工原单位造成侵权	（1）主动询问并加以判断，要求员工做出相应承诺；（2）工作背景调查
5	若招用外籍人员，是否办理外籍人员就业手续	用人单位聘用外国人须为该外国人申请就业许可，经获准并取得"中华人民共和国外国人就业许可证书"后方可聘用。如果没有按照要求办理有关手续就擅自招用外国人在内地就业的，可能会引发法律纠纷	（1）审查企业自身是否符合外国人就业的相关条件；（2）为其办理相应的手续

第三章　培训与开发技能提升

　　恰当的培训方法是实现员工培训规划各项目标的重要保障。正确地选择培训方法，一方面可以保证更好地达到培训的目的，实现培训效果的最大化；另一方面更有利于充分利用培训资源，从而节省培训成本，提高培训投资净收益率。表6-3-1是部分常用的培训方法在达成培训目标上的效果比较。

表6-3-1　常用培训方法达成培训目标的效果比较

目标 方法	让学员 获得知识	让学员 改变态度	提高学员 解决问题 的能力	提高学员的 人际关系 处理能力	提高学员的 接受能力	让学员记忆 一些知识
课堂讲授法	效果良好	效果差	效果一般	效果差	效果差	效果很好
小组讨论法	效果很好	效果良好	效果一般	效果一般	效果一般	效果良好
工作轮换法	效果良好	效果一般	效果很好	效果良好	效果良好	效果一般
特别任务法	效果一般	效果一般	效果很好	效果良好	效果一般	效果一般
案例教学法	效果一般	效果一般	效果很好	效果一般	效果很好	效果一般
角色扮演法	效果良好	效果良好	效果良好	效果很好	效果良好	效果一般

第四章　绩效考核与绩效管理技能提升

　　绩效考核与绩效管理工作的开展都要以一定的绩效目标为前提。这一绩效目标包括企业战略目标和年度经营目标、部门目标和个人目标。因此，绩效目标的制定与分解在绩效考核与绩效管理工作中就显得尤为重要。绩效目标制定与分解的过程具体如图6-4-1所示。

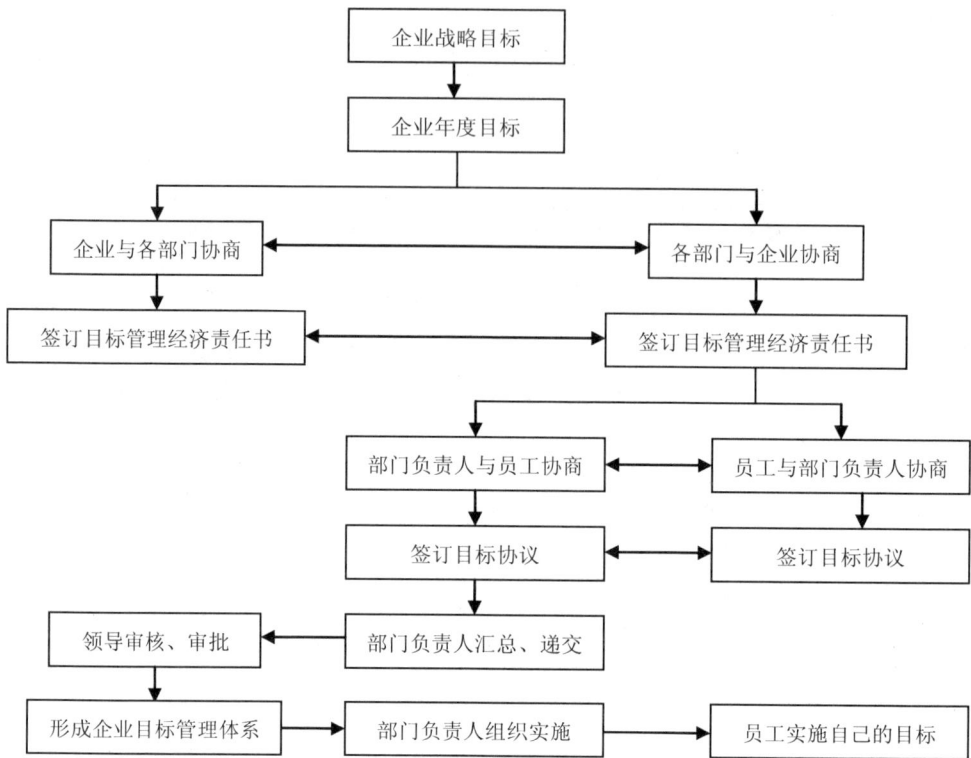

图6-4-1 绩效目标制定与分解过程

第五章　薪酬设计与薪酬管理技能提升

作为人力资源管理的重要组成部分，薪酬管理在企业中扮演的角色已经越来越重要，而薪酬制度的设计更是薪酬管理工作中的重要一环。下面给出了薪酬管理中常用的薪酬核算制度的范本，供人力资源管理从业者参考使用。

制度名称	薪酬核算制度			
制度版本		制度编号	受控状态	□ 受控　□ 非受控
总则				

第1条　制定依据

为了健全薪酬福利管理体系，规范公司薪酬福利核算管理，加强财务内部控制，提高会计核算工作质量，特制定本制度。

第2条　适用范围

本制度适用于公司财务部对全体员工薪酬福利核算工作的管理。

第 1 章　薪酬核算方法

第 3 条　薪酬核算说明

工资核算由财务部按考勤、奖惩进行核算；公司个人所得税由单位统一代扣代缴。

第 4 条　考勤周期

月度考勤周期为当月 1 日至当月 31 日；年度考勤周期为每年 1 月 1 日至当年 12 月 31 日。

第 5 条　薪酬计算方法

（1）公司生产部管理人员工资、办公室人员工资、财务部人员工资、后勤人员及其他指定人员工资以自然月为计算周期，按照出勤天数核算工资，缺勤工作日的薪酬按日薪相应扣除。日工资 = 月工资收入 ÷21.75。

（2）员工按照实际出勤时数核算工资，当月无请假的发全勤奖 ___ 元。小时工资 = 月工资收入 ÷（21.75×8）。

（3）公司销售部人员工资标准由各销售部负责人制定，主体结构为"底薪 + 补助 + 提成"。底薪不应低于本地最低工资标准，职工假期按国家法定节假日安排。

第 6 条　加班薪酬福利

公司按国家劳动局规定的加班费标准计算加班费。公司工资核算方法为"底薪 + 加班费"的职员，加班超过半小时不足一小时的按一小时计算，加班超过当晚 12 点的，按每人 ___ 元 / 次的标准发放夜班补助。平时加班为标准基数的 1.5 倍，周六周日加班为标准基数的 2 倍，法定假日加班为标准基数的 3 倍。

第 2 章　薪酬发放管理

第 7 条　工资条管理

财务部每月根据员工本月出勤情况以及奖惩情况核算完工资后，出具工资条。公司员工核实无误签字，由财务人员负责保管，作为工资发放凭据。

第 8 条　工资表管理

财务部制作工资表的流程如下。

（1）按照公司编制要求，正确填写员工姓名、身份证号及岗位名称。

（2）根据工资标准填写员工当月工资，按照社保明细填写扣除事项。

（3）根据人事部门提供的员工关系审批表，扣除相应的款项，如入职、离职、转正、调级调薪、迟到、早退、病假、事假、旷工、行政罚款等。

（4）按照国家税法，扣除员工的个人所得税。

（5）根据各部门实际情况，扣除其他费用，在备注栏中填写员工的其他应说明事项。

第 9 条　薪酬福利发放

员工薪资发放日期为每月 ___ 日（遇节假日提前或顺延），公司以转账形式支付职工工资。

第 3 章　薪酬奖惩管理措施

第 10 条　薪资保密管理

（1）公司实行薪资保密制度，工资表制作及审核人员不得向无关人员泄露员工的工资资料。

（2）工资表电子版审核通过后，及时打印并签字，报送公司负责人批准后，方可发放工资。工资表上报过程中，必须做好保密措施，防止工资内容泄露。工资表必须妥善保管，未经批准，不得随意传阅、查阅，若因保管不当造成资料等外泄的，保管人接受相应处罚。

第 11 条　罚款管理

因违反公司管理制度被处罚的，按罚款单处罚金额扣发工资，开具罚款单由当事人签字，当事人未能及时签字的由其主管签字，即可执行。

第 12 条　奖金管理		
为公司做出贡献受到公司奖励的，奖金按公司要求发放。		
附则		
第 13 条　本制度由公司人力资源部负责制定，修改亦同。 第 14 条　本制度自下发之日起执行。		

编制部门		审批人员		审批日期	

第六章　劳动关系管理技能提升

　　员工手册不仅是企业内部人事制度的汇编，也是员工了解企业、进行自我培训的教材，更是员工的行为准则和规范。它承载传播企业形象、企业文化的功能，是有效的管理工具、员工的行动指南，在劳动关系管理中起到了不可替代的作用。员工手册的编制应遵循一定的框架结构和逻辑体系。其框架安排具体如表 6-6-1 所示。

表 6-6-1　员工手册框架体系表

一级结构体系	二级结构体系	三级具体内容	
1. 前言部分	（1）公司概况	1）董事长致辞 3）发展历史	2）公司简介 ……
	（2）公司文化	1）公司精神 3）经营理念	2）经营宗旨 ……
	（3）组织结构	1）组织结构 3）部门简介	2）业务分配 ……
2. 正文部分	（1）员工日常规范	1）工作准则 3）礼仪规范	2）行为规范 ……
	（2）公司管理制度	1）人事管理制度 3）经营管理制度	2）财务管理制度 ……
	（3）岗位职责描述	1）部门职责描述 3）工作流程描述	2）主要岗位描述 ……
	（4）关于手册	1）使用 3）保管	2）修订 ……
	（5）手册效力	1）制定依据 3）异议处理	2）约束效力 ……
	（6）员工签收	1）签收回执	2）意见书

参考文献

［1］ 中国就业培训技术指导中心.企业人力资源管理师（三级）(第三版)［M］.北京：中国劳动社会保障出版社，2014.

［2］ 中国就业培训技术指导中心.企业人力资源管理师(基础知识)(第三版)［M］.北京：中国劳动社会保障出版社，2014.

［3］ 劳动和社会保障部职业鉴定中心，企业人力资源管理师项目办公室.国家职业资格考试指南：企业人力资源管理师（三级）［M］.北京：中国劳动社会保障出版社，2007.

［4］ 劳动和社会保障部职业鉴定中心，企业人力资源管理师项目办公室.企业人力资源管理师（常用法律手册）［M］.北京：中国劳动社会保障出版社，2007.

［5］ 程向阳，王明姬.人力资源操作与风险规避指引手册［M］.北京：北京大学出版社，2009.

［6］ 孙宗虎，郭荣.岗位分析评价与职务说明书编写实务手册（第3版）［M］.北京：人民邮电出版社，2012.

［7］ 加里·德斯勒.人力资源管理（第12版）［M］.北京：中国人民大学出版社，2012.

［8］ 孙宗虎，姚小风.员工培训管理实务手册（第3版）［M］.北京：人民邮电出版社，2012.

［9］ 彭剑锋.人力资源管理概论（第二版）［M］.上海：复旦大学出版社，2011.

［10］ 刘昕.人力资源管理［M］.北京：中国人民大学出版社，2012.

［11］ 孙宗虎，王胜会.定责定岗定编定额定薪［M］.北京：人民邮电出版社，2013.

［12］ 姚裕群.人力资源开发与管理概论（第二版）［M］.北京：高等教育出版社，2005.

［13］　王胜会．高绩效团队管理实务全案［M］．北京：化学工业出版社，2014.

［14］　程延园．劳动关系（第三版）［M］．北京：中国人民大学出版社，2011.

［15］　张德．人力资源开发与管理（第四版）［M］．北京：清华大学出版社，2012.

［16］　王瑞永，全鑫．绩效量化考核与薪酬体系设计全案［M］．北京：人民邮电出版社，2011.

［17］　李作学．员工招聘与面试精细化实操手册［M］．北京：中国劳动社会保障出版社，2010.